Eerste druk september 2019
Tweede druk september 2019
Derde druk september 2019
Vierde druk september 2019
Vijfde druk september 2019
Zesde druk november 2019

Omslagontwerp: Leon Postma en Martijn van Dam
Art direction: Harald Dunnink
Illustratie auteur: Cléa Dieudonné
Infographics: Leon de Korte en Leon Postma
Redactie: Harminke Medendorp
Eindredactie: Andreas Jonkers
Correctie: Annelieke Tillema
Vormgeving: Pre Press Media Groep
Drukken en binden: Tim Beijer Producties

ISBN 9789082942187
NUR 320

www.decorrespondent.nl

RUTGER BREGMAN

DE MEESTE MENSEN DEUGEN

EEN NIEUWE GESCHIEDENIS VAN DE MENS

de Correspondent

Voor mijn ouders

‘De mens zal beter worden

als je hem toont hoe hij is.’

— Anton Tsjechov (1860-1904)

INHOUD

PROLOOG

Aan de vooravond van de Tweede Wereldoorlog maakte de Britse legertop zich grote zorgen. Londen was in acuut gevaar. De stad was, aldus ene Winston Churchill, 'het grootste doelwit ter wereld, een enorme, vette, dure koe, die is vastgebonden om het roofdier te lokken'.[1]

De naam van dat roofdier? Adolf Hitler. Als het volk zou breken onder de terreur van zijn bommenwerpers, was het gedaan met Groot-Brittannië. 'Het verkeer zal stoppen, de daklozen zullen gillen om hulp en de stad zal afglijden in totale chaos', vreesde een Britse generaal.[2] Miljoenen burgers zouden mentaal instorten. Het leger zou niet eens aan vechten toekomen, omdat het de hysterische massa's in toom zou moeten houden. Churchill voorspelde dat minstens drie tot vier miljoen inwoners van Londen op de vlucht zouden slaan.

Wie wilde weten welk onheil in de lucht hing, hoefde eigenlijk maar één boek open te slaan: *Psychologie des foules* – 'Psychologie der massa's'. De Franse auteur, Gustave Le Bon, was een van de invloedrijkste geleerden van zijn tijd. Hitler had het boek van kaft tot kaft gelezen, net als Mussolini, Stalin, Churchill en president Roosevelt.

Le Bon legde haarfijn uit wat er gebeurt in noodsituaties. Vrijwel onmiddellijk, schreef hij, daalt de mens 'een aantal treden op de ladder van de beschaving'.[3] Dan grijpen paniek en geweld om zich heen. Dan openbaart zich onze ware natuur.

Op 19 oktober 1939 dicteerde Hitler het aanvalsplan aan zijn generaals. 'De genadeloze inzet van de *Luftwaffe* om de Britse wil tot verzet te breken, kan en zal volgen op het gegeven moment.'[4]

De Britten vreesden dat het al te laat was. Even werd nog overwogen om een netwerk van schuilplaatsen te graven onder Londen, maar uiteindelijk werd dat plan toch maar afgeblazen. Straks zouden mensen nooit meer bovenkomen, verlamd door de angst. Op het laatste moment werden nog wel een paar psychiatrische noodhospitalen opgezet buiten de stad, om de eerste slachtoffers in op te vangen.

Toen begon het.

Op 7 september 1940 vlogen 348 Duitse bommenwerpers over het Kanaal. Het weer was goed. Veel inwoners van Londen waren buiten en keken omhoog toen om 16.43 uur de sirenes begonnen te loeien.

Die septemberdag zou de geschiedenis ingaan als Zwarte Zaterdag, en de periode erop als 'de Blitz'. Alleen al op Londen vielen in negen maanden tijd meer dan 80.000 bommen. Hele buurten werden weggevaagd. Een miljoen gebouwen werden beschadigd of compleet vernietigd, en meer dan 40.000 mensen kwamen om.

Hoe reageerden de Britten? Wat gebeurde er toen zij met miljoenen tegelijk maandenlang werden murw gebeukt met bommen uit de lucht? Hoe hysterisch werden ze, hoe beestachtig of nog erger?

Laat ik beginnen met het verslag van een Canadese psychiater.

In oktober 1940 reed dr. John MacCurdy door Zuidoost-Londen. Hij bezocht een arme buurt die zwaar was getroffen door de bombardementen, met om de honderd meter een krater of ruïne. Als mensen *ergens* in paniek moesten zijn, was het hier.

Dit trof de psychiater aan, kort nadat het luchtalarm was afgegaan:

> Kleine jongens bleven spelen op de stoep, klanten bleven afdingen, een politieman regelde het verkeer in majestueuze saaiheid en fietsers trotseerden de dood en de verkeersregels. Niemand, voor zover ik kon zien, keek naar de lucht.[5]

Wie leest over de maanden van de Blitz, stuit op de ene na de andere beschrijving van een wonderlijke kalmte die neerdaalde over Londen. Een Amerikaanse journalist interviewde een Brits echtpaar in hun keuken. Terwijl de ramen trilden, genoten ze rustig van hun thee. Waren ze niet bang, vroeg de journalist. 'O nee. En als we dat waren, wat zouden we daaraan hebben?'[6]

Alles wees erop dat Hitler geen rekening had gehouden met het typisch Britse karakter. De *stiff upper lip*. De droge humor. Ondernemers zetten bordjes voor de ruïnes die eens hun winkels waren: 'MORE OPEN THAN USUAL.' De eigenaar van een pub haakte handig in op de ravage: 'OUR WINDOWS ARE GONE, BUT OUR SPIRITS ARE EXCELLENT. COME IN AND TRY THEM.'[7]

De Britten ondergingen de bommen van de Luftwaffe als de vertragingen van de trein: irritant, maar er viel mee te leven. De treinen reden overigens gewoon door tijdens de Blitz en de schade aan de economie stelde ook niet veel voor. In april 1941 werd de Britse oorlogsproductie harder geraakt door Tweede Paasdag, toen iedereen vrij had, dan door de Blitz.[8]

Na een paar weken werd over de Duitse bommen gepraat als over het weer. 'Het was erg *blitzy* vandaag, vond je niet?'[9] Een Amerikaanse schrijver noteerde dat 'de Engelsen sneller verveeld zijn dan wie ook' en vrijwel niemand nog dekking zocht.[10]

En die mentale ravage? Die miljoenen getraumatiseerde slachtoffers waar de experts voor hadden gewaarschuwd?

Nergens te bekennen. Natuurlijk was er veel verdriet en woede. Natuurlijk werd er diep gerouwd om de geliefden die waren omgekomen.

Maar de psychiatrische noodhospitalen bleven leeg. Sterker nog, de mentale gezondheid van veel Britten ging erop vooruit. Het alcoholmisbruik nam af. Er pleegden minder mensen suïcide dan in vredestijd. Na de oorlog verlangden veel Britten zelfs terug naar de Blitz, toen iedereen elkaar hielp en het niet uitmaakte of je links of rechts, arm of rijk was.[11]

'De Britse samenleving werd in veel opzichten sterker van de Blitz', zou een Britse historicus later schrijven. 'Hitler was ontgoocheld.'[12]

Al met al had die beroemde massapsycholoog, Gustave Le Bon, er niet verder naast kunnen zitten. De noodsituatie bracht niet het slechtste in mensen naar boven. Het Britse volk *steeg* juist een paar treden op de ladder van de beschaving. 'De moed, de humor en de vriendelijkheid van gewone mensen', schreef een Amerikaanse journaliste in haar dagboek, 'blijven verbijsterend in het licht van deze nachtmerrie.'[13]

De onverwacht positieve effecten van de Duitse bombardementen leidden tot een nieuwe militaire discussie. Groot-Brittannië bezat zelf ook een vloot aan bommenwerpers, en de vraag was: hoe konden deze het beste worden ingezet tegen de vijand?

Vreemd genoeg bleven de experts van de Royal Air Force geloven dat de wil van een volk kon worden gebroken. Met bombardementen. Oké, misschien was dat bij het eigen Britse volk niet gelukt, maar dat was een uitzonderlijk geval. Geen enkel volk ter wereld was zo nuchter en moedig. De Duitsers daarentegen zouden 'nog geen kwart' van het aantal bommen kunnen verdragen, aldus de deskundigen. De vijand had sowieso een 'gebrek aan morele veerkracht'.[14]

Deze experts kregen ruggensteun van de boezemvriend van Churchill: Frederick Lindemann, ook wel bekend als Lord Cherwell. Op een van de weinige portretten die er van hem zijn, zien we een lange man met bolhoed, wandelstok en ijskoude blik.[15] In de verhitte discussies over de luchtmacht bleef Lindemann stellig. Bombarderen *werkt*. Net als Gustave Le Bon had hij geen hoge pet op van het gewone volk, dat hij als laf en paniekerig beschouwde.

Om zijn punt kracht bij te zetten, stuurde Lindemann een team van psychiaters naar Birmingham en Hull, twee steden die genadeloos waren gebombardeerd. In korte tijd interviewden de wetenschappers honderden mensen die hun huis hadden verloren tijdens de Blitz.[16] Ze vroegen naar de kleinste details – van 'het aantal gedronken pinten tot het aantal aangeschafte aspirientjes'.[17]

Een paar maanden later ontving Lindemann het eindrapport. De conclusie stond met grote letters op het titelblad:

'GEEN BEWIJS VOOR EEN VERZWAKKING VAN DE MORAAL.'[18]

En wat deed Frederick Lindemann? Die wuifde deze conclusie weg. Hij had al besloten dat bombarderen uitstekend werkt en liet zich niet meer van de wijs brengen.

Lindemann schreef dan ook een heel ander memo, dat vervolgens op Churchills bureau belandde:

> Onderzoek lijkt uit te wijzen dat het vernietigen van iemands huis zeer schadelijk is voor diens moraal. Mensen lijken het nog erger te vinden dan het verlies van hun vrienden of zelfs familie. [...] Wij kunnen tien keer zo veel schade toebrengen aan de 58 belangrijkste Duitse steden. Er is weinig twijfel dat dit de wil van het volk zal breken.[19]

Zo werd de discussie over de effectiviteit van het bombarderen beslecht. 'Het rook naar een heksenjacht', zou een historicus later schrijven.[20] Zorgvuldige wetenschappers die *tegen* het bombarderen van de Duitse bevolking pleitten, werden weggezet als lafaards. Landverraders.

De fanatiekelingen waren het eens: de Duitsers moesten nog veel harder worden aangepakt. Churchill gaf het groene licht, waarna de hel losbarstte boven Duitsland. Uiteindelijk vielen er tijdens deze bombardementen tien keer zo veel doden als tijdens de Blitz. In Dresden stierven in één nacht meer mannen, vrouwen en kinderen dan in Londen tijdens de hele oorlog. Meer dan de helft van de Duitse steden werd vernietigd. Het land veranderde in één grote, smeulende puinhoop.

Ondertussen werd slechts een klein deel van de geallieerde luchtmacht ingezet om strategische doelwitten te bombarderen, zoals fabrieken en bruggen. Tot de laatste maanden van de oorlog bleef Churchill er namelijk van overtuigd dat bommen het beste op burgers konden worden gegooid, om de Duitse moraal te breken. In januari 1944 kreeg hij nog een memo van de Royal Air Force op zijn bureau: 'Hoe meer bommen we gooien, hoe bevredigender het effect.'

De premier onderstreepte die zin, met zijn beroemde rode pen.[21]

Wat er in werkelijkheid in Duitsland gebeurde?

Laat ik weer beginnen met een verslag van een vooraanstaand psychiater. Van mei tot juli 1945 interviewde dr. Friedrich Panse bijna honderd Duitsers die hun huis hadden verloren. 'Achteraf barstte ik van de energie en stak ik een sigaar op', vertelde een van hen. De sfeer na een aanval was 'als na een oorlog die net is gewonnen', merkte een ander op.[22]

Van massale paniek was nergens sprake. De inwoners die voor het eerst werden gebombardeerd, reageerden juist opgelucht. 'De behulpzaamheid van de buren was geweldig', noteerde Panse. 'Gezien de ernst en de duur van de psychische belasting was de houding van de bevolking opmerkelijk evenwichtig en gedisciplineerd.'[23]

Hetzelfde beeld rijst op uit de verslagen van de Sicherheitsdienst, die de eigen bevolking nauwlettend in de gaten hield. Na de bombardementen bleek iedereen elkaar te helpen. Slachtoffers werden uit het puin getrokken, branden werden geblust. Kinderen van de Hitlerjugend renden af en aan om de gewonden en daklozen te helpen. Een kruidenier zette voor de grap een bordje over 'rampenboter' buiten: 'HIER WIRD KATASTROPHENBUTTER VERKAUFT!'[24]

(Oké, de Britse humor was wel beter.)

Kort na de overgave van Duitsland, in mei 1945, trok een team van geallieerde economen door het verslagen land. Het Amerikaanse ministerie van Defensie had het de opdracht gegeven om het effect van de bombardementen te onderzoeken. De hoofdvraag: zou het leger dit wapen vaker moeten inzetten?

De wetenschappers wonden er geen doekjes om: de bombardementen waren een fiasco geweest. De Duitse oorlogseconomie was er waarschijnlijk zelfs sterker door geworden, waardoor de oorlog langer had geduurd. Tussen 1940 en 1944 was de productie van Duitse tanks met een factor negen gestegen. Die van gevechtsvliegtuigen met een factor *veertien*.

Een Brits team van economen kwam tot dezelfde conclusie.[25] In de eenentwintig verwoeste steden die zij onderzochten, was de productie *sneller* gestegen dan in een controlegroep van veertien steden die niet waren gebombardeerd.

'We begonnen in te zien', schreef een Amerikaanse econoom, 'dat we op een van de grootste, misschien wel dé grootste misrekening van de oorlog waren gestuit.'[26]

Wat me nog het meest fascineert, is dat ze allemaal dezelfde fout maakten.

Hitler en Churchill, Roosevelt en Lindemann – stuk voor stuk deelden ze het mensbeeld van Gustave Le Bon, de psycholoog die had beweerd dat de menselijke beschaving maar een dun laagje is. Ze waren ervan overtuigd dat de luchtmacht dat laagje zou wegblazen. Maar hoe meer bommen er vielen, hoe *dikker* de laag werd. Het was geen dun vliesje, het was eelt.

Toch drong die conclusie nauwelijks door tot de militaire experts. De Amerikanen wierpen vijfentwintig jaar later drie keer zo veel bommen op Vietnam als op Duitsland tijdens de Tweede Wereldoorlog.[27] Dat werd een nog grotere mislukking. Zelfs als het bewijs ons recht in het gezicht staart, weten we onszelf nog voor de gek te houden. Tot op de dag van vandaag geloven veel Britten dat hun veerkracht tijdens de Blitz typisch Brits was.

Maar ze was niet typisch Brits. Ze was typisch menselijk.

HOOFDSTUK 1

EEN NIEUW REALISME

1.

Dit is een boek over een radicaal idee.

Het is een idee waar machthebbers al eeuwen benauwd van worden. Waar religies en ideologieën zich tegen hebben gekeerd. Waar media zelden verslag van doen en de geschiedenis één lange ontkenning van lijkt.

Tegelijkertijd is het een idee dat onderbouwing vindt in nagenoeg ieder vakgebied van de wetenschap. Dat door de evolutie wordt gestaafd en door het alledaagse leven bevestigd. Een idee dat zozeer aansluit bij de menselijke natuur, dat het vaak niet eens meer opvalt.

Hadden we de moed om het serieus te nemen, dan zou blijken: dit idee kan een revolutie ontketenen. De samenleving op haar kop zetten. Als het werkelijk tot je doordringt, is het zelfs een levensveranderend medicijn, waardoor je nooit meer op dezelfde manier naar de wereld kijkt.

Het idee in kwestie?

De meeste mensen deugen.

Ik ken niemand die het idee beter uit kan leggen dan Tom Postmes, hoogleraar sociale psychologie in Groningen. Al jaren stelt hij dezelfde vraag aan zijn studenten:

Een vliegtuig maakt een noodlanding en breekt in drie stukken. De cabine vult zich met rook. Alle inzittenden realiseren zich: we moeten hier weg. Wat gebeurt er?

- Op Planeet A vragen de inzittenden elkaar of ze in orde zijn. Personen die hulp nodig hebben, krijgen voorrang. Mensen zijn bereid hun leven te geven, zelfs voor vreemden.
- Op Planeet B is het ieder voor zich. Totale paniek breekt uit. Er wordt geschopt en geduwd. Kinderen, ouderen en mensen met een handicap worden onder de voet gelopen.

Vraag: op welke planeet leven we?

'Ik schat dat 97 procent denkt dat we op Planeet B leven', vertelt Postmes. 'Maar in de praktijk leven we vrijwel altijd op Planeet A.'[1]

Het maakt niet uit aan wie je het vraagt. Linkse en rechtse, arme en rijke, ongeschoolde en belezen mensen – iedereen maakt dezelfde inschattingsfout. 'Eerstejaars studenten weten het niet, derdejaars niet, masterstudenten niet, en ook veel professionals niet, tot rampenbestrijders aan toe', verzucht Postmes. 'Aan het onderzoek ligt het niet. Men zou dit kunnen weten sinds de Tweede Wereldoorlog.'

Zelfs de beroemdste rampen in de geschiedenis speelden zich af op Planeet A. Neem de ondergang van de Titanic. Als je de film hebt gezien, denk je misschien dat iedereen in paniek was (afgezien van het strijkkwartet). Maar nee, er werd niet geduwd en getrokken. Een ooggetuige rapporteerde dat er 'geen indicatie van paniek of hysterie' was, 'geen angstkreten, en geen heen en weer geren'.[2]

Of denk aan 11 september 2001. Duizenden mensen liepen geduldig de trappen van de Twin Towers af, ook al wisten ze dat hun levens in gevaar waren. Brandweerlieden en gewonden kregen voorrang. 'Mensen zeiden echt: "Nee, nee, jij eerst"', herinnerde een van de slachtoffers zich later. 'Ik kon het niet geloven dat mensen op dit punt zouden zeggen: "Alsjeblieft, ga voor." Het was onwerkelijk.'[3]

Dat mensen van nature egoïstisch, paniekerig en agressief zijn, is een hardnekkige mythe. De bioloog Frans de Waal spreekt ook wel van de 'vernistheorie'.[4] De beschaving zou maar een dun laagje zijn, dat bij het minste of geringste zou barsten. Maar het is precies andersom: juist als de bommen uit de lucht vallen of de dijken breken, komt het beste in ons naar boven.

Op 29 augustus 2005 braken de dijken van New Orleans. De orkaan Katrina raasde over de stad, waarna 80 procent van de huizen onder water liep. Het werd de grootste natuurramp in de geschiedenis van de Verenigde Staten. Ten minste 1.836 mensen kwamen om.

Die week stonden de kranten vol met berichten over verkrachtingen en schietpartijen in New Orleans. Er deden gruwelijke verhalen de ronde, over gangsters die plunderend rondzwierven en een scherpschutter die reddingshelikopters onder vuur nam. In het Superdome-stadion, het grootste opvangcentrum, zaten maar liefst 25.000 mensen als ratten in de val. Zonder elektriciteit. Zonder water. Journalisten rapporteerden dat de kelen van twee baby's waren doorgesneden, en dat een zevenjarig meisje was verkracht en vermoord.[5]

De korpschef van de politie zei dat de stad weggleed in anarchie en de gouverneur van Louisiana vreesde hetzelfde. 'Wat mij vooral boos maakt', zei ze, 'is dat rampen als deze vaak het slechtste in mensen naar boven halen.'[6]

Die conclusie ging de wereld over. De gelauwerde historicus Timothy Garton Ash schreef in de Britse krant *The Guardian* wat iedereen al dacht:

> Haal de basiselementen van het ordelijke, beschaafde leven weg – eten, onderdak, drinkwater, een minimum aan persoonlijke veiligheid – en wij vallen binnen een paar uur terug in een hobbesiaanse oerstaat, een oorlog van allen tegen allen. [...] Een paar worden tijdelijk engelen, de meesten worden weer apen.

Daar was hij weer: de vernistheorie. New Orleans had een klein gaatje geopend, aldus Garton Ash, in 'de dunne korst op het kolkende magma van de menselijke natuur'.[7]

Pas maanden later, toen de journalisten waren verdwenen, het water was weggepompt en de columnisten een nieuw onderwerp hadden gevonden, ontdekten wetenschappers wat er echt was gebeurd in New Orleans.

Het geluid van de scherpschutter bleek de klep van een gastank. In het Superdome-stadion waren zes mensen omgekomen: vier op natuurlijke wijze, één door een overdosis en één door zelfdoding. De korpschef moest toegeven dat hij geen enkel officieel verslag van moord of verkrachting had. En inderdaad: er was veel geplunderd, maar vooral door groepen die samenwerkten om te overleven, soms zelfs met de politie.[8]

Onderzoekers van het Disaster Research Center van de Universiteit van Delaware concludeerden dat 'de overweldigende meerderheid van het spontane gedrag prosociaal was'.[9] Er was een armada van boten gearriveerd, tot uit Texas, om zo veel mogelijk mensen te redden. Er waren honderden reddingsgroepen gevormd. Eén groep had zich de Robin Hood Plunderaars genoemd: elf vrienden die voedsel, kleren en medicijnen 'stalen' en uitdeelden.[10]

De stad was, kortom, niet overspoeld door egoïsme en anarchie. De stad was overspoeld door moed en naastenliefde.

Katrina voldeed hiermee aan het wetenschappelijke beeld

van hoe mensen reageren op rampen. Het Disaster Research Center heeft sinds 1963 op basis van bijna zevenhonderd veldstudies vastgesteld dat er, in tegenstelling tot wat je in films ziet, nooit totale paniek uitbreekt na een ramp. Er is ook nooit sprake van een vloedgolf van egoïsme. Het aantal misdaden – moord, diefstal, verkrachting – daalt meestal. Mensen blijven rustig, raken niet in shock en komen snel in actie. 'En hoeveel er ook geplunderd wordt', merkt een van de onderzoekers op, 'het verbleekt altijd bij het wijdverbreide altruïsme dat leidt tot het gratis en massale geven en delen van goederen en diensten.'[11]

In noodgevallen komt het beste in mensen naar boven. Ik zou geen sociologisch inzicht weten dat zo stevig is onderbouwd en zo straal wordt genegeerd. Het beeld dat in de media wordt geschetst is steevast het omgekeerde van wat er daadwerkelijk na een ramp gebeurt.

Ondertussen kostten de hardnekkige geruchten in New Orleans wel mensenlevens.

Zo kwam de hulpverlening tergend traag op gang omdat reddingswerkers niet zonder beveiliging de stad in durfden. Er werden 72.000 militairen opgeroepen met de opdracht op 'tuig' te vuren. 'Deze troepen weten hoe ze moeten schieten en doden [...] en ik verwacht dat ze dat zullen doen', aldus de gouverneur.[12]

Zo geschiedde. Bij de Danzigerbrug in het oosten van de stad schoot de politie op zes onschuldige en ongewapende Afro-Amerikanen, waarna een jongen van 17 en een geestelijk gehandicapte man van 40 stierven. (Vijf agenten werden hiervoor later veroordeeld tot hoge gevangenisstraffen.)[13]

Natuurlijk, de ramp in New Orleans is een extreem voorbeeld. Maar de dynamiek van rampspoed is steeds dezelfde. Er is een collectieve tegenslag, er komt een vloedgolf van samenwerking, bestuurders raken in paniek, en dan volgt de tweede ramp.

'Mijn eigen indruk', schrijft Rebecca Solnit, die het magistrale boek *A Paradise Built in Hell* (2009) schreef over de orkaan Katrina, 'is dat *elite panic* ontstaat doordat machthebbers de mensheid zien naar hun eigen evenbeeld.'[14] Koningen en dictators, gouverneurs en generaals denken dat gewone mensen egoïstisch zijn, omdat ze dat zelf zo vaak zijn. Ze gebruiken grof geweld omdat ze iets willen voorkomen dat zich alleen in hun eigen fantasie afspeelt.

2.

In de zomer van 1999, op een kleine school in het Belgische Bornem, kregen negen kinderen mysterieuze ziekteverschijnselen. Hoofdpijn. Braken. Hartkloppingen. 's Ochtends waren ze vrolijk de klas binnengekomen, maar na de lunchpauze voelden ze zich niet goed. De leraren konden maar één verklaring bedenken: al deze negen kinderen hadden tijdens de pauze een flesje Coca-Cola gedronken.

Het duurde niet lang of journalisten kregen lucht van het incident. En dus begon de telefoon op het hoofdkantoor van Coca-Cola te rinkelen. Dezelfde avond stuurde het bedrijf een persbericht de wereld in: miljoenen flesjes zouden in België uit de schappen worden gehaald. 'We zijn koortsachtig op zoek naar de oorzaak en hopen in de komende dagen een definitief antwoord te hebben', meldde een woordvoerder.[15]

Maar het was al te laat. De klachten verspreidden zich als een olievlek over het land, tot over de grens met Frankrijk. Lijkbleke kinderen werden afgevoerd in ambulances. Alle producten van Coca-Cola bleken die week gevaarlijk voor kinderen, of het nu Fanta, Sprite, Nestea of Aquarius was. Het 'Coca-Cola-incident' werd een van de grootste financiële stroppen in de geschiedenis van het 107-jarige bedrijf. Maar liefst 17 miljoen dozen frisdrank werden teruggeroepen in België en alles wat nog in de koelhuizen stond moest worden vernietigd.[16] Kosten: meer dan 200 miljoen dollar.[17]

Maar toen gebeurde er iets vreemds. Na een paar weken kwamen de toxicologen met lege handen uit het lab: er was niks te vinden in die flesjes. Geen pesticiden. Geen ziekteverwekkers. Geen schadelijke metalen. Niks. Ook in het bloed en de urine van de honderden patiënten werd niets gevonden. De wetenschappers konden geen enkele chemische verklaring vinden voor de heftige symptomen, die inmiddels bij meer dan duizend jongens en meisjes waren geconstateerd.

'Die kinderen waren echt ziek, laat daar geen twijfel over bestaan', zou een van de onderzoekers later opmerken. 'Alleen was het niet de cola die hen ziek had gemaakt.'[18]

Eigenlijk ging het Coca-Cola-incident over een oude, filosofische vraag.

Wat is waarheid?

Sommige dingen zijn waar, of je er nu in gelooft of niet. Water kookt bij 100 graden. Roken is dodelijk. President Kennedy werd vermoord op 22 november 1963 in Dallas.

Andere dingen kunnen waar *worden*, als we er tenminste in geloven. In de sociologie wordt ook wel van een *'self-fulfilling prophecy'* gesproken. Als je bijvoorbeeld voorspelt dat een bank zal omvallen en genoeg mensen je geloven, dan zullen zij net zo lang geld van hun rekening halen totdat de bank is omgevallen.

Of neem het placebo-effect. Slik een neppil waarvan de dokter zegt dat hij werkt en je zou je zomaar beter kunnen voelen. Hoe theatraler de placebo, hoe groter die kans. Zo is een placebo inspuiten meestal effectiever dan er een slikken. Zelfs aderlaten kon op deze manier helpen. Niet omdat de middeleeuwse geneeskunde nou zo geweldig was, maar wel omdat mensen zich goed konden *voorstellen* dat ze beter zouden worden van zo'n heftige ingreep.

En de ultieme placebo? Opereren! Trek je witte jas aan, dien de verdoving toe, drink een kopje koffie en vertel je patiënt bij het ontwaken dat de operatie een overdonderend succes was. Uit een grote overzichtsstudie in het *British Medical Journal*, waarin echte operaties voor bijvoorbeeld rugpijn of brandend maagzuur werden vergeleken met zo'n toneelstuk, bleek dat de placebo in driekwart van de gevallen ook hielp. In de helft was de placebo zelfs even goed.[19]

Maar het werkt ook andersom.

Slik een neppil waarvan je *denkt* ziek te worden, en de kans is groot dat je het wordt. Waarschuw je patiënten voor ernstige bijwerkingen, en ze zouden er zomaar last van kunnen krijgen. Er is relatief weinig onderzoek gedaan naar dit '*nocebo*-effect', omdat het niet erg verantwoord is om mensen het gevoel te geven dat ze ziek worden. Toch wijst alles erop dat een nocebo heel krachtig kan zijn.

In de zomer van 1999 kwamen de Belgische medici tot dezelfde conclusie. Misschien was er daadwerkelijk iets mis geweest met een paar Coca-Cola-flesjes in dat dorpje Bornem. Het zou kunnen. Maar verder waren de wetenschappers er zeker van: in de rest van het land moest sprake zijn geweest van een 'massale psychogene ziekte'. Of in gewonemensentaal: het zat tussen de oren.

Dat wil niet zeggen dat de slachtoffers zich aanstelden. Meer dan duizend Belgische kinderen waren écht misselijk, koortsig en duizelig. Wat tussen de oren komt, kan levensecht worden. Als het nocebo-effect ons iets leert, dan is het dat ideeën nooit zomaar ideeën zijn. Wat we geloven, is wat we worden. Wat we zoeken, is wat we vinden. Wat we voorspellen, is wat gebeurt.

En hier komt het: ons negatieve mensbeeld is ook een nocebo.

Als we *geloven* dat de meeste mensen niet deugen, gaan we elkaar zo behandelen. Dan halen we het slechtste in elkaar naar boven.

Uiteindelijk zijn er maar weinig ideeën die de wereld zo sterk beïnvloeden als ons mensbeeld. Wat we aannemen in elkaar, is wat we oproepen. Als we het hebben over de grootste uitdagingen van onze tijd – van de opwarming van de aarde tot het tanende vertrouwen in elkaar – dan denk ik dat het antwoord begint bij een ander mensbeeld.

In dit boek zal ik niet betogen dat we van nature goed zijn. Mensen zijn geen engelen. We hebben een goed been en een slecht been, de vraag is welk been we trainen.

Ik zal slechts betogen dat we van nature, als kind, op een onbewoond eiland, als een oorlog begint of de dijken breken, een sterke voorkeur hebben voor dat goede been. Ik zal een grote hoeveelheid wetenschappelijk bewijs aandragen waaruit blijkt dat een positiever mensbeeld realistisch is. Tegelijkertijd denk ik dat het nóg realistischer kan worden als we erin gaan geloven.

Er is een parabel die al jaren op het internet rondzwerft, en waarvan niemand precies de oorsprong kent. Ze bevat volgens mij een simpele, maar diepe waarheid:

> Een grootvader zei eens tegen zijn kleinzoon: 'Er speelt zich een gevecht in mij af, een strijd tussen twee wolven. De ene is slecht, boos, hebzuchtig, jaloers, arrogant en laf. De andere is goed – hij is rustig, liefdevol, bescheiden, gul, eerlijk en betrouwbaar. Deze wolven vechten ook in jou en in ieder ander persoon.'

De jongen dacht even na en zei toen: 'Welke wolf zal winnen?'

De oude man glimlachte.

'De wolf die jij voedt.'

3.

Als ik de afgelopen jaren op feestjes vertelde dat ik werkte aan dit boek, zag ik al snel opgetrokken wenkbrauwen. Ongelovige blikken. Een Duitse uitgever wees mijn boekvoorstel resoluut af: de Duitsers zouden niet geloven in het goede van de mens. Een lid van de Parijse intelligentsia verzekerde me dat Fransen de harde hand van de staat nodig hebben. Toen ik na de verkiezingen van 2016 door de VS reisde, vroeg de ene na de andere Amerikaan of ik ze nog wel op een rijtje had.

De meeste mensen deugen? Keek ik weleens televisie?

Niet lang geleden liet een studie van twee Amerikaanse psychologen nog zien hoe hardnekkig het geloof in onze eigen verdorvenheid is. De onderzoekers legden hun proefpersonen verschillende situaties voor waarin mensen iets goeds leken te doen. Wat bleek: mensen zijn getraind om overal egoïsme in te zien.

Iemand helpt een oude man over straat?

Doet-ie zeker om goed over te komen.

Iemand geeft geld aan een dakloze?

Vast om zelf een lekker gevoel te krijgen.

Ook toen de onderzoekers de harde cijfers lieten zien, over vreemdelingen die portemonnees netjes terugbrengen en over het feit dat de overgrote meerderheid van de bevolking zelden fraudeert, kregen de meeste deelnemers geen positiever mensbeeld. 'In plaats daarvan', schrijven de psychologen, 'besluiten ze dat schijnbaar onzelfzuchtig gedrag alsnog egoistisch moet zijn.'[20]

Cynisme is een theorie van alles. Ze klopt altijd.

De vraag die me nu al jaren fascineert, is *waarom* we de wereld zo negatief bekijken. Hoe is het mogelijk dat zo veel mensen denken dat we op Planeet B leven, terwijl zo veel wetenschappelijk bewijs in de richting van Planeet A wijst?

Is het een gebrek aan opleiding? Eerder het tegendeel. In dit boek zullen talloze geleerden voorbijkomen die overtuigd zijn van onze verdorvenheid. Politieke overtuiging dan? Ook dat maakt weinig uit. Menig gelovige beschouwt ons als door en door zondig wezen. Menig kapitalist denkt dat we van nature egoïstisch zijn. Menig milieuactivist ziet de mens als een plaag die de planeet verwoest. Duizend meningen, één mensbeeld.

En dus begon ik me af te vragen waar ons zwarte mensbeeld vandaan komt. Waarom zijn we ooit gaan geloven in de verdorvenheid van de mens?

Ik heb inmiddels wel een vermoeden.

Stel: er komt morgen een nieuwe drug op de markt. Hij is extreem verslavend, en verspreidt zich binnen de kortste tijd onder de bevolking. Wetenschappers doen grondig onderzoek en concluderen dat de drug gepaard gaat met, ik citeer, 'misperceptie van risico's, angst, negatieve gevoelens, aangeleerde hulpeloosheid, vijandigheid ten opzichte van anderen en afstomping'.[21]

Zouden we het middel gebruiken? Zouden onze kinderen het mogen proberen? Zou de overheid het legaliseren? Het antwoord is drie keer ja. Ik heb het namelijk over een van de grootste verslavingen van onze tijd. Over een drug die we dagelijks innemen, die zwaar wordt gesubsidieerd en op enorme schaal aan onze kinderen wordt verstrekt.

Het nieuws.

Ik ben nog opgevoed met de gedachte dat het nieuws goed is voor je ontwikkeling. Een betrokken burger zou regelmatig de krant moeten lezen en het journaal kijken. Hoe beter we het nieuws volgen, hoe beter we geïnformeerd zijn, hoe gezonder de democratie.

Dit is nog altijd het verhaal dat ouders aan hun kinderen vertellen, maar wetenschappers komen inmiddels tot heel andere conclusies. Er zijn tientallen studies die uitwijzen dat het nieuws je mentale gezondheid schaadt.[22]

De grondlegger van dit onderzoeksveld, de hoogleraar George Gerbner (1919-2005), sprak in de jaren negentig al van het 'gemenewereldsyndroom'. De klinische symptomen omvatten misantropie, cynisme en pessimisme. Mensen die het nieuws volgen stemmen vaker in met uitspraken als 'De meeste mensen denken alleen aan zichzelf'. Ze geloven vaker dat je als individu niets kunt bijdragen aan een betere wereld. Ze zijn ook vaker gestrest en depressief.

Onlangs werd in dertig landen een simpele vraag gesteld: 'Denk je dat de wereld erop vooruitgaat, hetzelfde blijft, of erop achteruitgaat?' In álle landen, van Rusland tot Canada, Mexico tot Hongarije, antwoordde de overgrote meerderheid dat de wereld erop *achteruitgaat*.[23]

In werkelijkheid is het precies andersom. De extreme armoede, het aantal oorlogsslachtoffers, de kindersterfte, de misdaad, de honger, de kinderarbeid, het aantal doden bij natuurrampen en het aantal vliegtuigcrashes zijn in de afgelopen decennia omlaag gevlogen. We leven in de rijkste, veiligste en gezondste tijd ooit.

Waarom we dit niet weten? Simpel: omdat het nieuws over de uitzonderingen gaat. Aanslag, geweld, ramp: hoe uitzonderlijker een gebeurtenis, hoe nieuwswaardiger ze wordt. Je ziet nooit een kop als 'AANTAL MENSEN IN EXTREME ARMOEDE GISTEREN MET 137.000 AFGENOMEN', terwijl die kop in de afgelopen vijfentwintig jaar iedere dag op de voorpagina had kunnen staan.[24] Je ziet nooit een liveverbinding met een correspondent die zegt: 'Ik sta hier in Lutjebroek, waar vandaag wéér geen oorlog is uitgebroken.'

Een paar jaar geleden onderzocht een team van Nederlandse sociologen hoe media verslag doen van vliegtuigcrashes. Tussen 1991 en 2015 nam het aantal ongelukken gestaag af, maar de aandacht voor ongelukken nam juist toe. Het gevolg: mensen werden steeds banger om in steeds veiligere vliegtuigen te stappen.[25]

Een ander team van mediawetenschappers bouwde een database met meer dan vier miljoen krantenberichten over immigratie, misdaad en terrorisme. Wat bleek: juist in periodes met weinig immigratie of geweld besteedden de kranten er méér aandacht aan. 'Er lijkt geen of zelfs een negatief verband te zijn', concludeerden de onderzoekers, 'tussen het nieuws en de realiteit.'[26]

Met 'het nieuws' bedoel ik natuurlijk niet alles wat journalisten maken. Er zijn talloze informatieve vormen van journalistiek die je helpen om de wereld beter te begrijpen.

Maar het nieuws – verslaggeving over recente, incidentele en sensationele gebeurtenissen – is de meestvoorkomende vorm. Acht op de tien volwassenen in de westerse wereld consumeren dagelijks nieuws. Gemiddeld besteden we er een uur per dag aan. Dat is drie jaar op een mensenleven.[27]

Er zijn twee simpele redenen waarom mensen zo vatbaar zijn voor de somberheid van het nieuws. De eerste wordt door psychologen de *negativity bias* genoemd. We zijn nu eenmaal gevoeliger voor het slechte dan voor het goede. Toen we honderdduizenden jaren leefden als jagers en verzamelaars, konden we beter honderd keer te vaak bang zijn voor een spin of slang dan één keer te weinig. Van te veel angst ging je niet dood, van te weinig wel.

In de tweede plaats hebben we last van de zogenoemde *availability bias*. Als mensen ergens makkelijk een voorbeeld van kunnen noemen, dan denken ze dat dit vaker voorkomt. Dus het feit dat we worden gebombardeerd met gruwelijke verhalen over vliegtuigrampen, kinderlokkers en onthoofdingen – verhalen die je niet snel uit je hoofd krijgt – zorgt al snel voor een verwrongen wereldbeeld. 'We zijn niet rationeel genoeg om te worden blootgesteld aan de pers', merkt de statisticus Nassim Nicholas Taleb op.[28]

In dit digitale tijdperk worden de extreme kanten van het nieuws nog verder aangezet. Vroeger wisten journalisten niet al te veel van je. Ze produceerden voor de massa. De mensen achter Facebook, Twitter en Google daarentegen kennen je heel goed. Ze weten waar je op klikt. Ze weten wat je het schokkendst en gemeenst vindt. Ze weten hoe ze je aandacht kunnen vasthouden, om je vervolgens de lucratiefste advertenties te serveren.

Je zou het moderne mediageweld kunnen zien als een strijd tegen het alledaagse. Want laten we eerlijk zijn: de levens van de meeste mensen zijn saai. Sympathiek, maar saai. En ja, iedereen wil saaie en sympathieke buren (en de meeste buren zijn dat ook). Maar met 'saai' trek je geen aandacht. Met 'sympathiek' verkoop je geen advertenties. Silicon Valley schotelt ons daarom steeds extremer materiaal voor, waar we steeds sneller op klikken. 'Nieuws is voor de geest', merkt een Zwitserse romancier op, 'wat suiker is voor het lichaam.'[29]

Het goede in de mens legt het ondertussen af in de berichtgeving. Want juist het goede is alledaags.

Een aantal jaar geleden probeerde ik het over een andere boeg te gooien. Voortaan geen nieuws of telefoon meer bij het ontbijt. Voortaan een goed boek. Geschiedenis. Psychologie. Filosofie.

Toch stuitte ik al snel op hetzelfde probleem. Ook in boeken regeren de uitzonderingen. Zo gaan de bestverkochte geschiedenisboeken steevast over rampen en tegenspoed, tirannie en onderdrukking. Oorlog, oorlog, en nog eens oorlog. Mocht er een keer géén oorlog zijn, dan noemen geschiedkundigen dat het 'interbellum'.

Ook in de wetenschap heeft decennia een donker mensbeeld geheerst. Zoek een boek over de menselijke natuur en je stuit op titels als *Demonic Males, The Selfish Gene* en *The Murderer Next Door.*

Biologen zijn jarenlang uitgegaan van de deprimerendste versie van de evolutietheorie. Zelfs als een dier iets aardigs *leek* te doen, werd het nog als egoïsme neergezet. Dieren houden van hun familie? Nepotisme! Een aap deelt een banaan? Er wordt van hem gebietst![30] Of zoals een Amerikaanse bioloog sneerde: 'Wat doorgaat voor samenwerking blijkt een mengelmoes van opportunisme en uitbuiting te zijn. [...] Krab een altruïst en zie een huichelaar bloeden.'[31]

Binnen de economische wetenschap was het niet anders. Economen zagen de mens als *Homo economicus*. We zouden voortdurend bezig zijn met ons eigen gewin, als egoïstische en berekenende robots. Op dit mensbeeld bouwden economen een kathedraal van theorieën en modellen, waarop stapels wetgeving werden gebaseerd.

Al die tijd werd nooit uitgezocht of de '*Homo economicus*' überhaupt bestond. Pas rond het jaar 2000 bezochten de econoom Joseph Henrich en zijn collega's vijftien kleine gemeenschappen in twaalf landen op vijf continenten. Ze lieten landbouwers, nomaden, jagers en verzamelaars allerlei testen doen, op zoek naar iemand die voldeed aan het egoïstische mensbeeld waar economen al decennia van uitgingen.

Zonder resultaat. Keer op keer bleken mensen te sociaal en te sympathiek.[32]

Na de publicatie van hun invloedrijke paper bleef Henrich zoeken naar dat illustere wezen waar zo veel economen in geloofden. En toen vond hij het. Of nu ja, *Homo* (mens) is niet helemaal het goede woord. *Homo economicus* bleek namelijk een chimpansee. 'Het model is bijzonder succesvol gebleken in het voorspellen van het gedrag van chimpansees in eenvoudige experimenten', merkt Henrich droogjes op. 'Dus al het theoretische werk is niet voor niets geweest. We hebben het alleen toegepast op de verkeerde soort.'[33]

Minder grappig is dat het economische mensbeeld decennia als een nocebo heeft gewerkt. Al in de jaren negentig vroeg de econoom Robert Frank zich af wat het beeld van de mens als egoïstisch wezen met zijn studenten deed. Hij liet ze allerlei opdrachten doen waarin hun vrijgevigheid werd gemeten, en wat bleek: hoe langer ze economie hadden gestudeerd, hoe egoïstischer ze waren.

'We worden wat we onderwijzen', aldus Frank.

Dat mensen van nature egoïstisch zijn, is een leerstuk dat in het Westen al eeuwen wordt onderwezen. Grote denkers als Thucydides, Augustinus, Machiavelli, Hobbes, Luther, Calvijn, Burke, Bentham, Nietzsche, Freud en de Amerikaanse *Founding Fathers* onderschreven stuk voor stuk de vernistheorie van de beschaving. Ze gingen er allemaal van uit dat we op Planeet B leefden.

Het fascinerende is dat niet alleen het traditionele christendom, maar ook de rationele Verlichting (de stroming die in de achttiende eeuw het verstand boven het geloof plaatste) is geworteld in een duister mensbeeld. De orthodoxe gelovigen dachten dat we verdorven waren, en hoogstens een laagje vroomheid over onze natuur konden smeren. Veel verlichte filosofen dachten óók dat we verdorven zijn, maar kwamen met een andere remedie: een laagje rationaliteit over onze verrotte natuur.

Als je focust op het mensbeeld, valt keer op keer de continuïteit in het westerse denken op. 'Van de mensen kan men in het algemeen zeggen dat ze ondankbaar, wispelturig en huichelachtig zijn', schreef Niccolò Machiavelli, de grondlegger van de politieke wetenschap. 'Alle mensen zouden tirannen zijn, als ze zouden kunnen', schreef John Adams, een van de grondleggers van de Amerikaanse democratie. 'We stammen af van generaties aan moordenaars, wier liefde voor moord in hun bloed zat', schreef Sigmund Freud, de grondlegger van de psychologie.

En het vreemde is: zulke denkers zijn steevast 'realistisch' genoemd. Dissidente denkers werden ondertussen beschimpt om hun geloof in het goede van de mens.[34] Emma Goldman, een feminist die haar hele leven werd vervolgd voor haar strijd voor vrijheid en gelijkheid, verzuchtte eens: 'Ach arme menselijke natuur, wat een verschrikkelijke misdaden zijn begaan in uw naam! [...] Hoe groter de mentale charlatan, hoe sterker zijn obsessie met de slechtheid en zwakheid van de mens.'[35]

Pas sinds een aantal jaar komt de ene na de andere wetenschapper, vanuit totaal verschillende disciplines, tot de conclusie dat ons duistere mensbeeld aan een volledige herziening toe is. Dit besef is nog zo pril dat wetenschappers het vaak niet eens van elkaar weten. Of zoals een vooraanstaand psycholoog uitriep toen ik haar vertelde over nieuwe stromingen binnen de biologie:

'Oh God, so it's happening there as well?'

4.

Voordat ik verslag doe van mijn zoektocht naar een nieuw mensbeeld, heb ik nog drie waarschuwingen.

Wie het opneemt voor de mens neemt het op tegen een hydra, dat mythologische monster met zeven koppen die – als Hercules er één van afsloeg – dubbel teruggroeiden. Met cynisme is het net zo. Voor ieder misantropisch argument dat je ontkracht, krijg je er twee terug. De vernistheorie is een zombie die weigert te sterven.

Wie het opneemt voor de mens neemt het ook op tegen de machtigen der aarde. Voor hen is een hoopvol mensbeeld ronduit bedreigend. Staatsgevaarlijk. Gezagsondermijnend. Het impliceert immers dat we geen egoïstische dieren zijn die van bovenaf moeten worden gecontroleerd, gereguleerd en gedresseerd. Het impliceert dat de keizer geen kleren aanheeft. Een bedrijf met intrinsiek gemotiveerde werknemers kan prima zonder managers. Een democratie met betrokken burgers heeft geen politici nodig.

Wie het opneemt voor de mens, tot slot, zal om de haverklap worden bespot en beschimpt. Je zou naïef zijn. Onnozel. Iedere zwakke plek in je betoog zal genadeloos worden blootgelegd. Wat dat betreft is het makkelijker om een cynicus te zijn. De pessimistische geleerde, die in zijn leunstoel oreert over het menselijk tekort, kan voorspellen wat hij wil. Als zijn profetieën niet uitkomen, kan hij zijn gelijk immers alsnog claimen. Want wie weet gaat het in de toekomst wel mis? En misschien hebben zijn wijze woorden ons voor erger behoed? De doemprofeet klinkt o zo diepzinnig, wat hij ook roept.

De redenen voor hoop zijn daarentegen altijd voorlopig. Er is nóg niets misgegaan. Je bent nóg niet bedrogen. Een idealist kan zijn leven lang gelijk hebben, maar toch als naïef worden weggezet. Met dit boek wil ik daar verandering in brengen. Wat nu onredelijk, onrealistisch en onhaalbaar lijkt, kan straks de normaalste zaak van de wereld zijn.

Het is tijd voor een nieuw mensbeeld. Het is tijd voor een nieuw realisme.

HOOFDSTUK 2

DE ECHTE *LORD OF THE FLIES*

1.

Toen ik begon te schrijven aan dit boek, besefte ik dat ik om één verhaal niet heen kon.

Het decor: een onbewoond eiland in de Stille Oceaan. Een vliegtuig is net neergestort. De overlevenden zijn een stuk of twintig Britse schooljongens, die hun geluk niet op kunnen. Het strand, de schelpen, het water – het is alsof ze in een jongensboek zijn terechtgekomen. En nog beter: er zijn geen volwassenen.

Al op de eerste dag voeren de jongens een soort democratie in. Een van hen, Ralph, wordt verkozen tot leider. Hij is de *golden boy,* de John F. Kennedy van het stel: atletisch, charismatisch, aantrekkelijk. Zijn actieplan bestaat uit drie punten. Eén: lol trappen. Twee: overleven. Drie: rook maken voor passerende schepen.

Alleen punt één wordt een succes. De meeste jongens blijken liever te spelen en te schranzen dan op het vuur te letten. Jack, een potige jongen met rood haar, jaagt het liefst op varkens. Met het verstrijken van de tijd worden hij en zijn vrienden steeds roekelozer. En net als er een schip voorbijkomt, hebben ze hun post bij het vuur verlaten.

'Je overtreedt de regels', roept Ralph verontwaardigd.

Jack haalt zijn schouders op. 'Wat maakt het uit?'

'De regels zijn het enige wat we hebben!'

Als de duisternis valt, groeit de angst voor een beest dat zich op het eiland schuil zou houden. Maar het echte beest zit in de jongens zelf. Ze beschilderen hun gezicht en werpen hun kleren af. Hun verlangen om te knijpen en te schoppen en te bijten wordt steeds groter.

Al die tijd houdt één jongen, Piggy, het hoofd koel. Piggy wordt zo genoemd omdat hij dikker is dan de rest. Hij heeft astma, een bril en kan niet zwemmen. Piggy is de stem van de rede, maar niemand luistert. 'Wat zijn we?' vraagt hij zich wanhopig af. 'Mensen? Of dieren? Of wilden?'

Weken later zet een Britse officier eindelijk voet aan wal. Het eiland is dan een smeulende ravage. Drie kinderen, onder wie Piggy, zijn dood. 'Ik had gedacht dat een groep Britse jongens zich beter zou gedragen', schampert de officier. Ralph, ooit de leider van die keurig opgevoede kinderen, barst in tranen uit.

'Ralph huilt om het einde van de onschuld', lezen we, 'om de duisternis in het hart van de mens...'

Het bovenstaande verhaal is van a tot z verzonnen. Het ontstond in 1951, in het hoofd van een Britse leraar genaamd William Golding. 'Zou het geen goed idee zijn', vroeg hij op een dag aan zijn vrouw, 'als ik een boek schreef over een paar jongens op een eiland, om te laten zien hoe ze zich echt zouden gedragen?'[1]

Uiteindelijk zouden er tientallen miljoenen exemplaren van *Lord of the Flies* (*Heer der vliegen* in de Nederlandse vertaling) over de toonbank gaan. Het boek verscheen in meer dan dertig talen en groeide uit tot een van de grootste klassiekers van de twintigste eeuw.

Achteraf is het succes van het boek eenvoudig te verklaren. Golding liet als geen ander zien waar de mens toe in staat is. 'Zelfs als we beginnen als een onbeschreven blad', schreef hij in zijn eerste brief aan zijn uitgever, 'dan nog dwingt onze natuur ons er een potje van te maken.'[2] Of, zoals hij later opmerkte: 'De mens produceert kwaad zoals een bij honing.'[3]

Natuurlijk hielp de tijdgeest mee: begin jaren zestig vroeg een nieuwe generatie haar ouders naar de gruwelen van de Tweede Wereldoorlog. Was Auschwitz een uitzondering, of zit er een nazi in ieder van ons?

William Golding suggereerde met *Lord of the Flies* het laatste, en scoorde zo een enorme hit. De invloedrijke criticus Lionel Trilling stelde dat de roman een 'mutatie in de cultuur' teweegbracht.[4] Uiteindelijk won Golding zelfs de Nobelprijs voor zijn oeuvre dat, in de woorden van het Zweedse comité, 'als realistisch verhalende kunst' op briljante wijze 'de menselijke conditie in de wereld van vandaag belicht'.

Tegenwoordig is *Lord of the Flies* veel meer dan een roman. Natuurlijk, het verhaal is verzonnen en staat in bibliotheken bij de afdeling fictie. Toch is het boek verworden tot het ultieme voorbeeld van de vernistheorie. Golding was de eerste die het aandurfde: een *realistisch* kinderboek. Geen sentimenteel gedoe over een huisje op de prairie of een kleine prins.

Nee, dit was een spijkerhard verhaal over hoe kinderen echt zijn.

2.

Ik weet nog goed dat ik de roman voor het eerst las, als tiener. Ik weet nog dat het verhaal me somber achterliet, en dat ik er lang over gepiekerd heb. Twijfelen aan Goldings mensbeeld deed ik geen seconde.

Pas jaren later begon het te knagen, toen ik het boek nog eens las. Ik verdiepte me in de biografie van William Golding, en kwam erachter dat hij een getormenteerd mens was. Hij was een alcoholist. Had last van depressies. Sloeg zijn kinderen. 'Ik heb de nazi's altijd begrepen', bekende Golding, 'want ik was van nature net zo.' En het was 'gedeeltelijk vanuit treurige zelfkennis' dat hij *Lord of the Flies* had geschreven.[5]

Andere mensen interesseerden de schrijver weinig. Zijn biograaf merkt op dat hij niet eens de moeite nam de namen van kennissen goed te spellen. 'De natuur van de Mens met hoofdletter M', zo schreef Golding, 'werd een urgentere zaak voor mij dan daadwerkelijk mensen ontmoeten.'[6]

Zou een wetenschapper ooit hebben uitgezocht, vroeg ik me af, wat kinderen echt zouden doen op een onbewoond eiland?

Ik schreef een essay waarin ik *Lord of the Flies* vergeleek met de inzichten uit de moderne wetenschap, en concludeerde dat kinderen waarschijnlijk heel anders zouden reageren.[7] 'Er is geen greintje bewijs', citeerde ik de bioloog Frans de Waal, 'dat kinderen zich zo zouden gedragen.'[8]

Maar toen ik dat stuk publiceerde, waren veel lezers sceptisch. Ik had alleen studies aangehaald over kinderen thuis, op school of op zomerkampen. Die gingen niet over de echte vraag, namelijk: wat doen kinderen als ze *alleen* zijn, op een onbewoond eiland?

Toen begon het: mijn zoektocht naar de ware *Lord of the Flies*.

Natuurlijk, de kans dat een universiteit toestemming zou geven om kinderen maanden achter te laten in de wildernis, is nooit erg groot geweest. Zelfs niet in de jaren vijftig. Maar misschien, dacht ik, is het een keer per ongeluk gebeurd? Na een schipbreuk misschien?

Ik voerde wat simpele zoektermen in. '*Kids shipwrecked.*' '*Real life Lord of the Flies.*' '*Children on an island.*' De eerste resultaten gingen over een misselijke Britse realityshow uit 2008, waarin kinderen tegen elkaar waren opgezet. Maar na een uur of wat kwam ik op een obscuur blog, waar het volgende verhaal werd verteld:

> *One day, in 1977, six boys set out from Tonga on a fishing trip. [...] Caught in a huge storm, the boys were shipwrecked on a deserted island. What do they do, this little tribe? They made a pact never to quarrel.*[9]

Er stond geen bron bij. Na een paar uur zoeken ontdekte ik dat het verhaal bij de bekende anarchist Colin Ward vandaan kwam, die erover schreef in zijn boek *The Child in the Country* (1988). Ward verwees op zijn beurt naar een rapport dat was geschreven door de Italiaanse politicus Susanna Agnelli, voor een of andere internationale commissie.

En dus ging ik op jacht naar dat rapport. Ik had geluk: een Brits winkeltje voor tweedehands boeken had een exemplaar, en twee weken later had ik het in huis. Ik vloog door het rapport, en inderdaad – op pagina 94 stond het.

Zes jongens, alleen op een eiland. Maar weer dezelfde formulering, weer dezelfde details, en weer geen bron.[10]

Misschien kon ik Agnelli vragen waar ze het verhaal vandaan had, bedacht ik, maar toen kwam ik erachter dat ze in 2009 was overleden. Als het echt gebeurd zou zijn, dan moest er een artikel uit 1977 over te vinden zijn. Dan konden de jongens zelfs nog in leven zijn. Maar hoelang ik ook zocht, in het ene na het andere archief – ik vond niets.

Soms heb je gewoon een beetje geluk nodig. Op een dag had ik per ongeluk de jaartallen verkeerd ingevoerd in een krantenarchief, en was daardoor in de jaren zestig aan het graven. En dat bleek de sleutel, want het jaartal 1977 in het rapport van Agnelli was een tikfout.

Ineens zag ik het, een bericht van 6 oktober 1966, in de Australische krant *The Age*. De kop: 'SUNDAY SHOWING FOR TONGAN CASTAWAYS'. Het bericht ging over zes jongens die drie weken eerder waren aangetroffen op het kleine eiland 'Ata, ten zuiden van Tonga, een eilandengroep in de Stille Oceaan. De Australische schipper Peter Warner had ze na meer dan een jaar gered. Hij had zelfs de televisie ingeschakeld om een reportage te maken over hun avontuur.

'Het wordt al gezien als een van de grote klassiekers van de zee', concludeerde de krant.

Ik barstte van de vragen. Zouden de jongens nog in leven zijn? Zou ik die tv-reportage kunnen vinden? Ik had nu in ieder geval de naam van de kapitein, Peter Warner. Zou hij nog leven? En zo ja, hoe vind je iemand die hoogbejaard is en aan de andere kant van de wereld leeft?

Toen ik verder zocht op de naam van de kapitein, kwam de volgende verrassing. In een recente editie van de *Daily Mercury*, een piepklein buurtkrantje van Mackay, Australië, vond ik een bericht met de volgende kop: 'MATES SHARE 50-YEAR BOND'. Er was een kleine foto bij afgedrukt, van twee lachende mannen. De een had zijn arm om de ander geslagen. Het artikel begon zo:

> Achter in een bananenplantage bij Tullera, in de buurt van Lismore, zitten twee onwaarschijnlijke vrienden [...]. De mannen hebben lachende ogen en een sprankelende energie die je niet zou verwachten op hun leeftijd. De oudste is 83, de zoon van een rijke industrieel. De jongste is 67, een kind van de natuur.[11]

Hun namen? Peter Warner en Mano Totau. Waar ze elkaar van kenden?

Van een onbewoond eiland.

3.

Op een ochtend in september vertrokken we, mijn vrouw Maartje en ik. We hadden een auto gehuurd in Brisbane, aan de oostkust van Australië, en ik zat nerveus achter het stuur. Ik was zenuwachtig omdat ik aan de linkerkant van de weg moest rijden (en vijf keer voor m'n rijexamen was gezakt). En vooral omdat ik eindelijk een van de sleutelfiguren zou ontmoeten.

Na meer dan drie uur kwamen we aan. Het was *the middle of nowhere*, een plek waar zelfs Google Maps de weg niet wist. Maar daar zat hij, voor een klein huisje aan de kant van een onverharde weg: kapitein Peter Warner, de man die vijftig jaar eerder zes kinderen had gered.

Voordat ik zijn verhaal vertel, moet je een paar dingen weten over Peter. Zijn leven is op zichzelf namelijk al een film waard. Peter is de jongste zoon van Arthur Warner, in de jaren dertig een van de rijkste en machtigste mannen van Australië. Arthur Warner was de eigenaar van een gigantisch imperium, Electronic Industries, dat indertijd de Australische markt voor radio's domineerde.

Het was de bedoeling dat Peter in de voetsporen van zijn vader zou treden, maar in plaats daarvan liep hij op zijn zeventiende van huis weg. Op naar de zee, op naar het avontuur. 'Ik vocht liever tegen de elementen dan tegen mensen', zo zou hij zich later herinneren.[12]

In de daaropvolgende jaren bevoer Peter de zeven zeeën. Hij reisde van Hongkong tot Stockholm, van Peking tot Sint-Petersburg. Toen hij vijf jaar later terugkeerde, liet de verloren zoon trots een Zweeds schippersdiploma zien aan zijn vader. Die was niet onder de indruk en eiste dat zijn zoon iets nuttigs zou leren.

'Wat is de makkelijkste studie?' vroeg Peter.

'Accountancy', loog Arthur.[13]

Na vijf jaar avondschool had Peter eindelijk zijn diploma op zak. Maar ook al ging hij aan de slag in zijn vaders bedrijf, zijn hart lag nog altijd bij de zee. Als het even kon, vertrok hij naar Tasmanië om mee te varen op een van zijn eigen vissersboten. Zo kon het gebeuren dat hij in de winter van 1966 op audiëntie ging bij de koning van Tonga. Peter wilde kreeften vangen in diens jurisdictie, maar de majesteit – Taufa'ahau Tupou IV – wilde er niets van weten.

Teleurgesteld voer Peter terug naar Tasmanië. Hij nam een lange omweg, buiten de koninklijke wateren, om nog wat te vangen. Toen zag hij het. Een minuscuul eiland in een azuurblauwe oceaan.

De naam: 'Ata. Hier waren al jaren geen schepen voor anker gegaan, wist Peter. Een eeuw geleden hadden er nog mensen gewoond, maar op een zwarte dag in 1863 was een slavenschip aan de horizon verschenen en was de bevolking ontvoerd. Sindsdien was 'Ata onbewoond – het was vervloekt en vergeten.

Maar die dag was er iets vreemds aan de hand met het eiland. Door zijn verrekijker zag Peter dat delen van de groene klippen waren verbrand. 'Het is ongebruikelijk dat er zomaar een vuur begint in de tropen', vertelde hij ons een halve eeuw later. 'Dus toen besloot ik de situatie van dichtbij te bekijken.' Eenmaal aan de westkant van het eiland hoorde Peter een kreet uit het kraaiennest van zijn schip.

'Ik hoor iemand roepen!' schreeuwde een van zijn mannen.

'Onzin', riep Peter terug, 'dat zijn gillende zeevogels.'

Maar toen zag hij een jongen door zijn kijker. Naakt. Haar tot op de schouders. De wilde verschijning sprong van de rotsen en dook in het water. Andere jongens volgden, luid gillend en schreeuwend.

Peter beval zijn bemanning hun geweren te laden. In Polynesië was het gebruikelijk om zware criminelen te dumpen op afgelegen eilanden.

Daar kwam de eerste jongen aangezwommen. 'Mijn naam is Stephen', riep hij in perfect Engels. 'We zijn met zijn zessen en we schatten dat we hier al vijftien maanden zijn.'

Peter geloofde er niets van. Eenmaal aan boord zeiden de jongens dat ze leerlingen waren van een kostschool in Nuku'alofa, de hoofdstad van Tonga. Het eten op school zou zo ranzig zijn geweest dat ze op een dag hadden besloten een boot te lenen, waarna ze in een storm waren beland.

Wat een slecht verhaal, dacht Peter. Met de *two-way radio* nam hij contact op met Nuku'alofa. 'Ik heb hier zes kinderen', zei hij tegen de operator, 'ik kan hun namen geven en misschien kunt u dan de school bellen om te controleren of ze inderdaad leerlingen zijn.'

'*Standby*', klonk het aan de andere kant.

Twintig minuten verstreken, toen kwam het antwoord. (Terwijl Peter ons over dit moment vertelde, werden zijn ogen weer vochtig.)

'Een emotionele operator kwam aan de lijn. "Jullie hebben ze gevonden", riep hij, "deze jongens waren opgegeven. De uitvaartdiensten zijn al geweest. Maar jullie hebben ze gevonden!"'

Ik vroeg Peter of hij weleens van het boek *Lord of the Flies* had gehoord.

'Ja, dat heb ik gelezen', vertelde hij lachend. 'Maar dit is een héél ander verhaal!'

4.

In de maanden die volgden probeerde ik zo nauwkeurig mogelijk te reconstrueren wat er op dat kleine eiland 'Ata was gebeurd. Het geheugen van Peter, bijna negentig jaar oud, bleek uitstekend. Ik controleerde zijn herinneringen aan de hand van andere bronnen, en het klopte allemaal.[14]

Mijn belangrijkste bron vond ik een paar uur rijden bij Peter vandaan. Mano Totau, toen vijftien jaar oud, was nu bijna zeventig, en nog altijd de boezemvriend van de kapitein. Een paar dagen na onze ontmoeting met Peter ontving hij mijn vrouw en mij hartelijk in zijn sjofele garage in Deception Bay, iets ten noorden van Brisbane.

De echte *Lord of the Flies*, vertelde Mano ons, begon in juni 1965.

De hoofdpersonen waren zes jongens van de streng christelijke St. Andrew's-kostschool in Nuku'alofa. De oudste was zestien, de jongste dertien. Eén ding hadden ze gemeen: ze verveelden zich stierlijk. De jongens smachtten naar avontuur in plaats van proefwerken, naar de zee in plaats van school.

Zo ontstond het idee om ervandoor te gaan. De jongens wilden naar Fiji, een eilandengroep duizend kilometer verderop, of misschien zelfs naar Nieuw-Zeeland. 'Veel andere kinderen op school wisten ervan', aldus Mano, 'maar ze dachten dat we een grap maakten.'

De jongens hadden één probleem: ze hadden geen boot. En dus besloten ze de zeilboot van meneer Taniela Uhila te 'lenen', een visser aan wie ze allemaal een hekel hadden.

Veel tijd om de reis voor te bereiden namen ze niet. De kinderen brachten twee zakken bananen mee, een paar kokosnoten en een klein gasstel. Niemand dacht eraan om zeekaarten mee te nemen, laat staan een kompas. Ervaren zeilers waren ze ook niet. Alleen David, de jongste, wist hoe je een boot moest besturen ('daarom wilden ze zo graag dat ik meeging', zou hij later vertellen).[15]

De reis begon voorspoedig.

Toen de avond viel had niemand door dat een kleine zeilboot de haven verliet. Het weer was goed. Er woei een zachte bries over de kalme zee.

Maar die nacht maakten de jongens een kapitale fout: ze vielen in slaap. Een paar uur later werden ze wakker, toen het water al op hen inbeukte. Het was donker. Om hen heen zagen ze alleen maar schuimende, witte golven. De jongens hesen het zeil, maar dat werd door de wind in stukken gereten. Vervolgens brak het roer. 'Als we weer thuis zijn', lachte Sione, de oudste, 'moeten we Taniela vertellen dat z'n boot net zo is als hij. Oud en humeurig.'[16]

In de dagen erop viel er weinig te lachen. 'We dreven acht dagen rond', herinnerde Mano zich later. 'Zonder voedsel. Zonder water.' De jongens probeerden vis te vangen. Ze vingen wat regenwater op met opengesneden kokosnoten en deelden het eerlijk: 's ochtends een slok, 's avonds een slok. Sione probeerde het gasstel te gebruiken om zeewater te koken. Het hete apparaat viel om, en liet een grote brandwond achter op zijn been.

Maar toen, op de achtste dag, verscheen het wonder aan de horizon. Land. Een klein eiland. Geen tropisch paradijs met witte stranden en wuivende palmbomen, maar een enorme, steile rots die 350 meter boven de oceaan uitstak.

Acht dagen op drift in de oceaan

De reis van zes jongens naar het eiland 'Ata

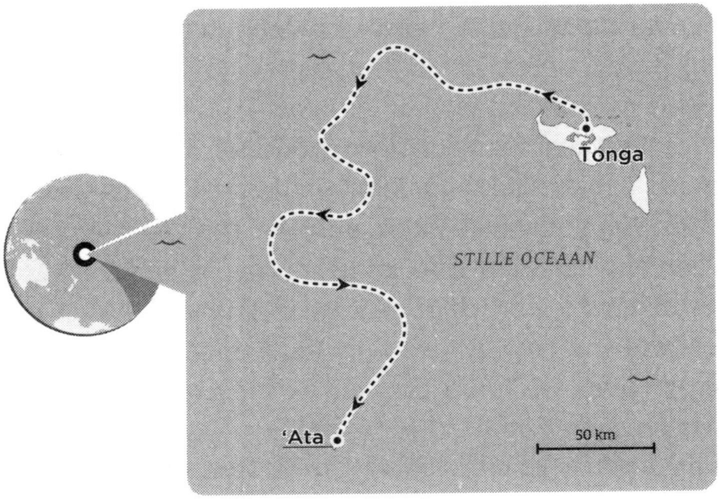

Tot op de dag van vandaag is het eiland 'Ata een onbewoonbare plek. Een ruige Spanjaard kwam hier een paar jaar geleden nog achter. Hij organiseert 'schipbreukervaringen' voor rijke mensen met rare behoeftes, en wilde kijken of 'Ata geschikt was voor zo'n expeditie. De beste man hield het maar negen dagen uit. Toen een journalist hem vroeg of hij zijn bedrijf naar deze rots wilde uitbreiden, antwoordde hij resoluut.

'Nooit. Dat eiland is veel te zwaar.'[17]

De kinderen hadden een andere ervaring. 'Tegen de tijd dat wij aankwamen', zou kapitein Peter in zijn memoires schrijven, 'hadden de jongens een kleine commune opgezet, met een moestuin, uitgeholde boomstronken om water op te vangen, een sportschool met merkwaardige gewichten, een badmintonveld, kippenhokken en permanent vuur.'[18]

Om met dat laatste te beginnen: na talloze pogingen lukte het Stephen, die later ingenieur zou worden, om met twee houtjes vuur te maken. Waar de jongens in de verzonnen *Lord of the Flies* ruzie kregen over het vuur, lieten de jongens in de echte *Lord of the Flies* hun vlam nooit meer uitgaan. Meer dan een jaar lang.

De kinderen spraken af in duo's te werken en maakten een strak rooster. Twee werkten in de moestuin, twee kookten, en twee stonden op de uitkijk. Soms hadden ze ruzie, maar als dat gebeurde, gingen ze even uit elkaar. De een naar de ene kant van het eiland, de ander naar de andere kant, tot ze waren afgekoeld. 'Na een uur of vier brachten we de ruziemakers weer bij elkaar', zou Mano later vertellen. '"Oké, en nu sorry zeggen", zeiden we. Zo bleven we vrienden.'[19]

Iedere dag begonnen en eindigden de jongens met zang en gebed. Een van hen, Kolo, maakte van een stuk wrakhout, twee halve kokosnoten en zes staaldraden van de kapotte boot een soort gitaar, een instrument dat Peter tot op de dag van vandaag in zijn bezit heeft. Kolo's muziek hielp de kinderen om de moed erin te houden.

Dat was hard nodig. In de zomermaanden regende het nauwelijks en werden ze gek van de dorst. De jongens bouwden een vlot waarmee ze het eiland probeerden te verlaten, maar dat werd kapotgebeukt in de golven.[20] En dan was er nog een zware storm, waarbij een grote boom op hun hut viel.

Op een dag ging het helemaal mis: Stephen gleed uit, viel van een klif en brak een been. Voorzichtig daalden de jongens af en hielpen hem terug naar boven. Ze verbonden Stephens been met takken en bladeren. 'Maak je geen zorgen', lachte Sione. 'Wij zullen je werk doen, terwijl jij daar ligt als koning Taufa'ahau Tupou zelf!'[21]

Het was zondag 11 september 1966 toen de jongens werden gered.

Op dat moment verkeerden ze in topconditie. Later zou de lokale arts, dr. Posesi Fonua, de jongens aan een medisch onderzoek onderwerpen en zich verbazen over hun gespierde lijven en Stephens perfect genezen been.

Maar het avontuur was nog niet voorbij. Bij aankomst in Nuku'alofa werden de jongens opgewacht door de politie. Je zou denken dat de agenten dolgelukkig waren: zes verloren zonen die na anderhalf jaar terugkwamen. Maar nee: ze enterden Peters boot, pakten de jongens op en gooiden hen in de gevangenis. Want ja, ze hadden vijftien maanden eerder die boot van meneer Taniela Uhila 'geleend', en die was daar nog steeds boos over.

Gelukkig had Peter een plan. Hij realiseerde zich dat dit schipbreukverhaal een perfect Hollywoodscript was. Zes kinderen, alleen op een eiland – mensen zouden het nog jaren navertellen. En Peter had contacten bij de televisie. Als accountant van zijn vaders bedrijf handelde hij in de rechten van films.[22]

Peter wist dus wat hem te doen stond. Vanaf Tonga belde hij de manager van Channel 7 in Sydney. 'Jullie mogen de Australische rechten, geef mij de wereldrechten', zei hij. 'Dan bevrijden we deze jongens uit de gevangenis en brengen we hen, met jullie filmploeg, terug naar het eiland.' Vervolgens stapte Peter naar meneer Uhila, gaf hem 150 pond voor zijn oude boot, waarna de jongens werden vrijgelaten – op voorwaarde dat ze zouden meewerken aan de film.

Een paar dagen later arriveerden de medewerkers van Channel 7, in een oude DC3 die eens per week op Tonga landde. 'Uit dat vliegtuig stapten drie van die televisietypes', grinnikte Peter tegen Maartje en mij. 'In hun stadse kleding met puntschoenen.'

Toen het gezelschap samen met de zes jongens aankwam bij 'Ata, lagen de televisietypes al misselijk tegen de reling. Erger nog: ze konden niet zwemmen. 'Maak je geen zorgen', zei Peter, 'deze jongens zullen jullie redden.' De kapitein roeide de trillende mannen naar de branding.

'Hier gaan jullie eruit.'

Vijftig jaar later, toen Peter ons over dit moment vertelde, kreeg hij weer tranen in zijn ogen – van het lachen dit keer. 'Dus ik gooide ze uit de boot, en die Australische televisielui begonnen te zinken. De jongens doken achter ze aan en sleepten ze door de golven, het strand op.'

Vervolgens moesten ze de klif op, waar ze de rest van de dag mee bezig waren. Eenmaal boven aangekomen was de televisieploeg helemaal gesloopt. De documentaire over 'Ata was dan ook geen succes. Hij was slecht geschoten en een groot deel van de 16mm ging verloren. Zo bleven er maar dertig minuten over. 'Of nu ja', zei Peter, 'twintig minuten plus reclame.'

Toen ik van de Channel 7-documentaire hoorde, vroeg ik me af of hij nog te vinden zou zijn. Peter had hem niet. Vanuit Nederland schakelde ik een historisch onderzoeksbureau in, dat gespecialiseerd is in het zoeken en restaureren van oude programma's. Maar waar zij ook zochten, ze konden hem niet vinden. Gelukkig kon Peter me in contact brengen met een andere filmmaker, Steve Bowman, die de jongens in 2006 had opgezocht.

Steve was gefrustreerd dat het verhaal van de zes jongens nog steeds niet beroemd was. Zijn documentaire was nooit uitgezonden, omdat zijn distributeur failliet ging. Steve was zo vriendelijk zijn ruwe interviews met de jongens te delen, bracht me in contact met de oudste schipbreukeling, Sione, en sterker nog: hij vertelde me dat hij de enige kopie van die originele 16mm-documentaire van Channel 7 in bezit had.

‘Mag ik ’m zien?’ vroeg ik Steve.

‘Natuurlijk’, antwoordde hij.

En daar zat ik dan: maanden nadat ik op een obscuur blog over zes kinderen uit Tonga had gelezen, keek ik op mijn laptop naar de beelden uit 1966. ‘Ik ben Sione Fataua’, begon het. ‘Vijf klasgenoten van het St. Andrew’s College en ik spoelden aan op dit eiland, in juni 1965.’

De vreugde was enorm toen de jongens terugkeerden bij hun families in Tonga. Vrijwel alle negenhonderd inwoners van het eiland Ha‘afeva stonden hen op te wachten. ‘Zodra het ene feest was afgelopen’, vertelt de voice-over van de Channel 7-documentaire uit 1966, ‘begonnen de voorbereidingen voor het volgende.’

Peter werd een nationale held. Al snel kwam er bericht van koning Taufa‘ahau Tupou IV, of de kapitein opnieuw op audiëntie wilde komen. ‘Dank voor het redden van zes van mijn onderdanen’, zei de koning, ‘is er nu iets wat ik voor u kan doen?’

De kapitein hoefde niet lang na te denken. ‘Jazeker! Ik zou graag kreeften komen vangen in deze wateren en hier een bedrijf beginnen.’

De koning gaf zijn toestemming. Peter voer terug naar Sydney, waar hij zijn baan in het bedrijf van zijn vader opzegde en een nieuw schip liet bouwen. Vervolgens liet hij de zes jongens overkomen om hun te geven waar het hun om begonnen was: een kans de wereld te ontdekken. Sione, Stephen, Kolo, David, Luke en Mano werden de bemanning van Peters nieuwe vissersboot. De naam van die boot? ATA.

5.

Dit is de echte *Lord of the Flies.*

En wat blijkt: het is een hartverwarmend verhaal. Het is een verhaal waar liedjes en romans, toneelstukken en blockbusters aan zouden moeten worden gewijd.

Maar het is een onbekend verhaal. Terwijl William Golding nog altijd wordt gelezen, zijn de jongens van 'Ata anoniem gebleven. Golding wordt door televisiehistorici zelfs gezien als de geestelijk vader van een van de populairste genres op de buis: 'reality-tv'.

De aanname van dit soort shows – van *Big Brother* tot *Temptation Island* – is dat mensen zich als beesten gedragen als je ze vrijlaat. 'Ik las en herlas *Lord of the Flies*', zei de bedenker van de hitserie *Survivor* eens. 'Ik las het toen ik twaalf was, nog een keer toen ik twintig was, nog een keer toen ik dertig was, en toen we het programma maakten weer.'[23]

De moeder van het genre is MTV's *The Real World.* Sinds 1992 begint iedere aflevering met een deelnemer die zegt: 'Dit is het ware verhaal van zeven vreemdelingen [...]. Ontdek wat er gebeurt als mensen niet meer aardig zijn voor elkaar, *and start getting real.*'

Liegen, bedriegen, krenken en kwetsen – iedere keer wordt het als 'realistisch' en 'echt' opgevoerd. Maar wie zich verdiept in de productie van zulke programma's slaat steil achterover van de hoeveelheid bedrog die nodig is om het slechtste in de mens naar boven te halen. Kandidaten worden voorgelogen, dronken gevoerd en tegen elkaar uitgespeeld.

De Amerikaanse show *Kid Nation* zette eens veertig kinderen bij elkaar in een verlaten stad, in de hoop dat ze elkaar te lijf zouden gaan. 'Ze stuitten er steeds op dat we het te goed met elkaar konden vinden', zou een van de deelnemers zich later herinneren, 'en dan moesten ze iets bedenken waar wij ruzie over konden maken.'[24]

Je zou nog kunnen zeggen: ach, wat maakt het uit? Mensen begrijpen wel dat het entertainment is.

Maar verhalen zijn zelden zomaar verhalen. Vaak werken ze als nocebo's. Uit recent onderzoek van de psycholoog Bryan Gibson blijkt dat het kijken van *Lord of the Flies*-achtige televisie mensen agressiever kan maken.[25] Het verband tussen kinderen die gewelddadige beelden zien en agressie in het latere leven is sterker dan de link tussen asbest en kanker, of tussen calciuminname en botmassa.[26]

Nog duidelijker is het effect van cynische verhalen op ons wereldbeeld. Britse onderzoekers ontdekten dat meisjes die meer reality-tv kijken vaker zeggen dat je gemeen en leugenachtig moet zijn om vooruit te komen.[27] 'Degenen die de verhalen van een cultuur vertellen', zei de mediawetenschapper George Gerbner eens, 'beheersen het menselijk gedrag.'[28]

Het is, kortom, tijd voor een ander verhaal.

De echte *Lord of the Flies* is een verhaal over vriendschap en trouw, een verhaal dat laat zien hoeveel we aankunnen als we op elkaar bouwen. Natuurlijk, het is maar één verhaal. Maar als we miljoenen tieners *Lord of the Flies* laten lezen, laten we hun dan ook vertellen over die keer dat er écht kinderen op een eiland aanspoelden. 'Ik gebruikte hun overlevingsverhaal in de lessen maatschappijleer', zou de leraar van de zes jongens op de St. Andrew's-school in Tonga later vertellen. 'Mijn leerlingen konden er geen genoeg van krijgen.'[29]

En Peter en Mano? Die verloren elkaar nooit meer uit het oog. Wie vandaag een bezoek brengt aan die bananenplantage bij Tullera, in de buurt van Lismore, zou ze zomaar kunnen vinden. Twee lachende oude mannen, de armen over elkaars schouders. De een de zoon van een grootindustrieel, de ander een kind van de natuur. Vrienden voor het leven.

Nadat mijn vrouw Peter op de foto had gezet, rommelde de kapitein nog wat in zijn kast. Toen drukte hij een dikke stapel A4'tjes in mijn handen: zijn memoires, geschreven voor zijn kinderen en kleinkinderen.

Ik las de eerste zin. 'Het leven heeft me veel geleerd', stond er, 'inclusief de les dat je altijd naar het goede en positieve moet zoeken in mensen.'

Peter Warner, september 2017. Foto: © Maartje ter Horst.

Mano Totau, september 2017. Foto: © Maartje ter Horst.

DEEL 1

DE NATUURSTAAT

‘Mensen lijken zo veel op elkaar,
in alle tijden en op alle plaatsen,
dat we niets nieuws leren van
de geschiedenis in dezen.
Haar belangrijkste toepassing is
het ontdekken van de constante en
universele principes van de
menselijke natuur.’

— David Hume (1711-1776)

Is het hartverwarmende verhaal van de jongens op 'Ata een uitzondering, of staat het symbool voor iets groters? Is het een eenzame anekdote, of juist een treffende illustratie van de menselijke natuur?

Zijn mensen, kortom, tot het goede of het kwade geneigd?

Dit is een vraag die eeuwen geleden al gesteld werd door de grootste filosofen. Neem Thomas Hobbes (1588-1679), een Britse wijsgeer die in 1651 een boek publiceerde dat insloeg als een bom. Hij werd veroordeeld, verguisd en verketterd – maar zijn naam kennen we nog, terwijl we zijn bekrompen vervolgers zijn vergeten. *The Oxford History of Western Philosophy* noemt Hobbes' boek *Leviathan* 'het grootste politiek-filosofische werk dat ooit is geschreven'.

Of neem de Franse filosoof Jean-Jacques Rousseau (1712-1778). Ook hij schreef het ene na het andere boek dat hem in grote problemen bracht. Hij werd veroordeeld, zijn boeken werden verbrand en er werd een arrestatiebevel voor hem uitgeschreven. Maar weer geldt: de droeftoeters die hem lastigvielen zijn we vergeten, terwijl de naam Rousseau nog altijd voortleeft.

Ze hebben elkaar nooit ontmoet. Rousseau werd geboren toen Hobbes al 33 jaar dood was. Toch worden ze steevast met z'n tweeën in de boksring geplaatst. Dan zien we Hobbes in de ene hoek, als pessimist die geloofde dat de mens van nature slecht is. Hij dacht dat alleen de beschaving ons kon redden van onze dierlijke instincten. In de andere hoek staat Rousseau, de man die dacht dat we diep vanbinnen juist goed zijn. Rousseau geloofde dat de 'beschaving' ons heeft verpest.

Ook al heb je nog nooit van hen gehoord, de tegenstrijdige visies van deze twee titanen liggen aan de basis van onze grootste geschillen. Ik zou geen debat weten waarbij meer op het spel staat. Kostschool of vrije school, strenger straffen of betere hulpverlening, zelfverzekerde CEO's of zelfsturende teams, ouderwetse kostwinners of vaders met draagzakken – je kunt het zo gek niet bedenken of de discussie grijpt terug naar de ideeën van Thomas Hobbes en Jean-Jacques Rousseau.

Laat ik beginnen met Thomas Hobbes. Hij was een van de eerste filosofen die stelde dat, als we onszelf écht willen kennen, we moeten weten hoe onze verre voorouders leefden. Stel dat we 50.000 jaar zouden terugreizen in de tijd. Hoe gingen we met elkaar om toen we nog leefden als jagers en verzamelaars? Hoe gedroegen we ons toen er nog geen wetboeken waren en geen rechters, geen politieagenten en gevangenissen?

Hobbes had wel een vermoeden. '*Read thyself*', schreef hij, bestudeer je emoties en angsten, en raad vervolgens 'wat de gedachten en passies van andere mensen in vergelijkbare omstandigheden zijn'.[1]

Hobbes las zichzelf, en kwam met een gitzwarte diagnose.

Vroeger, schreef hij, waren we vrij. We konden doen wat we wilden en de gevolgen waren verschrikkelijk. Het leven van de natuurmens was, in zijn woorden, '*solitary, poor, nasty, brutish and short*' ('eenzaam, arm, smerig, bruut en kort').[2] De reden was volgens Hobbes eenduidig: de mens wordt gedreven door angst. Angst voor de ander en angst voor de dood. We snakken naar veiligheid en hebben 'een aanhoudende en rusteloze begeerte naar macht en nog meer macht, die pas eindigt bij de dood'.[3]

Het resultaat? Een 'oorlog van allen tegen allen', aldus Hobbes.[4] *Bellum omnium in omnes.*

Maar vrees niet, vervolgde hij, de anarchie kan worden getemd, de vrede kan worden gesticht. Enige voorwaarde? Dat we onze vrijheid opgeven. We moeten onze ziel en zaligheid in handen leggen van een enkele alleenheerser. Hobbes noemde hem de Leviathan, naar een zeemonster uit de Bijbel.

Zo gaf de filosoof de fundamentele onderbouwing voor een standpunt dat nog duizenden, nee, miljoenen keren zou worden herhaald door directeuren en dictators, ministers en generaals:

'Geef ons de macht, anders gaat het mis.'

Het was bijna honderd jaar later toen Jean-Jacques Rousseau, een onbekende muzikant, een wandeling naar de gevangenis van Vincennes maakte, net buiten Parijs. Hij wilde zijn vriend Denis Diderot bezoeken, een arme filosoof die achter de tralies zat vanwege een geintje over de maîtresse van een minister.

Toen gebeurde het. Op het moment dat Rousseau uitrustte onder een schaduwrijke boom, en hij door de laatste editie van de *Mercure de France* bladerde, bleef zijn oog hangen bij een advertentie die zijn leven zou veranderen. Het was een oproep van de Academie van Dijon, voor een essaywedstrijd. Er werden deelnemers gezocht om de volgende vraag te beantwoorden:

> *Heeft het herstel van de wetenschappen en kunsten bijgedragen tot een hogere moraal?*

Rousseau wist het antwoord meteen. 'Een hartslag na het lezen van deze advertentie', zou hij later schrijven, 'zag ik een ander universum en werd ik een ander mens.'[5] Ineens besefte hij dat de beschaving geen zegen was, maar een gif. Juist nu hij naar die gevangenis liep, waar zijn onschuldige vriend zat opgesloten, begreep hij dat 'de mens van nature goed is, en dat alleen dit soort instellingen mensen slecht maken'.[6]

Rousseau won de eerste prijs.

In de jaren die volgden groeide hij uit tot een van de belangrijkste filosofen van zijn tijd. En ik moet zeggen: het is nog altijd een genot om hem te lezen. Rousseau was niet alleen een groot denker, hij had ook een geweldige pen. Neem deze snoeiharde passage over de uitvinding van het privébezit:

> De eerste man die een stuk land omheinde en zei 'dit is van mij', en mensen vond die naïef genoeg waren om hem te geloven, deze man was de stichter van de burgermaatschappij. Van hoeveel misdaden, oorlogen en moorden, hoeveel ellende en ongeluk had de mensheid bespaard kunnen blijven als iemand toen was opgestaan en had gezegd: 'Pas op en luister niet naar deze bedrieger; je dagen zijn geteld als je vergeet dat alle vruchten der aarde van ons allen zijn en de aarde van niemand.'[7]

Het was allemaal misgegaan, stelde Rousseau, met het ontstaan van die vervloekte beschaving. De landbouw, de stad en de staat hadden ons niet gered van chaos en anarchie, maar juist geknecht en verdoemd. En de uitvinding van het schrift en de drukpers had alles nóg erger gemaakt. 'Dankzij de boekdrukkunst', schreef Rousseau, 'zullen de verderfelijke ideeën van Hobbes [...] voor altijd voortleven.'[8]

Vroeger was alles beter. Rousseau geloofde dat we in de 'natuurstaat' (toen er nog geen koningen en bureaucraten waren) nog compassie hadden. Nu waren we cynische egoïsten. Vroeger waren we gezond en sterk. Nu waren we slap en vadsig. De beschaving was één grote fout geweest, we hadden onze vrijheid nooit mogen verkwanselen.

Zo gaf Rousseau de fundamentele onderbouwing voor een standpunt dat nog duizenden, nee, miljoenen keren zou worden herhaald door anarchisten en vrijbuiters, rebellen en oproerkraaiers:

'Geef ons de vrijheid, anders gaat het mis.'

En daar zijn we dan, drie eeuwen later.

Het is moeilijk twee filosofen aan te wijzen die meer invloed hebben gehad op onze politiek, ons onderwijs en ons wereldbeeld. Zo is de economische wetenschap van meet af aan op een hobbesiaans mensbeeld gegrondvest: dat van het rationele, egoïstische individu. Rousseau is daarentegen enorm invloedrijk binnen de pedagogiek, omdat hij geloofde dat kinderen zo vrij mogelijk moeten opgroeien (een revolutionaire gedachte in de achttiende eeuw).

Tot op de dag van vandaag zijn Hobbes en Rousseau de oervaders van de conservatieven en de progressieven, van de realisten en de idealisten. Als een idealist pleit voor meer vrijheid en gelijkheid, kijkt Rousseau goedkeurend toe. Maar als een cynicus verzucht dat die drang alleen kan leiden tot meer geweld, knikt Hobbes instemmend.

Het werk van deze wijsgeren is geen makkelijke kost. Zeker bij Rousseau zijn talloze interpretaties mogelijk. Maar we kunnen inmiddels wel hun grootste twistpunt nader onderzoeken. Hobbes en Rousseau speculeerden immers nog vanuit hun leunstoel. Maar wij hebben decennia aan wetenschappelijk bewijs.

In dit deel van het boek zal ik proberen om erachter te komen wie van de twee gelijk had. Mogen we blij zijn dat de natuurstaat ver achter ons ligt? Of waren we ooit nobele wilden?

Er zijn weinig vragen waarbij meer op het spel staat.

HOOFDSTUK 3

DE OPMARS VAN DE *HOMO PUPPY*

1.

Het eerste wat je moet weten over de mens is hoe piepjong we zijn. We bestaan nog maar net. Om je een idee te geven: stel dat de geschiedenis van het leven op aarde slechts een kalenderjaar besloeg in plaats van 4.000 miljoen jaar. Dan hadden de bacteriën tot halverwege de maand oktober het rijk alleen gehad. Pas in november ontstond het leven zoals wij dat kennen, met pootjes, botten, takken en blaadjes.

En de mens? Die verscheen op 31 december ten tonele, rond 11 uur 's avonds. Toen hebben we eerst nog een uurtje als jagers en verzamelaars rondgetrokken, om op het laatste moment, rond 23.58 uur, de landbouw uit te vinden. In de zestig seconden voor middernacht voltrok zich alles wat we 'geschiedenis' noemen, met piramides en kastelen, ridders en jonkvrouwen, stoommachines en vliegtuigen.

In een oogwenk veroverde de *Homo sapiens* de hele wereld, van de koudste toendra's tot de heetste woestijnen. We zijn zelfs de eerste soort die de aarde heeft verlaten, en een stap op de maan heeft gezet.

De geschiedenis van het leven op aarde (4.000 miljoen jaar)

Weergegeven in één kalenderjaar

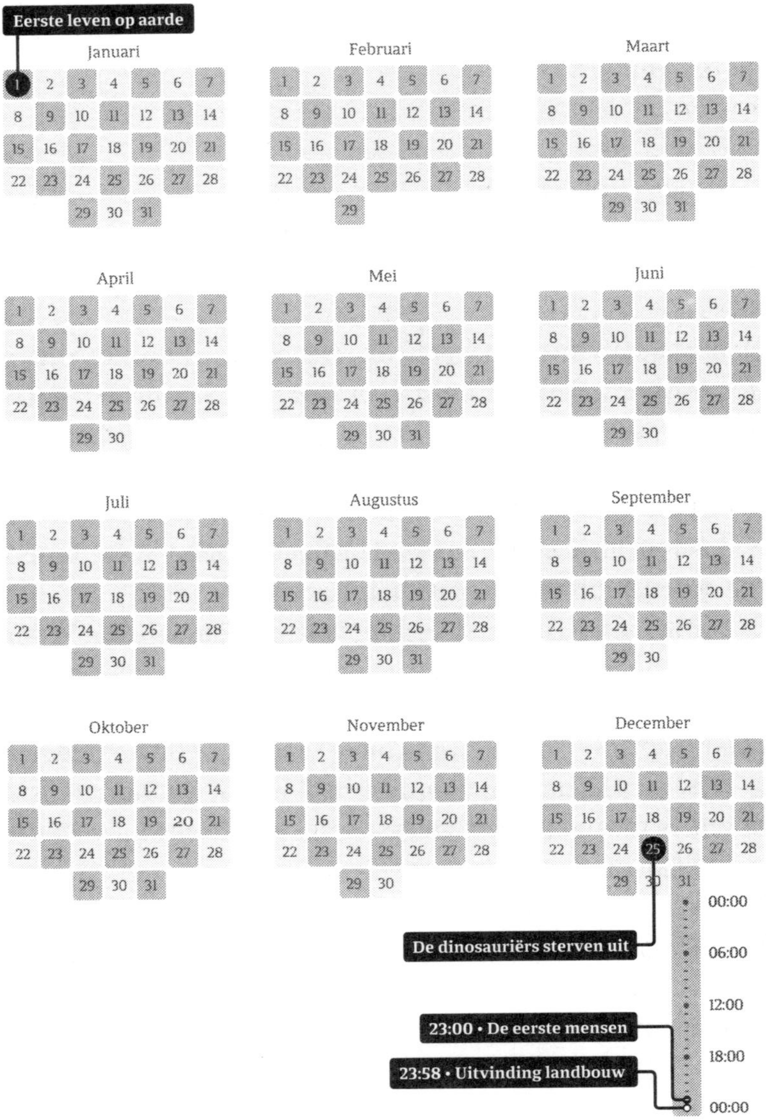

Maar waarom wij? Waarom was de eerste astronaut geen banaan? Of koe? Of chimpansee?

Dat zijn geen gekke vragen. Genetisch zijn we voor 60 procent gelijk aan bananen, voor 80 procent aan koeien en voor 99 procent aan chimpansees. Waarom zou dat laatste procentje zo veel uitmaken? Zo vanzelfsprekend is het niet dat wij koeien melken, in plaats van zij ons, of dat wij chimpansees opsluiten in plaats van andersom.

Lange tijd beschouwden we onze bevoorrechte positie als het plan van God. Wij mensen zouden slimmer, beter en verhevener zijn dan wie dan ook. De kroon op Zijn schepping.

Maar stel dat een marsmannetje tien miljoen jaar geleden de aarde had bezocht (op 30 december dus). Had het de opmars van de *Homo sapiens* kunnen zien aankomen? Onmogelijk. Het geslacht *Homo* bestond nog niet eens – de aarde was letterlijk de *Planet of the Apes*. Steden bouwen, boeken schrijven en raketten lanceren deden we al helemaal niet.

De ongemakkelijke waarheid is dat ook wij, dieren die zichzelf zo bijzonder vinden, het product zijn van een blind proces. Evolutie. We zijn lid van een luidruchtige familie van harige beesten, ook wel primaten genaamd. Tot tien minuten voor middernacht waren we zelfs in het gezelschap van andere mensachtigen, die inmiddels op mysterieuze wijze zijn verdwenen.

Ik weet nog dat de evolutieleer voor het eerst tot me doordrong. Ik was negentien, luisterde op mijn iPod naar een hoorcollege over Charles Darwin, en bleef een week somber. Natuurlijk, als scholier had ik heus wel wat geleerd over de Britse bioloog. Maar ik had op een christelijke school gezeten en mijn docent biologie had net gedaan alsof het een vage theorie was. *Quod non.*

De basisingrediënten voor de evolutie van het leven zijn helder. Je hebt nodig:

- Heel veel leed.
- Heel veel strijd.
- Heel veel tijd.

Of om het kort toe te lichten: dieren krijgen meer kinderen dan ze kunnen voeden. De kinderen die net iets beter zijn aangepast aan hun omgeving (denk aan een dikkere vacht of een betere schutkleur) hebben een iets grotere kans om te overleven, en dus om zich voort te planten. Stel je vervolgens een afvalrace voor waarbij triljarden broertjes en zusjes ten onder gaan. Houd die race lang genoeg vol – zeg: 4.000 miljoen jaar – en minuscule verschillen tussen ouders en kinderen groeien uit tot een enorme stamboom aan flora en fauna.

That's it. Simpel, maar briljant. In zijn jeugd had Darwin er nog over nagedacht om priester te worden, maar als bioloog verloor hij zijn geloof in God. Hij kon de wreedheid van de natuur niet rijmen met het Bijbelse scheppingsverhaal. Neem de sluipwesp, schreef Darwin, een insect dat haar eitjes legt in een levende rups. Haar kinderen eten de rups van binnenuit op, waarna een langzame, gruwelijke dood volgt.

Welke zieke geest zou zoiets bedenken?

Niemand. Er is niets bedacht, er is niets ontworpen. Pijn, leed en strijd zijn nu eenmaal de motoren van de evolutie. Vind je het gek dat Darwin de publicatie van zijn theorie jarenlang uitstelde? Aan een vriend schreef hij dat het voelde als 'het bekennen van een moord'.[1]

Sindsdien lijkt de evolutietheorie er niet veel vrolijker op geworden. In 1976 publiceerde Richard Dawkins, ook een Britse bioloog, zijn meesterwerk over de cruciale rol die genen spelen in de evolutie van het leven, *The Selfish Gene*. Het is een deprimerend boek. Wie de wereld wil verbeteren, schreef Dawkins, kan weinig hulp verwachten van de natuur. 'Laten we proberen om vrijgevigheid en altruïsme aan te leren, want we worden zelfzuchtig geboren.'[2]

Veertig jaar na publicatie verkozen Britse lezers *The Selfish Gene* tot het invloedrijkste wetenschappelijke boek ooit.[3] De een na de ander bleef somber achter na het omslaan van de laatste pagina. 'Het biedt een ontstellend pessimistische kijk op de menselijke natuur', schreef een van de lezers, die wenste dat hij het boek kon ontlezen. 'Maar ik kan geen enkel argument bedenken om het te ontkrachten.'[4]

Dus daar zijn we dan, de *Homo sapiens*, het product van een bruut en ellenlang proces. Van alle soorten is 99,9 procent uitgestorven, maar wij zijn er nog. Wij hebben de wereld veroverd, en nemen straks misschien de rest van de melkweg in.

Maar waarom wij?

Je zou zeggen: onze genen zijn het zelfzuchtigst van allemaal. We zullen wel sterk en slim zijn, geslepen en gemeen.

Toch is er iets vreemds aan de hand. Om te beginnen: we zijn niet zo sterk. Een chimpansee timmert ons met gemak in elkaar. Een stier rijgt ons zo aan zijn hoorns. Mensen zijn slap, traag en kunnen niet eens goed in bomen klimmen. Bij geboorte zijn we zelfs compleet hulpeloos.

Hebben we dan wel het recht van de slimste? Op het eerste gezicht lijkt dat misschien zo. *Homo sapiens* heeft een ballon van een brein, dat energie slurpt als een sauna op de Noordpool. Onze hersenen wegen maar 2 procent van ons lichaamsgewicht, maar verbruiken 20 procent van de calorieën die we binnenkrijgen.[5]

Maar is de mens nou echt zo geniaal? Als we een moeilijke som of een mooie tekening maken, hebben we dat meestal van een ander geleerd. Ik kan bijvoorbeeld tot tien tellen. Heel knap, maar ik betwijfel of ik zelf ooit op een numeriek systeem was gekomen.

Wetenschappers buigen zich al jaren over de vraag welke

dieren van nature het slimst zijn. Dan vergelijken ze onze intelligentie met die van andere primaten, zoals chimpansees en orang-oetans. (In deze onderzoeken zetten ze het liefst peuters in. Peuters hebben namelijk minder tijd gehad om anderen te plagiëren.) Een team van Duitse wetenschappers ontwikkelde een verzameling van 38 testjes waarmee de deelnemers werden getoetst op ruimtelijk inzicht, rekenen en oorzakelijke verbanden.[6] Dit waren de resultaten:

Zijn mensen nou echt zo slim?

Score op drie intelligentietesten

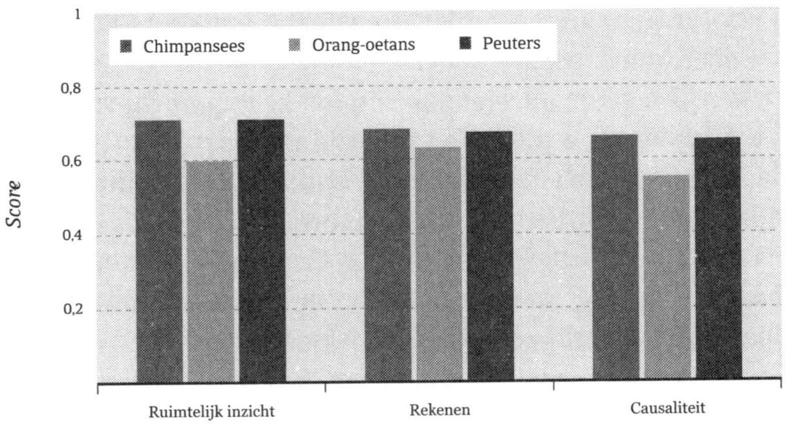

Inderdaad, peuters blijken hetzelfde te scoren als apen in de dierentuin. En het wordt nog erger. Ook met ons geheugen winnen we niet. Japanse onderzoekers ontwikkelden een geheugentest waarin volwassen studenten het opnamen tegen chimpansees. Ons werkgeheugen en de snelheid waarmee we informatie verwerken, worden namelijk beschouwd als dé bouwstenen van onze intelligentie.

De Japanse test ging zo: de deelnemers werden voor een scherm gezet waar willekeurige cijfers (van 1 tot 9) kort oplichtten. Vervolgens moesten ze de plekken op het scherm aantikken waar de nummers stonden, van laag naar hoog.

Even leek Team Mens het beter te doen dan Team Chimp. Maar toen maakten de onderzoekers de test *moeilijker* (de cijfers volgden elkaar steeds sneller op) en wonnen de apen. De Einstein van het gezelschap was een deelnemer genaamd Ayuma, die sneller bleek dan alle anderen, terwijl hij minder fouten maakte.[7] Ayuma was een chimpansee.

Als het om rauwe breinkracht gaat, doen we het dus niet beter dan onze harige familieleden. Maar waar gebruiken we ons megabrein dan wel voor?

Misschien zijn we gewoon listiger. Er is een wetenschappelijke term voor deze theorie: de hypothese van de 'machiavellistische intelligentie', naar het beroemde boek *De vorst* (1532) van de Italiaanse filosoof Niccolò Machiavelli. In zijn boek legt Machiavelli uit dat een heerser voortdurend moet liegen en bedriegen om aan de macht te blijven.

Dat zouden we, volgens deze hypothese, al miljoenen jaren doen. We zouden elkaar op steeds vernuftigere wijze zijn gaan oplichten. Onze hersenen groeiden als de nucleaire arsenalen van de VS en de Sovjet-Unie tijdens de Koude Oorlog. Het vertellen van een leugen kost nu eenmaal meer energie dan het vertellen van de waarheid. En het resultaat van deze wapenwedloop? Een superbrein.

Als deze hypothese klopt, zou je verwachten dat mensen makkelijk van apen winnen met spelletjes waarin ze hun tegenstander moeten bedonderen. Maar de chimps scoren ook op dit soort testen een stuk beter, blijkt uit veelvuldig onderzoek. Mensen zijn matige leugenaars.[8] Sterker nog, we zijn geneigd om anderen snel te vertrouwen, wat precies de reden is waarom professionele oplichters hun 'werk' kunnen doen.[9]

En er is nog iets raars aan de hand met de *Homo sapiens*. Bedenk: Machiavelli adviseerde om nooit je emoties te verklappen. Pokerface. Schaamte is overbodig. Het gaat erom dat je wint, maakt niet uit hoe. Maar als de meest schaamteloze types uiteindelijk winnen, hoe kan het dan dat de mens de enige soort is, in het hele dierenrijk, die *bloost*?

Charles Darwin noemde het al de 'vreemdste en menselijkste van alle expressies'.[10] Hij schreef zijn hele netwerk aan, van missionarissen en kooplieden tot koloniale beambten, en vroeg of het elders ook gebeurde. En steeds was het antwoord hetzelfde: ja, ook hier wordt gebloosd.

Maar waarom? Waarom zijn blozende mensen nog niet uitgestorven?

2.

Augustus 1856. In een kalksteengrot ten noorden van Keulen doen twee mijnwerkers de ontdekking van hun leven. Ze stuiten op een skelet van een van de controversieelste wezens die ooit op aarde rondliepen.

Niet dat de mannen iets doorhebben. Tijdens hun werk komen ze wel vaker oude botten tegen, van een beer of een hyena, en gooien die dan bij het afval. Maar dit keer ziet hun opzichter de botten liggen op de vuilnisbelt. Hij vermoedt dat ze van een holenbeer zijn, wat hem wel een leuk cadeautje lijkt voor de lokale gymnasiumleraar, Johann Carl Fuhlrott. De laatste is een fanatiek verzamelaar van fossielen, een populaire hobby in een tijd waarin mensen nog geen Netflix hebben.

En Fuhlrott ziet het meteen: dit zijn geen gewone botten. Op het eerste gezicht lijken het de overblijfselen van een mens, maar er klopt iets niet. Vooral de vorm van het schedeldak is vreemd. Het is een glooiende, langwerpige schedel, met een grote neus en een grove wenkbrauwboog.

Die week staan de lokale kranten er vol mee: in het Neanderdal is iemand gevonden van de 'Stam der Plathoofden'. Een professor van de Universiteit van Bonn, Hermann Schaaffhausen, krijgt er lucht van en neemt contact op met gymnasiumdocent Fuhlrott. Niet veel later ontmoeten ze elkaar, de amateur en de prof, en na een paar uur zijn ze eruit.

De botten zijn niet van zomaar een mens. Ze zijn van een andere *soort* mens.

'Deze botten zijn *antediluviaal*', concludeert Fuhlrott.[11] Oftewel: ze zijn van vóór de zondvloed. Van een beest dat leefde voordat God de aarde onder water zette.

Het is moeilijk om te overschatten hoe schokkend deze conclusie is. Het is pure ketterij. Als Fuhlrott en Schaaffhausen het nieuws bekendmaken, tijdens een deftige bijeenkomst van het Niederrheinische Gesellschaft für Natur- und Heilkunde, stuiten ze op een muur van ongeloof.

Onzin, reageert een professor in de anatomie, dit is het skelet van een Russische Kozak die stierf in de oorlog tegen Napoleon. Nonsens, roept een ander, dit was 'een arme idioot of kluizenaar' met een door ziekte misvormd hoofd.[12]

Maar dan duiken er meer van zulke botten op. In heel Europa beginnen musea te graven in hun collecties, waarbij de ene na de andere schedel in de vorm van een rugbybal wordt gevonden. Aanvankelijk waren deze weggewuifd als mismaakte koppen, maar nu beginnen wetenschappers te beseffen: dit is echt een andere soort mens.

Het duurt niet lang of iemand bedenkt een treffende naam: *Homo stupidus*.[13] Zijn 'gedachten en verlangens', noteert een vooraanstaand anatoom, 'zijn nooit uitgestegen boven die van een wild beest'.[14] Maar de naam die uiteindelijk de boeken ingaat, is iets subtieler, en verwijst naar het dal waar de botten zijn gevonden.

Homo neanderthalensis.

Tot op de dag van vandaag heeft de neanderthaler de reputatie van een domme barbaar. En dat is ook wel begrijpelijk. Het is een ongemakkelijk feit dat we de aarde ooit deelden met andere menssoorten.

De schedels van de *Homo sapiens* en de *Homo neanderthalensis*

Zoek de verschillen

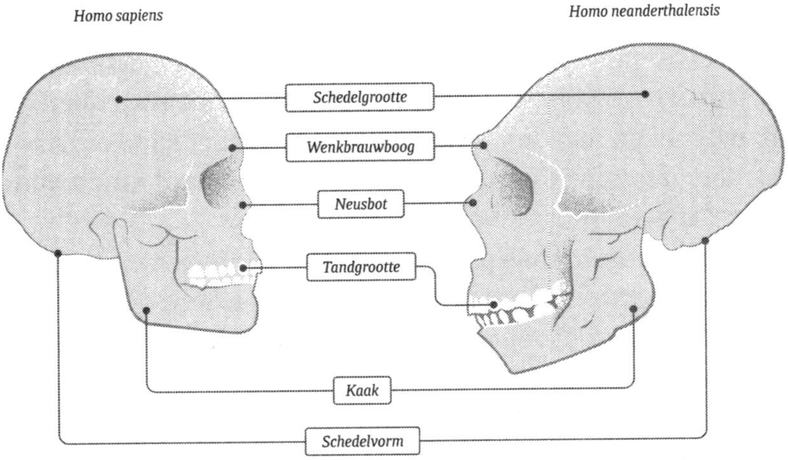

Inmiddels weten we dat we slechts 50.000 jaar geleden met minstens vijf andere menssoorten op aarde rondliepen. De *Homo erectus, Homo floresiensis, Homo luzonensis, Homo denisova, Homo neanderthalensis* – het waren allemaal mensen, zoals de goudvink, de appelvink en de botvink allemaal vinken zijn.

De vraag is dus niet alleen: waarom stoppen wij chimpansees in de dierentuin, in plaats van andersom? De vraag is ook:

wat hebben wij gedaan met onze broers en zussen, inclusief de Stam der Plathoofden? Waardoor zijn zij uitgestorven?

Waren de neanderthalers soms slapper dan wij? Niet bepaald. Ze waren oersterk. Ze hadden armen als Popeye wanneer die net een blik spinazie naar binnen heeft gewerkt. En belangrijker nog: neanderthalers hadden lef. In de jaren negentig deden twee Amerikaanse archeologen nauwgezet onderzoek naar hun vele botbreuken. Na een tijdje vermoedden ze een overeenkomst met een zekere beroepsgroep, die ook regelmatig 'vervelende ontmoetingen' met grote beesten heeft. Rodeocowboys.

De archeologen stapten naar – ik verzin dit niet – de Professional Rodeo Cowboys Association, die in de jaren tachtig 2.593 verwondingen bij haar leden registreerde.[15] Ze legden deze data naast die van de neanderthalers, en ja hoor, het patroon kwam overeen. Het enige verschil? Neanderthalers namen het niet op tegen paarden, maar tegen mammoeten.[16]

Andere vraag dan: waren neanderthalers misschien dommer dan wij?

Hier wordt het nog pijnlijker. Het brein van de neanderthaler was gemiddeld 15 procent groter dan ons brein nu: 1,5 liter versus 1,3 liter. Als wij een gigabrein hebben, hadden zij een monsterbrein. Wij een MacBook Air, zij een MacBook Pro.

Jaar in, jaar uit komen wetenschappers meer te weten over de neanderthalers, en vrijwel altijd is de conclusie dezelfde: ze waren razend intelligent.[17] Ze konden koken. Ze maakten vuur. Kleding. Muziekinstrumenten. Sieraden. Grotschilderingen. Er zijn zelfs aanwijzingen dat wij dingen hebben overgenomen van de neanderthalers, zoals bepaalde stenen werktuigen, of misschien zelfs het begraven van doden.

Ondertussen wordt het mysterie alleen maar groter. Waarom zijn zij, met hun grote hersenen, sterke armen en na het overleven van twee ijstijden, alsnog uitgestorven? Ruim

200.000 jaar wisten ze zich staande te houden, maar toen de *Homo sapiens* ten tonele verscheen, was het snel afgelopen met de neanderthalers.

Er is nog een laatste, onthutsende mogelijkheid.

Misschien waren we niet sterker, moediger of slimmer dan de neanderthalers. Misschien waren we alleen maar gemener. 'Het zou goed kunnen', noteert de Israëlische historicus Yuval Noah Harari, 'dat onze eerste ontmoeting met de neanderthalers resulteerde in de eerste en belangrijkste etnische zuivering in de geschiedenis.'[18] De beroemde geograaf Jared Diamond denkt hetzelfde: 'Moordenaars zijn veroordeeld op basis van minder bewijs.'[19]

3.

Kan het waar zijn? Hebben wij de andere menssoorten uitgemoord?

Flashforward naar de lente van 1958. Ljoedmila Troet, een jonge vrouw met kort, bruin haar, klopt aan bij het kantoor van professor Dmitri Beljajev, zoöloog en geneticus. Hij zoekt een nieuwe onderzoeksassistent. Zij is nog niet afgestudeerd en stikzenuwachtig, maar deze baan moet en zal ze hebben.[20]

De professor blijkt een hoffelijke man. In een tijd dat de meeste Sovjet-wetenschappers neerbuigend doen tegen vrouwen, behandelt Dmitri zijn student als zijn gelijke. Sterker nog, hij vertelt Ljoedmila over zijn geheime plan. Ze zal moeten afreizen naar Siberië. Daar, vlak bij de grens met Kazachstan en Mongolië, kan zijn experiment beginnen.

De professor drukt Ljoedmila op het hart goed na te denken voor ze ja zegt. Het zullen gevaarlijke jaren worden. De communistische leiding beschouwt de evolutietheorie als een kapitalistische leugen en heeft ieder genetisch onderzoek verboden. Dmitri's oudere broer is tien jaar eerder al geëxecuteerd. Naar buiten toe zullen ze het experiment dan ook presenteren als een onderzoek naar de kostbare huid van vossen.

Maar in werkelijkheid zullen ze iets heel anders proberen. 'Hij vertelde me', zal Ljoedmila zich jaren later herinneren, 'dat hij een vos wilde veranderen in een hond.'[21]

Wat de jonge student nog niet wist, was dat ze aan het begin stond van een epische zoektocht. Dmitri Beljajev en Ljoedmila Troet zouden samen de oorsprong van de mens ontrafelen.

Maar eerst hadden ze een heel andere vraag: hoe verander je een wild beest in een vrolijk huisdier? Een eeuw eerder had Charles Darwin al opgemerkt dat gedomesticeerde dieren – varkens, konijnen, schapen – opvallende overeenkomsten vertonen. Ze zijn een stuk kleiner dan hun wilde voorouders. Ze hebben kleinere hersenen en tanden. Ze hebben vaak slappe oren, krulstaarten en witte vlekken in hun vacht. En misschien wel het opvallendste: ze blijven er jeugdig uitzien, ook ná hun kindertijd.

Dmitri brak zich hier al jaren het hoofd over. Waarom zagen gedomesticeerde dieren er zo uit? Waarom gaven talloze boeren, duizenden jaren lang, de voorkeur aan konijnen en biggetjes met krulstaarten, hangende oren en babyfaces, en fokten ze juist deze exemplaren door?

De Russische geneticus had een radicale hypothese. Hij vermoedde dat het kinderlijke uiterlijk slechts een *bijproduct* was van iets anders. Hij vermoedde dat dieren er vanzelf zo uit gingen zien, als er lang genoeg op één eigenschap werd geselecteerd.

Vriendelijkheid.

En dit was dus Dmitri's plan. Hij wilde in een paar decennia herhalen wat in de natuur millennia had geduurd. Hij wilde een wild beest veranderen in een huisdier, door alleen de vriendelijkste exemplaren door te fokken. Dmitri's studieobject was de zilvervos, een dier dat nog nooit was gedomesticeerd. Zilvervossen waren zo agressief dat je ze alleen kon benaderen met 5 centimeter dikke handschoenen aan, die reikten tot je elleboog.

Dmitri zei dat Ljoedmila niet te veel moest verwachten van het experiment. Het zou jaren duren, misschien zelfs haar hele leven, en waarschijnlijk niets opleveren. Maar de student hoefde niet lang na te denken. Een paar weken later zat ze in de Transsiberië Express.

De vossenfokkerij waarmee Dmitri samenwerkte, bleek een enorm complex met duizenden kooien waar een kakofonie van gegil uit opsteeg. Ljoedmila had alles gelezen over het gedrag van de zilvervos, maar schrok alsnog van hun agressie. Vanaf de eerste week ging ze, dag in, dag uit, langs de kooien. Met haar dikke handschoenen controleerde ze hoe de vossen reageerden op haar uitgestoken hand. Als ze lichte twijfel zag, iets van terughoudendheid, dan selecteerde ze die vos om zich voort te planten.

Achteraf is het bizar hoe snel het ging.

Al in 1964, met de vierde generatie vossen, zag Ljoedmila de eerste vos kwispelen. Om zeker te weten dat dit het gevolg was van natuurlijke selectie (en niet was aangeleerd) hadden Ljoedmila en haar collega's zo min mogelijk contact met de vossen. Maar dat werd steeds moeilijker. Nog een paar generaties later smeekten de dieren om aandacht. Probeer maar eens nee te zeggen tegen kwispelende, kwijlende puppyvosjes.

In het wild wordt een vos ongeveer anderhalve maand na geboorte al een stuk serieuzer en agressiever. Maar de doorgefokte vossen van Ljoedmila bleven kinderlijk, hun leven lang. Het liefst wilden ze de hele dag spelen. 'Het was net alsof ze het mandaat om volwassen te worden weerstonden', zou Ljoedmila later schrijven.[22]

Ondertussen werden de fysieke veranderingen steeds duidelijker. De oren gingen hangen. De vossen kregen krulstaarten en witte vlekken in hun vacht. Hun snuit werd korter, hun botten werden dunner en het mannetje ging steeds meer op het vrouwenvosje lijken. De vossen begonnen zelfs te blaffen alsof ze honden waren. Na een tijdje reageerden ze als de verzorgers ze bij hun naam riepen, iets wat nog nooit was gezien bij vossen.

En bedenk: Ljoedmila had op geen van deze eigenschappen geselecteerd. Het waren allemaal bijproducten van vriendelijkheid, haar enige selectiecriterium.

In augustus 1978, twintig jaar nadat het experiment van Dmitri en Ljoedmila was begonnen, was de wereld voor Russische biologen totaal veranderd. Ze hoefden hun onderzoek niet meer geheim te houden. De evolutietheorie was bij nader inzien toch geen kapitalistische leugen en het Politbureau wilde de wereld laten zien wat de Russische wetenschap in huis had.

In dat jaar wist Dmitri het Internationale Congres van Genetica naar Moskou te halen. De gasten werden ontvangen in het Staats-Kremlinpaleis, waar plek was voor zesduizend man. Er werd onbeperkt champagne geschonken en er was kaviaar in overvloed.

Maar de deelnemers waren pas echt onder de indruk toen Dmitri het podium betrad. Na een korte introductie gingen de lichten uit en begon zijn film te draaien. Er huppelde iets onmogelijks in beeld: een kwispelende zilvervos. De ooh's en aah's vlogen door de ruimte en toen de lichten weer aangingen, was het geroezemoes nog steeds niet verstomd.

Dmitri Beljajev en zijn zilvervossen. Novosibirsk, 1984. Dmitri overleed een jaar later, maar zijn onderzoeksprogramma loopt tot op de dag van vandaag. Bron: Alamy.

Maar Dmitri was nog niet klaar. In het uur dat volgde deed hij zijn revolutionaire theorie uit de doeken. Hij vermoedde dat de veranderingen bij de vossen alles te maken hadden met hun hormoonhuishouding: de vriendelijke vossen bleken veel minder stresshormonen aan te maken, en meer serotonine (het 'gelukshormoon') en oxytocine (het 'knuffelhormoon').

En o ja, hij geloofde dat zijn theorie niet alleen gold voor vossen.

'Ze kan natuurlijk ook opgaan voor mensen.'[23]

Achteraf bezien was dat een historische uitspraak.

Twee jaar nadat Richard Dawkins zijn bestseller over zelfzuchtige genen had gepubliceerd – en concludeerde dat mensen 'egoïstisch worden geboren' – kwam een onbekende Rus met een totaal andere theorie. Dmitri Beljajev vermoedde dat we gedomesticeerde apen zijn. Anders gezegd: hij vermoedde dat de vriendelijkste mensen tienduizenden jaren lang de meeste kinderen hebben gekregen.

The survival of the friendliest.

Als Dmitri gelijk had, zouden we de aanwijzingen voor deze theorie in ons eigen lijf moeten vinden. Dan zouden we, net als de zilvervossen, de biggetjes en de konijntjes, kleiner en snoeziger moeten zijn geworden.

Dmitri had niet de middelen om zijn hypothese te toetsen, maar inmiddels is de wetenschap veel verder. In 2014 vergeleek een team van Amerikaanse onderzoekers de schedels van mensen die in verschillende periodes in de afgelopen 200.000 jaar hebben geleefd.[24] Het patroon was duidelijk zichtbaar. Onze gezichten en lijven zijn veel zachter, jeugdiger en vrouwelijker geworden. Ons brein is minstens 10 procent gekrompen en ook onze tanden en kaakbotten zijn, zoals anatomen het noemen, 'pedomorfisch' geworden. Lees: kinderlijk.

Als je onze gezichten vergelijkt met die van neanderthalers, is het verschil nóg duidelijker. Onze schedels zijn korter, ronder en we hebben een kleinere wenkbrauwboog. Wat honden zijn vergeleken met wolven, zijn wij ten opzichte van neanderthalers.[25] En zoals volwassen honden lijken op de pups van wolven, zo gingen wij eruitzien als baby-aapjes.

Wij zijn de *Homo puppy.*

De domesticatie van de mens en de hond

Resulteerde in:

- Vriendelijker gedrag
- Meer serotonine en oxytocine
- Vrouwelijker en jonger uiterlijk
- Een langere jeugd
- Betere communicatie

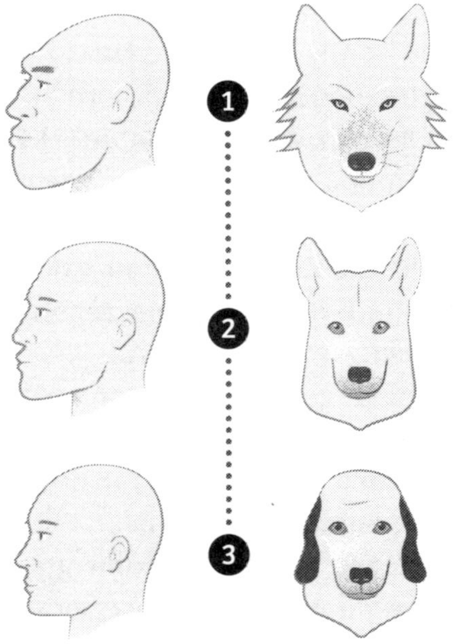

Bron: Brian Hare, 'Survival of the Friendliest', Annual Review of Psychology (2017).

Het wonderlijke is dat ons uiterlijk ongeveer 50.000 jaar geleden pas echt snel veranderde, op het moment dat de neanderthalers verdwenen en wij de ene na de andere uitvinding deden (betere slijpstenen, hengels, bogen, kano's, hippere grotschilderingen en nog veel meer). In evolutionair opzicht lijkt hier moeilijk chocola van te maken. Mensen werden slapper, kwetsbaarder en kinderachtiger. We kregen een kleiner brein, terwijl onze wereld steeds ingewikkelder werd.

Waarom? Hoe kon de *Homo puppy* de wereld veroveren?

4.

Er is niemand die deze vraag beter kan beantwoorden dan een echte puppy-expert. De Amerikaanse onderzoeker Brian Hare (1976) was als kind al gek op honden. En dus koos hij voor de studie biologie, om er vervolgens achter te komen dat wetenschappers nauwelijks geïnteresseerd waren in honden. De reden? Honden zijn schattig, maar niet al te snugger.

Brian kwam terecht in de klas van Michael Tomasello, een van de grootste biologen van de afgelopen decennia. Deze professor deed onderzoek naar beesten die veel interessanter werden gevonden: chimpansees. Ergens in zijn tweede jaar, Brian was net negentien, mocht hij helpen bij het afnemen van een intelligentietest.

Het betrof de klassieke *object-choice test*, waarbij een traktatie wordt verstopt en de deelnemers hints krijgen over waar het voedsel ligt. Menselijke peuters scoren hier uitstekend op, maar chimpansees bakken er niets van. Hoe duidelijk professor Tomasello en zijn studenten ook wezen naar de plek waar ze een banaan hadden verborgen, de apen snapten het niet.

Na weer een lange dag knikken en gebaren, floepte Brian het er maar gewoon uit.

'Ik denk dat mijn hond het wel kan.'

'Natuurlijk', zei professor Tomasello lachend.

'Nee, ik meen het serieus', zei Brian. 'Ik wed dat hij wel slaagt voor de test.'[26]

Inmiddels, meer dan twintig jaar later, is Brian Hare professor in de evolutionaire antropologie aan Duke University in North Carolina. Met een reeks zorgvuldige experimenten heeft hij laten zien dat honden behoorlijk intelligent zijn. Soms zelfs intelligenter dan chimpansees, al hebben ze een kleiner brein.

Wetenschappers begrepen er aanvankelijk niets van: waarom slaagden honden wel voor de object-choice test? Van hun voorouders, de wolven, konden ze die intelligentie niet hebben geërfd. Wolven scoren net zo slecht op de test van Brian als chimpansees en orang-oetans. En honden hebben het ook niet geleerd van hun baasjes, want puppy's van nog maar negen weken oud slagen al voor de object-choice test. (Dan hebben ze nog maar net hun ogen geopend en hun eerste stapjes gezet.)

Een collega van Brian, de bioloog Richard Wrangham, vermoedde dat de intelligentie van honden *zomaar* is ontstaan. Dat het een toevallig bijproduct is, net als die krulstaarten en hangoren. Maar Brian geloofde er niets van. Zoiets cruciaals als sociale intelligentie kon toch geen ongeluk zijn? De jonge bioloog vermoedde dat onze voorouders de slimmere honden heel bewust hebben doorgefokt.

Er was maar één manier waarop Brian zijn gelijk kon bewijzen.

Hij moest naar Siberië. Jaren eerder had hij gelezen over een geheim onderzoek van een Russische geneticus, die een vos in een hond zou hebben veranderd. Toen Brian een paar maanden later uit de Transsiberië Express stapte – dit was in 2003 – hadden Ljoedmila en haar team al 45 generaties vossen doorgefokt. Brian was de eerste buitenlander die ook met de zilvervossen aan de slag ging. En natuurlijk begon hij met de object-choice test.

Als hij gelijk had, zouden de vriendelijke en de agressieve vossen even belabberd moeten scoren op de test. Dmitri en Ljoedmila hadden de vossen immers op vriendelijkheid geselecteerd en doorgefokt, níét op intelligentie. Maar als Brians collega Richard gelijk had, en intelligentie een toevallig bijproduct was van vriendelijkheid, dan zouden de doorgefokte vossen met vlag en wimpel moeten slagen.

Lang verhaal kort: Richard kreeg gelijk, Brian zat ernaast. De doorgefokte, vriendelijke vossen bleken razend intelligent, en veel slimmer dan hun agressieve soortgenoten. Of zoals Brian schreef: ‘De vossen zetten mijn wereld totaal op z’n kop.’[27]

Tot die tijd was altijd aangenomen dat domesticatie dieren dommer maakt. Hun brein krimpt en vaardigheden die in het wild nodig waren, gaan verloren. Je kent de clichés wel: zo slim als een vos, zo dom als een varken. Maar Brian kwam nu tot een totaal andere conclusie. ‘Als je een slimme vos wilt’, schreef hij, ‘selecteer je niet op slimheid, maar op vriendelijkheid.’[28]

5.

En zo zijn we terug bij de vraag waarmee ik dit hoofdstuk begon. Wat maakt mensen uniek? Waarom hebben wij musea gebouwd, terwijl de neanderthalers in de vitrines liggen?

Laten we nog één keer kijken naar de resultaten van die 38 testjes onder apen en peuters. De deelnemers werden namelijk op nog een vierde vaardigheid getoetst: *social learning*. Het vermogen om iets te leren van een ander. En bij die vaardigheid werd iets bijzonders gevonden.

De grote troef van de mens

Score op vier intelligentietesten

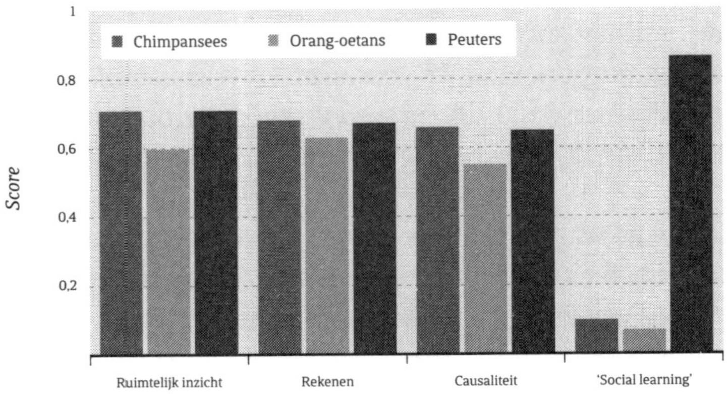

Ik zou geen grafiek weten waarin de kracht van de mens beter wordt samengevat. Op bijna iedere mentale vaardigheid scoren chimpansees en orang-oetans even goed als kinderen van tweeënhalf jaar oud. Maar als er iets te leren valt van een ander, zijn peuters totaal superieur. De meeste kinderen scoren 100 procent, de meeste apen 0.

Mensen blijken hypersociale leermachines. We zijn geboren om te leren, te verbinden en te spelen. Is het dan nog gek dat blozen de enige uniek menselijke gezichtsuitdrukking is? Blozen is een typisch sociale vaardigheid. Mensen die blozen laten merken dat ze geven om wat anderen van hen denken. Dat schept vertrouwen, waardoor we beter kunnen samenwerken.

Hetzelfde blijkt als we elkaar in de ogen kijken. Mensen hebben iets bijzonders in hun opslag: oogwit. Dat betekent dat we de richting van elkaars blik kunnen volgen. Álle andere primaten, en dan heb ik het over meer dan tweehonderd soorten, produceren melanine (pigment) om hun ogen donker te maken. Op die manier verbergen ze de richting van hun blik, als maffiosi met een donkere zonnebril.

Maar wij? Wij zijn een open boek voor elkaar. We geven onze blik aan iedereen weg. Hoe zouden vriendschap en romantiek eruitzien als we elkaar niet in de ogen kunnen kijken? Hoe zouden we elkaar nog kunnen vertrouwen? Brian Hare vermoedt dat onze unieke ogen eveneens het product zijn van domesticatie. Steeds vriendelijkere mensen lieten met hun oogopslag steeds meer zien van wat er in hen omging.[29]

En dan is er nog het verdwijnen van onze grote wenkbrauwboog. Je ziet deze *torus supraorbitalis* in de schedels van neanderthalers, en nog altijd bij chimpansees en orang-oetans. Wetenschappers vermoeden nu dat de boog de communicatie bemoeilijkte, want inmiddels kunnen we onze wenkbrauwen op heel wat subtiele manieren gebruiken.[30] Kijk verrast, meelevend of afkeurend, en voel hoe druk je wenkbrauwen in de weer zijn.

Mensen hebben, kortom, geen pokerface. Onze emoties lekken aan alle kanten uit ons lijf. We zijn gebouwd om verbinding te maken met de mensen om ons heen. En dit is geen handicap, het is onze grootste troef. Sociale mensen zijn namelijk niet alleen leuker gezelschap, ze zijn uiteindelijk ook slimmer.

De eenvoudigste manier om dit te begrijpen is door je een planeet voor te stellen met twee menssoorten: de Genieën en de Na-apers. De Genieën zijn briljant: één op de tien komt tijdens zijn leven met een geweldige uitvinding (laten we zeggen: een hengel om te vissen). De Na-apers zijn veel dommer. Van de duizend Na-apers leert maar één iemand zichzelf vissen. Oftewel: de Genieën zijn honderd keer zo slim als de Naapers.

Toch hebben de Genieën een nadeel. Ze zijn niet erg sociaal. Gemiddeld hebben ze maar één vriend die ze, mochten ze de hengel uitvinden, ook leren vissen. De Na-apers hebben tien vrienden en zijn dus tien keer zo sociaal. Laten we aannemen dat het niet makkelijk is om iemand te leren vissen, en dat dit in slechts de helft van de gevallen lukt.

De grote vraag: welke groep zal het meest van de uitvinding profiteren? Het antwoord, zo rekent de antropoloog Joseph Henrich voor, is dat één op de vijf Genieën zal leren vissen, waarbij de helft het zelf heeft uitgevogeld en de andere helft het van een ander heeft. En bij de Na-apers? Slechts 0,1 procent zal zichzelf leren vissen, maar toch zal maar liefst 99,9 procent het kunnen, doordat ze het leren van andere Na-apers.[31]

Eigenlijk waren de neanderthalers een soort Genieën. Ze hadden een groter individueel, maar een kleiner collectief brein. In zijn eentje was een *Homo neanderthalensis* misschien wel slimmer dan een *Homo sapiens*, maar de laatste leefde in grotere groepen, switchte vaker van groep en kon wellicht ook beter plagiëren. Als zij een razendsnelle computer waren, dan waren wij een ouderwetse pc – mét wifi. We waren dommer, maar beter verbonden.

Er zijn wetenschappers die vermoeden dat ook onze taal het product is van onze vriendelijkheid.[32] Taal is bij uitstek iets wat Na-apers niet zelf bedenken, maar wel van elkaar kunnen leren. Zoals de vossen van Ljoedmila begonnen te blaffen, zo begonnen wij te praten.

Maar wat is er dan met de neanderthalers gebeurd? Heeft de *Homo puppy* ze toch afgeslacht?

Dat verhaal doet het misschien goed in spannende bestsellers en documentaires, maar er is geen enkel archeologisch bewijs voor. Het is waarschijnlijker dat mensen beter bestand waren tegen het barre klimaat van de laatste ijstijd (die geologen dateren van ongeveer 115.000 tot 15.000 jaar geleden), omdat we beter samenwerkten.

En dat deprimerende boek, *The Selfish Gene*? Dat paste

helemaal in de tijdgeest van de jaren zeventig. In hetzelfde jaar bombardeerde het tijdschrift *New York* het decennium tot het *'Me' Decade*. Eind jaren negentig baseerde Jeffrey Skilling, de CEO van de energiereus Enron, zijn hele bedrijfsfilosofie op hebzucht. Hij had het boek van Richard Dawkins verslonden en was er niet somber van geworden, maar wilde het juist in de praktijk brengen.

Skilling zette een beoordelingssysteem op ('*Rank & Yank*') waarin werknemers een cijfer kregen van 1 tot 5. Wie een 1 scoorde, behoorde tot de bovenste 15 procent van het bedrijf en kon rekenen op een vette bonus. De onderste 15 procent werd naar 'Siberië' gestuurd. Zij kregen twee weken de kans om een andere positie te vinden, anders werden ze ontslagen.

Het resultaat: Enron kreeg een hobbesiaanse bedrijfscultuur. Werknemers moesten snoeihard met elkaar concurreren en begonnen elkaar de ene na de andere dolk in de rug te steken. Eind 2001 bleek dat Enron gigantische boekhoudfraude had gepleegd. En Skilling? Die ging de bak in.

Tegenwoordig hanteert 60 procent van de grootste Amerikaanse bedrijven nog altijd een vorm van Rank & Yank.[33] 'Het is een hobbesiaans universum', schreef de journalist Joris Luyendijk kort na de crisis van 2008 over de financiële sector van Londen, 'iedereen tegen iedereen, met betrekkingen die doorgaans *nasty, brutish and short* zijn.'[34] Of neem bedrijven als Amazon en Uber, die werknemers systematisch tegen elkaar opzetten. Uber is een 'hobbesiaanse jungle', vertelt een anonieme werknemer, een bedrijf waar je 'nooit hogerop komt tenzij iemand anders sterft'.[35]

De wetenschap is inmiddels veel verder. In latere edities van *The Selfish Gene* nam Richard Dawkins zijn woorden over onze 'natuurlijke' zelfzuchtigheid terug. En tegenwoordig gelooft vrijwel geen enkele bioloog er nog in. Strijd en concurrentie spelen een duidelijke rol in de evolutie van het leven, maar iedere eerstejaars biologie leert nu dat samenwerking veel belangrijker is.

Eigenlijk is dat een oude waarheid. Onze verre voorouders zetten het individu zelden op een voetstuk. Jagers en verzamelaars van over de hele wereld, van de koudste toendra's tot de heetste woestijnen, geloofden dat alles met elkaar verbonden was. Ze zagen de mens als onderdeel van iets veel groters, verbonden met alle dieren, planten, en Moeder Aarde.[36] Ze begrepen de menselijke conditie misschien wel beter dan wij nu.

Kan het toeval zijn dat we soms letterlijk ziek worden van eenzaamheid? Dat een gebrek aan contact vergelijkbaar is met het roken van vijftien sigaretten per dag?[37] En dat een huisdier de kans op een depressie verkleint?[38] Mensen hunkeren nu eenmaal naar samenzijn en samenspel.[39] Onze geest heeft evenveel behoefte aan contact als ons lijf aan voedsel. Uiteindelijk is het dat verlangen, boven alle andere, dat de *Homo puppy* naar de maan heeft gebracht.

Toen ik dit begreep, vond ik de evolutietheorie niet zo deprimerend meer. Misschien is er geen God, schepper of kosmisch plan. Misschien is ons bestaan een bizar toeval, na miljoenen jaren van blinde evolutie. Maar we zijn in ieder geval niet alleen. We hebben elkaar.

HOOFDSTUK 4

KOLONEL MARSHALL EN DE SOLDATEN DIE NIET SCHOTEN

1.

En dan nu de olifant in de kamer.

De mens heeft ook een wrede, kwaadaardige kant. De *Homo puppy* doet vreselijke dingen die in de rest van het dierenrijk niet eens voorkomen. Kanaries organiseren geen strafkampen. Krokodillen bouwen geen gaskamers. Er is nog nooit een zeekoe geweest die dacht dat hij een ander volk moest registreren, opsluiten en uitroeien.

We hebben het hier over typisch menselijke misdaden. De *Homo puppy* is niet alleen buitengewoon sociaal, maar kan ook uitzonderlijk wreed zijn. Waarom?

Het lijkt erop dat we een pijnlijke conclusie moeten trekken. 'Het mechanisme dat ons de aardigste soort maakt', schrijft Brian Hare, de puppy-expert, 'heeft ons ook veranderd in de wreedste soort op de planeet.'[1] Mensen zijn groepsdieren – met een fatale beperking. We voelen ons het meest aangetrokken tot wie het meest op ons lijkt.

En ja, ook dat instinct lijkt in ons lijf verankerd. Zo was er aanvankelijk veel enthousiasme toen biologen ontdekten dat het hormoon 'oxytocine' (dat Ljoedmila Troet in hoge concentraties bij haar schattige vosjes in Siberië aantrof) een cruciale rol speelt in de liefde. Spuit een beetje oxytocine in de neus van je date, en het zou zomaar een leuke avond kunnen worden.

Je zou zeggen: laat de overheid dat spul met helikopters over de massa's sproeien! Oxytocine maakt je zachter en liever, rustiger en vrediger. Het verandert zelfs de grootste hork in een kwispelende puppy. Daarom wordt het ook wel het 'knuffelhormoon' genoemd, 'de melk van menselijke vriendelijkheid' – en zo zijn er nog wat kleffe termen.

Maar in 2010 kwam de schok. Uit onderzoek van de Universiteit van Amsterdam bleek dat de werking van oxytocine zich vaak beperkt tot de eigen groep.[2] Terwijl het de liefde voor onze vrienden vergroot, kan het onze afkeer van vreemden juist *versterken*. Oxytocine is niet het hormoon van universele broederschap, maar van 'eigen volk eerst'.[3]

2.

Misschien had Thomas Hobbes dan toch gelijk.

Misschien wás er in de prehistorie een 'oorlog van allen tegen allen'. Niet tussen vrienden, maar tussen vijanden. Niet tussen bekenden, maar tussen vreemdelingen. Als die veronderstelling klopt, dan moeten archeologen intussen talloze sporen van agressie hebben gevonden. Dan moeten er opgravingen zijn geweest die bewijzen dat oorlog in onze natuur zit.

Ik vrees dat dit inderdaad is gebeurd. Het eerste bewijs kwam in 1924 boven de grond. Bij het dorpje Taung, in het noordwesten van Zuid-Afrika, stuitte een mijnwerker op de schedel van een klein, aapachtig wezen. Via via belandde hij bij de anatoom Raymond Dart. Hij stelde vast dat het de schedel was van een van de eerste mensachtigen die twee, misschien drie miljoen jaar geleden op aarde rondliepen. *Australopithecus africanus.*

Van het begin af aan piekerde Dart over zijn ontdekking. Hij bestudeerde de schedel en andere botten van onze voorouders, en vond talloze beschadigingen. Waardoor waren die veroorzaakt? De anatoom kwam tot een schokkende conclusie: deze mensachtigen moesten wel gebruik hebben gemaakt van stenen, slagtanden en hoorns om hun prooien af te slachten. En aan hun botten te zien doodden ze niet alleen dieren. Ze vermoordden ook elkaar.

Deze *Killer Ape*-theorie ging de wereld over. Raymond Dart was een van de eerste wetenschappers die concludeerde dat de mens van nature een bloeddorstige kannibaal is. Nog maar tienduizend jaar geleden zouden we – dankzij de uitvinding van de landbouw – op een sympathieker dieet zijn overgestapt. De prilheid van onze beschaving zou verklaren waar 'de wijdverbreide onwil' vandaan komt om te accepteren wat we diep vanbinnen zijn.[4]

Maar Dart wond er geen doekjes om. De eerste mensachtigen waren, in zijn woorden, 'vleesetende wezens die levende prooien met geweld grepen, doodsloegen, hun gebroken lichamen in stukken scheurden, de ledematen eraf rukten, terwijl ze hun dorst lesten met het hete bloed van hun slachtoffers en hun levende, spartelende vlees gretig naar binnen werkten'.[5]

Na het pionierswerk van Raymond Dart was het hek van de dam. De ene na de andere wetenschapper trad in zijn voetsporen. Eerst kwam de bioloog Jane Goodall, die in Tanzania onze naaste familie begon te bestuderen: de chimpansees. Deze apen werden aanvankelijk nog gezien als vreedzame vega's, en dus was het een grote schok toen Goodall – in 1974 – midden in een apenoorlog terechtkwam.

Vier jaar lang maakten twee groepen van chimpansees elkaar af. Het was een gruwelijk gezicht. De geschokte Goodall hield haar ontdekking jarenlang geheim, en toen ze het nieuws met de rest van de wereld deelde, konden velen haar niet geloven. Goodall beschreef scènes met apen die 'het hoofd van hun slachtoffer uitknijpen [...], het bloed opdrinken, een ledemaat omdraaien, stukken huid met hun tanden eraf rukken...'[6]

In de jaren negentig stelde een leerling van Goodall, de bioloog Richard Wrangham (die we in het vorige hoofdstuk tegenkwamen als de mentor van puppy-expert Brian Hare), dat onze voorouders een soort chimpansees moeten zijn geweest. Hij zag een directe lijn van die moordzuchtige mensapen naar de slagvelden van de twintigste eeuw. Oorlog zou nu eenmaal in ons bloed zitten. Wij zijn 'de beduusde overlevers van een continue vijfmiljoenjarige gewoonte van dodelijke agressie', aldus Wrangham.[7]

En waarom kwam hij tot die conclusie? Nou, omdat de *killers* overleven en de *softies* niet. Chimpansees houden ervan om in groepjes eenzame soortgenoten te grazen te nemen, zoals pestkoppen op het schoolplein hun instincten botvieren.

Nu kun je nog denken: allemaal leuk en aardig, maar deze wetenschappers hebben het over mensapen en chimpansees. Is de *Homo puppy* geen unieke soort? Wij hebben de wereld toch juist veroverd omdat we zo vriendelijk zijn? En wat weten we eigenlijk over de tijd waarin we nog jaagden en verzamelden?

De eerste wetenschappelijke studies leken goed nieuws te brengen.

In 1959 publiceerde de antropoloog Elizabeth Marshall Thomas een boek over het !Kung-volk dat nog altijd leeft in de Kalahariwoestijn van Namibië. De titel? *The Harmless People* ('Het onschuldige volk').[8] Het werk zou helemaal in de tijdgeest van de jaren zestig passen. Er verscheen een nieuwe generatie van linkse antropologen die onze voorouders een rousseauiaanse make-over wilde geven. Als je nieuwsgierig was naar hoe we vroeger leefden, schreven zij, hoefde je alleen te kijken naar wie nog steeds als jager of verzamelaar leeft.

En ja, uit het onderzoek van Thomas en haar collega's bleek dat er heus weleens wordt gevochten, in de jungle of op de savanne. Maar die 'veldslagen' bestaan uit hoogstens wat gescheld over en weer. Af en toe wordt er een pijltje in de lucht geschoten, maar als één of twee krijgers gewond zijn, houdt iedereen het weer voor gezien. Zie je wel, zeiden die linkse types, Rousseau had gelijk. De oermens is een nobele wilde.

Maar helaas voor de hippies begon het tegenbewijs zich al snel op te stapelen. In nauwkeuriger onderzoek van latere antropologen bleek de Killer Ape-theorie ook voor jagers en verzamelaars op te gaan.

Zo zijn die rituele gevechten misschien onschuldig, maar de bloederige overvallen in het holst van de nacht – waarbij mannen, vrouwen en kinderen worden afgeslacht – komen toch wat minder sympathiek over. Ook de !Kung bleken bij nader inzien behoorlijk gewelddadig, als je ze maar lang genoeg in de gaten hield. (En trouwens: het moordcijfer onder de !Kung vloog omlaag in de jaren zestig, toen hun land onder staatscontrole kwam. Lees: toen de Leviathan van Hobbes kwam, met zijn politieagenten en cipiers.)[9]

En dit was nog maar het begin. In 1968 veroorzaakte de antropoloog Napoleon Chagnon grote ophef toen hij een boek publiceerde over het Yanomamö-volk in Venezuela en Brazilië. De titel? *The Fierce People* ('Het woeste volk'). Chagnon beschreef de 'chronische staat van oorlogvoering' waarin deze mensen verkeerden. Sterker nog, hij toonde aan dat mannen die meer moordden ook meer vrouwen en kinderen kregen. Logisch dat de bloeddorst in ons bloed zit.

Het pleit werd pas echt beslecht in 2011, met de publicatie van Steven Pinkers monumentale boek *The Better Angels of Our Nature*. Deze psycholoog was al een van de invloedrijkste intellectuelen ter wereld, en nu publiceerde hij zijn magnum opus, een massieve pil van 802 pagina's, gezet in een klein lettertype, afgewisseld met talloze grafieken en tabellen. Je zou er zo iemand mee kunnen doodslaan.

'Vandaag', schrijft Pinker, 'kunnen we overschakelen van verhalen op getallen.'[10] En die getallen spreken voor zich. Het gemiddelde aantal skeletten met sporen van een gewelddadige dood bij 21 archeologische opgravingen? 15 procent. Het gemiddelde aantal doden dat met geweld is omgebracht bij acht volken die nu nog jagen en verzamelen? 14 procent. Het gemiddelde gedurende de twintigste eeuw, inclusief twee wereldoorlogen? 3 procent. En het gemiddelde nu?

1 procent.

'We zijn smerig begonnen', geeft Pinker de oude Hobbes gelijk.[11] De biologie, de antropologie en de archeologie wijzen in dezelfde richting. Ja, de mens is lief voor zijn vrienden, maar keihard voor buitenstaanders. We zijn het oorlogszuchtigste dier ter wereld.

Gelukkig zijn we getemd, aldus Pinker, door de 'wonderen der beschaving'.[12] De uitvinding van de landbouw, het schrift en de staat hebben geholpen om ons agressieve instinct te temmen. We hebben een dikke laag beschaving gesmeerd over onze duistere natuur.

En zo, met al die cijfers uit dat dikke boek, leek aan de discussie een einde gekomen. Jarenlang heb ik gedacht dat Steven Pinker gelijk had, en Rousseau het nakijken. Het bewijs was geleverd, de getallen logen niet.

Maar toen maakte ik kennis met kolonel Marshall.

3.

Het is de nacht van 22 op 23 november 1943. De slag om het eiland Makin, in het midden van de Stille Oceaan, is begonnen. Alles lijkt volgens plan te verlopen, totdat er iets vreemds gebeurt.[13]

Samuel Marshall, kolonel en historicus, ziet het van dichtbij. Hij is met de eerste Amerikaanse troepen aan wal gegaan om verslag te doen van de verovering van het eiland, dat in Japanse handen is. Zelden heeft een geschiedschrijver zo boven op de strijd gezeten. De invasie van Makin is een perfect geïsoleerde operatie, bijna als een laboratoriumexperiment. Het is een uitgelezen kans voor Marshall om te ontdekken hoe het er in een oorlog écht aan toegaat.

Overdag zijn de mannen drie mijl opgerukt, in de moordende hitte. Als ze 's avonds halt houden, heeft niemand nog fut om zich in te graven. Ze weten niet dat even verderop een Japans kamp ligt.

De aanval begint bij het vallen van de nacht.

Tot elf keer toe bestormen de Japanners de Amerikaanse positie. En hoewel de laatsten ruim in de meerderheid zijn, breekt de vijand bijna door de linies.

De volgende dag vraagt Marshall zich af wat er gebeurd kan zijn. Hij weet dat je weinig van een oorlog kunt begrijpen als je naar wat vlaggetjes op een kaart staart, of de dagboeken van een paar officieren leest.

En dus doet hij wat nooit eerder is gedaan. Het is een revolutie in de geschiedwetenschap: Marshall roept de Amerikaanse soldaten, die ochtend nog, in groepen bij elkaar en interviewt hen tegelijkertijd. Iedereen mag zeggen wat hij wil. Lage rangen mogen tegen hoge rangen in gaan. Het resultaat is verbluffend.

'Marshall realiseerde zich bijna meteen dat hij op het geheim van accurate oorlogsverslaggeving was gestuit', zal een collega later schrijven. 'Iedere man herinnerde zich iets – een stukje van de puzzel.'[14] En zo doet de kolonel een bizarre ontdekking.

De meeste soldaten hebben niet geschoten.

Eeuwen, nee, millennia hadden generaals en ministers, schrijvers en kunstenaars aangenomen dat soldaten vechten. Juist in oorlogstijd zou de jager in ons naar boven komen. Dan doen we waar we goed in zijn. *Shoot to kill.*

Maar toen Marshall het ene na het andere groepsinterview afnam, in de Stille Oceaan en later aan het Europese front, ontdekte hij dat slechts 15 tot 25 procent van de soldaten schoot. De overgrote meerderheid vertikte het. Een officier vertelde dat hij schreeuwend langs de linies was gelopen. 'Godverdomme! Begin met schieten!' Het had weinig effect. 'Ze schoten alleen als ik naar ze keek.'[15]

Die nacht op het eiland Makin was de toestand kritiek geweest. In zo'n situatie zou je verwachten dat iedereen vecht voor zijn leven. Maar in Marshalls bataljon, van meer dan driehonderd soldaten, had hij slechts 36 mannen kunnen vinden die hun geweer hadden gebruikt.

Was het een gebrek aan ervaring? Nee. Veel soldaten die nu geen schot losten, hadden juist uitgeblonken tijdens de training. Marshall kon bovendien geen verschil ontdekken tussen nieuwe en ervaren troepen als het ging om de bereidheid om te schieten.

Was het dan de angst? Ook niet. De niet-vurende soldaten bleven op hun post en liepen minstens zo veel risico als de anderen. Het waren stuk voor stuk moedige, trouwe, oerdegelijke patriotten die hun leven zouden geven voor hun kameraden. En toch: als het erop aankwam, verzuimden ze hun plicht.

Ze schoten niet.

In de jaren na de Tweede Wereldoorlog groeide Samuel Marshall uit tot een van de belangrijkste historici van zijn generatie. Het Amerikaanse leger nam zijn conclusies bloedserieus. Tot op de dag van vandaag wordt zijn boek *Men Against Fire* (1947) verslonden op militaire academies.

'Het gemiddelde en gezonde individu', schreef Marshall, 'heeft zo'n innerlijke en meestal onbewuste weerstand tegen het vermoorden van een medemens dat hij niet uit vrije wil een leven zal nemen.'[16] Sterker nog, de meeste mensen hebben 'een angst voor agressie'. Een angst die een normaal onderdeel vormt van onze 'emotionele huishouding'.[17]

Had Marshall een vergeten maar krachtig instinct ontdekt? Het was moeilijk te geloven. De kolonel publiceerde zijn bevindingen in een tijd dat de vernistheorie op haar hoogtepunt was, toen Raymond Dart furore maakte met zijn Killer Ape-theorie. Ondertussen geloofde de kolonel dat zijn analyse niet alleen gold voor geallieerde soldaten tijdens de Tweede Wereldoorlog, maar voor *alle soldaten sinds mensenheugenis*. Van de Grieken bij Troje tot de Duitsers bij Verdun.

Gedurende zijn leven genoot Marshall een sterke reputatie. Maar eind jaren tachtig rezen er toch twijfels over zijn werk. '*Pivotal S.L.A. Marshall Book on Warfare Assailed as False*', stond op 19 februari 1989 op de voorpagina van *The New York Times*. Het tijdschrift *American Heritage* sprak zelfs van een hoax. Marshall zou het 'allemaal verzonnen hebben' en die groepsinterviews nooit hebben afgenomen. 'Die gast vertekende de geschiedenis', zei een oud-officier, hij 'begreep de menselijke natuur niet'.[18]

De kolonel was op dat moment al twaalf jaar dood en kon zich niet verdedigen. Niettemin doken andere historici de archieven in. Daar vonden ze bewijs dat hij soms inderdaad losjes was omgesprongen met de feiten. Toch had hij die groepsinterviews wel degelijk afgenomen én soldaten gevraagd of ze hun M1-geweer hadden gebruikt.[19]

Na een paar dagen lezen in het werk van Marshall, zijn critici en zijn verdedigers wist ik niet wat ik ervan moest maken. Wilde ik niet te graag dat Marshall gelijk had? Of had hij toch een punt? Hoe verder ik me in de controverse verdiepte, hoe meer ik de indruk kreeg dat de kolonel een intuïtieve denker was. Misschien geen geweldig statisticus, maar wel een scherp observator.

De hamvraag luidt dan ook: is er meer bewijs?

Het korte antwoord? Ja.

Het lange antwoord? In de afgelopen decennia hebben de bewijzen voor Marshalls gelijk zich torenhoog opgestapeld.

In de eerste plaats waren er officieren die precies hetzelfde opmerkten als kolonel Marshall. Tijdens de campagne in Sicilië in 1943 had de Britse luitenant-kolonel Lionel Wigram al gezegd dat hij op hoogstens een kwart van zijn troepen kon rekenen.[20] Of zoals generaal Bernard Montgomery naar huis schreef: 'Het probleem met onze Britse jongens is dat het van nature geen *killers* zijn.'[21]

Na de Tweede Wereldoorlog begonnen historici veteranen te interviewen en bleek dat meer dan de helft nog nooit iemand had gedood.[22] Het overgrote deel van de slachtoffers was door een kleine minderheid gemaakt. Zo was minder dan 1 procent van de Amerikaanse gevechtspiloten verantwoordelijk voor bijna 40 procent van de neergeschoten vliegtuigen.[23] De meeste piloten, merkte een historicus op, 'schoten nooit iemand neer of deden er ook maar een poging toe'.[24]

Naar aanleiding van deze bevindingen gingen historici ook andere oorlogen met een nieuwe blik bekijken. Neem de slag bij Gettysburg (1863), tijdens de Amerikaanse Burgeroorlog. Achteraf werden, om precies te zijn, 27.574 musketten gevonden. Maar liefst 90 procent van die geweren was geladen.[25] Dat was nogal vreemd. Een soldaat zou namelijk 95 procent van de tijd bezig moeten zijn geweest met laden, en 5 procent met schieten. Het was in die tijd veel werk om een musket schietklaar te maken (je trok met je tanden een patroon open, stopte wat buskruit in de loop, deed de kogel erin, duwde hem naar achteren, voorzag het wapen van een slaghoedje, laadde door en schoot). Het was dus erg merkwaardig dat zo veel geweren *volledig* geladen waren.

Het wordt nog gekker. Ongeveer 12.000 musketten waren dubbel geladen, en de helft daarvan meer dan driedubbel. Er werd zelfs een geweer gevonden met 23 kogels in de loop. Dit sloeg helemaal nergens op. De musketten waren bedoeld om één kogel tegelijk af te vuren, en dat wisten de soldaten dondersgoed. Ze waren eindeloos gedrild door hun officieren.

Wat was hier aan de hand? Pas veel later begonnen historici het te begrijpen: laden was een perfect excuus om niet te schieten. En als je geweer al geladen was, dan laadde je het gewoon nog een keer. En nog een keer.[26]

Onder Franse troepen werden soortgelijke bevindingen gedaan. Zo nam de Franse kolonel Ardant du Picq in de jaren zestig van de negentiende eeuw uitgebreide vragenlijsten af onder zijn officieren. Ook hij ontdekte dat soldaten niet graag vochten. Zelfs áls ze schoten, vuurden ze vaak te hoog. Dat kon uren doorgaan: twee legers die over elkaar heen schoten, terwijl bijna iedereen een smoes zocht om iets anders te doen (munitie halen, wapens laden, even dekking zoeken, noem maar op).

'De logische conclusie', schrijft de militair expert Dave Grossman, 'is dat de meeste soldaten níét probeerden de vijand te doden.'[27]

Toen ik dit las, herinnerde ik me dat ik hier eerder over had gelezen, bij een van de grootste schrijvers van de twintigste eeuw. 'Zodra het even kon, miste iedereen altijd ieder ander', noteerde George Orwell in zijn klassieker over de Spaanse

Burgeroorlog.[28] Natuurlijk vielen er wel slachtoffers in die oorlog, maar volgens Orwell hadden de meeste soldaten op de ziekenboeg zichzelf verwond. Per ongeluk.

In de afgelopen jaren zijn de conclusies van kolonel Marshall door de ene na de andere deskundige onderschreven. Zo maakte de socioloog Randall Collins een uitgebreide studie van honderden foto's van soldaten in kritieke situaties. Hij komt uit op een vuurratio van 13 tot 18 procent, dicht bij Marshalls schattingen.[29]

'Als we kijken naar het meest voorkomende bewijs', schrijft Collins, 'dan is het hobbesiaanse beeld empirisch onjuist. Mensen zijn ten diepste geneigd tot interactie en solidariteit, en dat is wat geweld zo moeilijk maakt.'[30]

4.

Tot op de dag van vandaag is onze cultuur doordrenkt met de mythe dat het makkelijk is om een ander pijn te doen. Figuren als Indiana Jones en Rambo schieten er vrolijk op los. In actiefilms duren de knokpartijen eindeloos. Geweld op televisie is vaak besmettelijk: iemand struikelt, stoot een ander aan, die geeft de verkeerde een klap, en in een oogwenk is een oorlog van allen tegen allen uitgebarsten.

Maar het beeld dat Hollywood ons opdringt, heeft evenveel met echt geweld te maken als pornografie met echte seks. In werkelijkheid is geweld niet besmettelijk, zeggen wetenschappers. Het duurt ook niet lang, en het is al helemaal niet makkelijk.

Hoe meer ik las over de analyses van kolonel Marshall, en de studies die daarop volgden, hoe meer ik begon te twijfelen aan het oorlogszuchtige beeld van de mens. Want laten we eerlijk zijn: als Hobbes gelijk had, zou je verwachten dat we nog altijd plezier moeten hebben in het doden van een ander. Oké, we hoeven het niet even leuk te vinden als seks, maar een diepe *afkeer* van geweld?

Als Rousseau het daarentegen bij het rechte eind had, zouden juist de jagers en verzamelaars behoorlijk vreedzaam moeten zijn geweest. Dan zou onze natuurlijke weerzin jegens geweld in tienduizenden jaren moeten zijn geëvolueerd, terwijl we als *Homo puppy* de wereld veroverden.

Kon Steven Pinker, de psycholoog met dat loodzware boek, er dan toch naast zitten? Zouden zijn klinkende statistieken over het hoge aantal oorlogsslachtoffers in de prehistorie – cijfers die ik in mijn eerdere boeken en artikelen nog gretig had aangehaald – dan toch niet kloppen?

Ik begon opnieuw met zoeken. En dit keer probeerde ik minder aandacht te besteden aan de boeken voor het grote publiek. Ik dook dieper de academische literatuur in, en stuitte al snel op een patroon. Als een wetenschapper de mens als moordzuchtige aap neerzette, werd die studie meestal wel opgepikt door journalisten. Maar als een collega stelde dat het juist meeviel, luisterde bijna niemand.

En dus vroeg ik me af: wat als onze zucht naar spanning en sensatie ons parten speelt? Wat als de wetenschap er heel anders voor staat dan de bestverkochte en meestgelezen studies doen vermoeden?

Laten we terugkeren naar Raymond Dart, de man die in de jaren twintig van de vorige eeuw de eerste resten van *Australopithecus africanus* in handen kreeg. Hij bestudeerde de beschadigde botten van deze mensachtige, die twee miljoen jaar geleden leefde, en concludeerde dat die een bloeddorstige kannibaal moet zijn geweest.

Die conclusie werd razend populair. Kijk maar naar de

films *Planet of the Apes* (1968) en *2001: A Space Odyssey* (1968), die met de Killer Ape-theorie aan de haal gingen. 'Ik ben geïnteresseerd in de brute en gewelddadige natuur van de mens', zei regisseur Stanley Kubrick, 'omdat het een waarheidsgetrouw beeld van hem is.'[31]

Pas veel later ontdekten wetenschappers dat het forensisch materiaal van *Australopithecus africanus* in een andere richting wijst. Experts zijn het er nu over eens dat de botten niet zijn beschadigd door mensapen (met stenen, slagtanden of hoorns) maar door roofdieren. In 2006 werd duidelijk dat het mensaapje waarvan Raymond Dart in 1924 de schedel kreeg, is gedood door een grote roofvogel.[32]

Maar hoe zit het dan met onze naaste familie, de chimpansees, die elkaar zo vreselijk te grazen kunnen nemen? Zijn zij niet het levende bewijs dat de bloeddorst in onze genen zit?

Op dit punt zijn wetenschappers het nog altijd oneens. Er wordt heftig gediscussieerd over de vraag *waarom* chimpansees elkaar te lijf gaan. Sommige onderzoekers denken dat het te maken heeft met de bemoeienis van mensen. Chimpansees worden bijvoorbeeld agressiever als je ze, zoals Jane Goodall in Tanzania, regelmatig bananen voert. Dan gaan ze ruziemaken over wie recht heeft op zulke traktaties.[33]

Ik moet zeggen dat ik deze verklaring eerst best verleidelijk vond, maar uiteindelijk niet overtuigend. Vooral toen ik een gigastudie uit 2014 las, met data van achttien chimpsamenlevingen over een periode van vijftig jaar.[34] Deze onderzoekers deden hun best, maar konden geen verband vinden tussen het aantal *chimpicides* en de bemoeienis van mensen. Ook zonder onze invloed zijn chimpansees tot bruut geweld in staat.

Gelukkig hebben we nog andere familieleden. Neem de gorilla, die is al een stuk vreedzamer. Of beter nog: neem de bonobo. Deze aap heeft een ranke nek, verfijnde handen en kleine tandjes. Een bonobo speelt het liefst de hele dag, is de vriendelijkheid zelve en wordt eigenlijk nooit volwassen.

Doet dit ergens aan denken? Inderdaad: biologen vermoeden dat ook de bonobo zichzelf heeft gedomesticeerd, net als de *Homo puppy*. Wat dat betreft kunnen we onszelf misschien beter vergelijken met bonobo's, die trouwens ook een griezelig menselijk gezicht hebben.[35]

Toch is het maar de vraag hoe relevant de verhitte discussie over onze naaste familieleden is. Het punt is namelijk: mensen zijn geen chimpansees. En ook geen bonobo's. In totaal zijn er meer dan tweehonderd primaatsoorten die onderling flink van elkaar verschillen. De vooraanstaande primatoloog Robert Sapolsky concludeert dat apen ons weinig kunnen leren over hoe we vroeger zelf waren: 'Het is een leeg debat.'[36]

Hoog tijd, kortom, om terug te keren naar de echte vraag. De vraag waar het Hobbes en Rousseau om te doen was.

Hoe gewelddadig waren de eerste *mensen*?

In dit hoofdstuk noemde ik al twee methodes om daarachter te komen. Eén: we kunnen jagers en verzamelaars bestuderen die nu nog leven, omdat zij dezelfde levenswijze hebben als onze voorouders. Twee: we kunnen in de grond spitten, op zoek naar oude botten of spullen die onze voorouders hebben achtergelaten.

Laten we met het eerste beginnen. Ik schreef al over het boek van de antropoloog Napoleon Chagnon, *The Fierce People*, dat uitgroeide tot het bestverkochte antropologische boek aller tijden. Chagnon liet zien dat het Yanomamö-volk in Venezuela en Brazilië dol is op oorlog. De moordenaars onder de Yanomamö zouden drie keer zo veel kinderen krijgen als de pacifisten ('mietjes', zoals Chagnon ze noemde).[37]

Maar wat klopte eigenlijk van zijn studie? Wetenschappers zijn het er inmiddels over eens dat de meeste jagers en verzamelaars uit onze tijd niet representatief zijn voor hoe onze verre voorouders leefden. Velen van hen zitten tot aan hun nek in de beschaving, en hebben aardig wat contact met landbouwers en stedelingen. Als onderzoekspopulatie zijn ze 'besmet', alleen al doordat ze door antropologen zijn bestudeerd.

(Er zijn overigens weinig stammen meer 'besmet' dan de Yanomamö. In ruil voor hun samenwerking gaf Chagnon de leden van dit volk bijlen en machetes, om vervolgens te concluderen dat ze heel gewelddadig zijn.)[38]

En de conclusie dat moordenaars meer kinderen krijgen dan niet-moordenaars? Ook dat is onzin. Chagnon maakte twee joekels van rekenfouten. In de eerste plaats vergat hij te corrigeren voor leeftijd. Wat bleek: de moordenaars in zijn database waren gemiddeld tien jaar ouder dan de 'mietjes'. Het is niet erg verrassend dat iemand van 35 (gemiddeld) meer kinderen heeft dan iemand van 25.

Vervolgens keek Chagnon alleen naar het aantal kinderen van de nog levende moordenaars. Ook dat slaat nergens op: mensen die iemand anders hebben gedood worden regelmatig omgelegd. Wraak noemen we dat. Als je daar geen rekening mee houdt, kun je net zo goed concluderen dat je rijk wordt van gokken, terwijl je alleen naar de winnaars hebt gekeken.[39]

Ironisch genoeg voegden de Yanomamö na het bezoek van de antropoloog Chagnon een nieuw woord toe aan hun vocabulaire. '*Antro*.' De betekenis? 'Machtig onmenselijk wezen met diep verontrustende neigingen en wilde buitenissigheden.'[40] Sinds 1995 is het Chagnon verboden ooit nog terug te keren naar het land van de Yanomamö.

Chagnons bestseller kunnen we dus maar beter negeren. Maar hoe zit het dan met het invloedrijkste bewijs voor de stelling dat we van nature gewelddadig zijn? Die pil van 802 pagina's, vol grafieken en tabellen, van de psycholoog Steven Pinker?

In zijn boek *The Better Angels of Our Nature* berekende Pinker het gemiddelde moordcijfer bij acht primitieve volken. Hij kwam uit op maar liefst 14 procent. Dit schokkende cijfer heeft het geschopt tot vooraanstaande tijdschriften als *Science*, en is eindeloos herhaald in kranten en op televisie. Maar toen andere wetenschappers zijn bronmateriaal bestudeerden, ontdekten ze dat Pinker van alles door elkaar heeft gehaald. Dit wordt een beetje technisch, maar het is cruciaal om te begrijpen waar hij de fout in ging.

De vraag is: welke jagers en verzamelaars – die nu nog leven – zijn representatief voor de manier waarop we 50.000 jaar geleden leefden? Gedurende 95 procent van onze geschiedenis waren mensen immers nomaden. We trokken in kleine, relatief egalitaire groepen de wereld over.

En hier komt het: Pinker gebruikte bijna alleen maar studies naar hybride culturen. Denk aan mensen die weliswaar jagen en verzamelen, maar die zich ook al hebben gevestigd op één plaats, die paardrijden of parttime bijklussen als landbouwers.

We weten dat dit allemaal (relatief) recente fenomenen zijn. De landbouw werd nog maar 10.000 jaar geleden uitgevonden en het paard werd pas 5.000 jaar geleden gedomesticeerd. Als je wilt onderzoeken hoe onze verre voorouders 50.000 jaar terug leefden, is het niet erg zinvol om te kijken naar mensen met een paard en een moestuin.

Maar zelfs als we Pinkers methode serieus nemen, kloppen de cijfers niet. Bij de nummers 1 en 3 op zijn lijstje – de Aché uit Paraguay en de Hiwi uit Venezuela en Colombia – zou respectievelijk 30 en 21 procent zijn omgekomen door onderling geweld. Dit zijn door en door bloeddorstige volken, zou je denken.

Maar de antropoloog Douglas Fry dook in de oorspronkelijke bronnen van Pinker. Zo kwam hij erachter dat alle 46 'oorlogsdoden' bij de Aché in werkelijkheid zijn 'neergeschoten door [een] Paraguayaan'.

Je leest het goed. De Aché voerden geen oorlog met elkaar, maar werden 'meedogenloos vervolgd door slavenhandelaars', staat in de primaire bron, en 'aangevallen door Paraguayaanse kolonisten' terwijl zijzelf 'verlangden naar een vreedzame relatie met hun machtige buren'. Voor de Hiwi geldt hetzelfde. De mannen, vrouwen en kinderen die Pinker als oorlogsdoden opvoert, werden in 1968 vermoord door lokale paardenboeren.[41]

Dus daar gaan die spijkerharde moordcijfers. Deze jagers en verzamelaars gingen niet elkaar te lijf; ze werden omgebracht door zogenaamd 'beschaafde' landbouwers met geavanceerd wapentuig. 'Grafieken en tabellen [...] geven de schijn van wetenschappelijke objectiviteit', schrijft Fry. 'Maar in dit geval is het allemaal een illusie.'[42]

Wat kunnen we dan wél leren van de moderne antropologie? Wat gebeurt er als we een samenleving bestuderen zonder nederzettingen, zonder landbouw en zonder paarden – een samenleving die model kan staan voor hoe we leefden in de prehistorie?

Je voelt hem waarschijnlijk al aankomen: dan blijkt oorlog een zeldzaamheid. Nomadische jagers en verzamelaars houden nu eenmaal niet van geweld, concludeerde Douglas Fry toen hij in 2013 een lijst van representatieve samenlevingen opstelde voor het tijdschrift *Science*.[43] Nomaden lossen conflicten liever op door ze uit te praten of naar een andere vallei te verkassen. Het doet denken aan de jongens op het eiland 'Ata: als zij ruzie hadden, gingen ze ook even uit elkaar om af te koelen.

En dan nog iets. Wetenschappers hebben jarenlang aangenomen dat we in de prehistorie een klein sociaal netwerk hadden. In groepjes van dertig à veertig familieleden zouden we door het regenwoud zijn getrokken. Als we dan een ander gezelschap tegenkwamen, zou het algauw oorlog zijn geworden.

Maar toen, in 2011, bracht een team van Amerikaanse antropologen het sociale netwerk van 32 primitieve samenlevingen in kaart, van de Nunamiut in Alaska tot de Vedda in Sri Lanka. Wat bleek? De nomaden zijn hartstikke sociaal. Ze eten en feesten, zingen en trouwen voortdurend met mensen uit andere groepen.

Natuurlijk, jagen en verzamelen doen ze in kleine teams van dertig à veertig mensen. Maar die groepen blijken vooral uit vrienden te bestaan, niet familie. Bovendien wordt er regelmatig geswitcht van groep. Het resultaat is dat mensen een groot sociaal netwerk hebben. In 2014 ontdekten wetenschappers dat de Aché in Paraguay en de Hadza in Tanzania gedurende hun hele leven gemiddeld maar liefst *duizend* mensen ontmoeten.[44]

Er is, kortom, alle reden om aan te nemen dat onze verre voorouders een grote vriendenkring hadden. Wie steeds nieuwe mensen ontmoette, kon steeds nieuwe dingen leren. Alleen zo konden we slimmer worden dan de neanderthalers.[45]

Er is nog een tweede manier om erachter te komen hoe gewelddadig de eerste mensen waren: we kunnen graven in de grond. Het werk van archeologen.

Ik denk dat dit de beste methode is om het debat tussen Hobbes en Rousseau te beslechten, omdat het fossiele bewijsmateriaal niet 'besmet' kan zijn door moderne onderzoekers. Het enige probleem? Jagers en verzamelaars lieten weinig achter. We hebben het hier over rondtrekkende kampeerders met nauwelijks bezittingen.

Gelukkig is er een belangrijke uitzondering: grotschilderingen. Als er in de natuurstaat een 'oorlog van allen tegen allen' was, zoals Hobbes stelde, dan zou je toch verwachten dat iemand daar een keer een schilderijtje van heeft gemaakt. Maar helaas, dat is nooit gevonden. En dat terwijl onze voorouders duizenden grotschilderingen maakten over de jacht op bizons, paarden en gazelles.[46]

Hoe zit het dan met de oude skeletten? Steven Pinker heeft het in zijn boek over eenentwintig opgravingen met een gemiddeld moordcijfer van 15 procent. Maar hier speelt weer hetzelfde probleem: Pinkers lijstje is een rommeltje. Twintig van de eenentwintig opgravingen komen uit een tijd waarin het paard al was getemd, de landbouw al was uitgevonden, of mensen zich al op één plek hadden gevestigd. Dit zijn allemaal recente fenomenen.

De vraag is dan ook: hoeveel archeologisch bewijs is er voor vroege oorlogvoering, van vóór de domesticatie van het paard, vóór de uitvinding van de landbouw en vóór de eerste nederzettingen? Hoeveel bewijs is er dat oorlog in onze natuur zit?

Het antwoord: vrijwel geen.

Inmiddels zijn op vierhonderd plekken ongeveer drieduizend skeletten van de *Homo sapiens* gevonden die oud genoeg zijn om iets over de 'natuurstaat' te vertellen.[47] Wetenschappers die naar al deze opgravingen keken, vonden geen enkel overtuigend bewijs voor oorlog in de oertijd.[48] Voor latere periodes is dat een heel ander verhaal.

'Oorlog gaat niet eindeloos terug in de tijd', concludeert de vooraanstaande archeoloog Brian Ferguson. 'Het had een begin.'[49]

HOOFDSTUK 5

DE VLOEK VAN DE BESCHAVING

1.

Had Jean-Jacques Rousseau gelijk? Klopt het dat de mens van nature deugt, en dat alles pas misging met het ontstaan van de beschaving, toen we neerstreken op één plaats?

Zo langzamerhand begon ik wel die indruk te krijgen. Neem het volgende verslag, van iemand die in 1492 aan wal ging op de Bahama's. Hij verwonderde zich over de vreedzame bewoners: 'Ze dragen geen wapenen, en kennen die ook niet, want ik liet ze een zwaard zien [...] en ze sneden zichzelf uit onwetendheid.' Het bracht de bezoeker op een idee. 'Ze zouden goede slaven zijn. Met vijftig man zouden we ze allemaal kunnen onderwerpen en laten doen wat we willen.'[1]

Christoffel Columbus – hij was het – voegde de daad bij het woord. Een jaar later kwam hij terug met zeventien schepen en 1.500 man, waarna de mensenhandel begon. Een halve eeuw na zijn komst was minder dan 1 procent van de oorspronkelijke bevolking van de Caraïben over. De rest was bezweken onder de gevolgen van ziekte en slavernij.

Het moet steeds een grote schok zijn geweest voor zogenaamd 'barbaarse' volkeren om in aanraking te komen met 'beschaafde' kolonisten. Voor sommigen zal de gedachte dat je iemand kunt vermoorden überhaupt bizar zijn geweest. Mocht je dit onvoorstelbaar vinden: er bestaan nog altijd samenlevingen waar juist een moord onvoorstelbaar is.

Midden in de Stille Oceaan ligt bijvoorbeeld het kleine eiland Ifalik. Na de Tweede Wereldoorlog hebben Amerikaanse mariniers er een paar keer Hollywoodfilms laten zien, om toenadering te zoeken tot de bevolking. Het geweld in deze films bracht de eilandbewoners helemaal van streek. Een paar bleven nog dagen ziek, zoiets verschrikkelijks hadden ze nog nooit gezien.

Toen een antropoloog jaren later veldwerk deed op Ifalik werd haar verschillende keren gevraagd of het waar kon zijn. Zijn er écht mensen in de Verenigde Staten die een ander hebben doodgemaakt?[2]

De geschiedenis van de mens herbergt, kortom, een groot mysterie. Als we een diepe, instinctieve afkeer van geweld hebben, hoe kon het dan toch nog misgaan? Als oorlog een begin had, waarom zijn we er dan ooit aan begonnen?

Laat ik beginnen met de bijsluiter van het leven in de prehistorie. We kunnen onze voorouders namelijk ook te veel romantiseren. De mens is nooit een engel geweest. Ook in de natuurstaat konden we elkaar naar het leven staan. Jaloezie, woede en haat zijn oeroude emoties, die altijd slachtoffers hebben geëist. Sterker nog, de *Homo puppy* had nooit de wereld veroverd als we niet, in zeldzame gevallen, tot geweld waren overgegaan.

Om dit laatste te begrijpen moet je iets weten over de politiek van de prehistorie. Onze voorouders hadden een hekel aan ongelijkheid. Beslissingen werden samen genomen, na lange discussies waarbij iedereen zijn zegje mocht doen. 'Nomadische jagers en verzamelaars', concludeert een Amerikaanse antropoloog op basis van maar liefst 339 veldstudies, 'zijn universeel – en welhaast obsessief – bezig met hun vrijheid van de autoriteit van anderen.'[3]

Als nomaden al machtsverschillen toestonden, dan waren die tijdelijk, en op de inhoud gebaseerd. Leiders hadden meer kennis. Vaardigheden. Charisma. Wetenschappers spreken ook wel van '*achievement-based inequality*'. Of in gewoon Nederlands: je moest iets kunnen.

Ondertussen was er een eenvoudig middel om bescheidenheid af te dwingen. Schaamte. Hoe dit millennia lang gewerkt moet hebben, is mooi beschreven door de Canadese antropoloog Richard Lee, die jaren onder de !Kung in de Kalahari-woestijn leefde. Een mannelijk stamlid legde hem uit hoe een succesvol jager zich gedraagt:

> Hij moet eerst in stilte zitten totdat iemand naar zijn vuur komt en vraagt: 'Wat heb je vandaag gezien?' Dan antwoordt hij zacht: 'Ach, ik ben niet zo goed in jagen. Ik zag helemaal niets... of nou ja, misschien iets kleins.' Op zo'n moment lach ik vanbinnen omdat ik weet dat hij iets groots heeft gevangen.[4]

Geen misverstand: ijdelheid is van alle tijden. Hebzucht evengoed. Maar de *Homo puppy* deed er duizenden jaren lang alles aan om zulke neigingen de kop in te drukken. Of zoals een van de !Kung vertelde: 'We moeten niets hebben van iemand die opschept, want op een dag zal zijn trots hem iemand laten doden. Daarom noemen we zijn vlees altijd waardeloos. Op die manier verkoelen we zijn hart en maken we hem zacht.'[5]

Ook sparen en oppotten waren bij jagers en verzamelaars taboe. Het grootste deel van onze geschiedenis spaarden we geen bezittingen, maar vriendschappen. Europese ontdekkingsreizigers verbaasden zich steeds over de vrijgevigheid van de volkeren die ze tegenkwamen. 'Als je iets vraagt, zeggen ze nooit nee', schreef Columbus in zijn logboek. 'Integendeel, ze delen met iedereen...'[6]

Natuurlijk zijn er altijd mensen geweest die zich niet hielden aan deze eerlijk-delen-etiquette. Maar daarmee namen zij een groot risico, want wie zich arrogant of hebberig bleef opstellen, kon worden verbannen. En als zelfs dat niet werkte, was er een laatste remedie.

Neem het volgende incident dat zich afspeelde onder de !Kung. De hoofdpersoon was /Twi, een stamlid dat eerder twee mensen had vermoord en zich steeds onmogelijker gedroeg. De groep had er genoeg van:

> En toen vuurden ze allemaal giftige pijlen op hem af, totdat hij eruitzag als een stekelvarken. Hij lag stil. Iedereen kwam dichterbij, mannen en vrouwen, en doorstak hem met speren totdat hij dood was.[7]

Een tafereel als dit moet zich, volgens antropologen, zo nu en dan hebben afgespeeld in de prehistorie. Wanneer iemand zich verheven voelde boven de rest, rekende de groep met hem af. Zo domesticeerde de mens zichzelf. De agressieve types kregen weinig kans om zich voort te planten, terwijl de vriendelijkste kerels de meeste kinderen kregen.[8]

Voor het grootste deel van onze geschiedenis waren mannen en vrouwen dan ook zo goed als gelijk. Natuurlijk, het stereotiepe beeld van de oerman is dat van een harige gorilla met een knuppel en een kort lontje. Maar de oerman was waarschijnlijk geen macho. Hij was eerder een protofeminist.

Wetenschappers vermoeden dat seksegelijkheid een cruciaal voordeel bood ten opzichte van andere menssoorten zoals de neanderthalers. Uit veldonderzoek blijkt namelijk dat mannen, als ze het alleen voor het zeggen hebben, vooral met hun broers en neven optrekken. Maar als vrouwen meebeslissen, hebben mensen een veel diverser sociaal netwerk.[9] En zoals we in hoofdstuk 3 zagen: wie meer vrienden heeft, is uiteindelijk ook slimmer.

De seksegelijkheid kwam eveneens tot uiting in de opvoeding. Mannen in primitieve samenlevingen brachten (en brengen) meer tijd door met hun kids dan vaders nu.[10] Het grootbrengen van kinderen werd als een gedeelde verantwoordelijkheid beschouwd. Baby's werden door iedereen vastgehouden en kregen soms borstvoeding van meerdere vrouwen. 'Zulke ervaringen', schrijft een antropoloog, 'helpen verklaren waarom kinderen in dit soort samenlevingen de wereld leren zien als een "gevende plek".'[11] Waar ouders hun kroost tegenwoordig leren om vreemdelingen te wantrouwen, werd in de prehistorie het vertrouwen juist met de paplepel ingegoten.

Er zijn, tot slot, sterke aanwijzingen dat het liefdesleven van jagers en verzamelaars behoorlijk relaxed was. Biologen noemen de mens ook wel 'serieel monogaam'. Een gemiddelde Hadza in Tanzania heeft twee à drie partners in zijn of haar leven, waarbij de voorkeur van de vrouw bepalend is.[12] Onder de Aché in de bergen van Paraguay heeft een vrouw, gedurende haar hele leven, gemiddeld zelfs twaalf echtgenoten.[13] Een heel netwerk van potentiële vaders komt goed van pas, want al die papa's kunnen helpen bij de opvoeding.[14]

Toen een zeventiende-eeuwse missionaris een man van de Innu-stam (in het huidige Canada) waarschuwde voor de gevaren van huwelijkse ontrouw, antwoordde hij: 'U bent niet goed wijs. Jullie Fransen houden alleen maar van jullie eigen kinderen; wij houden van alle kinderen van onze stam.'[15]

2.

Hoe meer ik las over de levenswijze van onze voorouders, hoe meer vragen door mijn hoofd begonnen te spoken. Als het waar is dat we ooit in een wereld van vrijheid en gelijkheid leefden, waarom hebben we die dan verlaten? Waarom wisten jagers en verzamelaars nog korte metten te maken met arrogante leiders, terwijl wij maar niet van hen afkomen?

De populairste verklaring is dat we niet meer zonder hen kúnnen. Staten en multinationals zouden dringend behoefte hebben aan koningen, presidenten en CEO's. 'Grote bevolkingen', merkt de geograaf Jared Diamond op, 'kunnen niet functioneren zonder leiders die de beslissingen nemen.'[16]

Deze theorie zal als muziek in de oren klinken van menig manager en koning. Het klinkt ook best plausibel. Hoe kun je nu een tempel, een piramide of een stad bouwen zonder dat iemand de touwtjes in handen heeft?

Eén ding is zeker: het kan wel degelijk. Er zijn namelijk heel wat voorbeelden van mensen die tempels bouwden, of zelfs hele steden uit de grond stampten, zonder dat sprake was van een strakke hiërarchie.

In 1995 groeven archeologen nog een enorm tempelcomplex op in Zuid-Turkije, met prachtig bewerkte pilaren van meer dan 20 ton per stuk. Een soort Stonehenge, maar dan veel indrukwekkender. Toen de pilaren werden gedateerd, ontdekten de wetenschappers iets bizars. De monumenten waren meer dan 11.000 jaar oud. Ze zijn dan ook niet gebouwd door landbouwers (met koningen en bureaucraten boven hen) maar door jagers en verzamelaars.[17]

Er moeten duizenden mensen hebben meegewerkt aan de bouw van de Navelberg, zoals deze oudste tempel ter wereld wordt genoemd. Wetenschappers spreken ook wel van een *'collective work event'*. Van heinde en verre kwamen pelgrims om hun steentje bij te dragen. Daarna volgde een groot feest, waarbij talloze gazelles werden geroosterd (archeologen weten dit omdat er duizenden botten zijn gevonden). Het doel van dit soort monumenten was niet om het ego van een heerser te strelen. Het doel was om mensen bij elkaar te brengen.[18]

Toegegeven, er zijn aanwijzingen dat ook in de prehistorie weleens een machthebber opstond. Zo werd in 1955 een luxueus graf gevonden bij Soengir, 200 kilometer ten noorden van Moskou. Er lagen armbanden van gepolijst mammoetivoor, een diadeem van vossentanden en duizenden ivoren kralen. De juwelen bleken maar liefst 30.000 jaar oud te zijn. Zulke graven moeten de rustplaatsen van een soort prinsen en prinsessen zijn geweest, al ver voordat we piramides en kathedralen bouwden.[19]

Maar toch, dit kwam niet vaak voor. We hebben het over een handvol opgravingen, honderden kilometers bij elkaar vandaan. Daarom vermoeden wetenschappers dat er in de prehistorie af en toe vorstjes zijn opgekomen, die zo weer omver werden geworpen.[20] Tienduizenden jaren lang hadden we prima systemen om verwaande types neer te halen. Humor. Spot. Geroddel. En in het uiterste geval: een pijl in je achterste.

Maar opeens werkte dat systeem niet meer. Opeens bleven machthebbers zitten waar ze zaten, en lieten ze zich niet meer van hun troon stoten. Dus nog een keer de vraag: waarom?

3.

Om te begrijpen hoe het mis kon gaan, moeten we 15.000 jaar terug in de geschiedenis, toen de laatste ijstijd eindigde. Tot dat moment was de planeet nog dunbevolkt en hadden mensen samen gestreden tegen de kou. Er was geen *struggle for survival*, maar een *snuggle for survival*.[21] We hielden elkaar warm.

Maar toen veranderde het klimaat. Het land tussen de Nijl in het westen en de Tigris in het oosten werd een land van melk en honing, waar steeds meer mensen zich vestigden. Hier was het bestaan geen verbroederende strijd tegen de elementen meer. Er was genoeg voor iedereen. En dus leek het logisch om te settelen. Er werden hutten en tempels gebouwd. Er ontstonden dorpen en steden. De bevolking groeide.[22] En belangrijker nog: mensen begonnen bezittingen te verzamelen.

Wat zei Rousseau hier ook alweer over? 'De eerste man die een stuk land omheinde en zei "dit is van mij"', dáár ging alles mis.

Het moet een enorme klus zijn geweest om mensen te overtuigen dat land, dieren of zelfs mensen iemands bezit kunnen zijn. Jagers en verzamelaars deelden immers vrijwel alles.[23] Bovendien begon met de uitvinding van het bezit de ongelijkheid tussen mensen te groeien. Na de dood werden eigendommen zelfs doorgegeven aan volgende generaties. Zo werd de erfenis uitgevonden, die de kloof tussen arm en rijk nog verder vergrootte.

Het fascinerende is dat in precies deze periode, na het einde van de ijstijd, ook de eerste oorlogen uitbraken. Juist toen we ons op één plek vestigden, bouwden we de eerste militaire versterkingen, zo blijkt uit archeologisch onderzoek. Grotschilderaars begonnen afbeeldingen te maken van boogschutters die elkaar te lijf gingen. Er zijn talloze skeletten opgegraven die rond deze tijd zijn gedateerd, met duidelijke tekenen van geweld.[24]

Hoe kon het zover komen? Wetenschappers denken aan minstens twee oorzaken. In de eerste plaats was er nu bezit om over te vechten, met name land. In de tweede plaats maakte het gesettelde leven ons wantrouwiger naar vreemden.

Rondtrekkende jagers en verzamelaars hadden nog een relaxed lidmaatschapsbeleid gehad. Je kwam steeds nieuwe mensen tegen en kon je eenvoudig aansluiten bij een andere groep.[25] Dorpelingen daarentegen raakten op zichzelf gericht, en op hun bezittingen. De *Homo puppy* veranderde van kosmopoliet in xenofoob.

Een van de belangrijkste redenen om toch nog met vreemden samen te werken werd, ironisch genoeg, oorlog. Stammen begonnen verbonden te sluiten, om zich te verweren tegen andere stammen. Er werden militaire leiders verkozen. Dat zullen vaak charismatische types zijn geweest die zich heldhaftig gedroegen in de strijd. Met iedere oorlog verstevigden deze generaals hun positie. Na een tijdje wilden ze hun gezag niet meer opgeven, zelfs niet in vredestijd.

Meestal werden de generaals dan weer afgezet. 'Er moeten duizenden macho's zijn geweest', merkt een historicus op, 'die het niet lukte om permanent koning te worden.'[26] Maar een enkele keer was het te laat. Dan hadden de generaals genoeg handlangers verzameld om zich te beschermen tegen het plebs. En de samenlevingen die werden gedomineerd door zulke leiders raakten nog meer op oorlog gefixeerd.

Als we het fenomeen 'oorlog' willen begrijpen, moeten we dan ook kijken naar de machthebbers. Naar de generaals en de koningen, de presidenten en de ministers. Het zijn deze Leviathans die oorlog voeren, omdat oorlogen goed zijn voor hun macht en aanzien.[27] Lees het Oude Testament er maar op na, waar de profeet Samuel de Israëlieten waarschuwde voor wat een koning met ze zou doen. Het is een van de meest vooruitziende, en sinistere, passages uit de Bijbel:

> Dit zal de handelwijze zijn van de koning die over u regeren zal: hij zal uw zonen nemen voor bij zijn wagens en zijn ruiterij. Hij zal hen aanstellen tot bevelhebbers over duizend

> en tot bevelhebbers over vijftig. Zij zullen zijn akker moeten ploegen, zijn oogst binnenhalen en zijn strijdwapens en zijn wagentuig maken. Uw dochters zal hij nemen als zalfbereidsters, kooksters en baksters. Uw akkers, uw wijngaarden en uw olijfgaarden, de beste zal hij nemen en ze aan zijn dienaren geven. Van uw zaaigoed en uw wijngaarden zal hij het tiende deel nemen en dat aan zijn hovelingen en zijn dienaren geven. Hij zal uw slaven, uw slavinnen, uw beste jongemannen en uw ezels nemen om daarmee zijn werk te doen. Hij zal het tiende deel van uw kudden nemen, en u zult hem tot slaven zijn.

Met de eerste nederzettingen en de uitvinding van het privébezit begon een nieuw tijdperk in de geschiedenis van de mens. De 1 procent ging de 99 procent onderdrukken. Praatjesmakers werden van aanvoerders tot generaals, van stamhoofden tot koningen. De tijd van vrijheid, gelijkheid en broederschap was voorbij.

4.

Terwijl ik studeerde op de recente archeologische ontdekkingen, moest ik weer denken aan Jean-Jacques Rousseau. Schrijvers die zichzelf 'realistisch' noemen, hebben hem maar al te vaak weggezet als naïeve romanticus. Maar nu begon het erop te lijken dat Rousseau weleens de echte realist zou kunnen zijn.

De Franse filosoof ging lijnrecht in tegen het geloof in de opmars van de beschaving. Tegen het geloof dat scholieren tot op de dag van vandaag wordt ingeprent. Ooit zouden we primitieve holbewoners zijn geweest, die elkaar de hersens insloegen. Vrede, veiligheid en vooruitgang zouden mogelijk zijn gemaakt door de uitvinding van het bezit, de landbouw en de staat. Onze voorouders zouden die geschenken gretig hebben omarmd, omdat ze schoon genoeg hadden van het eindeloze honger lijden en oorlog voeren.

Niets was minder waar, geloofde Rousseau. De filosoof dacht dat alles juist misging toen we op één plek neerstreken, precies wat de archeologie nu bevestigt. Hij zag de uitvinding van de landbouw als een groot fiasco, en ook voor die stelling is nu een overvloed aan wetenschappelijk bewijs.

Antropologen hebben bijvoorbeeld ontdekt dat jagers en verzamelaars een behoorlijk ontspannen leven hadden. Onze voorouders werkten hoogstens twintig, misschien dertig uur per week. De natuur bood alles wat ze nodig hadden, en verder hadden ze alle tijd voor spelen en relaxen, socializen en de liefde bedrijven.[28]

Boeren daarentegen moesten keihard zwoegen op het land. Ze hadden veel minder tijd voor hun sociale leven. Er zijn zelfs theologen die vermoeden dat het verhaal van de zondeval verwijst naar de uitvinding van de landbouw. 'In het zweet uws aanschijns zult gij brood eten', lezen we in Genesis 3.[29]

Vooral vrouwen betaalden een hoge prijs voor het neerstrijken op één plek. Met de uitvinding van het privébezit en de landbouw kwam de tijd van het protofeminisme ten einde. Zonen bleven voortaan thuis bij hun vaders, om het land en vee te bewaken. Dat betekende dat bruiden naar het eigen erf moesten worden gehaald. In de loop van de eeuwen werden huwbare dochters gereduceerd tot verhandelbare goederen, alsof het koeien en schapen waren.[30]

In hun nieuwe families werden de vrouwen met argwaan bekeken. Pas als ze een zoon hadden gebaard, konden ze iets geruster zijn (als het kind tenminste geen bastaard was). Niet zo vreemd dus, dat er een obsessie ontstond met de maagdelijkheid van dochters. Terwijl vrouwen in de prehistorie vrij rondliepen, werden ze nu gesluierd en gebonden.

Het patriarchaat was geboren.

Ondertussen werd de ellende alleen maar groter. Rousseau had namelijk óók gelijk toen hij schreef dat landbouwers een stuk ongezonder waren dan jagers en verzamelaars. Als nomaden bewogen we meer dan voldoende en aten we een gevarieerd dieet, rijk aan vezels en vitamines. Maar als landbouwers kregen we een eentonig menu, met graan of rijst als voor-, hoofd- en nagerecht.[31]

Tegelijkertijd gingen we dichter op elkaar wonen, in de buurt van onze eigen uitwerpselen. We domesticeerden dieren als de koe en het schaap, en gingen hun melk drinken. Het gevolg: de eerste steden werden gigantische petrischalen voor de mutatie van virussen en bacteriën.[32] Of zoals Rousseau noteerde: '...met het schrijven van de geschiedenis van de burgerlijke maatschappij [schrijft men] ook welhaast die van de menselijke ziekten'.

Mazelen, pokken, tuberculose, syfilis, malaria, cholera, de pest: ál deze plagen zijn pas ontstaan nadat we onze nomadische levensstijl opgaven. We kregen de ziektes cadeau van onze nieuwe huisdieren. Of om precies te zijn: van hun microben. Zo komen mazelen van de koe en is de griep het product van een ménage à trois tussen mensen, varkens en eenden, die steeds nieuwe varianten oplevert.

Vergeet trouwens ook de soa's niet. Onder jagers en verzamelaars kwamen ze nauwelijks voor, maar onder veetelers grepen ze om zich heen. Waarom? De verklaring is een tikje gênant. Met de uitvinding van de veeteelt werd ook de 'bestialiteit' uitgevonden. Lees: seks met dieren. In een wereld die steeds preutser werd, vergreep een enkele boer zich heimelijk aan zijn viervoeters.[33]

Dat was dan ook meteen de tweede reden voor de mannelijke obsessie met de maagdelijkheid van de vrouw. Naast het voorkomen van bastaards was het een kwestie van soa-preventie. Vooral koningen en keizers, die hele harems tot hun beschikking hadden, deden er alles aan om hun bedpartners 'puur' te houden. Vandaar het idee, waar miljarden mensen nog aan vasthouden, dat seks voor het huwelijk zondig zou zijn.

Hongersnoden, overstromingen, epidemieën – vanaf het moment dat we ons op één plek vestigden, volgden de rampen elkaar in rap tempo op. Er hoefde maar één oogst te mislukken, één virus om zich heen te grijpen, en hele volksstammen kwamen om. Voor de *Homo puppy* moeten het verbijsterende ervaringen zijn geweest. Waarom gebeurde dit? Wie zat hierachter?

Nu moet je weten: mensen geloofden altijd al in geesten en goden.[34] Maar het interessante is dat de goden van jagers en verzamelaars weinig geïnteresseerd zijn in het leven van mensen. Ze doen ook geen moeite om zondaars te straffen. Een Amerikaanse antropoloog, die jaren onder het nomadische Hadzavolk in Tanzania leefde, beschreef hun religie als volgt:

> Ik denk dat we kunnen zeggen dat de Hadza een religie hebben, of in ieder geval een kosmologie, maar het lijkt nauwelijks op dat waar de meesten van ons in complexe samenlevingen (met het christendom, de islam of het hindoeïsme, etc.) aan denken bij religie. Er zijn geen kerken, predikers, leiders, of religieuze hoeders, geen idolen of beelden van goden, geen reguliere diensten, geen religieuze moraal, geen geloof in het leven na de dood – hun religie lijkt totaal niet op de grote religies.[35]

Met het ontstaan van de eerste grote nederzettingen begon het religieuze leven radicaal te veranderen. Voor het eerst gingen mensen geloven in machtige en wraakzuchtige goden. Er moesten immers wel grote krachten zitten achter de catastrofes die de mens voor de kiezen kreeg. Goden die woedend waren omdat we iets verschrikkelijks hadden gedaan.

Een hele klasse van geestelijken kreeg de taak om erachter te komen wáár de goden boos over waren. Hadden we iets verkeerds gegeten? Of gezegd? Misschien alleen maar gedacht?[36] Zo ontstond, voor het eerst in de geschiedenis, het idee van de zonde. De priesters schreven voor hoe we moesten boeten voor onze fouten. Soms was bidden genoeg, of het volgen van strenge rituele voorschriften. Maar in veel gevallen moesten we onze dierbare bezittingen opofferen – voedsel, dieren, of zelfs mensen.

In Tenochtitlan bijvoorbeeld, de hoofdstad van de Azteken, ontstond een immense industrie van mensenoffers. De Spaanse veroveraars die in 1519 die stad binnen marcheerden, vonden in de Templo Mayor, de belangrijkste tempelpiramide, gigantische rekken en torens met duizenden schedels.

Wetenschappers denken nu dat mensen niet alleen werden geofferd om de goden te plezieren. 'Het vermoorden van gevangenen, zelfs in een rituele context', merkt een archeoloog op, 'is een krachtig politiek statement [...], een manier om je eigen bevolking onder de duim te houden.'[37]

Wie al deze ellende overziet – de honger, de ziektes, de onderdrukking – blijft achter met één vraag: waarom streken we ooit neer op één plek? Waarom ruilden we een relaxed en gezond leven als jagers en verzamelaars in voor een zwaar en ziekelijk bestaan als landbouwers?

Wetenschappers hebben inmiddels een aardig beeld van hoe het kon gebeuren. Wat de eerste nederzettingen betreft: het was gewoon te verleidelijk. In een Hof van Eden waar de bomen waren afgeladen met fruit, en waar hordes gazelles en kariboes jaarlijks voorbijtrokken, leek je wel gek om niet te settelen.

Voor de landbouw gold iets vergelijkbaars. Het was in ieder geval geen plotselinge openbaring. We kunnen er zeker van zijn dat niemand uitriep: 'Eureka! Laten we graan verbouwen.' Onze voorouders wisten al tienduizenden jaren dat je kunt zaaien en oogsten, en toch waren ze slim genoeg er niet aan te beginnen. 'Waarom zouden we zelf zaaien', zei een lid van de !Kung-stam eens tegen een antropoloog, 'als er zo veel mongongo-noten in de wereld zijn?'[38]

De meest logische verklaring is dat we in een val trapten. Tussen de Tigris en de Eufraat ontstond namelijk een zeldzame vorm van akkerbouw, waar je niet hard voor hoefde te werken. Je kon zaaien op grond die ieder jaar overstroomde, waarbij de vloed een zachte laag van vruchtbare slib achterliet. Zelfs een werkschuwe *Homo puppy* wilde het boerenleven toen even uitproberen.[39] De natuur deed toch het meeste werk.

Wat onze voorouders niet konden voorzien, was dat de bevolking zou gaan groeien. Terwijl mensen steeds dichter op elkaars lip zaten, nam het aantal wilde dieren af. Om toch nog genoeg te eten te hebben, moest de landbouw ook op plekken zonder vruchtbare slib worden beoefend. Zo werd het boerenleven een stuk minder aantrekkelijk. Voortaan moest er van zonsopgang tot zonsondergang worden geploegd en gezaaid. Ons lichaam bleek hier totaal ongeschikt voor, waardoor we last kregen van ons hele lijf. Mensen zijn geëvolueerd om bessen te plukken en te luieren. Niet om te ploegen en te sjouwen.

En waarom we toen niet gewoon terugkeerden naar onze oude, relaxte levenswijze? Omdat het al te laat was. Er waren inmiddels te veel monden om te voeden. De meeste kennis over jagen en verzamelen was bovendien verloren gegaan, en wegtrekken naar groenere velden kon meestal niet, omdat de omliggende nederzettingen geen indringers toelieten.

De val was dichtgeklapt.

In korte tijd werden de jagers en verzamelaars in aantal overtroffen door de boeren. De laatsten produceerden namelijk meer voedsel per hectare, en konden dus ook grotere legers op de been brengen. Nomaden die hun oude levensstijl behielden, legden het af tegen de oprukkende kolonisten en hun infectieziektes. Stammen die geen despoten duldden, gingen ten onder.[40]

Met de uitbraak van de eerste oorlogen ging een enorme wedloop van start. Dorpen werden onderworpen door steden, en steden werden opgeslokt door provincies. In de loop van de wereldgeschiedenis heeft de constante druk van oorlog ertoe geleid dat samenlevingen steeds verder opschaalden. Uiteindelijk leidde dit tot de laatste ramp, waar Rousseau ook over zou schrijven.

De geboorte van de staat.

5.

Laten we nog eens terugkeren naar het beeld dat Thomas Hobbes schetste van de eerste mensen. Hij geloofde dat de vrijheid van onze voorouders resulteerde in een 'oorlog van allen tegen allen'. Logisch dus, dat we in de armen van die eerste Leviathans vielen (de eerste stamhoofden en koningen), want we snakten naar veiligheid. Aldus Hobbes.

Niets is minder waar, weten we nu.

Talloze jagers en verzamelaars waren juist *op de vlucht* voor Vadertje Staat. De eerste staten, zoals Uruk in Mesopotamië of het Egypte van de farao's, waren namelijk stuk voor stuk slavenstaten.[41] Mensen gingen niet vrijwillig dicht bij elkaar wonen; ze werden bij elkaar gedreven. Overheden waren voortdurend op zoek naar nieuwe onderdanen, omdat hun slaven bij bosjes stierven aan ziektes als de pokken en de pest. (Steden hebben niet voor niets zo'n slechte reputatie in het Oude Testament. De mislukte Toren van Babel, de verwoesting van Sodom en Gomorra – God had duidelijk een hekel aan die zondige steden.)

Ironisch is het wel. Wat we tegenwoordig 'mijlpalen van beschaving' noemen – de uitvinding van het geld, het schrift en de rechtspraak – waren aanvankelijk mijlpalen van onderdrukking. Neem de eerste munten. Geld werd niet spontaan uitgevonden omdat het zo handig leek, maar van bovenaf opgedrongen om belasting te innen.[42] Of het schrift: denk maar niet dat de eerste boeken vol stonden met romantische poëzie. De vroegste teksten waren lange lijsten van schulden die moesten worden afbetaald.[43]

En de rechtsstaat? De beroemde Code van Hammurabi (het oudste wetboek) stond vol straffen voor wie slaven hielp ontsnappen.[44] Het oude Athene, die bakermat van onze beschaving en democratie, bestond voor *twee derde* uit slaven. Grote filosofen als Plato en Aristoteles geloofden dat een beschaving zonder slavernij niet eens mogelijk was.

Het beste voorbeeld van de ware aard van de staat is misschien wel de Chinese Muur. Dit wereldwonder werd niet alleen gebouwd om de 'barbaren' buiten te houden, maar was evengoed bedoeld om onderdanen op te sluiten. Het Chinese Rijk was de grootste openluchtgevangenis ter wereld.[45]

En dan nog een pijnlijk taboe uit de Amerikaanse geschiedenis, waar de meeste schoolboeken met geen woord over reppen. Founding Father Benjamin Franklin was een van de weinigen die het durfde toe te geven, nota bene in de tijd dat Rousseau zijn boeken schreef. 'Geen Europeaan die het Wilde Leven heeft geproefd', schreef Franklin, 'kan het daarna nog verdragen om in onze samenleving te leven.'[46]

Als een 'beschaafde' witte was gekidnapt door de oorspronkelijke bevolking en daarna weer bevrijd, probeerde deze 'bij de eerste gelegenheid weer te ontsnappen naar de bossen', aldus Franklin. Honderden kolonisten vluchtten de wildernis in, terwijl het omgekeerde nauwelijks voorkwam.[47] Het leven in de bossen bood nu eenmaal meer vrijheid dan het leven als boer en belastingbetaler. Vooral vrouwen gingen erop vooruit.

'We konden zo relaxed werken als we wilden', zei een jonge vrouw die zich verstopt had voor landgenoten die haar kwamen 'redden'.[48] 'Hier heb ik geen meester', zei een ander tegen een Franse diplomaat. 'Ik trouw alleen als ik dat wil, en kan ook weer scheiden als ik dat wil. Is er ook maar één vrouw zo onafhankelijk in jullie steden?'[49]

In de afgelopen eeuwen zijn bibliotheken volgeschreven over beschavingen die opkwamen en in verval raakten. Denk aan de overgroeide piramides van de Maya's en de verlaten tempels van de Grieken.[50] De aanname in dit soort boeken is dat alles slechter werd na zo'n 'ondergang'. Wat volgde, waren 'duistere eeuwen'.

Inmiddels vermoeden wetenschappers dat die duistere eeuwen eerder een verademing waren. Slaven kregen hun vrijheid terug, infectieziektes verdwenen, het dieet ging erop vooruit. Ook de cultuur floreerde. In zijn baanbrekende boek *Against the Grain* (2017) wijst de antropoloog James C. Scott erop dat meesterwerken als de *Ilias* en de *Odyssee* uit 'de Griekse middeleeuwen' (1110 tot 700 v.C.) stammen, toen de Myceense beschaving net was ingestort. Homerus heeft ze pas veel later opgeschreven.[51]

Waarom is ons beeld van de 'barbaren' dan zo lang negatief geweest? Waarom denken we bij de eeuwen zonder 'beschaving' automatisch aan duistere tijden?

Bedenk dat de geschiedenis wordt geschreven door de overwinnaars. De oudste boeken en geschriften staan vol met propaganda van staten en machthebbers. Ze zijn geschreven door onderdrukkers die zichzelf ophemelden en neerkeken op de rest. Het woord 'barbaren' is nota bene uitgevonden door de Grieken, waarbij ze iedereen bedoelden die geen Grieks sprak.

Op deze manier is ons beeld van de geschiedenis op zijn kop gezet. Beschaving is een synoniem geworden voor vrede en vooruitgang, terwijl de wildernis gelijk is komen te staan aan oorlog en ondergang. In werkelijkheid was het, voor het grootste deel van onze geschiedenis, eerder andersom.

6.

Thomas Hobbes, de oude wijsgeer, had er niet verder naast kunnen zitten. Hij beschreef het leven van onze voorouders als 'smerig, bruut en kort', terwijl het eerder saamhorig, vredig en gezond was.

De ironie is dat Hobbes zelf zijn leven lang gebukt ging onder de vloek van de beschaving. Zo stierf zijn broodheer in 1628 aan de pest en moest hij in 1640 zelf vluchten naar Parijs, net voor de Engelse Burgeroorlog uitbrak.

Hobbes baseerde zijn mensbeeld op zijn eigen ervaringen met moderne catastrofes – oorlog en de pest – waar de mens meer dan 95 procent van zijn bestaan nauwelijks last van had. Hij ging de geschiedenis in als de 'vader van het realisme', terwijl zijn mensbeeld bijna niet onrealistischer had kunnen zijn.

Maar we hebben toch ook veel te danken aan de beschaving? Afgezien van oorlog en hebzucht heeft de moderne wereld ons toch ook veel moois gebracht?

Natuurlijk. Maar het is makkelijk om te vergeten dat echte vooruitgang een heel recent fenomeen is. Tot aan de Franse Revolutie (1789) waren vrijwel alle staten, overal ter wereld, gebaseerd op gedwongen arbeid. Tot het jaar 1800 was ten minste driekwart van de wereldbevolking lijfeigene van een of andere rijkaard.[52] Meer dan 90 procent van de bevolking werkte in de landbouw, en meer dan 80 procent leefde in extreme armoede.[53] 'De mens wordt vrij geboren, maar hij ligt overal in ketenen', schreef Rousseau.[54]

Lange tijd was de beschaving een ramp. Van de stad tot de staat, van de landbouw tot het schrift – voor de meeste mensen brachten die uitvindingen meer ellende dan voorspoed. In de afgelopen twee eeuwen, en dat is hartstikke kort, hebben we zo veel vooruitgang geboekt dat we zijn vergeten hoe slecht het leven vroeger was. Als de geschiedenis van de beschaving een etmaal zou duren, dan was het 23 uur en 45 minuten bittere ellende, om in het laatste kwartiertje ineens een prima idee te blijken.

Ga maar na. In de eerste plaats hebben we in de afgelopen eeuw afgerekend met de meeste infectieziektes. Vaccins redden nu jaarlijks meer levens dan wereldvrede zou hebben gedaan in de hele twintigste eeuw.[55] In de tweede plaats zijn we rijker dan ooit – het aantal mensen in extreme armoede is gedaald tot onder de 10 procent.[56]

Ten derde is de slavernij afgeschaft. In 1842 schreef de Britse consul-generaal nog een brief aan de sultan van Marokko. Zijn vraag: welke maatregelen had de beste man genomen om de slavenhandel terug te dringen? De sultan reageerde verbaasd. 'De handel in slaven is een zaak waar alle stammen en naties het over eens zijn sinds de tijd van de zonen van Adam.'[57] Wat de sultan niet voorzag, was dat 150 jaar later de slavernij officieel verboden zou zijn. In de hele wereld.[58]

Het beste nieuws, tot slot, is dat we in de vreedzaamste tijd ooit leven.[59] In de Middeleeuwen stierf in Europa en Azië tot wel 12 procent van de bevolking een gewelddadige dood. Maar in de afgelopen honderd jaar zaten we wereldwijd – inclusief twee wereldoorlogen – op nog maar 1,3 procent.[60] (In een land als Nederland hebben we het nu over hoogstens 0,03 procent per jaar.)

We hoeven dus niet fatalistisch te zijn over de beschaving, zoals Rousseau. De vloek kan worden opgeheven. We kunnen onze landbouw en veeteelt, onze steden en staten anders inrichten, zodat ze voorspoed brengen voor iedereen. Wat dat betreft zat de Franse wijsgeer ernaast.

Maar het werk van Jean-Jacques Rousseau herinnert ons er wel aan waar we vandaan komen. 95 procent van onze geschiedenis hebben we in een relatief vreedzame en egalitaire wereld geleefd. We zijn geëvolueerd om samen te werken en om te zorgen voor elkaar. Ik moet vaak denken aan wat de Russische schrijver Anton Tsjechov lang geleden schreef, in een notitieboekje: 'De mens zal beter worden als je hem toont hoe hij is.'[61]

HOOFDSTUK 6

HET MYSTERIE VAN PAASEILAND

En zo was mijn vertrouwde beeld van de geschiedenis helemaal gekanteld. Moderne wetenschappers maken korte metten met de vernistheorie van de beschaving. Het tegenbewijs heeft zich in de afgelopen tien, twintig jaar verzameld en blijft zich opstapelen.

Nu moet ik toegeven: als het om de prehistorie gaat, zal het bewijs nooit waterdicht worden. Het leven van onze voorouders blijft met vraagtekens omgeven. De archeologische puzzelstukjes kunnen we slechts interpreteren. Van de antropologische bevindingen is het steeds de vraag in hoeverre we ze op het verre verleden kunnen projecteren.

In dit hoofdstuk wil ik daarom nog een laatste keer onderzoeken wat mensen doen als ze op zichzelf zijn aangewezen. Stel dat Mano en de andere jongens van de echte *Lord of the Flies* niet alleen op een eiland waren aangespoeld. Stel dat er ook meisjes bij waren geweest, dat ze nakomelingen hadden gekregen, en dat het eeuwen had geduurd voordat ze waren gevonden.

Wat zou er dan zijn gebeurd? Hoe ziet een samenleving eruit die op een afgelegen plek is ontstaan?

Op basis van wat we tot nu toe hebben ontdekt over het leven in de prehistorie, kunnen we ons wel een voorstelling maken. Maar het punt is: we hoeven niet te speculeren. We kunnen inzoomen op een echte casus. Op een mysterieuze plek die mensen al eeuwen fascineert, komen de inzichten uit de vorige hoofdstukken samen.

1.

Jacob Roggeveen, zoon van Arent Roggeveen, moest en zou het Zuidland vinden. Hij had het beloofd aan zijn vader. Hij zou de familie eeuwige roem bezorgen en toetreden tot de eregalerij van grote ontdekkingsreizigers.

Ergens in de Stille Oceaan, zo wisten vader en zoon, zou het liggen. *Terra Australis Incognita*. Als cartograaf dacht vader dat het continent wel moest bestaan, als tegenwicht van de noordelijke landmassa's. En dan waren er nog de reisverslagen. De Portugees Pedro Fernandes de Queirós had het Zuidland beschreven als een paradijs op aarde, met vreedzame bewoners die smachtten naar het christendom. Er was zoet water, vruchtbare grond en – niet geheel onbelangrijk – er waren bergen aan zilver, goud en parels.

Dus daar stond hij, veertig jaar na de dood van zijn vader, aan boord van zijn vlaggenschip Den Arend. Met 3 schepen, 70 kanonnen en 244 bemanningsleden vertrok Jacob op 1 augustus 1721 vanaf Texel. De bestemming: Zuidland. De 62-jarige admiraal hoopte geschiedenis te schrijven, maar kon nog niet vermoeden hoe.

Jacob Roggeveen zou geen nieuwe beschaving stichten. Hij zou een oude ontdekken.[1]

Ik heb me vaak verbaasd over het wonder dat zich acht maanden later voltrok. Op Paaszondag, 5 april 1722, hees een van Roggeveens schepen de prinsenvlag. Den Arend kwam langszij om te vragen wat er gezien was. Het antwoord: een klein eiland, aan stuurboord.

De zoektocht naar het Zuidland

door Jacob Roggeveen

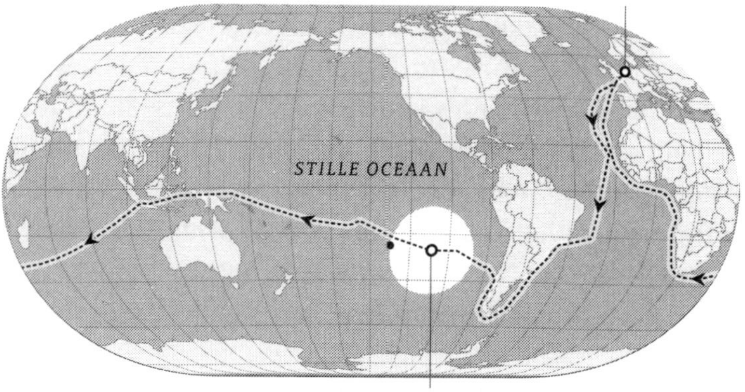

Honderdduizenden jaren eerder was dit eiland ontstaan doordat drie vulkanen aan elkaar waren gegroeid. Met een oppervlakte van 163 vierkante kilometer vormt *Paasch Eyland*, zoals de Hollanders het zouden noemen, een stipje in een immense oceaan. De kans dat Roggeveen en zijn mannen erop zouden stuiten, was miniem.

Maar het werd nog gekker: er woonden mensen op het eiland.

Talloze bewoners stonden op het strand de Hollanders op te wachten. Roggeveen begreep er niets van. Hoe waren deze mensen hier gekomen? Hij zag geen zeewaardige boten. Nog raadselachtiger waren de massieve beelden op het eiland, van hoofden met gigantische torso's. Sommige van deze *'moai'* waren wel negen meter hoog. '*Wy konden niet begrypen*', noteerde Roggeveen in zijn logboek, *'hoe 't mogelijk was, dat die menschen, die ontbloot zijn van swaer en dik hout om eenige machine te maaken, mitsgaders van kloek touwerck, echter soodanige beelden [...] hadden konnen oprigten.*'[2]

Na een week voeren Roggeveen en zijn mannen verder, met meer vragen dan antwoorden. Tot op de dag van vandaag vormt dat kleine eiland in de Stille Oceaan een van de geheimzinnigste plekken op aarde. In de afgelopen eeuwen hebben de wildste theorieën de ronde gedaan. De bewoners zouden afstammelingen van de Inca's zijn. De beelden zouden door reuzen van 12 voet zijn opgericht.[3] Of nee, ze moesten wel door buitenaardse wezens zijn neergezet (een Zwitserse hotelmanager wist zeven miljoen boeken te verkopen met deze theorie).[4]

Het echte verhaal is iets minder spectaculair, maar niet veel minder.

Dankzij DNA-onderzoek weten we inmiddels dat het eiland al eeuwen voor Roggeveen werd ontdekt door Polynesiërs, de Vikings van de Stille Oceaan.[5] Hun moed grensde aan waanzin. Waarschijnlijk waren ze vanaf de Gambiereilanden vertrokken, meer dan 2.500 kilometer verderop. In open kano's. Tegen de wind in. Hoeveel expedities er zijn vergaan, zullen we nooit weten. Maar er hoefde er maar één succesvol te zijn.

En die kolossale beelden, de moai? Toen de jonge antropoloog Katherine Routledge in 1914 als een van de eerste Europeanen onderzoek deed op Paaseiland, stond er geen beeld meer overeind. Ze waren overgroeid met onkruid, en sommige waren in stukken gebroken.

Hoe had dit kleine volk die gigantische beelden kunnen maken en vervoeren? De mensen leefden op een eiland zonder bomen, en hadden het wiel niet eens uitgevonden, laat staan de hijskraan. Zouden er ooit veel meer mensen op het eiland hebben geleefd? Routledge besloot de oudste bewoners te interviewen. Zij vertelden verhalen van vroeger, van eeuwen terug. Verhalen die haar de rillingen over de rug deden lopen.[6]

Lang geleden, hoorde Routledge, waren er twee stammen op Paaseiland: de Lang-oren en de Kort-oren, die in harmonie samenleefden. Maar iets dreef hen uit elkaar, want na eeuwen van vrede brak een gruwelijke oorlog uit. De Lang-oren vluchtten naar het oosten van het eiland, waar ze zich ingroeven. De volgende ochtend werden ze van beide kanten aangevallen, en in hun eigen kuil verbrand. (De resten van de loopgraaf zijn nog altijd te zien op het eiland.)

En dat was nog maar het begin van de ellende. In de jaren daarop begonnen de Paaseilanders elkaar op te eten. Het werd een hobbesiaanse oorlog van allen tegen allen. De oorzaak? Routledge kon er slechts naar gissen. Er moest íéts gebeurd zijn, iets waardoor deze beschaving zichzelf te gronde had gericht.

Jaren later, in 1955, organiseerde de Noorse avonturier Thor Heyerdahl een expeditie naar Paaseiland. Heyerdahl was wereldberoemd. Hij had een paar jaar eerder met vijf vrienden een vlot gebouwd waarmee hij vanaf Peru 7.000 kilometer had gevaren, om vervolgens op het eiland Raroia in Polynesië te pletter te slaan. Heyerdahl zag zijn vlottentocht als hét bewijs voor zijn theorie dat Polynesië door Inca's op vlotten was bevolkt. Een theorie waar experts weinig in zagen, maar waarmee hij wel vijftig miljoen boeken verkocht.[7]

Hoe het ook zij: Heyerdahl was met zijn boek schatrijk geworden en kon de expeditie naar Paaseiland financieren. Hij nam een paar vooraanstaande wetenschappers mee. Een van hen was de Amerikaan William Mulloy, die zijn leven zou wijden aan onderzoek op Paaseiland ('Ik geloof geen ene meter van wat je gepubliceerd hebt', verzekerde hij Heyerdahl voor vertrek).[8]

Maar de wetenschapper en de waaghals bleken het goed met elkaar te kunnen vinden. En niet lang na hun aankomst op Paaseiland deden ze een spectaculaire ontdekking. Diep in een moeras vond Heyerdahls team het stuifmeel van een onbekende boomsoort. Heyerdahl stuurde het naar Stockholm, waar het onder de microscoop van een vooraanstaande paleobotanicus terechtkwam. Deze Zweedse expert kwam al snel tot zijn conclusie: er moet ooit een groot bos op het eiland hebben gestaan.

Zo vielen de puzzelstukjes langzaam maar zeker op hun plaats. In 1974, een paar jaar voor zijn dood, publiceerde William Mulloy hét verhaal van Paaseiland en het lot van de bewoners.[9]

Een waarschuwing vooraf: het is geen vrolijk verhaal.

2.

Het was allemaal begonnen met die mysterieuze moai.

Om de een of andere reden, schreef Mulloy, konden de Paaseilanders geen genoeg krijgen van de stenen beelden. Ze bleven maar beitelen en vervolgens sjorren om de beelden op hun plaats te krijgen. Jaloerse stamhoofden wilden almaar grotere moai, steeds meer voedsel ging naar de bouwers, en steeds meer bomen werden omgehakt om de beelden te vervoeren.

Maar eindeloze groei op een eindig eiland? Dat kan niet.

Uiteindelijk was er geen boom meer over, waardoor de grond erodeerde en de akkers minder opbrachten. Zonder houten kano's kon er niet meer worden gevist. De productie van de beelden stagneerde en de spanningen op het eiland groeiden. Er brak een oorlog uit tussen twee stammen (die Lang-oren en Kort-oren waar Katherine Routledge al over schreef). Rond 1680 was er een grote veldslag waarbij de Lang-oren bijna werden uitgeroeid.

De overgebleven Paaseilanders begonnen de moai om te

gooien, schreef Mulloy. Erger nog, ze zetten hun tanden in elkaar. Tot op de dag van vandaag vertellen de bewoners over het kannibalisme van hun voorouders. 'Het vlees van je moeder zit nog tussen mijn tanden', is een populaire belediging op het eiland.[10] Archeologen hebben bovendien talloze speerpunten gevonden van obsidiaan (vulkaanglas), de zogenoemde *mata'a*. Hét bewijs van de ene na de andere slachting.

Dus toen Jacob Roggeveen in 1722 voet aan wal zette op Paaseiland, maakte hij kennis met een miserabel volkje. Er leefden nog maar een paar duizend mensen. Wie vandaag de dag een bezoek brengt aan Rano Raraku, de steengroeve waar de moai werden uitgehouwen, krijgt het gevoel een halsoverkop verlaten werkplaats te betreden. De beitels liggen nog op de grond. Er liggen honderden moai die nooit zijn afgemaakt.

Het artikel van William Mulloy betekende een doorbraak in het onderzoek naar Paaseiland. Zijn theorie werd bevestigd door de ene na de andere wetenschapper. Zo maakten twee Britse geologen in 1984 bekend dat ze fossiele stuifmeelkorrels in de kraters van de drie vulkanen hadden gevonden – nog meer bewijs dat het eiland eens vol bomen had gestaan.[11]

Uiteindelijk was het Jared Diamond, misschien wel de beroemdste geograaf ter wereld, die het treurige verhaal van Paaseiland in ons geheugen verankerde.[12] In zijn bestseller *Collapse* (2005) zette hij de feiten nog eens op een rij:

- Paaseiland werd al vroeg door Polynesiërs bevolkt, rond het jaar 900.
- Een analyse van het aantal opgegraven huizen wijst uit dat de bevolking moet zijn gegroeid tot wel 15.000 zielen.
- De beelden werden steeds groter, waardoor de productie en het vervoer steeds meer mankracht, voedsel en hout vereisten.

- De beelden werden horizontaal vervoerd, op boomstammen. Deze methode vereiste veel mankracht, veel bomen en een machtig stamhoofd dat de operatie overzag.
- Uiteindelijk was er geen boom meer over, waardoor de grond erodeerde, de landbouw stagneerde en de eilandbewoners honger kregen.
- Rond 1680 brak een burgeroorlog uit.
- Toen Jacob Roggeveen in 1722 aankwam, waren er nog maar een paar duizend Paaseilanders over. Talloze moai waren neergehaald en de bewoners aten elkaar op.

De moraal van dit verhaal?

Die gaat over ons. De overeenkomsten tussen Paaseiland en Planeet Aarde zijn namelijk huiveringwekkend. Paaseiland is een stipje in de oceaan; de aarde is een stipje in de kosmos. Zij hadden geen boten om te vluchten; wij hebben geen ruimteschepen om weg te komen. Paaseiland raakte ontbost en overbevolkt, onze wereld raakt vervuild en oververhit.

En zo komen we tot een conclusie die behoorlijk verwart, een conclusie die haaks staat op die van de voorgaande hoofdstukken. 'De begeerte van de mens kent geen grenzen', schrijven de archeologen Paul Bahn en John Flenley in hun boek *Easter Island, Earth Island*. 'Zijn egoïsme lijkt genetisch aangeboren.'[13]

Zo denk je van Hobbes' vernistheorie af te zijn, zo komt ze als een boemerang weer terug.

De geschiedenis van Paaseiland lijkt hét bewijs voor een cynisch mensbeeld. Nu de planeet opwarmt en wij maar blijven consumeren en vervuilen, lijkt Paaseiland een perfecte metafoor voor onze eigen toekomst. Niks *Homo puppy*, niks nobele wilde – we zijn eerder een virus. Een plaag die zich vermenigvuldigt tot alles is kaalgevreten en kapotgemaakt. Totdat het te laat is.

Ziehier: de grote les van Paaseiland. Deze treurige geschiedenis is opgenomen in documentaires en romans, in encyclopedieën en rapporten, in academische artikelen en boeken voor een breder publiek. Ik schreef er zelf ook over. Lange tijd dacht ik dat het mysterie van Paaseiland door William Mulloy, Jared Diamond en hun vele collega's was opgelost. Als zo veel vooraanstaande wetenschappers tot dezelfde, deprimerende conclusie kwamen, wat viel er dan nog te betwisten?

Toen maakte ik kennis met het werk van Jan Boersema.

3.

Als ik op de deur van zijn werkkamer aan de Universiteit Leiden klop, vind ik hem verstopt tussen de boeken, terwijl een cantate van Bach op de achtergrond klinkt. Een man met een kleurig bloemetjesoverhemd komt tevoorschijn.

Boersema is milieubioloog, maar zijn boekenkast staat vol filosofie en geschiedenis. In zijn werk combineert hij de blik van de alfa- en de bètawetenschapper. Zo kon het gebeuren dat hij in 2002 een simpele ontdekking deed die lijnrecht in ging tegen alles wat we over Paaseiland dachten te weten. Talloze andere wetenschappers hadden het niet gezien. Of niet willen zien.

Boersema zocht voor zijn oratie meer informatie over de ondergang van Paaseiland en vroeg zich af of het logboek van Roggeveen nog bestond. Hij keek in de catalogus van de bibliotheek en zowaar, een halfuur later had hij het *Dagverhaal der ontdekkings-reis van Mr. Jacob Roggeveen* op zijn bureau.

Toen viel hij van de ene verbazing in de andere.

'Ik kon mijn ogen eerst niet geloven.' Boersema had gerekend op gruwelijke verhalen over oorlog en kannibalisme, maar dit was een vrolijk reisverslag. 'Ik las helemaal niets over een beschaving in verval.'

Jacob Roggeveen beschreef de Paaseilanders als sympathieke figuren. Ze zagen er gezond uit, met hun gespierde lijven en sneeuwwitte tanden. De eilanders bedelden niet om voedsel, maar boden het juist aan. Hun land zou '*uytnemend vrugtbaer*' zijn. Roggeveen maakt ook geen melding van omgevallen beelden, laat staan van wapens of kannibalisme. Hij beschreef het eiland juist als een 'aards paradijs'.

'Dus toen dacht ik', lacht Boersema, 'wat is hier aan de hand?'

In 2002 was hij de eerste wetenschapper die serieus twijfelde aan het algemeen erkende ondergangsverhaal. Toen ik zijn oratie las, besefte ik dat het mysterie van Paaseiland een soort detective is, een wetenschappelijke *whodunit*.

Laten we het mysterie dus stap voor stap ontleden, in navolging van Boersema. Daarvoor moeten we als rechercheurs te werk gaan. We moeten de verklaringen van de getuigen nog eens checken, de alibi's van de Paaseilanders controleren, de tijdlijn zo precies mogelijk vaststellen en de moordwapens opnieuw onder de loep nemen. Voor dit alles hebben we tal van disciplines nodig, alfa en bèta, van de geschiedenis tot de geologie, van de antropologie tot de archeologie.[14]

We starten met de belangrijkste *crime scene*: de loopgraaf waar rond 1680 de Lang-oren zouden zijn uitgeroeid. Waar komt dit gruwelijke verhaal vandaan?

Het begon met de herinneringen van de oude Paaseilanders, die Katherine Routledge in 1914 optekende. Nu weet iedere detective dat het menselijk geheugen nogal onbetrouwbaar is. En in dit geval gaat het zelfs om overlevering. Stel je voor dat ons wordt gevraagd wat onze voorouders 250 jaar geleden uitspookten. En dat we ons niet kunnen baseren op geschiedenisboeken, maar moeten afgaan op herinneringen van herinneringen van herinneringen.

Conclusie: misschien zijn die verhalen van Routledge niet de beste bron.

Maar er was ook ander bewijs voor de slachtpartij. Een van de leden van het reisgezelschap van Thor Heyerdahl, de archeoloog Carlyle Smith, begon in 1955 met opgravingen bij de loopgraaf waar de Lang-oren zouden zijn uitgeroeid. Hij liet twee monsters van houtskool testen. Een daarvan werd gedateerd op 1676 (afgerond: 1680). Smith vond dit voldoende bewijs: het horrorverhaal over de afgeslachte en verbrande Lang-oren moest kloppen.[15] Dit jaartal kwam namelijk overeen met het moment waarop de slachting volgens de overlevering had plaatsgevonden.

En hoewel Smith zijn conclusie later nuanceerde, hoewel andere wetenschappers concludeerden dat het monster tussen 1460 en 1817 moest worden gedateerd, hoewel op die plek geen menselijke resten werden gevonden, en hoewel geologen vaststelden dat de 'loopgraaf' op natuurlijke wijze was ontstaan, bleek de mythe over de slachting van 1680 toch hardnekkig.[16] Zowel Heyerdahl, Mulloy als Diamond bleven haar herhalen.

Het verhaal over de stammenoorlog wordt nog vreemder als we kijken naar het forensisch bewijs. De theorie was dat de Paaseilanders kannibalen werden omdat ze honger hadden. Veel honger. Maar archeologen hebben inmiddels honderden oude skeletten van Paaseilanders bestudeerd. Hun conclusie: Roggeveen had gelijk. De bewoners waren behoorlijk fit en vitaal aan het begin van de achttiende eeuw.[17] Van honger was geen sprake.

En dat massale geweld op het eiland? Een Amerikaanse antropoloog nam een aantal jaar geleden 469 schedels onder de loep. Zijn conclusie: er is geen enkele aanwijzing voor grootschalige oorlogvoering onder de Paaseilanders. Slechts twee schedels vertonen letsel dat, in theorie, met de beruchte mata'a (de speerpunten van vulkaanglas) kan zijn toegebracht.[18]

Wetenschappers denken nu dat deze mata'a niet eens wapens waren. Waarschijnlijk waren het huis-, tuin- en keukenmesjes. Een van Roggeveens kapiteins schreef al over een Paaseilander die een banaan schilde met een stuk obsidiaan. In 2016 analyseerde een Amerikaans onderzoeksteam vierhonderd mata'a om tot de conclusie te komen dat ze te bot zijn om als wapens te hebben gediend.[19]

De Paaseilanders hadden best dodelijke wapens kúnnen maken. Maar, merkt de onderzoeksleider droogjes op, 'ze kozen ervoor dat niet te doen'.[20]

Zo wordt het mysterie alleen maar groter. Want als de eilandbewoners elkaar niet hebben afgeslacht, waar zijn al die duizenden Paaseilanders dan gebleven? Roggeveen trof volgens zijn dagboek maar een paar duizend mensen aan, terwijl er eerder – volgens Jared Diamond – nog zo'n 15.000 moeten zijn geweest. Wat is hun alibi?

Laten we eerst eens kijken naar de methode waarmee Diamond op het aantal van 15.000 kwam. Hij schatte het aantal huizen op basis van de archeologische resten, deed vervolgens een gok hoeveel mensen er in één huis woonden, en rondde tot slot naar boven af. Erg betrouwbaar kan het resultaat niet zijn.

Een veel betere schatting van het bevolkingsaantal krijgen we als we de tijdlijn van het drama zo precies mogelijk vaststellen. Aanvankelijk werd gedacht dat Paaseiland al vroeg bevolkt werd, rond het jaar 900, of misschien zelfs 300. Maar de laatste dateringen, met de geavanceerdste technologie, komen op een veel later moment uit: rond het jaar 1100.[21]

Jan Boersema maakt vervolgens een simpel rekensommetje. Stel dat er in 1100 ongeveer honderd Polynesische zeevaarders aankwamen. En stel dat hun aantal met 0,5 procent per jaar groeide (dat is de maximale snelheid waarop een bevolking groeit in pre-industriële samenlevingen). Dan zouden er hoogstens 2.200 bewoners zijn geweest toen Roggeveen het eiland ontdekte. Dat cijfer komt mooi overeen met de schattingen van Europese ontdekkingsreizigers die het eiland in de achttiende eeuw aandeden.

Oftewel: die duizenden Paaseilanders die elkaar zouden hebben gemarteld, vermoord en opgegeten, hebben een uitstekend alibi.

Ze hebben nooit bestaan.

Het volgende raadsel is wat er gebeurd kan zijn met het bos op Paaseiland. Voor Jared Diamond, William Mulloy en vele andere wetenschappers was het helder: de bomen zijn omgehakt door de hebzuchtige bewoners die zo veel mogelijk moai wilden vervoeren. Een Canadese historicus heeft het zelfs over een 'manie' en 'een ideologische pathologie'.[22]

Maar wie even rekent, realiseert zich dat deze conclusie wel erg haastig is getrokken. Boersema schat dat er hoogstens 15.000 bomen nodig waren om de ongeveer duizend stenen standbeelden naar hun plaats te rollen. Zo'n vijftien bomen per beeld. De vraag is dan: hoeveel bomen waren er eigenlijk op het eiland? Het antwoord, zo blijkt uit ecologisch onderzoek, is miljoenen. Misschien wel 16 miljoen![23]

De meeste beelden bleven bovendien achter in Rano Raraku, de groeve waar ze werden uitgehouwen. Dat er talloze moai zijn 'achtergelaten' komt niet doordat er ineens een burgeroorlog uitbrak. Het was de bedoeling, zo vermoeden wetenschappers nu. Veel van deze moai waren de 'wachters' van de groeve.[24]

Uiteindelijk zijn er 493 beelden vervoerd. Dat klinkt veel,

maar bedenk: de Paaseilanders waren eeuwen alleen op de wereld. Dat betekent dat ze hoogstens één of twee beelden per jaar versleepten. Waarom ze het niet bij een stuk of tien mooie moai hielden? Boersema denkt dat er een eenvoudige verklaring is: verveling. 'Je hield op zo'n eiland gewoon heel veel tijd over', zegt hij lachend. 'Dat hakken en sjouwen gaf een beetje structuur aan de dag.'[25]

Ik denk dat we het verslepen van de moai als een *collective work event* moeten zien, net als de bouw van het Navelbergtempelcomplex in het huidige Turkije, meer dan tienduizend jaar geleden (zie het vorige hoofdstuk). Er zijn ook verslagen van het eiland Nias, ten westen van Sumatra, waar begin twintigste eeuw tot wel 525 mannen een groot stenen beeld versleepten op een houten slee.[26]

Zulke projecten hadden vast efficiënter kunnen worden uitgevoerd, maar daar ging het niet om. Dit waren namelijk geen prestigeprojecten van een megalomane heerser. Het waren gezamenlijke rituelen, om mensen bij elkaar te brengen.

Laat er geen misverstand over bestaan: de Paaseilanders hebben wel degelijk veel bomen omgehakt. Niet alleen voor het vervoer van de moai, maar ook voor het sap in de kern, voor de landbouw en om kano's van te maken. Maar toch, als het om het verdwijnen van het hele bos gaat, hebben we een nog belangrijkere verdachte.

Rattus exulans, oftewel, de Polynesische rat.

Deze knagers werden waarschijnlijk per ongeluk meegebracht door de eerste eilandbewoners. En op Paaseiland hadden ze geen natuurlijke vijanden. De ratten konden de hele dag vreten en vrijen. We weten dat ratten zich in het lab iedere 47 dagen verdubbelen. Dat wil zeggen: één paar kan na drie jaar 17 *miljoen* nakomelingen hebben.

Dit was de werkelijke milieuramp op Paaseiland. Biologen

vermoeden dat miljoenen ratten de zaden van de bomen opaten, waardoor het bos niet meer kon groeien.[27]

Toch was het verdwijnen van het bos niet eens zo'n groot probleem. Met iedere omgevallen boom was er namelijk meer ruimte voor de akkerbouw. De archeoloog Mara Mulrooney toonde in 2013 aan dat de voedselproductie op Paaseiland *omhoogging* na de ontbossing.[28] De bewoners waren namelijk slimme landbouwers. Ze plaatsten lagen van kleine stenen om hun gewassen te beschermen tegen de wind, en om vocht en warmte vast te houden.

Zelfs als er 15.000 mensen op het eiland zouden hebben geleefd, dan nog zou er volgens archeologen meer dan genoeg voedsel zijn geweest voor iedereen. Mulrooney: 'Misschien moeten we Paaseiland zien als hét voorbeeld van hoe menselijk vernuft kan resulteren in succes, in plaats van mislukking.'[29]

4.

Dat succes zou niet lang meer duren.

De echte plaag die Paaseiland zou vernietigen, kwam niet van binnen, maar van buiten. Deze treurige geschiedenis begon op 7 april 1722, toen Jacob Roggeveen en zijn mannen op het punt stonden aan wal te gaan. Een naakte man kwam in een bootje aangepeddeld. De Paaseilander was stevig gebouwd, had een donkere, getatoeëerde huid en droeg een sikje. Veel ouder dan vijftig kon hij niet zijn geweest.

Eenmaal aan boord maakte hij een opgewekte indruk, zou Roggeveen later schrijven. De man verbaasde zich over *'de groote hoogten der masten, de dikte der touwen, de seylen, het canon, 't welk hy naeauwkeurig betastte, en voorts van alles wat hy sag'*.[30]

Hij schrok zich wezenloos toen hij zichzelf in een spiegeltje zag, toen de scheepsklok luidde en toen hij de aangeboden brandewijn in zijn ogen goot.

Maar wat Roggeveen vooral bijbleef, was de vrolijkheid van de Paaseilander. Hij danste, hij zong, hij lachte. *'O dorroga! O dorroga!'* riep hij steeds. Pas veel later zouden Europese onderzoekers erachter komen wat dit woord waarschijnlijk betekende: 'Welkom.'

Het werd een bitter welkom. Roggeveen meerde aan met 134 man in drie boten en twee sloepen. Terwijl de bewoners een opgewekte indruk maakten, stelden de Hollanders zich op in slagorde. Ineens klonken er vier, misschien vijf schoten. *''t Is tijd, 't is tijd, geeft vuur!'* klonk het. Nog dertig schoten volgden. De Paaseilanders vluchtten naar het binnenland en lieten een stuk of tien doden achter. Een van hen was de vrolijke man die *'O dorroga!'* had geroepen.

Roggeveen was woest op de daders, die zeiden dat het een ongelukje was. Maar over een straf lezen we niets in Roggeveens journaal. Bij het vallen van de avond wilde hij er weer vandoor. Roggeveen had een missie – hij moest en zou het Zuidland vinden, hij moest en zou geschiedenis schrijven.

Uiteindelijk zou het 48 jaar duren voordat Paaseiland weer bezoek van zeevaarders kreeg. De expeditie onder leiding van Don Felipe González plantte drie houten kruisen, hees de Spaanse vlag en claimde het eiland in naam van de Heilige Maagd Maria. De Paaseilanders vonden het prima.

'Er was niet het minste vertoon van vijandigheid', schreven de veroveraars in hun logboek.[31] De Spanjaarden gaven de bewoners een pijl-en-boog als geschenk, maar het vreedzame volk had geen idee wat het ermee moest. Uiteindelijk hingen de eilanders de boog maar om hun nek, ter versiering.

Vier jaar later, in 1774, kwamen de volgende bezoekers: de

Engelsen onder leiding van James Cook. Dit was de man die, na drie grote tochten door de Stille Oceaan, zou aantonen dat het mysterieuze Zuidland nooit had bestaan. Terwijl Roggeveen al was vergeten, trad Cook toe tot de eregalerij van grote ontdekkingsreizigers.

Deze illustratie werd gemaakt door de kunstenaar Gaspard Duché de Vancy, die op 9 april 1786 Paaseiland bezocht. De afbeelding zegt waarschijnlijk meer over de Fransman en zijn koloniale blik dan over de Paaseilanders. Overigens is het een klein wonder dat we de illustratie nog hebben. De Vancy behoorde namelijk tot de expeditie van de ontdekkingsreiziger Jean-François de La Pérouse, waar het slecht mee is afgelopen. In 1787 kwamen de Fransen aan op het schiereiland Kamtsjatka, in het noordoosten van Rusland. La Pérouse besloot om – voor de zekerheid – het verslag van zijn reis (inclusief deze tekening) alvast naar huis te sturen. Een jaar later leed zijn expeditie schipbreuk. Wat er precies gebeurd is met La Pérouse, zijn kunstenaar De Vancy en de rest van de bemanning is een mysterie dat wetenschappers tot op de dag van vandaag bezighoudt. Bron: Hulton Archive.

Misschien is de statuur van deze zeevaarder ook de reden dat vrijwel alle doemdenkers zo veel waarde hechtten aan zijn verslag over Paaseiland. Cook was de eerste die berichtte over de omgevallen moai. En belangrijker nog: hij beschreef de bewoners als 'klein, dun, timide en ellendig'.

Maar er is iets raars aan de hand met deze samenvatting van Cooks verslag. Een onderzoeker aan de Universiteit van Toronto analyseerde Cooks verslagen nog eens en kon dat citaat over die 'kleine, dunne, timide en ellendige' bewoners nergens vinden.[32] Integendeel, Cook beschreef de Paaseilanders als 'levendig en actief, goedgevormd, geen onaangenaam gelaat, en vriendelijk en gastvrij voor vreemden'.[33]

Waar komt Cooks vernietigende oordeel dan vandaan? Waar vinden we het citaat dat zo goed past in het ondergangsverhaal en zelfs in een vooraanstaand tijdschrift als *Nature* belandde?[34] Jared Diamond noemt de onderzoekers Paul Bahn en John Flenley (de auteurs van het boek *Easter Island, Earth Island*), maar die laatsten geven geen bron.

En dus ging ik zelf op zoek. Na een dag in de bibliotheek vond ik het, in een stoffig boek voor een academisch publiek dat werd gepubliceerd in 1961.[35] Onderwerp: de Noorse expeditie naar Paaseiland. De auteur: niemand minder dan Thor Heyerdahl.

Inderdaad, Cooks verdraaide 'citaat' kwam van de Noorse avonturier die er nogal wilde ideeën op na hield. Diezelfde Heyerdahl had net een populaire bestseller gepubliceerd waarin hij fantaseerde dat het eiland eerst door Lang-orige Inca's was bevolkt, om vervolgens door Kort-orige kannibalen uit Polynesië te zijn overspoeld.[36] En diezelfde Heyerdahl schreef in het stoffige, academische boek over een 'oorlogszuchtig volk', terwijl Cook het had over 'ongevaarlijke en vriendelijke' mensen.

Zo worden mythes geboren.

Toch blijft er nog één mysterie over. Waarom hebben de Paaseilanders die prachtige beelden vernield?

Voor het antwoord moeten we terug naar het verslag van Jacob Roggeveen. Eeuwenlang geloofden de Paaseilanders dat ze alleen op de wereld waren. Niet toevallig was de blik van de moai naar binnen gericht – niet in de richting van de zee, maar in de richting van het land.

En toen, na jaren van rust, verschenen er enorme schepen aan de horizon. Wat zouden de Paaseilanders hebben gedacht van de Hollanders? Waren het profeten? Of goden misschien? Hun komst en de schietpartij op het strand moeten in ieder geval een grote schok zijn geweest. 'Zelfs de kinderen van hun kinderen zullen dit verhaal in de toekomst kunnen navertellen', noteerde een van de Hollandse zeevaarders.[37]

Vervolgens kwamen de Spanjaarden met veel bombarie aan wal. Ze organiseerden een plechtige tocht, met trommels en vlaggen, waarna drie ereschoten uit hun kanonnen dreunden.

Is het erg gewaagd om te stellen dat deze gebeurtenissen een grote impact moeten hebben gehad op het wereldbeeld van de Paaseilanders? Roggeveen had nog bewoners gezien die voor de moai knielden, maar Cook noteerde dat de beelden geen idolen meer waren, 'wat ze ook in de tijd van de Hollanders mogen zijn geweest'. Sterker nog, de eilandbewoners 'repareerden niet eens de funderingen' van de beelden die bijna omvielen.[38]

In 1804 rapporteerde een Russische zeevaarder dat er nog maar een paar moai overeind stonden. Misschien was de rest omgegooid, misschien omgevallen, misschien allebei.[39]

Hoe het ook zij: de beeldencultuur vervaagde en we zullen nooit precies weten waarom. Er zijn twee hypotheses die elkaar niet uitsluiten. In de eerste plaats kan er bij de Paaseilanders behoefte zijn geweest aan een nieuwe 'hobby'. Na de ontbossing was het lastiger om nieuwe moai te vervoeren, en dus was er iets anders nodig om de tijd te doden.[40]

In de tweede plaats zijn er aanwijzingen voor het ontstaan van wat wetenschappers een 'cargocult' noemen.[41] Oftewel: een obsessie met westerlingen en hun spullen. Om de een of andere reden waren de Paaseilanders vooral gek op hoeden. De bemanning van een Franse expeditie raakte in minder dan een dag al haar hoofddeksels kwijt, waarna ze hartelijk werd uitgelachen door de eilandbewoners.

De Paaseilanders bouwden rond die tijd een huis in de vorm van een Europees schip, legden stenen heuvels aan in de vorm van boten en voerden rituelen uit waarin ze Europese zeelui naspeelden. Wetenschappers denken dat ze op deze manier de buitenlandse goden, met hun vreemde geschenken, probeerden terug te lokken.

En terugkomen zouden ze, maar dit keer kwamen de goden niets brengen. Dit keer kwamen ze iets halen: de Paaseilanders zelf om precies te zijn.

5.

Op een zwarte dag in 1862 verscheen het eerste slavenschip aan de horizon.

Paaseiland was een ideaal slachtoffer voor Peruaanse handelaren: het lag afgelegen, had een gezonde bevolking en was door geen van de grootmachten bezet. 'Kort samengevat', schrijft een historicus, 'het maakte niemand uit wat er zou gebeuren met deze mensen.'[42]

Uiteindelijk zouden zestien schepen maar liefst 1.407 Paaseilanders meenemen – één derde van de bevolking. Deze eilanders werden gelokt onder valse voorwendselen, of met geweld gedwongen. De daders waren nota bene dezelfde slavenhandelaren als zij die de bewoners van het eiland 'Ata kidnapten (waar de echte *Lord of the Flies* zich een eeuw later zou afspelen).

Eenmaal aangekomen in Peru stierven de slaven bij bosjes. Ze kwamen om in de mijnen, waar ze werden afgebeuld of bezweken aan infectieziektes. In 1863 besloot de Peruaanse overheid, onder internationale druk, de overlevenden terug te sturen naar hun eiland, en begon hen te verzamelen in de Peruaanse havenstad Callao.

Maar daar was weinig te eten, en erger nog: in dezelfde haven lag een Amerikaanse walvisvaarder met een bemanningslid dat pokken had. Er brak een pokkenepidemie uit, en tijdens de lange reis terug naar Paaseiland moesten dagelijks lijken overboord worden gegooid. Uiteindelijk kwamen slechts 15 van de 470 bevrijde slaven levend terug.

Het was beter geweest als ook zij het leven hadden gelaten. Een van hen droeg het pokkenvirus namelijk nog bij zich en verspreidde de ziekte over het eiland. Toen was het echt afgelopen met Paaseiland. Dood en verderf grepen om zich heen. Voor het eerst zagen Europese bezoekers bewoners die elkaar in de haren vlogen. Een Franse kapitein schreef over bergen botten en schedels. De doodzieke inwoners waren wanhopig – tientallen pleegden suïcide door van een klif af te springen.

Toen de epidemie eindelijk voorbij was, in 1877, waren er nog 110 Paaseilanders over – ongeveer evenveel als er achthonderd jaar eerder aan wal waren gegaan. Tradities waren verloren, rituelen vergeten, een cultuur vernietigd. Zo deden de slavendrijvers en hun ziektes wat de ratten en de Paaseilanders niet was gelukt: ze hielpen het eiland ten onder.

Dan nu de slotsom: wat blijft er over van het oude verhaal? Het verhaal van de egoïstische eilandbewoners die hun eigen beschaving vernietigden?

Vrijwel niets. Er was geen oorlog, geen hongersnood, geen kannibalisme. De ontbossing maakte het eiland niet schraler, maar productiever. Die slachtpartij rond 1680 heeft nooit plaatsgevonden, de echte ondergang kwam pas na 1860. De buitenlanders troffen geen puinhoop aan; ze maakten er een.

Natuurlijk, de Paaseilanders hadden wel degelijk een negatieve invloed op hun omgeving. De eerste kolonisten brachten per ongeluk een rattenplaag mee, en verschillende plant- en diersoorten stierven daardoor uit. Maar na deze tegenspoed valt vooral de weerbaarheid van de eilandbewoners op. Ze waren veel slimmer en socialer dan wetenschappers lange tijd hebben gedacht.

Is Paaseiland dan nog een treffende metafoor voor onze eigen toekomst? Een paar dagen na mijn ontmoeting met professor Boersema las ik dit in de krant: 'KLIMAATVERANDERING BEDREIGT STANDBEELDEN PAASEILAND'. Wetenschappers zijn tot deze conclusie gekomen na een analyse van de stijgende zeespiegel en de erosie van de kust.[43]

Ik ben geen scepticus als het over klimaatverandering gaat. Dit is de grootste uitdaging van onze tijd, van onze generatie, en de tijd dringt. Maar waar ik wel sceptisch over ben, dat is doemdenken. Ik ben sceptisch als wordt gezegd dat we ten diepste egoïsten zijn, of erger nog, een plaag. Ik ben sceptisch als zo'n mensbeeld als 'realistisch' wordt verkocht. En ik ben sceptisch als onze ondergang als onvermijdelijk wordt neergezet.

Te veel milieuactivisten onderschatten de weerbaarheid van de mens. En ik vrees dat hun cynisme een zelfvervullende profetie kan zijn, een nocebo waar je moedeloos van wordt, en waardoor de opwarming alleen maar sneller zal verlopen. Ook de klimaatbeweging heeft behoefte aan een nieuw realisme.

'Er is een onvermogen om te erkennen dat naast problemen ook oplossingen exponentieel kunnen groeien', vertelde professor Boersema me. 'Daar is geen garantie op, maar het kan wel.'

Precies hetzelfde gebeurde op Paaseiland. Toen de bomen verdwenen, kwamen de bewoners met nieuwe landbouwtechnieken die nog meer voedsel opleverden. Het echte verhaal van Paaseiland is, kortom, een verhaal van veerkracht en vernuft. Het is geen tijding van onheil, het is een bron van hoop.

DEEL 2

NA AUSCHWITZ

'Het is een wonder dat ik mijn idealen niet heb verlaten, ze lijken zo absurd en onpraktisch. Toch klamp ik me eraan vast omdat ik nog steeds geloof, ondanks alles, dat mensen echt goed zijn in hun hart.'

— Anne Frank (1929-1945)

Als het waar is dat de mens van nature een vriendelijk wezen is, dan is het nu tijd voor de onvermijdelijke vraag. De vraag waardoor verschillende Duitse uitgevers weinig interesse hadden in mijn boek. De vraag die tijdens het schrijven steeds door mijn hoofd spookte.

Hoe verklaar je Auschwitz?

Of anders gezegd: hoe verklaar je razzia's en pogroms, genocides en vernietigingskampen? Wie waren de gewillige beulen van Adolf Hitler? Van Stalin? Van Mao? Van Pol Pot?

Na de moord op meer dan zes miljoen Joden raakten de naoorlogse literatuur en wetenschap in de ban van de vraag hoe de mens zo wreed kon zijn. Aanvankelijk was het verleidelijk om te denken dat de Duitsers een andere diersoort waren. Dat het alles te maken had met hun verknipte psyche, barbaarse cultuur en niets met ons, normale mensen.

Maar het probleem was: de grootste misdaad in de geschiedenis van de mens werd niet in een primitief land gepleegd. Het gebeurde in een van de rijkste landen ter wereld, het land van Kant en Goethe, Bach en Beethoven.

Misschien was de beschaving geen beschermend laagje vernis. Misschien had Rousseau toch gelijk, en was de beschaving een vergif. Er stond een wetenschappelijke discipline op, een jonge nog maar, die met verontrustend bewijs kwam dat er inderdaad iets fundamenteel schort aan de moderne mens.

Ik heb het over de sociale psychologie.

In de jaren vijftig en zestig van de vorige eeuw probeerden psychologen te begrijpen wat er nodig is om mensen in monsters te veranderen. In het ene na het andere experiment lieten ze zien dat gewone mensen tot verschrikkelijke dingen in staat zijn. Het enige wat je hoeft te doen, is een paar details in hun situatie veranderen, en voilà: dan zou er een nazi zitten in ieder van ons.

In de jaren dat *Lord of the Flies* een bestseller werd, bewees een jonge onderzoeker genaamd Stanley Milgram dat mensen braaf de bevelen opvolgen van dubieuze autoriteiten ('*Befehl ist Befehl*' – zie hoofdstuk 8) en vormde de moord op een jonge vrouw in New York de basis voor honderden studies naar apathie in de moderne tijd ('*Wir haben es nicht gewußt*' – zie hoofdstuk 9). En dan waren er nog de experimenten van professor Muzafer Sherif en professor Philip Zimbardo. Deze twee psychologen bewezen dat brave jongens zomaar in kampbeulen kunnen veranderen.

Wat mij fascineert, is dat al deze onderzoeken relatief kort na elkaar plaatsvonden. Het waren de wildwestjaren van de sociale psychologie. Jonge honden konden snel naam maken met hun schokkende experimenten.

Inmiddels zijn we meer dan vijftig jaar verder. De onderzoekers van toen zijn overleden of reizen de wereld rond als vermaarde professors. Hun experimenten zijn beroemd en worden nog altijd gedoceerd aan nieuwe generaties studenten. Maar inmiddels zijn ook de archieven van die naoorlogse experimenten opengegaan. Voor het eerst kunnen we een blik werpen achter de schermen.

HOOFDSTUK 7

IN DE KELDER VAN DE STANFORD-UNIVERSITEIT

1.

Het is 17 augustus 1971, iets voor tien uur 's ochtends. De politie van Palo Alto, Californië rukt met man en macht uit om negen jongeren van hun bed te lichten. Vijf worden aangehouden voor diefstal, vier voor een gewapende overval. De buurtbewoners kijken verbaasd toe terwijl de jongens worden gefouilleerd, geboeid en afgevoerd.

Wat de omstanders niet weten, is dat het een experiment is. Een experiment dat de geschiedenis in zal gaan als een van de beruchtste experimenten ooit. Het zal de voorpagina's halen en in de lesboeken van miljoenen eerstejaars belanden.

Aan het begin van de middag lopen de jonge arrestanten – in werkelijkheid onschuldige studenten – de stenen trap af van Building 420, naar de kelder van de afdeling psychologie. Beneden hangt een groot bord: The Stanford County Jail. Onderaan de trap staan negen andere studenten al te wachten. Ze dragen een uniform en een reflecterende zonnebril. Ook zij hebben zich opgegeven om wat bij te verdienen. Maar zij kregen niet de rol van gevangene toebedeeld. Zij zijn de bewakers.

De gevangenen moeten hun kleren uittrekken en naakt wachten in de gang. Ze krijgen een ketting met een slot om hun enkel, een nylon cap over hun haar, en een nummer, waarmee ze voortaan worden aangesproken. Vervolgens worden ze per drietal in een kleine cel gestopt.

Wat er dan gebeurt, zal als een schokgolf over de wereld gaan. In slechts een paar dagen wordt een pijnlijke waarheid over de mens blootgelegd. Het Stanford Prison Experiment loopt helemaal uit de hand.

De kelder van de Stanford-universiteit, augustus 1971. Bron: Philip G. Zimbardo.

Gezonde en brave jongens, daar begon het mee. Sommigen hadden zichzelf nog pacifist genoemd bij de intake van het experiment.

Maar op de tweede dag ging het al mis. Een opstand van de gevangenen werd door de bewakers neergeslagen met brandblussers. In de dagen die volgden, probeerden zij op allerlei manieren hun ondergeschikten te breken. De cellen begonnen te stinken naar menselijke uitwerpselen. De ene na de andere gevangene ging ten onder aan slaapgebrek en vernedering, terwijl de bewakers genoten van hun macht.

Een van de gevangenen, nummer 8612, stortte helemaal in. 'Ik bedoel, Jezus Christus, ik brand op vanbinnen!' schreeuwde hij, terwijl hij tegen de deur van zijn cel schopte. 'Begrijpen jullie het dan niet? Ik wil eruit! Dit is helemaal *fucked up!* Ik kan nog een nacht niet aan! Ik kan het gewoon niet meer aan!'[1]

Ook de leider van het onderzoek, de psycholoog Philip Zimbardo, ging op in zijn rol. Al snel gedroeg hij zich als een gevangenisdirecteur die koste wat kost de controle wilde houden. Pas na zes dagen maakte hij een einde aan de nachtmerrie, toen een geschokte promovenda – toevallig zijn vriendin – vroeg waar hij in godsnaam mee bezig was. In die korte tijd hadden vijf gevangenen tekenen vertoond van 'extreme emotionele depressie, huilen, woede en acute angst'.[2]

Na afloop bleven Zimbardo en zijn collega's achter met een pijnlijke vraag: wat was hier gebeurd? Tegenwoordig kun je het antwoord vinden in vrijwel alle psychologiestudieboeken. Je kunt het vinden in Hollywoodblockbusters en documentaires op Netflix, in megabestsellers zoals *The Tipping Point* van Malcolm Gladwell, en anders hoor je het iemand wel een keer vertellen bij de koffieautomaat.

Dat antwoord gaat als volgt: op 17 augustus 1971 veranderden brave studenten in monsters. Niet omdat ze slecht waren, maar omdat ze in een slechte *situatie* waren beland. 'Je kunt het gedrag van normale mensen van goede scholen, uit gelukkige families en goede buurten zwaar beïnvloeden', zo schreef Gladwell, 'door alleen wat details in hun situatie te veranderen.'[3]

Philip Zimbardo bezwoer dat niemand had kunnen vermoeden dat het zo verschrikkelijk uit de hand zou lopen. Maar na zijn onderzoek moest hij concluderen dat ieder van ons tot de gruwelijkste dingen in staat is. In de kelder van Stanford ging het mis, zo noteerde de psycholoog, 'als een "natuurlijke" consequentie van het aantrekken van een uniform'.[4]

2.

Maar weinig mensen weten dat zeventien jaar voor het Stanford Prison Experiment al een onderzoek was uitgevoerd met een vergelijkbare conclusie. Het Robbers Cave Experiment is door het grote publiek vergeten, maar vormde een cruciale inspiratiebron voor latere sociaal psychologen. En dit was geen onderzoek met studenten. Dit was een onderzoek met kinderen.

Terug naar 19 juni 1954. Twaalf jongens van een jaar of elf staan te wachten bij een bushalte in Oklahoma City. Ze kennen elkaar nog niet, maar komen allemaal uit keurige, protestantse gezinnen. Hun IQ is rond het gemiddelde, net als hun cijfers op school. Niemand wordt gepest. Geen van de jongens staat bekend als onruststoker. Het zijn doodgewone kinderen.

En die dag kunnen ze hun geluk niet op, want ze gaan op kamp. De bestemming: Robbers Cave State Park in Zuidoost-Oklahoma. Het is een gebied van 80 hectare, met bossen, meren en grotten, waar legendarische rovers als Belle Starr en Jesse James zich ooit schuilhielden.

Wat de jongens niet weten, is dat ze deelnemen aan een wetenschappelijk experiment. Wat ze ook niet weten, is dat een dag later nóg een groep kinderen naar het kamp zal komen. De leider van het onderzoek is de Turks-Amerikaanse psycholoog

Muzafer Sherif. Hij is al jaren geïnteresseerd in de vraag hoe conflict ontstaat tussen groepen. Alles is tot in de puntjes voorbereid. De instructies voor de leiding van het kamp zijn helder: laat de jongens doen waar ze zin in hebben. Alles kan, alles mag.

In de eerste fase van het onderzoek weten de twee groepen niet van elkaars bestaan. Ze zitten in aparte kampgebouwen en denken dat ze de enigen in het park zijn. Maar in de tweede week zullen ze voorzichtig met elkaar in contact worden gebracht. Wat zal er dan gebeuren? Worden ze vrienden, of breekt de pleuris uit?

Het Robbers Cave Experiment is het verhaal van lieve, brave jongens – 'de crème de la crème', zou Sherif later schrijven – die in slechts een paar dagen veranderden in 'gestoorde, kwaadaardige jongeren'.[5] Het gebeurde nota bene in hetzelfde jaar dat William Golding zijn roman *Lord of the Flies* publiceerde. Maar waar Golding geloofde dat kinderen van nature slecht zijn, dacht Sherif dat alles afhangt van de context.

Het begon nog liefelijk. In de eerste week, toen de groepen nog niet van elkaars bestaan wisten, werkten de jongens in beide groepen harmonieus samen. Ze maakten een touwbrug en een duikplank. Ze bakten hamburgers en zetten een tent op. Ze renden en sprongen, en werden dikke vrienden.

Daarna nam het experiment een duistere wending. In de tweede week werden de twee groepen, die zich de *'Rattlers'* en de *'Eagles'* waren gaan noemen, voorzichtig met elkaar in contact gebracht. En toen brak de oorlog uit. Het begon op het moment dat de Rattlers de andere jongens hoorden spelen op 'hun' honkbalveld. Ze daagden de Eagles uit voor een wedstrijd, wat het startschot was van een week aan competitie.

Op dag twee verbrandden de Eagles, na een verloren potje touwtrekken, de vlag van de Rattlers. Die sloegen terug met een nachtelijke overval, waarbij stripboeken werden gejat en gordijnen kapotgetrokken. De Eagles besloten zich te verdedigen door, jawel, zware stenen in hun sokken te stoppen als wapens, waarna de staf nog net op tijd kon ingrijpen.

Toen de Eagles het toernooi wonnen en er met de felbegeerde prijzen (blinkende zakmessen) vandoor gingen, pleegden de Rattlers een overval waarbij ze de messen jatten. Woedend kwamen de Eagles verhaal halen. Ze werden uitgelachen door de Rattlers. 'Kom op, mietjes', brulde een van hen, die met de messen zwaaide.[6]

Terwijl de jongens met elkaar op de vuist gingen, maakte Sherif, die was vermomd als de conciërge van het kamp, driftig aantekeningen in zijn notitieboekje. Dit experiment, wist hij toen al, was een goudmijn.

In de afgelopen jaren heeft het verhaal van het Robbers Cave Experiment een grote comeback gemaakt. Vooral sinds de verkiezing van Donald Trump heb ik het ik-weet-niet-hoe-vaak gehoord uit de mond van opiniemakers, als ultieme anekdote om onze tijd te duiden. Staan de Rattlers en de Eagles niet symbool voor wat overal gebeurt, tussen rechts en links, conservatief en progressief?

Zelfs televisiemakers zijn ermee aan de haal gegaan. Het experiment werd door omroep BNN nog eens dunnetjes overgedaan op de Nederlandse tv, onder de weinig verhullende titel *Dat wordt oorlog!* (De opnames moesten vroegtijdig worden gestaakt, omdat het inderdaad oorlog werd.)

Genoeg reden, vond ik, om het originele onderzoeksrapport van Muzafer Sherif uit 1961 er nog eens bij te pakken. Een pageturner is het niet. '*Negative attitudes towards outgroups will be generated situationally*', lezen we op een van de eerste pagina's. Lees: dat wordt oorlog.

Toch vielen me een paar dingen op, tussen de vage zinnen door. Om te beginnen: het waren niet de kinderen, maar de onderzoekers die dat dagenlange toernooi organiseerden. De Eagles hadden er aanvankelijk niet veel zin in. 'Misschien kunnen we gewoon vrienden worden met deze gasten', zei een van hen, 'dan hoeft niemand boos te worden of een hekel aan iemand te krijgen.'[7]

Vervolgens werden, op aandringen van de onderzoekers, alleen spellen gespeeld die een duidelijke winnaar en verliezer hadden, zoals honkbal en touwtrekken. Een troostprijs was er niet. De onderzoekers manipuleerden zelfs de score, om de teams nek aan nek te houden.

En deze manipulaties bleken nog maar het topje van de ijsberg.

3.

Ik ontmoet Gina Perry in Melbourne, in de zomer van 2017, een paar maanden voordat haar boek over het Robbers Cave Experiment zal verschijnen. Perry is een Australische psycholoog die als eerste in de archieven van het Robbers Cave Experiment is gedoken. Tussen de bergen aantekeningen en bandopnames vond ze een heel ander verhaal dan al meer dan vijftig jaar in de studieboeken wordt verteld.

Perry kwam erachter dat Sherif al eens eerder, in 1953, had geprobeerd om zijn 'realistische conflicttheorie' te bewijzen. Ook in dat jaar had hij een zomerkamp georganiseerd, bij het kleine dorpje Middle Grove in de staat New York. Ook toen had hij geprobeerd om jongens tegen elkaar uit te spelen. Het enige wat Sherif daar later over had losgelaten, ergens in een voetnoot, was dat het experiment moest worden afgebroken 'in verband met verschillende moeilijkheden en ongunstige condities'.[8]

In Melbourne vertelt Perry me wat ze ontdekt heeft in de archieven, en wat er echt gebeurde tijdens dat eerste, vergeten kamp. In de eerste twee dagen werden de deelnemende kinderen meteen vrienden. De jongens speelden spelletjes en renden door de bossen, schoten met pijl-en-boog en zongen zo hard ze konden.

Maar toen kwam de derde dag. De onderzoekers splitsten de jongens op in twee groepen, de Panters en de Pythons. In de daaropvolgende dagen probeerden ze van alles om de kinderen tegen elkaar op te zetten. Toen de Panters een olijftak, het symbool van vrede, in het ontwerp van hun T-shirts wilden, stak de staf daar een stokje voor.

Nog een paar dagen later trok een van de onderzoekers een tent van de Pythons omver, in de hoop dat de Panters de schuld zouden krijgen. Tot zijn frustratie hielpen de kinderen elkaar de tent weer op te bouwen. Vervolgens deed de staf een inval bij de Panters, in de hoop dat de Pythons de schuld zouden krijgen. Ook dit keer schoten de jongens elkaar te hulp. Een kind wiens ukelele was gebroken eiste zelfs een alibi van de stafleden. 'Misschien wilden jullie gewoon zien wat onze reactie zou zijn', riep een jongetje.[9]

Ondertussen raakte de sfeer onder de onderzoekers verziekt. Het was een peperduur onderzoek, en alles dreigde in de soep te lopen. De jongens maakten geen ruzie, zoals Sherifs 'realistische conflicttheorie' voorspelde, maar bleven dikke vrienden. Sherif ijsbeerde tot twee uur 's nachts, zo kon Perry later horen op de bandopnames van het experiment. Hij gaf iedereen behalve zichzelf de schuld en begon steeds meer te drinken.

Tijdens een van de laatste avonden liep het helemaal uit de hand. Terwijl de kinderen vredig sliepen, dreigde Sherif een onderzoeksassistent een klap te verkopen omdat deze niet hard genoeg zijn best deed om tweespalt te creëren onder de kinderen. De assistent pakte een blok hout om zich te verdedigen. 'Dr. Sherif!' klonk het door de nacht, 'als u het waagt, dan sla ik u!'[10]

Uiteindelijk kregen de kinderen door dat ze gemanipuleerd werden. Een van hen vond een notitieboekje met gedetailleerde observaties, waarna het experiment moest worden afgebroken.

Als het experiment iets had aangetoond dan was het dat kinderen, als ze eenmaal vrienden zijn, heel moeilijk tegen elkaar zijn op te zetten. 'Ze begrepen de menselijke natuur niet', zou een van de jongens later zeggen over de psychologen. 'En van kinderen begrepen ze al helemaal niets.'[11]

4.

Mocht je de manipulaties van professor Muzafer Sherif schokkend vinden; ze waren nog niets vergeleken bij de manipulaties die zeventien jaar later plaatsvonden. Op het eerste gezicht leek het Stanford Prison Experiment op het Robbers Cave Experiment. Beide experimenten hadden 24 witte, mannelijke deelnemers.[12] Ze moesten allebei bewijzen dat brave mensen zomaar in beesten kunnen veranderen.

Maar het Stanford Prison Experiment ging nog een stap verder. De studie van Philip Zimbardo was niet een beetje dubieus. Ze was een hoax.

Mijn eigen twijfel ontstond bij lezing van het boek van Zimbardo, *The Lucifer Effect*, dat hij in 2007 publiceerde. Ik had altijd aangenomen dat de bewakers op eigen initiatief in sadisten waren veranderd. Zimbardo had dit honderden keren gezegd in talloze interviews. Zelfs tijdens een hoorzitting van het Amerikaanse Congres zei hij dat de bewakers 'hun eigen regels bedachten voor het handhaven van de wet, de orde, en respect'.[13]

Maar op pagina 55 van zijn boek heeft Zimbardo het ineens over een bijeenkomst die de zaterdag voor het experiment plaatsvond. Die middag had hij instructies gegeven aan de bewakers. En die logen er niet om. Hij zei:

> We kunnen ze een gevoel van frustratie geven. We kunnen ze bang maken... [...] We gaan hun individualiteit op diverse manieren afnemen, en op geen enkel moment zal iemand hen bij hun naam noemen; ze zullen nummers krijgen en met hun nummers worden aangesproken. Over het algemeen zou dit een gevoel van machteloosheid moeten opleveren.[14]

Mijn mond viel open toen ik deze passage las. Hier was de zogenaamd onafhankelijke onderzoeker aan het woord. Zimbardo gaf kraakheldere instructies aan de bewakers. Ze hadden niet zelf bedacht om die nummers te geven, die zonnebrillen op te zetten en die sadistische spelletjes te spelen. Het werd hun opgedragen.

Sterker nog, Zimbardo sprak de zaterdag vóór het experiment al in de eerste persoon meervoud ('we'), alsof de bewakers en hij toen al tot hetzelfde team behoorden. Zijn latere verhaal over dat hij pas in de loop van het experiment zichzelf verloor in de rol van gevangenisdirecteur, klopt niet. Zimbardo was altijd al de baas.

Om te begrijpen hoe funest dit was, is het belangrijk te weten wat sociale wetenschappers '*demand characteristics*' noemen. Deze gedragingen treden op als deelnemers kunnen raden wat de bedoeling is van een experiment. In dat geval hebben we het niet meer over een wetenschappelijk onderzoek, maar over een toneelstuk. En in het Stanford Prison

Experiment, zo merkt een hoogleraar psychologie op, 'waren de demand characteristics overal'.[15]

Wat zouden de bewakers zelf hebben gedacht dat de bedoeling was? Dat ze mochten relaxen, een kaartje leggen, en een beetje ouwehoeren over sport en vrouwen? Een van de studenten wond er later geen doekjes om. 'Ik begon met een concreet plan in mijn hoofd, om de actie te forceren, iets te laten gebeuren, zodat de onderzoekers iets hadden om mee te werken. Wat zouden ze kunnen leren van een paar gasten die zouden niksen alsof het een *country club* was?'[16]

Zulke opmerkingen zouden al genoeg moeten zijn om het Stanford Prison Experiment uit de studieboeken te schrappen, maar dit is nog niet de helft van het verhaal. In juni 2013 stuitte de Franse socioloog Thibault Le Texier op een TED Talk van Zimbardo uit 2009. Hij was meteen geïntrigeerd door de beelden die Zimbardo liet zien. Het rauwe materiaal van schreeuwende studenten leek Le Texier, die in zijn vrije tijd ook filmmaker is, ideaal voor een indringende documentaire.

En dus besloot hij de archieven in te duiken. Hij kreeg een beurs van een Frans filmfonds, vloog naar Stanford en ontdekte tot zijn grote verbazing dat hij de eerste was. Maar wat hij al helemaal niet kon geloven, was de inhoud van de archieven. Le Texiers enthousiasme maakte al snel plaats voor verwarring, en vervolgens voor ontzetting. Net als Gina Perry stuitte hij op talloze documenten en opnames die een totaal ander beeld schetsten van het experiment.

'Het duurde best lang voordat ik doorhad dat het allemaal nep was', vertelt Le Texier me in het najaar van 2018, een jaar voordat zijn vernietigende analyse zal worden gepubliceerd in *American Psychologist*, het belangrijkste tijdschrift van de psychologische wetenschap.[17] 'Eerst wilde ik het nog niet geloven. Ik dacht: nee, dit is een gerespecteerde professor aan de Universiteit van Stanford. Ik moet ernaast zitten.'

Maar het bewijs loog niet.

Het begon er al mee dat Zimbardo het experiment niet zelf had bedacht. Het idee kwam van een van zijn studenten, David Jaffe genaamd, een jongen van nog geen twintig jaar oud. Voor een practicum in Zimbardo's cursus leek het hem en vier medestudenten spannend om de kelder van hun studentenhuis om te bouwen tot gevangenis. Ze kregen een handvol vrienden zover om mee te doen, en zo ging het experiment in mei 1971 van start, met zes bewakers, zes gevangenen en één directeur – Jaffe zelf.

De bewakers bedachten regels als 'Gevangenen moeten elkaar altijd bij hun nummer noemen' en 'Gevangenen dienen de hoofdbewaker te allen tijde aan te spreken als "Meneer de Hoofdcipier"'. De maandag erop, in de les van Zimbardo, vertelde Jaffe in geuren en kleuren over zijn opwindende 'experiment', en hoe heftig de deelnemers hadden gereageerd. Zimbardo was verkocht. Hij moest en zou dit overdoen.

Maar over één onderdeel van het experiment maakte Zimbardo zich zorgen. Zou het wel lukken om bewakers te vinden die sadistisch genoeg waren? Wie kon helpen om het slechtste in hen naar boven te brengen? De psycholoog besloot Jaffe in te huren. 'Ik werd gevraagd om tactieken', schreef de student later, 'gebaseerd op mijn eerdere ervaring als meestersadist.'[18]

Veertig jaar lang heeft Philip Zimbardo, in honderden interviews en artikelen, beweerd dat de bewakers geen instructies kregen. Dat ze alles zelf bedachten: de regels, de straffen én de vernederingen. Zimbardo deed net alsof Jaffe gewoon een van de bewakers was, die ook werd meegesleept in het experiment.

Niets was minder waar. In werkelijkheid kwamen elf van de zeventien regels van Jaffe. Het was ook Jaffe die een uitgebreid protocol opstelde voor de ontvangst van de gevangenen. De kettingen om de enkels? Zijn idee. De gevangenen uitkleden? Zijn idee. Ze vijftien minuten naakt laten staan? Ook zijn idee.

Sterker, op de zaterdag voor het experiment bracht Jaffe al zes uur door met de bewakers, waarbij hij hun uitlegde hoe ze hun kettingen en stokken konden gebruiken. 'Ik heb hier een lijst van wat er zal gebeuren', vertelde hij, 'een aantal dingen die moeten gebeuren.'[19] Na afloop van het experiment werd Jaffe door zijn collega-bewakers gecomplimenteerd met zijn 'sado-creatieve ideeën'.[20]

Ondertussen droeg ook Zimbardo zijn steentje bij aan het sadistische spel. De professor stelde een strak programma op, zodat de gevangenen zo min mogelijk slaap kregen. Ze moesten bijvoorbeeld om 02.30 uur en 06.00 uur worden wakker gemaakt voor een appèl. Zimbardo suggereerde dat de gevangenen met push-ups konden worden gestraft, of met doornen in hun dekens. Een isolatiecel leek hem ook wel een goed idee.

Waarom bemoeide Zimbardo zich zo met het verloop van het experiment? De verklaring is simpel. Aanvankelijk ging het hem helemaal niet om de bewakers. Hij was juist geïnteresseerd in de gevangenen. Hij wilde zien hoe zij zouden reageren onder zware druk. Hoe verveeld ze zouden raken, hoe angstig, of gefrustreerd.

De bewakers zagen zichzelf als onderzoeksassistenten, wat niet zo gek was, want zo werden ze ook behandeld. Dat Zimbardo geschokt was over het sadistische gedrag van zijn bewakers, en dat dít de ware boodschap was van zijn experiment, heeft hij pas achteraf bedacht. Tijdens het 'onderzoek' bleven hij en Jaffe de bewakers juist pushen om zo hard mogelijk te zijn. Wie niet meedeed, kreeg de wind van voren.

Al op de tweede dag zette Jaffe de softe bewaker John Markus onder druk, waarvan de volgende audio-opname boven water is gekomen:

Jaffe: 'Vanmorgen viel het ons op dat je... eh, niet echt meedeed, en we vroegen ons af of er misschien iets is? [...] we willen nu echt dat je actief wordt en mee gaat doen omdat de bewakers moeten weten dat alle bewakers een "harde bewaker" zullen zijn...'

Markus: 'Ik ben niet zo hard...'

Jaffe: 'Ja. Nou ja, je zult toch moeten proberen om het in je te krijgen.'

Markus: 'Ik weet niet of dat gaat lukken...'

Jaffe: 'Kijk, wat ik bedoel met "hard" is dat je, je weet wel, je moet streng zijn... dat is heel belangrijk voor het slagen van het experiment.'

Markus: 'Sorry, het spijt me. [...] Als het helemaal aan mij zou liggen, dan zou ik niets doen. Ik zou de boel gewoon laten afkoelen.'[21]

Het fascinerende is dat de meeste bewakers in het Stanford Prison Experiment zich terughoudend bleven opstellen, hoever de druk ook werd opgevoerd. Twee derde deed niet mee aan de sadistische spelletjes. Een derde bleef ronduit aardig voor de gevangenen, tot grote frustratie van Zimbardo en zijn collega's. Een van de bewakers nam al op de zondag voor het experiment ontslag, omdat hij het niet eens was met de instructies.

De meeste deelnemers bleven toch zitten, omdat Zimbardo hen goed betaalde. Ze kregen vijftien dollar per dag – wat nu ongeveer honderd dollar zou zijn – maar werden pas achteraf uitbetaald. Zowel de bewakers als de gevangenen vreesden dat ze konden fluiten naar hun geld als ze niet zouden blijven meespelen in het toneelstuk van Zimbardo.

Toch kreeg een van de gevangenen er op een gegeven moment genoeg van. Dan heb ik het over nummer 8612, de 22 jaar oude Douglas Korpi, die op de tweede dag instortte ('Ik bedoel, Jezus Christus, ik word helemaal gek hier!'). Dit is de bekendste geluidsopname van het Stanford Prison Experiment, en kwam in alle documentaires terecht.

In de zomer van 2017 zocht een Amerikaanse journalist hem op.[22] Wat bleek: Korpi's *breakdown* was nep. 100 procent geacteerd. En Korpi had dit na afloop van het experiment ook herhaaldelijk gezegd. Eerst tegen Zimbardo, die hem negeerde. Vervolgens tegen een documentairemaker, die zijn bekentenis uit de film monteerde.

Douglas Korpi, inmiddels zelf een gepromoveerd psycholoog, vertelde dat hij het experiment aanvankelijk wel leuk had gevonden. 'De eerste dag was echt lachen', herinnerde hij zich. 'Ik mocht roepen en schreeuwen en me hysterisch gedragen. Ik mocht me als gevangene opstellen. Ik was een goede werknemer. Het was een geweldige tijd.'[23]

Maar daarna had hij er geen zin meer in. De student had zich opgegeven in de hoop dat hij in de gevangenis flink kon blokken voor zijn tentamens. Maar toen hij eenmaal achter de tralies zat, wilden Zimbardo & co. hem zijn studieboeken niet geven. Een dag later besloot Korpi dat hij eruit wilde.

Toen kwam de schok: Zimbardo liet hem niet gaan. Alleen als hij fysieke of mentale problemen had, mocht Korpi de gevangenis verlaten. En dus besloot de student zulke problemen maar te *faken*. Hij deed eerst alsof hij maagklachten had, zonder succes. Toen probeerde hij het met een mentale instorting ('Ik bedoel, Jezus Christus, ik word helemaal gek hier! Begrijpen jullie het dan niet? Ik wil eruit! Dit is helemaal *fucked up!* Ik kan nog een nacht niet aan! Ik kan het gewoon niet meer aan!').

En die kreten gingen de wereld over.

In de afgelopen decennia zijn miljoenen mensen gevallen voor het geregisseerde theater van Philip Zimbardo. 'Het ergste', zei een van de gevangenen in 2011, is dat hij 'veertig jaar lang is beloond met heel veel aandacht.'[24]

Nog voordat hij de data had geanalyseerd stuurde Zimbardo de beelden van het experiment naar de televisie. In de daaropvolgende jaren groeide hij uit tot de beroemdste psycholoog van zijn tijd. Zimbardo schopte het zelfs tot voorzitter van de American Psychological Association.[25]

In een documentaire over het Stanford Prison Experiment uit de jaren negentig vroeg de student-bewaker Dave Eshelman zich af wat er gebeurd zou zijn als hij niet was gepusht door de onderzoekers. 'Dat zullen we nooit weten', verzuchtte hij.[26]

Maar wat Eshelman niet wist, was dat twee Britse psychologen toen al bezig waren met de voorbereidingen van een tweede experiment. Een experiment dat de vraag zou moeten beantwoorden: wat doen gewone, gezonde mannen écht als ze een uniform aantrekken en een gevangenis binnenstappen?

5.

Het telefoontje van de BBC kwam in 2001.

Het was de begintijd van reality-tv: *Big Brother* was nog maar net van start gegaan en televisiemakers van over de hele wereld vroegen zich af wat de volgende succesformule zou worden. De vraag van de BBC-producent kwam dus niet uit de lucht vallen. Zouden jullie dat bloedstollende experiment met die gevangenen willen herhalen? Maar dan op primetime?

Voor Alexander Haslam en Stephen Reicher, twee doctors in de psychologie, was het een geschenk uit de hemel. Het probleem met het Stanford Prison Experiment was namelijk dat het zó onethisch was dat niemand het had durven repliceren. En dus had Zimbardo al decennia het laatste woord.

Nu kregen de Britse psychologen de kans om een herhaalonderzoek op beeld vast te leggen. En dus zeiden Haslam en Reicher ja tegen de BBC, op twee voorwaarden. Eén: dat zij de volledige controle kregen over het onderzoek. Twee: dat er een ethische commissie kwam die het experiment ieder moment kon stopzetten, mocht het uit de hand lopen.

In de maanden voor de uitzending werd in de Britse pers druk gespeculeerd over hoe gruwelijk het zou worden. '*Is this reality-tv gone mad?*' vroeg *The Guardian* zich af.[27] Zelfs Philip Zimbardo sprak zijn afschuw uit. 'Natuurlijk doen ze deze studie in de hoop dat het grote drama's oplevert...'[28]

Miljoenen Britten zaten op het puntje van hun stoel toen op 1 mei 2002 de eerste aflevering van *The Experiment* werd uitgezonden. Wat er vervolgens gebeurde, ging als een schokgolf over de...

Of nee, eigenlijk niet.

Er gebeurde vrijwel niets. Ik moest mezelf echt dwingen om de vier afleveringen van een uur per stuk af te kijken. Zelden zag ik zo'n saai programma.

Waar het misging voor de BBC? Haslam en Reicher gaven geen instructies aan de bewakers. Het enige wat de psychologen deden, was observeren. Ze keken toe terwijl gewone, gezonde mensen een theekransje opzetten.

Het begon al op dag één, toen de eerste bewaker zei dat hij eigenlijk geen bewaker wilde zijn. Op dag twee stelde een ander voor het voedsel van de bewakers te delen met de gevangenen, om zo de sfeer te verbeteren. Toen op dag vier het eerste ruzietje leek te ontstaan, zei een bewaker tegen een gevangene: 'Als we dit nou gewoon samen uitzitten, dan kunnen we naar de pub gaan en een biertje drinken.' Een andere bewaker verzuchtte: 'Laten we het hier gewoon over hebben als mensen onder elkaar.'

Op dag vijf stelde een gevangene voor een democratie in te stellen. Op dag zes ontsnapten een paar gevangenen uit hun cellen. Ze begonnen sigaretjes te roken in de kantine van de bewakers, die er gezellig bij kwamen zitten. Op dag zeven werd gezamenlijk besloten een commune op te zetten.

Een paar bewakers probeerden nog terug te gaan naar het oude regime, maar werden niet serieus genomen. De studie zat vast en werd voortijdig afgebroken. De laatste aflevering zit vol shots van mannen die luieren op de bank. Helemaal aan het einde zien we zoetsappige beelden van deelnemers die elkaar omhelzen. Eén bewaker geeft zijn jasje aan een gevangene.

Ondertussen zit je als kijker gefrustreerd op de bank. Waar zijn de kettingen om de enkels? Waar zijn de papieren zakken over het hoofd? En wanneer beginnen de sadistische spelletjes? De BBC zond vier uur televisie uit waarin alleen werd gepaft, geleuterd en geluierd. Of zoals *The Sunday Herald* schreef: '*What happens when you put good men in an evil place and film it for telly? Erm, not that much actually.*'[29]

Voor televisiemakers legde het experiment een pijnlijke waarheid bloot: als je gewone mensen met rust laat, dan gebeurt er niks. Of erger nog: dan organiseren ze zich als een pacifistische commune.

In wetenschappelijk opzicht was het experiment geslaagd. Haslam en Reicher wisten er, in tegenstelling tot Zimbardo, meer dan tien artikelen over te publiceren in vooraanstaande academische tijdschriften. Maar inmiddels kunnen we stellen dat het verder een mislukking was. Het BBC Prison Experiment zakte weg in de vergetelheid, terwijl iedereen het nog steeds over het Stanford Prison Experiment heeft.

En Philip Zimbardo? Toen een Amerikaanse journalist hem in 2018 vroeg of de nieuwe onthullingen (over de vergaande manipulaties) gevolgen zouden hebben voor hoe mensen naar zijn experiment kijken, antwoordde de psycholoog dat het hem niets kon schelen.

'Mensen kunnen zeggen wat ze willen. Het is de beroemdste studie in de geschiedenis van de psychologie. Er is geen studie waar mensen vijftig jaar later nog over praten. Gewone mensen weten ervan. [...] Ze heeft nu een eigen leven [...]. Ik ga haar niet meer verdedigen. De levensduur zelf is de verdediging.'[30]

HOOFDSTUK 8

STANLEY MILGRAM EN DE SCHOK-MACHINE

1.

Er is één psychologisch experiment dat nog beroemder is dan het Stanford Prison Experiment. Eén psycholoog die nog bekender werd dan Philip Zimbardo. Toen ik aan dit boek begon wist ik dat ik over hem zou moeten schrijven.

Stanley Milgram.

Het onderzoek van deze jonge professor begon op zondag 18 juni 1961. Die dag verscheen een paginagrote advertentie in *The New Haven Register*. 'Wij betalen je vier dollar voor een uur van je tijd.'[1] De advertentie vroeg om vijfhonderd gewone mannen – bouwvakkers en kappers, zakenlui en ambtenaren – voor een onderzoek naar het menselijk geheugen.

In de daaropvolgende maanden bezochten honderden proefpersonen Milgrams laboratorium aan de Yale-universiteit. Bij aankomst moesten ze een lootje trekken om te bepalen wie 'leraar' en wie 'leerling' zou zijn. De leraar werd in een stoel voor een groot apparaat gezet: de schokmachine. Hij moest het geheugen van de leerling testen, die in een andere ruimte was vastgebonden. Bij ieder fout antwoord moest de leraar, met een druk op de knop, een stroomschok toedienen.

In werkelijkheid was de leerling een medewerker van

Milgram, en waren de stroomschokken nep. Maar daar hadden de leraren geen weet van. Zij dachten dat het een onderzoek was naar het effect van straffen op het menselijk geheugen. Ze wisten niet dat zij zelf de echte proefpersonen waren.

Het experiment begon met een schokje van 15 volt. Iedere keer dat de leerling een fout maakte, gaf een man in een grijze stofjas de leraar de opdracht om het voltage te verhogen. Van 15 volt naar 30 volt. Van 30 volt naar 45 volt. En zo door, hoe hard de leerling ook gilde in de kamer ernaast, tot de schakelaar het vakje bereikte waar de woorden 'GEVAAR, ZWARE SCHOK' boven stonden. Bij 315 volt bonkte de leerling nog op de muur. Daarna werd het stil.

Milgram had van tevoren aan bijna veertig collega-psychologen gevraagd hoever zij dachten dat zijn proefpersonen zouden gaan. De experts waren unaniem in hun oordeel: hoogstens 1 of 2 procent, alleen de échte psychopaten, zouden tot de 450 volt gaan.[2]

Maar toen kwam de grootste schok – de schok die de hele wereld over ging: maar liefst 65 procent van de deelnemers ging door tot het uiterste. Tot 450 volt. Dat wil zeggen: twee derde van die brave vaders, vrienden en vaklui bleek bereid wildvreemden te elektrocuteren.[3]

En waarom? Omdat het hun werd opgedragen.

Psycholoog Stanley Milgram, 28 jaar oud, werd in één klap beroemd.

Vrijwel iedere krant, ieder radiostation en iedere televisiezender besteedde aandacht aan zijn experiment. '65 PROCENT VOLGT BEVEL OM PIJN TE DOEN BLINDELINGS OP', kopte *The New York Times*.[4] Wat voor soort mensen, vroeg de krant zich af, is in staat miljoenen naar de gaskamers te sturen? Milgrams antwoord liet zich raden: wij allemaal.

Stanley Milgram en zijn schokmachine. Bron: The Chronicle of Higher Education.

Van het begin af aan presenteerde de psycholoog, zelf van Joodse afkomst, zijn onderzoek als ultieme verklaring voor de Holocaust. Waar Muzafer Sherif stelde dat oorlogen uitbreken zodra mensen in groepen tegenover elkaar komen te staan, en waar Zimbardo (een oud-klasgenoot van Milgram) zou beweren dat we beesten worden zodra we een uniform aantrekken, was de verklaring van Milgram een stuk verfijnder. Intelligenter. En bovenal: verontrustender.

Het ging Milgram om autoriteit. Hij beschreef de mens als een wezen dat klakkeloos bevelen opvolgt. In de kelder van de Yale-universiteit veranderden volwassen mensen in gedachteloze kinderen, in labradors die braaf gehoorzamen als je 'zit', 'geef poot' of 'spring in de sloot' roept. Ze deden denken aan al die nazi's die na de oorlog een zinnetje van drie woorden bleven uitkramen. *Befehl ist Befehl.*

Milgram kon maar één ding concluderen: er zit een fatale programmeerfout in de menselijke natuur. Een defect dat mensen, als brave puppy's, de gruwelijkste dingen laat doen.[5] 'Als een systeem van concentratiekampen zou worden opgezet in de Verenigde Staten', zei de psycholoog, 'dan zou men genoeg personeel voor deze kampen kunnen vinden in een doorsnee Amerikaanse stad.'[6]

De timing van het experiment was perfect.

Op de dag dat de eerste proefpersoon Milgrams lab instapte, ging een geruchtmakende rechtszaak zijn laatste week in. Oorlogsmisdadiger Adolf Eichmann stond in Jeruzalem terecht, voor het oog van zevenhonderd journalisten. Een van de toeschouwers was de Joodse filosoof Hannah Arendt, die verslag deed voor het tijdschrift *The New Yorker*.

Tijdens zijn voorarrest was Eichmann door zes psychologen onderzocht. Geen van hen had een symptoom kunnen vinden van een gedragsstoornis. Het enige rare aan Eichmann was, aldus een van de dokters, dat hij nog normaler leek dan normaal.[7]

Eichmann, zo schreef Arendt, was geen psychopaat en ook geen monster. Eichmann was net zo gewoontjes als die bouwvakkers en kappers, zakenlui en ambtenaren in Milgrams lab. In de laatste zin van het boek dat Arendt over Eichmann schreef, gaf ze haar constatering een naam. Ze noemde het 'de banaliteit van het kwaad'.[8]

Het onderzoek van Milgram en de filosofie van Arendt gingen samen de geschiedenis in. Hannah Arendt groeide uit tot een van de grootste filosofen van de twintigste eeuw. En Stanley Milgram leverde het bewijs bij haar theorie. Er werden documentaires en romans, toneelstukken en televisieseries gewijd aan de beruchte schokmachine. Er kwam een aflevering van *The Simpsons* over, een Franse spelshow, en een film met John Travolta.

'De gehoorzaamheidsexperimenten vormen de grootste bijdrage die de sociale psychologie aan de menselijke kennis heeft geleverd', schreef Milgrams collega Muzafer Sherif. Om eraan toe te voegen: 'Of misschien zelfs van de psychologie in het algemeen.'[9]

Laat ik maar gewoon eerlijk zijn.

Aanvankelijk wilde ik geen spaan heel laten van de Milgram-experimenten. Als je een boek schrijft waarin je het opneemt voor de mens staan een paar grote uitdagers op je lijstje. William Golding en zijn donkere fantasie. Richard Dawkins met zijn *Selfish Gene*. Jared Diamond en zijn treurige verhaal over Paaseiland. En natuurlijk Philip Zimbardo, de beroemdste nog levende psycholoog.

Maar bovenaan mijn lijst stond Stanley Milgram. Ik kende geen studie die zo cynisch, zo deprimerend en tegelijkertijd zo beroemd is als zijn experimenten met de schokmachine. Bovenal dacht ik na een paar maanden onderzoek genoeg munitie te hebben om met hem af te rekenen. Ook de archieven van Milgram zijn namelijk opengegaan. En ja, ook daar is heel wat vuile was gevonden.

'Toen ik hoorde dat dit archiefmateriaal beschikbaar was', vertelde Gina Perry me in Melbourne, 'wilde ik heel graag een blik achter de schermen werpen.' (Perry is dezelfde psycholoog die korte metten maakte met het Robbers Cave Experiment, zie hoofdstuk 7). In een paar jaar veranderde zij van een bewonderaar van Milgram in een felle criticaster, en schreef ze een vernietigend verslag van haar bevindingen. Perry: 'Het was een proces van ontgoocheling.'

Ik zal eerst verslag doen van haar bevindingen. Het is opnieuw een verhaal over een psycholoog die dolgraag beroemd wilde worden. Een psycholoog die manipuleerde en misleidde om de resultaten te krijgen waar hij naar zocht. Een psycholoog die willens en wetens zwaar leed berokkende aan behulpzame mensen die hem vertrouwden.

2.

25 mei 1962. De laatste drie dagen van het experiment zijn ingegaan. Bijna duizend proefpersonen hebben al plaatsgenomen voor de schokmachine en Milgram realiseert zich dat hij nog iets mist. Beeld.

En dus wordt een verborgen camera geïnstalleerd om de reactie van de deelnemers vast te leggen. Een van hen zal als geen ander symbool gaan staan voor de banaliteit van het kwaad. Zijn pseudoniem: Fred Prozi. Als je ooit iets hebt meegekregen van Milgrams experimenten, in een van de honderden documentaires of gewoon op YouTube, dan heb je geheid Prozi in actie gezien. Wat gevangene 8612 was voor Zimbardo, dat was Prozi voor Milgram.

We zien een sympathieke, ietwat gezette man van rond de vijftig die met grote tegenzin doet wat hem gezegd wordt. 'Hij zou weleens dood kunnen zijn!' roept Prozi wanhopig uit, om nog maar een keer op de knop te drukken.[10] De kijker wordt het beeld in gezogen, geschokt en gefascineerd over hoever de man zal gaan. Het is, kortom, geweldige televisie.

Milgram was dolblij met Prozi. 'Briljant', noemde hij zijn performance. De psycholoog sprak van 'volledige overgave en uitstekende spanning', en concludeerde dat Prozi de hoofdpersoon van zijn film moest worden.[11] Mocht je denken dat Milgram hier meer klonk als regisseur dan als onderzoeker, dan heb je gelijk: Milgram wás meer theatermaker dan wetenschapper.

Wie zich niet aan het script hield, werd dan ook onder druk gezet. Zware druk. De man in de grijze jas die Milgram had ingehuurd, de biologieleraar John Williams, probeerde sommige mensen acht, negen keer zover te krijgen om door te gaan. Een 46-jarige vrouw kreeg slaande ruzie met hem en deed de schokmachine uit. Williams deed hem weer aan, en eiste dat ze doorging.[12]

'Als je luistert naar de opnames', schrijft Gina Perry, 'zou je zomaar kunnen denken dat het een onderzoek was naar pesten en dwang in plaats van gehoorzaamheid.'[13]

De belangrijkste vraag is of de proefpersonen überhaupt geloofden dat de schokken echt waren. Het archief van Milgram zit namelijk vol verklaringen van deelnemers die twijfelden. Ze waren dan ook in een bizarre situatie beland. Moesten ze serieus geloven dat iemand gemarteld en vermoord werd onder toeziend oog van wetenschappers van de deftige Yale-universiteit?

Na afloop stuurde Milgram een vragenlijst naar de deelnemers. Een van de vragen luidde: hoe geloofwaardig vond je de situatie? Het antwoord zou Milgram pas tien jaar later publiceren, in het laatste hoofdstuk van zijn boek over de experimenten. Wat bleek: slechts 56 procent geloofde dat ze de leerling echt pijn deden. Sterker nog, uit een nooit gepubliceerde analyse van een van Milgrams assistenten bleek dat de meerderheid het experiment afbrak als ze dachten dat de schokken echt waren.[14]

Dus ja, wat blijft er nog over van zo'n onderzoek, waar bijna de helft van de proefpersonen dacht dat het nep was? Naar buiten toe beschreef Milgram zijn ontdekkingen als 'diepe en verontrustende waarheden over de menselijke natuur'. Binnenskamers twijfelde hij. 'Of al deze stemmingmakerij verwijst naar significante wetenschap of alleen effectief theater is een open vraag', schreef hij in juni 1962 in zijn nagelaten dagboek. 'Ik ben geneigd de laatste interpretatie te accepteren.'[15]

Toen hij zijn onderzoeksresultaten publiceerde, in 1963, werd Milgrams aanpak met afschuw bekeken. 'Mishandeling met open ogen', 'ranzig', 'vergelijkbaar met de experimenten van de nazi's', waren zomaar wat kwalificaties die voorbijkwamen in de pers.[16] Naar aanleiding van de ophef werden de richtlijnen voor experimenten verscherpt.

Al die tijd droeg Milgram nog een geheim met zich mee. Hij had ongeveer zeshonderd deelnemers ook ná het experiment niet verteld dat de schokken nep waren. De psycholoog was namelijk bang dat de waarheid over zijn experiment zich zou verspreiden in New Haven, en dat hij vervolgens geen proefpersonen meer zou kunnen vinden.

Het gevolg: honderden mensen liepen maanden rond met de gedachte dat ze iemand hadden geëlektrocuteerd. 'Ik checkte zelfs de overlijdensberichten in *The New Haven Register* tot minstens twee weken na het experiment', schreef een van hen later, 'om te zien of ik betrokken was geweest bij de dood van een zogenaamde leerling.'[17]

3.

In de eerste versie van dit hoofdstuk hield ik het hierbij. Dat onderzoek van Milgram was een farce, vond ik, net als dat sadistische theater van Philip Zimbardo.

Maar in de maanden nadat ik Gina Perry had gesproken, ging ik toch weer twijfelen. Misschien wilde ik de schokmachine wel te graag bij het vuilnis zetten. Ik dacht terug aan die peiling van Milgram, onder bijna veertig collega's. Voorafgaand aan het experiment had hij hun gevraagd hoeveel mensen door zouden gaan tot 450 volt. Álle geleerden voorspelden dat alleen de gekken en gestoorden op die laatste knop zouden drukken.

Eén ding is zeker: die geleerden zaten er helemaal naast.

Zelfs als we rekening houden met Milgrams vooringenomen standpunt, met het gedram van zijn assistent én met de twijfel van de deelnemers, dan nog waren er te veel gehoorzame proefpersonen. Te veel gewone mensen die geloofden dat de schokken echt waren en toch op de knop bleven drukken. Hoe je het ook wendt of keert: Milgram ontdekte iets diep verontrustends.

Hier komt bij dat het schokexperiment meerdere keren is herhaald. Psychologen van over de hele wereld hebben manieren gevonden om een variant langs de ethische commissies van hun universiteiten te krijgen (bijvoorbeeld door minder lang door te gaan). Ook op deze studies valt van alles aan te merken, maar het ongemakkelijke is: de uitkomsten zijn steeds hetzelfde.

Het experiment van Milgram is hardnekkig. Verdomd hardnekkig. Zijn onderzoek is een zombie die steeds weer opstaat, wat we ook proberen en bezweren. 'Mensen hebben geprobeerd het neer te halen', merkt een Amerikaanse psycholoog op, 'maar het komt elke keer weer overeind.'[18] Feit blijft dat gewone mensen elkaar verschrikkelijke dingen kunnen aandoen.

Maar waarom? Waarom gaat de *Homo puppy* door tot 450 volt, terwijl we van nature geneigd zijn tot vriendelijkheid?

Die vraag moest ik nu zien te beantwoorden.

Het eerste wat ik me afvroeg was of de gehoorzaamheidsexperimenten van Milgram wel over gehoorzaamheid gingen. Neem het script dat Milgram had opgesteld voor Williams, de man in de grijze stofjas. Williams was geïnstrueerd om in totaal vier 'duwtjes' te geven als een proefpersoon tegenstribbelde.

Het eerste: 'Gaat u alstublieft door.'

Het tweede: 'Het experiment vereist dat u doorgaat.'

Daarna: 'Het is absoluut essentieel dat u doorgaat.'

Pas als laatste zei hij: 'U heeft geen andere keuze, u moet doorgaan.'

Het is moderne psychologen opgevallen dat alleen die laatste opmerking een duidelijk bevel is. En wat blijkt als je de oude bandopnames terugluistert: *iedereen* stopte zodra Williams deze woorden in de mond nam. Totale ongehoorzaamheid volgde. Dat was in 1961 zo, en ook toen anderen het onderzoek van Milgram herhaalden.[19]

Uit nauwkeurige analyses van de honderden sessies voor de schokmachine blijkt bovendien dat de proefpersonen steeds *ongehoorzamer* werden als de man in de grijze jas lomper deed. Anders gezegd: de *Homo puppy* volgde niet klakkeloos de bevelen op van deze autoriteit. We bleken juist een hekel te hebben aan bazig gedrag.

Maar hoe kreeg Milgram zijn proefpersonen dan wel zover om op de knop te drukken?

Alex Haslam en Steve Reicher, de psychologen achter het BBC Prison Experiment (zie het vorige hoofdstuk), zijn met een fascinerende verklaring gekomen. Volgens hun theorie onderwierpen de deelnemers zich niet aan de man met de grijze stofjas, maar besloten zij zich bij hem aan te sluiten. En waarom? Omdat ze hem vertrouwden.

Haslam en Reicher wijzen erop dat de meeste proefpersonen in een behulpzame stemming het lab binnenkwamen. Ze wilden meneer Williams graag helpen met zijn onderzoek. Dit zou verklaren waarom het percentage daalde als Milgram zijn experiment in een gewoon kantoorpand uitvoerde, in plaats van op de prestigieuze Yale-universiteit. Het verklaart waarom de 'duwtjes' die appelleerden aan wetenschappelijke doelen (bijvoorbeeld: 'Het experiment vereist dat u doorgaat') het effectiefst waren.[20] En het verklaart waarom de deelnemers zich niet gedroegen als gedachteloze robots, maar juist verscheurd werden door twijfel.

Aan de ene kant identificeerden de leraren zich met de man in de grijze stofjas, die bleef herhalen dat het allemaal in het belang van de wetenschap was. Aan de andere kant knaagde het lijden van de leerling in de andere ruimte. 'Ik kan dit niet meer aan' en 'ik stop ermee' werd om de haverklap door de deelnemers geroepen, zelfs als ze doorgingen.

Een van de deelnemers vertelde achteraf dat hij het had gedaan voor zijn dochter van zes. Ze had een hersenverlamming en de man hoopte dat de wetenschap ooit met een oplossing zou komen. 'Ik kan alleen maar zeggen dat ik – kijk, ik wil alles doen waarmee ik, nou ja, de mensheid kan helpen.'[21]

Toen Milgram zijn proefpersonen na afloop vertelde dat hun ongemak ten goede kwam aan de wetenschap, reageerden velen opgelucht. 'Ik ben blij te hebben geholpen', was een typische reactie. 'Ga vooral door met uw experimenten zolang er iets goeds uit voort kan komen. In deze gekke, doorgedraaide wereld van ons is ieder stukje goedheid hard nodig.'[22]

De psycholoog Don Mixon herhaalde de studie van Milgram in de jaren zeventig en kwam tot dezelfde conclusie. 'Mensen willen heel ver gaan en zwaar lijden om het goede te doen', zei hij jaren later. 'De proefpersonen raakten verstrikt in hun poging om goed te zijn...'[23]

Oftewel, als je hard genoeg aan mensen trekt, als je hen bewerkt en boetseert, verleidt en manipuleert, dan zijn velen van ons tot het kwaad in staat. De weg naar de hel is geplaveid met goede bedoelingen. Maar het kwaad ligt niet aan de oppervlakte; het moet met veel moeite omhoog worden gepompt. En belangrijker nog: het moet zich steevast vermommen als het goede.

Ironisch genoeg speelden zulke goede bedoelingen ook een grote rol tijdens het Stanford Prison Experiment, dat ik in het vorige hoofdstuk beschreef. De student-bewaker Dave Eshelman, die zich afvroeg of hij zonder instructies ook zover was gegaan, beschreef zichzelf eveneens als een 'wetenschapper in hart en nieren'.[24] Achteraf had hij het gevoel dat hij iets moois had gedaan, 'omdat ik op de een of andere manier had bijgedragen aan het begrijpen van de menselijke natuur'.[25]

Dat gold ook voor David Jaffe, de assistent van Zimbardo die op het idee van een gevangenisexperiment was gekomen. Toen Jaffe de vriendelijke bewakers aanspoorde om zich harder op te stellen, verwees hij naar de nobele intenties achter het onderzoek. 'Wat we willen doen', zei hij tegen een twijfelende bewaker, 'is de wereld ingaan met wat we gedaan hebben en zeggen: "Kijk, dit is dus wat er gebeurt als je bewakers hebt die zich zo gedragen." Maar dan hebben we wel eerst bewakers nodig die zich zo gedragen.'[26]

David Jaffe en Philip Zimbardo geloofden dat het tijd was voor een radicale hervorming van het hele gevangeniswezen. 'Hopelijk komen uit deze studie een paar serieuze aanbevelingen', zei Jaffe tegen de bewaker. 'Dat is onze doelstelling. We proberen dit niet omdat we, eh, sadisten zijn...'[27]

4.

Zo komen we terug bij Adolf Eichmann. Op 11 april 1961 ging het proces tegen de Duitse oorlogsmisdadiger van start. Veertien weken lang werden honderden getuigen gehoord. Veertien weken lang probeerden de aanklagers te laten zien wat een monster hij was.

Maar het was niet alleen een rechtszaak. Het was ook de grootste geschiedenisles ooit, een mediaspektakel dat werd bekeken door miljoenen mensen. Stanley Milgram, een 'nieuwsverslaafde' volgens zijn vrouw, volgde het op de voet.[28]

Ondertussen zat Hannah Arendt in de rechtszaal. 'Het probleem met Eichmann', schreef ze later, 'was dat zovelen op hem leken, en dat velen pervers noch sadistisch waren, maar dat ze juist verschrikkelijk normaal waren en zijn.'[29] In de daaropvolgende jaren ging Eichmann symbool staan voor de gedachteloze bureaumoordenaar. Voor het banale kwaad in ieder van ons.

Pas de afgelopen jaren zijn historici tot heel andere conclusies gekomen.

Toen Eichmann in 1960 door de Israëlische geheime dienst werd gekidnapt, had hij zich in Argentinië verscholen. Daar was hij maandenlang door de Nederlandse ss'er Willem Sassen geïnterviewd. Sassen hoopte dat Eichmann zou toegeven dat de Holocaust een verzinsel was, een leugen om het naziregime in een kwaad daglicht te stellen. Maar dat viel tegen.

'Ik heb nergens spijt van!' verzekerde Eichmann hem.[30] Of zoals hij in 1945 al had geroepen: 'Ik zal lachend in mijn graf springen in de wetenschap dat ik zes miljoen vijanden van het Rijk de dood in heb gejaagd.'[31]

In de 1.300 pagina's aan interviews, vol verknipte ideeën en fantasieën, wordt voor iedere lezer duidelijk dat Eichmann geen gedachteloze bureaucraat was. Hij was juist een fanaticus. Hij handelde niet uit onverschilligheid, maar uit overtuiging. Net als Milgrams proefpersonen deed hij het kwade *omdat hij dacht dat het goed was.*

Tijdens het proces waren de transcripties van de interviews met Sassen al wel in omloop, maar het lukte Eichmann om twijfel te zaaien over de authenticiteit. En zo zette hij de hele wereld op het verkeerde been. Al die tijd lagen de bandopnames te verstoffen in het Bundesarchiv van Koblenz. Toen de filosoof Bettina Stangneth ze vijftig jaar later terugvond en beluisterde, bleek dat Sassen geen letter had verzonnen.

'Ik deed nooit iets, groot of klein, zonder expliciete instructies van Adolf Hitler of een van mijn superieuren', getuigde Eichmann tijdens zijn proces. Dat was een keiharde leugen. Een leugen die achteraf uit de mond van talloze nazi's kwam die zeiden dat ze 'slechts bevelen hadden opgevolgd'.

De bevelen binnen de bureaucratie van het Derde Rijk waren juist erg vaag, weten historici nu. Er werden überhaupt weinig formele commando's gegeven. En dus moesten de volgelingen van Hitler zelf creatief zijn. De historicus Ian Kershaw legt uit dat ze Hitler niet zomaar gehoorzaamden, maar 'naar hem toe werkten'.[32] Ze probeerden te handelen in zijn geest, en elkaar te overtreffen. Steeds radicalere nazi's verzonnen steeds radicalere maatregelen waarmee ze hoopten bij Hitler in de gratie te vallen.

De Holocaust werd dan ook niet uitgevoerd door mensen die plotseling in robots waren veranderd, net zomin als de deelnemers aan Milgrams experiment gedachteloos op de knop drukten. De daders geloofden dat ze aan de goede kant van de geschiedenis stonden. Auschwitz was het eindpunt van een langdurig historisch proces waarin het kwaad zich steeds beter vermomde als het goede. Schrijvers en dichters, filosofen en politici bleven jarenlang de psyche van het Duitse volk afstompen en vergiftigen. De *Homo puppy* werd voorgelogen en geïndoctrineerd, gehersenspoeld en gemanipuleerd.

Pas toen gebeurde het ondenkbare.

Had Hannah Arendt zich laten misleiden toen ze schreef dat Eichmann geen monster was? Was ze gevallen voor het toneelstukje dat hij opvoerde tijdens zijn proces?

Veel historici komen inderdaad tot die conclusie.[33] Haar boek zou een kwestie van 'goed idee, slecht voorbeeld' zijn. Tegelijkertijd zijn er filosofen die denken dat de geschiedkundigen Arendts filosofie niet goed hebben begrepen. Arendt had tijdens het proces namelijk wel degelijk een deel van

Sassens interviews met Eichmann bestudeerd. En Arendt schreef nergens dat Eichmann slechts bevelen opvolgde.

De filosoof moest bovendien niets hebben van Milgrams schokexperimenten. De jonge psycholoog mocht dan een groot fan zijn van Hannah Arendt; die liefde was niet wederzijds. Zij verweet Milgram een 'naïef geloof dat verleiding en dwang hetzelfde zijn'.[34] Ze geloofde niet dat er een nazi in ieder van ons zit.

Waarom zijn de psycholoog en de filosoof dan toch samen de geschiedenis ingegaan? Sommige Arendt-experts denken dat ze verkeerd is geïnterpreteerd. Arendt was zo'n filosoof die sprak in aforismen, intrigerende uitspraken die je gemakkelijk verkeerd kunt begrijpen. Neem haar stelling dat Eichmann 'niet nadacht'. Wat Arendt níét zei, is dat hij een gedachteloze bureaumoordenaar was. Volgens de Arendt-kenner Roger Berkowitz bedoelde ze dat hij zich niet verplaatste in mensen met een ander perspectief.[35]

Sterker, Hannah Arendt was een van die zeldzame filosofen die geloofde dat de meeste mensen deugen.[36] Ze stelde dat onze behoefte aan liefde en vriendschap menselijker is dan ons verlangen naar haat en geweld. En als mensen voor het kwaad kiezen, vervolgde ze, dan voelen ze alsnog de behoefte zich te verschuilen achter leugens en clichés die suggereren dat het kwade toch goed is.

Eichmann is hier hét voorbeeld van. Hij had zichzelf ervan overtuigd dat hij iets groots had neergezet, iets historisch, iets waarvoor hij nog eeuwen zou worden bewonderd. Dat maakte hem niet tot monster of robot. Het maakte hem tot meeloper. En inderdaad, dat is precies de conclusie die psychologen decennia later over de Milgram-experimenten zouden trekken: de experimenten gingen niet over gehoorzaamheid, ze gingen over conformisme.

Het is verbluffend hoever Hannah Arendt haar tijd vooruit was, met precies dezelfde constatering.

Helaas hebben we de simpele conclusies van Stanley Milgram (de mens laat zich gedachteloos meeslepen door het kwaad) beter onthouden dan de gelaagde filosofie van Hannah Arendt (de mens laat zich verleiden door het kwaad dat goed lijkt). Milgram was dan ook een geweldig regisseur, met een groot gevoel voor drama en een feilloze antenne voor wat werkt op televisie.

Toch denk ik dat de 28-jarige psycholoog vooral beroemd werd omdat hij bewijs leverde bij een oud geloof. 'De experimenten leken sterke ondersteuning te bieden', zo schrijft de psycholoog Don Mixon, 'voor de oudste en meest invloedrijke zelfvervullende profetie die de geschiedenis rijk is: dat we geboren zondaars zijn. De meeste mensen, zelfs atheïsten, geloven dat het goed is om herinnerd te worden aan onze zondige natuur.'[37]

Waar komt dat verlangen toch vandaan? Waarom keert de vernistheorie steeds weer terug in andere gedaantes? Ik vermoed dat het in de eerste plaats gemakzucht is. Het geloof in onze verdorvenheid is op een vreemde manier geruststellend. Eigenlijk pleit het ons vrij. Als de meeste mensen niet deugen, dan hebben verzet en engagement ook niet veel zin.

Een zondige menselijke natuur biedt bovendien een makkelijke verklaring voor het kwaad. Je wordt geconfronteerd met haat of egoïsme en zucht: 'Ach, dat is nu eenmaal de menselijke natuur.' Wie daarentegen zegt dat de mens in essentie goed is, moet veel harder nadenken over waarom het kwaad toch bestaat. En die verplicht zichzelf in actie te komen, want dan hebben verzet en engagement wel degelijk zin.

Onlangs publiceerde de psycholoog Matthew Hollander een nauwgezette analyse van de opnames van 117 sessies voor de schokmachine van Milgram.[38] Hij zag een patroon. De proefpersonen die het experiment wisten af te breken, maakten steevast gebruik van drie tactieken:

1. Praten tegen het slachtoffer.
2. De man in de grijze stofjas aanspreken op zijn verantwoordelijkheid.
3. Meerdere keren weigeren om verder te gaan.

Communicatie en confrontatie. Compassie en verzet. Hollander ontdekte dat *vrijwel alle deelnemers* gebruikmaakten van deze tactieken – vrijwel iedereen wilde immers stoppen – maar dat degenen die daarin slaagden ze veel vaker toepasten. Het goede nieuws: je kunt hierop oefenen. Verzet is een vaardigheid. 'Wat Milgrams helden onderscheidt', concludeert Hollander, 'is een grotendeels doceerbare competentie in het verzet tegen dubieuze autoriteit.'[39]

Mocht je denken dat zulk verzet een hopeloze zaak is, lees dan tot slot van dit hoofdstuk het verhaal van Denemarken tijdens de Tweede Wereldoorlog. Het is een verhaal van gewone mensen en buitengewone moed. Een verhaal dat laat zien dat verzet altijd zin heeft, zelfs als alle lichten zijn gedoofd.

5.

We schrijven 28 september 1943.

In het hoofdkantoor van de Arbeidersvereniging, op de Rømersgade 24 in Kopenhagen, is de voltallige leiding van de Sociaaldemocratische Partij bijeengekomen. De mannen staren geschokt naar een bezoeker in een nazi-uniform.

'Een ramp staat te gebeuren', waarschuwt hij. 'Het is allemaal tot in detail voorbereid. De schepen zullen bij de kade van Kopenhagen voor anker gaan. Diegenen onder uw arme Joodse landgenoten die door de Gestapo worden gevonden, zullen aan boord van de schepen worden gebracht om met een onbekende bestemming weggevoerd te worden.'[40]

De spreker trilt en ziet lijkbleek. Zijn naam: Georg Ferdinand Duckwitz. Hij zal de geschiedenis ingaan als 'de bekeerde nazi'. Zijn waarschuwing brengt namelijk een wonder teweeg.

Aan het plan van de SS lag het niet. De razzia van vrijdag 1 oktober 1943 was minutieus voorbereid. Om klokslag 20.00 uur zouden honderden Duitse troepen de deuren in het land afgaan om alle Deense Joden op te pakken. Ze zouden naar de haven worden gevoerd, waar een schip voor zesduizend gevangenen klaarlag.

Dat wil zeggen: Denemarken ging niet van 15 volt naar 30 volt, en van 30 volt naar 45 volt. Het land kreeg in één keer een schok van 450 volt. Discriminerende wetten waren er nog niet, de Jodenster was niet ingevoerd en Joodse bezittingen waren niet in beslag genomen. De Deense Joden kregen vanuit het niets het uiterste voor de kiezen: deportatie naar een concentratiekamp in Polen.

Of althans, dat was het plan. Die nacht bleek dat tienduizenden gewone Denen – bouwvakkers en kappers, zakenlui en ambtenaren – weigerden op de laatste knop van de schokmachine te drukken. Die nacht ontdekten de Duitsers dat de Joden waren gewaarschuwd, en dat de meesten al waren gevlucht. Bijna 99 procent van de Deense Joden overleefde de oorlog.

Hoe kunnen we het wonder van Denemarken verklaren? Wat maakte dit land tot een lichtpunt in een zee van duisternis?

Na de oorlog zijn historici met verschillende antwoorden gekomen. Een belangrijke factor was dat de nazi's niet alle macht grepen in Denemarken. Ze wilden de indruk wekken dat ze harmonieus met de Deense overheid samenwerkten, en dus was verzet tegen de Duitsers minder risicovol dan in bijvoorbeeld Nederland.

Maar uiteindelijk springt één verklaring eruit. 'Het antwoord', zo schrijft de historicus Bo Lidegaard, 'is onweerlegbaar: de Deense Joden werden beschermd door de consequente solidariteit van hun landgenoten.'[41]

Toen het nieuws van de razzia zich verspreidde, kwam het verzet overal vandaan. De kerken, de universiteiten, het bedrijfsleven, het Koninklijk Huis, de Orde van Advocaten en de Deense Nationale Vrouwenbond – allemaal tekenden ze protest aan. In no time werd een netwerk van vluchtroutes opgezet. Er was geen centrale organisatie, er werd geen poging gedaan de honderden initiatieven op elkaar af te stemmen. Daar was ook geen tijd voor. Duizenden Denen, arm en rijk, jong en oud, beseften dat hun moment was gekomen. Wie nu wegkeek, zou zijn land verraden.

De historicus Leni Yahil noteert dat 'verzoeken om hulp nooit werden geweigerd'.[42] Scholen en ziekenhuizen openden hun deuren. Kleine vissersdorpen namen honderden vluchtelingen op. Ook de Deense politie hielp waar mogelijk, en weigerde met de nazi's mee te werken. 'Wij Denen marchanderen niet met onze grondwet', brieste de verzetskrant *Dansk Maanedspost*, 'en al zeker niet als het gaat om de gelijkwaardigheid van onze burgers.'[43]

Waar het grote Duitsland jarenlang racistische propaganda had geslikt, was het kleine Denemarken doordrongen van het humanisme. De Deense leiders waren blijven hameren op het belang van de democratische rechtsstaat. Wie mensen tegen elkaar uitspeelde, werd niet als echte Deen beschouwd. Er kón dan ook geen sprake zijn van een 'Joodse kwestie'. Er waren louter landgenoten.

In een paar dagen werden meer dan zevenduizend Joden in kleine vissersbootjes over de Sont gezet, de zeestraat tussen

Denemarken en Zweden. De redding van de Deense Joden was een klein, maar schitterend lichtpuntje in een gitzwarte periode. Het was een triomf van menselijkheid en moed. 'De Deense uitzondering laat zien dat een beroep op humanisme [...] niet alleen een theoretische mogelijkheid is', schrijft de historicus Lidegaard. 'Het kan werken. Dat weten we, omdat het is gebeurd.'[44]

Uiteindelijk bleek het Deense verzet zo besmettelijk dat zelfs Hitlers trouwste volgelingen in Denemarken gingen twijfelen. Het werd voor hen steeds moeilijker om te doen alsof ze het recht in handen hadden. 'Zelfs onrecht heeft de schijn van rechtvaardigheid nodig', schrijft Lidegaard. 'Die is moeilijk te vinden als de hele samenleving het recht van de sterkste afwijst.'[45]

Alleen in Bulgarije en Italië ondervonden de nazi's vergelijkbare weerstand, met als gevolg dat ook daar veel minder Joden omkwamen. Historici benadrukken dat de omvang van de deportaties steevast afhing van de medewerking in het bezette land.[46] Jaren later zei Adolf Eichmann tegen Willem Sassen dat 'Denemarken ons meer problemen gaf dan andere landen'. Het resultaat was 'mager', klaagde hij. 'Ik moest ook mijn transporten herroepen – voor mij was het een groot schandaal.'[47]

Vergis je niet: in Denemarken waren geen 'softe' Duitsers gestationeerd. De hoogstgeplaatste nazi, Werner Best, stond bekend als 'de Bloedhond van Parijs'. En zelfs Duckwitz, de bekeerde nazi in Denemarken, was in de jaren dertig nog een fervent Jodenhater. Maar in de jaren erop werd hij besmet door de Deense menselijkheid.

In het boek *Eichmann in Jeruzalem* van Hannah Arendt staat een fascinerende passage over de redding van de Deense Joden. 'Het is het enige geval', schreef de filosoof, 'waarin nazi's openlijke weerstand ondervonden van de plaatselijke bevolking, en het resultaat lijkt te zijn geweest dat zij [...] van houding veranderden. Blijkbaar beschouwden zij de vernietiging van een heel volk niet meer als vanzelfsprekend. Zij hadden weerstand ondervonden die gebaseerd was op principes, en hun "hardheid" was gesmolten als boter in de zon...'[48]

HOOFDSTUK 9

DE DOOD VAN CATHERINE SUSAN GENOVESE

1.

En dan is er nog een laatste verhaal uit de jaren zestig dat moet worden verteld. Opnieuw een verhaal dat een pijnlijke waarheid blootlegt over de menselijke psyche. Dit keer gaat het niet om wat we doen, maar om wat we nalaten. Het verhaal doet denken aan wat talloze Duitsers en Nederlanders, Fransen en Oostenrijkers, en zo veel andere Europeanen zeiden nadat miljoenen Joden waren opgepakt, afgevoerd en vermoord.

Wir haben es nicht gewußt.

Op 13 maart 1964, kwart over drie 's nachts, rijdt Catherine Susan Genovese voorbij het bord 'NIET PARKEREN' en zet ze haar rode Fiat bij het metrostation van Austin Street.

Kitty, zoals iedereen haar noemt, is een wervelwind. Ze is 28 jaar oud, gek op dansen, en heeft meer vrienden dan vrije tijd. Kitty houdt van New York, en New York houdt van Kitty. Hier kan ze zichzelf zijn. Hier is ze vrij.

Maar die nacht is het koud. Kitty heeft haast, omdat ze sinds middernacht één jaar verkering heeft met Mary Ann. Kitty verlangt ernaar tegen haar vriendin aan te kruipen. En dus doet ze snel de lichten van haar auto uit, de deuren op slot, en begint ze de korte wandeling naar hun kleine appartement, 30 meter verderop.

Wat ze niet weet, is dat het laatste uur van haar leven is ingegaan.

'*O my God*, hij heeft me gestoken! Help! Help!'

Het is 03.19 uur. De hele buurt moet zijn wakker geschrokken. Er gaan wat lichten aan. Ramen worden opengeschoven en stemmen klinken door de nacht. 'Laat dat meisje met rust', roept iemand.

Maar dan komt de man met het mes opnieuw op Kitty af. Hij steekt nog een keer. Ze gilt en strompelt de hoek om. 'Ik ga dood! Ik ga dood!'

Niemand komt naar buiten. Niemand schiet te hulp. Niemand belt de politie. Tientallen buren verschuilen zich achter hun ramen, alsof ze naar een realityshow kijken. Eén stel pakt er stoelen bij en dooft het licht voor beter zicht.

Als de aanvaller voor de derde keer terugkomt, vindt hij Kitty aan de voet van een trap in haar appartementencomplex. Boven ligt Mary Ann nog te slapen.

Hij steekt haar nog een keer. En nog een keer.

Pas om 03.50 uur krijgt de politie het eerste telefoontje, van een buurman die lang heeft getwijfeld. Twee minuten later zijn de agenten ter plaatse, maar dan is het al te laat. 'Ik wilde er niet bij betrokken raken', verontschuldigt de beller zich.[1]

Het waren die zeven woorden – 'Ik wilde er niet bij betrokken raken' – die de wereld over gingen.

Aanvankelijk was de dood van Kitty een van de 636 moorden die dat jaar in New York werden gepleegd.[2] Een leven geknakt, een liefde verloren, de stad draaide door. Maar toen, twee weken later, stond het alsnog in alle kranten. Kitty's moord ging de geschiedenis in. Niet vanwege de dader of het slachtoffer, maar vanwege de toeschouwers.

De mediastorm begon op 27 maart 1964, Goede Vrijdag. '37 *Who Saw Murder Didn't Call the Police*', kopte *The New York Times* op de voorpagina. Het artikel begon zo:

> Langer dan een halfuur zagen 38 respectabele, gezagsgetrouwe burgers in Queens een moordenaar die een vrouw achtervolgde en neerstak tijdens drie verschillende aanvallen in Kew Gardens.

Kitty had nog in leven kunnen zijn, bleek uit het bericht. Of zoals een agent zei: 'Eén telefoontje zou genoeg zijn geweest.'[3]

Van Groot-Brittannië tot Rusland, van Japan tot Iran – Kitty werd wereldnieuws. Een van de grootste kranten van de Sovjet-Unie, *Izvestia*, zag de moord als het zoveelste bewijs van de kapitalistische 'junglemoraal'.[4] Een dominee uit Brooklyn preekte dat de Amerikaanse samenleving zo ziek was 'als degene die Jezus heeft gekruisigd'.[5] Een columnist stelde vast dat het Amerikaanse volk 'hardvochtig, lafhartig en immoreel' was geworden.[6]

Journalisten, fotografen en televisieploegen doken als wespen op Kew Gardens, de buurt waar Kitty woonde. Ze konden er maar niet over uit hoe netjes, hoe degelijk, hoe respectabel de buurt was. Waar kwam die totale apathie van de buurtbewoners dan toch vandaan?

Dit was het afstompende effect van televisie, zei de een. Nee, dit krijg je met al dat feminisme en die weke mannen van tegenwoordig, beweerde een ander. Zou het niet typisch zijn voor het anonieme leven in de stad, zeiden sommigen, of deed dit denken aan de Duitsers na de Jodenvervolging, die ook beweerden dat ze het *nicht gewußt* hadden?

De analyse die het meeste gehoor vond, kwam van Abe Rosenthal, chef bij *The New York Times,* en een van de belangrijkste journalisten van zijn generatie. 'Wat gebeurde in de appartementen en huizen van Austin Street', schreef hij, 'was een symptoom van een verschrikkelijke waarheid over de menselijke conditie.'[7]

Als het erop aankomt, zijn we alleen.

Dit is de beroemdste foto van Kitty Genovese. Het is een mug shot *uit 1961, gemaakt door de politie, kort nadat Kitty was gearresteerd voor een kleine overtreding (als barvrouw liet ze klanten wedden op paardenraces). Kitty kreeg een boete van 50 dollar. Haar mug shot werd bijgesneden door* The New York Times, *en ging vervolgens de wereld over. Bron: Wikimedia.*

2.

Ik was student toen ik voor het eerst las over Kitty Genovese. Zoals miljoenen anderen verslond ik het debuut van de journalist Malcolm Gladwell, *The Tipping Point,* waarin het verhaal over de 38 ooggetuigen voorbijkwam op pagina 27.[8]

Het greep me meteen bij de keel, net als eerder de verhalen over Milgrams schokmachine en Zimbardo's gevangenis. 'Ik krijg er nog steeds brieven over', zei Rosenthal jaren later. '[Mensen] zijn geobsedeerd door dit verhaal. Het is als een juweel. Je blijft kijken en er vallen steeds nieuwe dingen op.'[9]

Er werden toneelstukken en liedjes geschreven over die vrijdag de dertiende. Er werden afleveringen van *Seinfeld, Girls* en *Law & Order* aan gewijd. In 1994 speechte president Bill Clinton in Kew Gardens over de 'schokkende boodschap' van Kitty's dood. Paul Wolfowitz, vice-minister van Defensie, rechtvaardigde zelfs de invasie van Irak met een verwijzing naar Kitty (Amerikanen die tegen de oorlog waren, vond hij net zo apathisch als die 38 getuigen).[10]

De moraal van het verhaal leek ook mij duidelijk. Waarom mensen Kitty in de steek lieten? Nou, omdat mensen onverschillig zijn. Kitty Genovese werd beroemd in de jaren dat *Lord of the Flies* een bestseller werd, toen Adolf Eichmann terechtstond, Stanley Milgram furore maakte en Philip Zimbardo's carrière begon.

Maar toen verdiepte ik me in het onderzoek dat volgde op de dood van Kitty. En toen kwam ik op een heel ander spoor terecht. Ja, ook hier.

Bibb Latané en John Darley, twee jonge psychologen, vermoedden al langere tijd dat er iets vreemds aan de hand was met omstanders in noodsituaties. Niet lang na de moord op Kitty voerden ze een eenvoudig experiment uit. Een onwetende student werd als proefpersoon in een hok gezet om met een paar andere studenten, over de intercom, te kletsen over het leven op de universiteit.

In werkelijkheid waren er geen andere studenten. De onderzoekers speelden een vooraf opgenomen bandje af. 'Ik zou echt wat... eh hulp kunnen gebruiken', klonk het na een tijdje, 'dus als iemand zou, eh, me een beetje h-help, eh, eh-eh-eh-eh-eh, k-kan iemand, eh, eh, helpen, eh ah ah ah [stikkende geluiden]... Ik ga dood...'[11]

Wat bleek: van de proefpersonen die dachten dat ze de enige waren die deze roep om hulp hoorde, rende 100 procent de gang op. Iedereen. Maar wie geloofde dat er vlakbij nog vijf andere studenten in hokjes zaten, kwam in slechts 62 procent van de gevallen in actie.[12]

Ziehier: het omstanderseffect.

Latané en Darley deden met dit onderzoek een van de belangrijkste ontdekkingen van de sociale psychologie. In de twintig jaar die op dit experiment volgden, werden meer dan duizend artikelen en boeken gepubliceerd over het gedrag van omstanders in noodsituaties.[13] Ook de apathie van de 38 getuigen in Kew Gardens was nu verklaard. De conclusie: Kitty stierf niet ondanks, maar *dankzij* het feit dat de hele buurt was wakker geschrokken.

Als ze in een verlaten steegje was aangevallen, met slechts één getuige, dan had ze nu misschien nog geleefd. Een van de buren zou een journalist later vertellen dat ze haar man had tegengehouden toen hij de politie wilde bellen. 'Ik vertelde hem dat er al minstens dertig keer gebeld zou zijn.'[14]

En zo werd Kitty nog beroemder. Haar verhaal kwam terecht in de tien bestverkochte studieboeken voor psychologiestudenten, en wordt nog altijd aangehaald door journalisten en opiniemakers.[15] Het lot van Kitty Genovese is verworden tot een moderne parabel, een waarschuwing voor de anonieme stad.

3.

Jarenlang geloofde ook ik dat het omstanderseffect hoort bij het leven in een drukke metropool. Maar toen gebeurde het volgende, in de stad waar ik zelf werkte.

Amsterdam, 9 februari 2016. Het is kwart voor vier 's middags als Sanne haar witte Alfa Romeo parkeert aan de Sloterkade.[16] Ze stapt uit en wil naar de andere kant van de auto lopen om haar peuter uit het zitje te halen. Dan ziet ze het: de auto rolt door. Sanne kan nog net instappen, maar het is te laat om te remmen. De auto tuimelt voorover, het water in, en begint te zinken.

Het slechte nieuws: tientallen omstanders hebben het zien gebeuren.

Nog veel meer mensen moeten het gegil van Sanne hebben gehoord. Net als in Kew Gardens kijken talloze appartementen uit over de plaats van het onheil. En ja, ook dit is een degelijke buurt voor de hogere middenklasse.

Maar dan gebeurt er iets vreemds. 'Ik had meteen een soort reflex', zal Ruben Abrahams, een makelaar op de hoek van de straat, later vertellen op de lokale tv-zender. 'Auto in het water, dan is het mis.'[17] Hij rent naar een gereedschapskist in zijn kantoor, pakt er een hamer uit en springt in het ijskoude water.

Ruben is een lange, sportieve man met een grijze stoppelbaard. Op een koude dag in januari laat hij me de plek zien waar het gebeurde. 'Dit is zo'n samenloop van omstandigheden en toevalligheden geweest', vertelt hij, 'alles bij elkaar, en alles op het laatste moment.'

Als Ruben springt, is Rienk Kentie – een andere omstander – al naar de zinkende wagen gezwommen en ligt ook Reinier Bosch (nog een omstander) in het water. Een vrouw heeft Reinier op het laatste moment nog een baksteen in zijn handen geduwd, iets wat later cruciaal gereedschap zal blijken. Wietse Mol – nummer vier – haalt eerst nog een noodhamer uit zijn auto, om daarmee als laatste het water in te duiken.

'We zijn daarna gigantisch gaan beuken op de ruiten', herinnert Ruben zich.[18] Reinier slaat op een van de zijruiten, maar die gaat niet kapot. De auto kantelt en staat op het punt helemaal te zinken. Reinier slaat met de baksteen op de achterruit, en zowaar, die barst.

Dan gaat het heel snel. 'Via de kapotgeslagen achterruit gaf de moeder het kind aan', vertelt Ruben. Het kind blijft even haken, maar na een paar seconden weten Ruben en Reinier het los te krijgen, waarna Reinier wegzwemt om de peuter in veiligheid te brengen. De moeder zit dan nog in de auto, die nog maar een paar centimeter boven het water uitsteekt. Ruben, Rienk en Wietse helpen haar er net op tijd uit.

Nog geen twee seconden later verdwijnt de auto in het donkere water van de zes meter diepe gracht.

Op de kade heeft zich inmiddels een grote groep omstanders verzameld. De vrouw, het kind en de vier mannen worden uit het water getild en krijgen handdoeken omgeslagen. In totaal heeft de reddingsactie niet meer dan twee minuten geduurd. De mannen, die elkaar niet kennen, hebben al die tijd geen woord met elkaar gewisseld.

Als ze íéts langer hadden getwijfeld, was het te laat geweest. Als ze niet alle vier waren gesprongen, is het maar de vraag of het was gelukt. En als die onbekende omstander niet op het laatste moment die baksteen had gegeven, had Reinier de achterruit niet kunnen inslaan en hadden moeder en kind het ook niet gered.

Dat wil zeggen: Sanne en haar peuter leefden niet ondanks, maar *dankzij* het grote aantal omstanders.

4.

Nu kun je zeggen: mooi verhaal, maar dit is vast de uitzondering die de regel van het omstanderseffect bevestigt. Is er soms iets unieks aan de Nederlandse cultuur, of deze Amsterdamse buurt, of deze vier mannen – íéts wat de uitzondering kan verklaren?

Niets blijkt minder waar.

Het omstanderseffect mag dan in veel lesboeken staan, in 2011 verscheen een meta-analyse die een heel ander licht werpt op het gedrag van omstanders. Meta-analyses zijn onderzoeken naar onderzoek, waarbij meerdere studies worden geanalyseerd. In dit geval werd niet alleen dat eerste experiment van Latané en Darley meegenomen (met de studenten in de hokjes), maar de 105 beste studies naar het omstanderseffect van de voorgaande vijftig jaar.[19]

De wetenschappers trokken twee conclusies. Eén: het omstanderseffect bestaat echt. Soms denken we dat we niets hoeven te doen in noodsituaties omdat anderen ook hun verantwoordelijkheid kunnen nemen. Soms zijn we bang om het verkeerde te doen en doen we niets uit angst voor het oordeel van anderen. En soms denken we dat er überhaupt niets aan de hand is, omdat we anderen ook niets zien doen.

Maar dan de tweede conclusie. Als er sprake is van een levensgevaarlijke situatie (iemand verdrinkt of iemand wordt aangevallen) en als de omstanders met elkaar kunnen communiceren (en dus niet in een afgesloten hok zitten), is er juist sprake van een *omgekeerd* omstanderseffect. 'Een groter aantal omstanders', schrijven de onderzoekers, 'leidt zelfs tot meer in plaats van minder hulp.'[20]

En dat is nog niet alles. Een paar maanden nadat ik Ruben sprak over zijn reddingsactie, ontmoet ik Marie Lindegaard, in een café in Amsterdam. Lindegaard is een Deense sociaal psycholoog. Nog nat van de regen klapt ze haar laptop open, schuift ze een stapel papier onder mijn neus en begint ze college te geven.

Waarom, vroeg Lindegaard zich als een van de eerste wetenschappers af, doen we moeilijk met experimenten, enquêtes en interviews? Waarom kijken we niet gewoon naar echte beelden van echte mensen in echte situaties? Moderne steden hangen vol met camera's.

Het antwoord van haar collega's: leuk idee Marie, maar die beelden krijg je nooit. De reactie van Marie: dat zullen we nog weleens zien. Inmiddels heeft de psycholoog een database met meer dan duizend filmpjes van vechtpartijen, verkrachtingen en pogingen tot moord, uit Kopenhagen, Kaapstad, Londen en Amsterdam. Met haar onderzoek heeft ze een kleine revolutie in de sociale wetenschap teweeggebracht. Ze schuift haar laptop naar me toe.

'Kijk, dit artikel sturen we morgen naar een toptijdschrift in de psychologie.'[21]

Ik lees de werktitel. *'Almost Everything You Think You Know About the Bystander Effect is Wrong.'*

Lindegaard scrolt naar beneden en wijst een tabel aan.

'En kijk, dan zie je dus dat mensen in 90 procent van de gevallen elkaar helpen.'

90 procent.

5.

Het werkelijke mysterie is niet waarom Ruben, Rienk, Reinier en Wietse die middag in het ijskoude water van de Amsterdamse gracht sprongen. Dat was een natuurlijke reactie. De echte vraag is wat er werkelijk gebeurde op 13 maart 1964, toen Kitty werd aangevallen.

Wat klopt er van het oorspronkelijke verhaal?

Een van de eersten die begon te twijfelen aan de zogenaamd apathische reactie van de getuigen, was een nieuwe bewoner van Kew Gardens. Joseph De May was tien jaar na de dood van Kitty in de buurt komen wonen. Als amateurhistoricus was hij gefascineerd door de moord, die ene gebeurtenis waar de rest van de wereld zijn buurt van kende.

De May begon met graven in de archieven. Vergeelde foto's, oude kranten, politieverslagen: stukje bij beetje kreeg hij een beeld van wat er echt gebeurd was. Dus nog een keer, de gebeurtenissen in de nacht van 13 maart 1964, maar dan op basis van het zorgvuldige onderzoek van De May en de onderzoekers die volgden in zijn kielzog.[22]

Het is 03.19 uur als een ijzingwekkende gil klinkt over Austin Street. Maar het is koud, en vrijwel iedereen heeft zijn ramen dicht. De straat is bovendien slecht verlicht. De meeste bewoners die naar buiten kijken, zien niets. Sommigen zien de contouren van een vrouw die over straat zwalkt en concluderen dat ze dronken moet zijn. Geen gekke gedachte, aangezien er een bar zit op de hoek van de straat, waar wel vaker beschonken mensen uit komen.

Toch pakken minstens twee buurtbewoners de telefoon. Een van hen is de vader van Michael Hoffman, die later zelf politieagent zal worden. Ook Hattie Grund, een andere bewoner iets verderop, belt die avond de politie. 'Ze zeiden dat ze al gebeld waren', vertelt ze jaren later.[23]

Maar de politie komt niet.

De politie komt niet? Waarom zijn ze niet meteen uitgerukt? Op basis van die eerste telefoontjes dacht de centrale waarschijnlijk dat er sprake was van een echtelijke ruzie. De inmiddels gepensioneerde agent Hoffman vermoedt dat de politie daarom zo traag reageerde. Een vrouw werd in elkaar geslagen door haar man, ach ja, die dingen gebeurden. In de jaren zestig was verkrachting binnen het huwelijk niet eens strafbaar.

Maar hoe zit het dan met die 38 ooggetuigen?

Dat beruchte getal, dat zou opduiken in liedjes en toneelstukken, blockbusters en bestsellers, blijkt afkomstig van een lijst personen die door de politierechercheurs zijn ondervraagd. Maar de overgrote meerderheid op die lijst *was helemaal geen ooggetuige*. De meesten hadden hooguit wat gehoord en sommigen waren niet eens wakker geworden.

Er zijn twee duidelijke uitzonderingen. De eerste is buurman Joseph Fink. Hij was klaarwakker, zag de eerste aanval op Kitty, en deed niets. Fink was een vreemde, in zichzelf gekeerde man. Hij had een hekel aan Joden en werd door de kinderen in de buurt 'Adolf' genoemd.

De tweede die Kitty in de steek liet, was Karl Ross. Hij was nota bene bevriend met Kitty en Mary Ann. Ross zag de tweede aanval aan de voet van de trap gebeuren (in werkelijkheid waren er twee aanvallen, niet drie) en raakte in paniek. Het was ook Ross die tegen de politie zei dat hij 'er niet bij betrokken wilde raken'. Wat hij bedoelde, was dat hij niet betrokken wilde raken omdat hij bang was dat zijn homoseksualiteit zou uitkomen – iets wat in die tijd hartstikke illegaal was. Ross was als de dood voor de politie en kranten als *The New York Times*, die homoseksualiteit als een gevaarlijke ziekte zagen.[24]

In 1964 sloegen agenten nog regelmatig homo's in elkaar. De krant drukte het ene na het andere artikel af waarin homoseksualiteit als een plaag werd beschreven. (Vooral Abe Rosenthal, de chef die Kitty beroemd maakte, was een notoire homofoob. Kort na de moord op Kitty publiceerde hij nog een artikel met de kop: 'GROEI VAN OPENLIJKE HOMOSEKSUALITEIT BAART GROTE ZORGEN'.[25])

Natuurlijk, dit alles is geen excuus voor Karl Ross' nalatigheid. Ook al was hij dronken en bang, hij had meer moeten doen voor zijn vriendin. Die nacht belde hij een kennis, die hem aanspoorde meteen de politie te bellen. Maar Ross durfde niet in zijn eigen appartement de telefoon te gebruiken, en dus klom hij over het dak van zijn buurvrouw, die weer een andere buurvrouw wakker maakte.

Dat was Sophie Farrar. Toen Sophie hoorde dat Kitty bloedend in de gang lag, twijfelde ze geen moment. Ze rende naar beneden, terwijl haar man, die zijn broek nog moest aantrekken, riep dat ze op hem moest wachten. Voor zover ze wist rende Sophie op de moordenaar af, maar dat hield haar niet tegen. 'Ik rende om te helpen', zei ze later. 'Het leek me een natuurlijke reactie.'[26]

Toen Sophie de deur opentrok van het trappenhuis waar Kitty lag, was de moordenaar net gevlucht. Ze nam Kitty in haar armen, die toen nog even ontspande en zich tegen haar aan drukte. Zo eindigde het leven van Catherine Susan Genovese, in de schoot van haar buurvrouw.

'Het zou een enorm verschil hebben gemaakt voor mijn familie', zei haar broer Bill jaren later, 'als we hadden geweten dat Kitty in de armen van een vriendin was gestorven.'[27]

Waarom was Sophie vergeten?

Waarom had geen krant over haar geschreven?

De waarheid is nogal deprimerend. 'Mijn moeder sprak een vrouw van een krant', zou haar zoon later vertellen. Toen die de volgende dag uitkwam, stond er dat Sophie er niet bij betrokken had willen raken. Sophie was woest toen ze dit las en besloot nooit meer met de pers te praten.

En Sophie stond daar niet alleen in: tientallen inwoners van

Kew Gardens klaagden dat hun woorden steeds werden verdraaid door de pers. Velen verhuisden uit de buurt.

Ondertussen bleven de journalisten maar langskomen. Vlak voor de eerste verjaardag van de moord, 11 maart 1965, dacht een journaliste dat het grappig zou zijn om midden in de nacht te gillen dat ze werd aangevallen, terwijl er fotografen klaarstonden om de reactie van de bewoners vast te leggen.

Het was de wereld op z'n kop. Juist in een tijd dat New York steeds activistischer werd, in het jaar dat Martin Luther King de Nobelprijs voor de Vrede kreeg, miljoenen Amerikanen de straat opgingen en Queens meer dan tweehonderd buurtorganisaties had, juist tóén raakte de pers geobsedeerd door een zogenaamde 'epidemie van onverschilligheid'.

Er was één radiojournalist, Danny Meenan, die meteen had getwijfeld aan het verhaal over de apathische omstanders. Hij checkte de feiten en kwam tot de conclusie dat de meeste ooggetuigen dachten een dronken vrouw te hebben gezien. Meenan vroeg de verslaggever van *The New York Times* waarom hij dat niet had opgeschreven. Het antwoord? 'Dat zou het verhaal hebben verpest.'[28]

En waarom Meenan dat voor zichzelf hield? Simpel: in die tijd nam je het als journalist niet op tegen de machtigste krant van de wereld. Niet als je baan je lief was.

Toen een andere journalist een paar jaar later nog wat kritische geluiden liet horen, werd hij woedend opgebeld door Abe Rosenthal van *The New York Times*. 'Realiseer je je wel dat dit verhaal emblematisch is geworden voor de situatie in Amerika?' schreeuwde de chef door de telefoon. 'Dat het de focus is geworden van sociologische cursussen, boeken en artikelen?'[29]

Het is schokkend om te zien hoe weinig er overblijft van het oude verhaal. Niet de gewone New Yorkers, maar de autoriteiten faalden die nacht. Kitty is niet moederziel alleen gestorven, maar in de armen van een vriendin. En dat omstanderseffect werkt, als het erop aankomt, precies andersom. In de grote stad, in de drukke metro en op de volle pleinen zijn we niet alleen. We hebben elkaar.

En dan heb ik het nog niets eens gehad over het bizarre staartje aan Kitty's verhaal.

Vijf dagen na haar dood zag Raoul Cleary, een bewoner van Queens, een vreemdeling door de straat lopen. De man kwam op klaarlichte dag uit het huis van de buren, met een televisie in zijn armen. Toen Raoul hem aansprak, zei hij kalmpjes dat hij hielp met de verhuizing.

Maar Raoul vertrouwde het niet en belde een andere buurman, Jack Brown.

'Gaan de Bannisters verhuizen?' vroeg hij.

'Absoluut niet', antwoordde Brown.

De mannen kwamen meteen in actie. Raoul belde de politie, terwijl Jack de auto van de man onklaar maakte. Toen de inbreker terugkwam, werd hij ingerekend door een agent. Een paar uur later bekende de man niet alleen de inbraak, maar ook de moord op een jonge vrouw in Kew Gardens.[30]

Inderdaad, de moordenaar van Kitty werd gepakt met hulp van twee omstanders – nog zo'n feit waar geen krant over schreef.

Dit is het echte verhaal van Kitty Genovese. Het zou niet alleen in de lesboeken van eerstejaars psychologiestudenten moeten staan, maar ook in die van jonge journalisten. Het leert ons namelijk twee dingen. Eén: hoe verwrongen ons mensbeeld vaak is, en hoe sensatiebeluste journalisten daarop inspelen. En twee: hoe we juist in noodgevallen op elkaar kunnen rekenen.

Als we samen uitkijken over de Amsterdamse Sloterkade, vraag ik Ruben Abrahams of hij zich een held voelt. Hij haalt zijn schouders op. 'Neuh, je moet je medemens helpen in het leven.'

DEEL 3

WAAROM GOEDE MENSEN SLECHTE DINGEN DOEN

‘Men moet menselijke handelingen niet bespotten, niet betreuren, niet veroordelen, doch begrijpen.’

— Baruch Spinoza (1632-1677)

Onlangs pakte ik een van mijn eerdere boeken erbij. *De geschiedenis van de vooruitgang*, uit 2013. Het was ongemakkelijk om te herlezen. In dat boek diende ik het Stanford Prison-'onderzoek' van Philip Zimbardo nog kritiekloos op, als bewijs dat goede mensen zomaar in monsters kunnen veranderen. Er was duidelijk iets aan die conclusie wat ik onweerstaanbaar had gevonden.

Ik was niet de enige. Varianten van de vernistheorie werden eindeloos verkondigd na de Tweede Wereldoorlog. Het bewijs leek almaar sterker. Stanley Milgram toonde het aan met zijn schokmachine. De media bazuinden het rond na de dood van Kitty Genovese. William Golding en Philip Zimbardo werden er wereldberoemd mee. In ieder mens zou het kwaad aan de oppervlakte liggen, precies wat Thomas Hobbes al had betoogd.

Maar nu de archieven van de experimenten en de moordzaak zijn opengegaan, ontstaat een heel ander beeld. Een beeld dat 180 graden is gedraaid. De bewakers in de gevangenis van Zimbardo? Die speelden slechts toneel. De deelnemers achter de schokmachine van Milgram? Die wilden het goede doen. En Kitty? Zij stierf in de armen van haar buurvrouw.

De meeste mensen bleken elkaar juist te willen helpen. En als er één groep was die het liet afweten, dan waren het de machthebbers. De wetenschappers en de hoofdredacteuren, de gouverneurs en de politiecommissarissen. Het waren deze Leviathans die logen en manipuleerden. Zij beschermden hun proefpersonen niet tegen hun zogenaamd kwade inborst, maar zetten hen juist tegen elkaar op.

Zo komen we terug bij de hamvraag. Hoe moeten we het kwaad in de mens dan wél verklaren? Hoe is het mogelijk dat de *Homo puppy*, die vriendelijke tweevoeter, de enige soort is die gevangenissen en gaskamers bouwt?

In de voorgaande hoofdstukken ontdekten we dat de mens zich kan laten verleiden door het kwaad dat vermomd is als het goede. Maar die bevinding roept meteen een vervolgvraag op: waarom is het kwaad daar in de loop van de geschiedenis zoveel beter in geworden? Hoe heeft het ons zover gekregen dat we elkaar de oorlog verklaren?

Ik moet steeds terugdenken aan de woorden van Brian Hare, de puppy-expert uit hoofdstuk 3. Hij zei:

> Het mechanisme dat ons de aardigste soort maakt, heeft ons ook veranderd in de wreedste soort op de planeet.

In het eerste deel van dit boek werd duidelijk dat dit niet opgaat voor het grootste deel van onze geschiedenis. We zijn niet altijd zo wreed geweest. Tienduizenden jaren lang trokken we als nomaden over de aarde, en gingen we conflicten uit de weg. We voerden geen oorlogen. We bouwden geen concentratiekampen.

Maar wat als Hare wel een punt heeft als het gaat over de laatste 5 procent van onze geschiedenis, vanaf het moment dat we ons in nederzettingen vestigden? Het kan toch niet toevallig zijn dat het eerste archeologische bewijs voor oorlogvoering ongeveer tienduizend jaar geleden opdook, het tijdvak waarin we ook het privébezit en de landbouw uitvonden?

Gingen we toen op een manier leven waar ons lichaam en onze geest niet klaar voor waren?

Evolutionair psychologen spreken ook wel van een *'mismatch'*: een gebrek aan fysieke of mentale voorbereiding op de moderne tijd. Het bekendste voorbeeld hiervan is obesitas. Jagers en verzamelaars waren nog slank en fit, maar wereldwijd zijn er nu meer mensen met overgewicht dan met honger. Mensen blijven zich tegoed doen aan suiker, vet en zout, ook als ons lijf allang geen calorieën meer nodig heeft.

En waarom we blijven eten? Simpel, ons DNA denkt dat we nog steeds door de jungle rennen. In de prehistorie was het slim om je vol te proppen zodra je op een volgeladen fruitboom stuitte.[1] Dat gebeurde toch niet zo vaak, en een extra vetlaag was een investering in de toekomst. Maar nu, in een wereld van goedkoop fastfood, is dat extra vet eerder een aanslag op je toekomst.

Zouden we de zwartste bladzijden van onze geschiedenis ook zo moeten zien? Als een dramatische mismatch? Is zo'n mismatch de reden waarom de *Homo puppy* tegenwoordig tot de wreedste dingen in staat is? Als dat waar is, dan moet er iets in onze natuur zijn wat op een fatale manier reageert op de moderne, 'beschaafde' wereld. Een neiging die millennia nauwelijks problemen veroorzaakte, maar inmiddels een schaduwzijde heeft gekregen.

Iets, maar wat?

In de volgende drie hoofdstukken ga ik verder met mijn zoektocht. Ik stel je voor aan een jonge Amerikaan die tijdens de Tweede Wereldoorlog zijn hoofd brak over de vraag waarom de Duitsers zo hard doorvochten (hoofdstuk 10). Ik duik in het psychologisch onderzoek naar het cynisme van machthebbers (hoofdstuk 11). En tot slot stuit ik op de ultieme vraag: hoe ziet een samenleving eruit die de mismatch erkent, en overstapt op een nieuw, realistisch mensbeeld?

HOOFDSTUK 10

HOE EMPATHIE VERBLINDT

1.

Morris Janowitz was 22 toen de Tweede Wereldoorlog begon. Een jaar later lag de oproep van het Amerikaanse leger op de mat. Eindelijk. Morris brandde van ongeduld. Als zoon van twee Pools-Joodse vluchtelingen smachtte hij naar een uniform, naar de kans om bij te dragen aan de strijd tegen de nazi's.[1]

Morris was net afgestudeerd. Al van jongs af aan was hij gefascineerd door de sociale wetenschap, en hij had zijn studie voltooid als een van de besten van zijn jaar. In het leger zou zijn kennis goed van pas komen. Morris kreeg namelijk geen helm en geweer in handen gedrukt, maar pen en papier. In Londen ging hij aan de slag voor de Psychological Warfare Division.

Daar, op het hoofdkwartier vlak bij Covent Garden, werd Morris omringd door tientallen topwetenschappers. Voor velen van hen zou na de oorlog een glansrijke carrière volgen, als socioloog of psycholoog. Maar voorlopig was er geen tijd voor abstracte bespiegelingen. De wetenschap moest haar nut bewijzen. En snel ook.

Terwijl in het Amerikaanse plaatsje Los Alamos de slimste natuurkundigen werkten aan de eerste atoombom, en terwijl op het Engelse landgoed Bletchley Park de beste wiskundigen hun hoofd braken over de Duitse Enigma-code, ploeterden Morris en zijn collega's op een nóg moeilijkere opgave.

Zij moesten de psyche van de nazi's doorgronden.

Op dat moment, begin 1944, hield één mysterie de wetenschappers in zijn greep. Waarom vochten de Duitsers zo hard door? Waarom gooiden niet veel meer soldaten de handdoek in de ring?

Wie het slagveld overzag, moest concluderen dat de oorlog eigenlijk al beslist was. De Duitsers waren zwaar in de minderheid. In het oosten rukten de Russen op en in het westen konden de geallieerden ieder moment aan wal gaan. Misschien, dachten de geallieerden, had de gemiddelde Duitse soldaat niet door hoe slecht het Duitse leger ervoor stond. Of misschien waren ze totaal gehersenspoeld en bleven ze daarom doorvechten tot de laatste snik.

Al sinds het begin van de Tweede Wereldoorlog waren de meeste psychologen ervan overtuigd dat één factor de gevechtskracht van een leger het sterkst bepaalt: ideologie. Denk aan de liefde voor het vaderland, of het vertrouwen in de eigen partij. De soldaten die het hardst geloven dat zíj aan de goede kant van de geschiedenis staan en dat hún wereldbeeld klopt, die zouden het beste presteren.

De Duitsers moesten volgens de meeste experts wel bezeten zijn. Dat zou verklaren waarom het aantal deserteurs in hun leger nihil was. Het zou ook verklaren waarom ze veel harder vochten dan de Britten en de Amerikanen. Historici stelden na de oorlog vast dat een gemiddelde soldaat van de Wehrmacht 50 procent meer slachtoffers maakte dan een soldaat van de geallieerden.[2]

Eigenlijk waren de Duitse soldaten in bijna alles beter. Of ze nu aanvielen of verdedigden, of ze luchtsteun kregen of niet – het maakte niet uit. 'De onmiskenbare waarheid', zou een

Britse historicus later noteren, 'is dat Hitlers Wehrmacht de beste gevechtsmacht was in de Tweede Wereldoorlog, een van de beste in de geschiedenis.'[3]

En de moraal van dát leger moest dus worden gebroken. Morris en zijn collega's wisten dat ze groot moesten denken. Heel groot. Op advies van de Psychological Warfare Division werden tientallen miljoenen folders uitgestrooid over vijandelijk gebied. Na D-Day bereikte de geallieerde propaganda maar liefst 90 procent van de Duitse soldaten in Normandië. In de talloze pamfletten werd keer op keer benadrukt hoe hopeloos de Duitse positie was, hoe rechtvaardig de geallieerde strijd en hoe verdorven het nazisme.

Of die antipropaganda werkte? Morris Janowitz had geen idee. Dit was een vraag die je niet vanachter je bureau kon beantwoorden. Met een collega, de socioloog Edward Shils, besloot hij een uitgebreide vragenlijst op te stellen om het effect van de pamfletten te meten. Een paar maanden later vertrok Morris naar het bevrijde Parijs, waar hij honderden krijgsgevangenen interviewde.

Pas tijdens deze gesprekken begon het hem te dagen. Ze zaten helemaal op het verkeerde spoor.

Wekenlang interviewde de jonge Morris de ene na de andere Duitse krijgsgevangene. Hij hoorde ze steeds dezelfde antwoorden geven. Nee, het was niet de aantrekkingskracht van het nazisme. Nee, ze dachten niet dat ze nog konden winnen. Nee, ze waren niet gehersenspoeld. Uiteindelijk was er een veel eenvoudiger reden, vertelden ze, een simpele verklaring voor de bijna bovenmenselijke prestaties van het Duitse leger.

Kameradschaft.

Vriendschap.

Die honderden bakkers en slagers, leraren en loodgieters, al die Duitse mannen die zich met hand en tand verzetten tegen de opmars van de geallieerden, namen het op voor elkaar. Uiteindelijk vochten ze niet voor een Duizendjarig Rijk of nog meer *Blut und Boden*, besefte Morris. Uiteindelijk vochten ze voor hun makkers, die ze niet in de steek wilden laten.

'Het nazisme begint tien mijl achter de frontlinie', schamperde een van de krijgsgevangenen.[4] De vriendschap, daarentegen, was in iedere bunker en loopgraaf te vinden. En de Duitse legertop wist dit, ontdekten historici later.[5] De generaals deden er alles aan om de kameraden bij elkaar te houden. Ze trokken zelfs hele divisies tijdelijk terug om nieuwe rekruten de kans te geven om eerst vrienden te worden voordat de strijd verderging.

Het valt niet mee om je een voorstelling te maken van kameraadschap in de Wehrmacht. We zijn decennia overspoeld met Hollywoodfilms over Amerikaanse heldenmoed en Duitse waanzin. Dat onze eigen jongens hun leven gaven voor elkaar? Logisch. Dat zij uitgroeiden tot onafscheidelijke '*bands of brothers*'? Spreekt voor zich. Maar dat dit ook gold voor de Duitse hordes? Of erger nog, dat die Duitsers misschien nog wel hechtere vriendschappen smeedden? En dat ze *daarom* beter vochten?

Sommige waarheden zijn te pijnlijk. Het kan toch niet zo zijn dat die monsters óók gedreven werden door het goede in de mens? Dat zij net zo goed overliepen van moed en loyaliteit, trouw en bezieling?

Toch is dat precies wat Morris Janowitz concludeerde.

Het kwartje was gevallen bij de mannen van de Psychological Warfare Division. Ineens begrepen ze waarom hun propaganda nauwelijks indruk maakte. 'Ondanks de enorme hoeveelheid ruimte die werd gemaakt voor ideologische aanvallen op de Duitse leiders', schreven Morris Janowitz en Edward Shils over de miljoenen pamfletten die achter de frontlinie waren gestrooid, 'noemde slechts 5 procent van de krijgsgevangenen [die aanvallen]'.[6]

De meeste Duitsers konden zich niet eens *herinneren* dat de pamfletten vol hadden gestaan met kritiek op het nationaalsocialisme. Toen de onderzoekers een Duitse sergeant vroegen naar zijn politieke opvattingen, barstte hij in lachen uit. 'Als je me zo'n vraag stelt, dan heb je duidelijk geen idee waarom een soldaat vecht.'[7]

Tactiek, training en ideologie – het is allemaal belangrijk voor een leger, concludeerden Morris en zijn collega's. Maar uiteindelijk wordt de kracht van een leger vooral bepaald door de vriendschappelijke banden tussen de soldaten. Kameraadschap is hét wapen waarmee je oorlogen wint.

Kort na de oorlog publiceerden de onderzoekers hun bevindingen, waarna een golf van vergelijkbare studies volgde. Het ultieme bewijs kwam in 2001, toen historici stuitten op 150.000 pagina's aan transcripten van de Amerikaanse geheime dienst, getikt tijdens het afluisteren van vierduizend Duitse krijgsgevangenen in Fort Hunt, Washington. Deze gesprekken boden een unieke inkijk in de belevingswereld van de gewone Wehrmachtsoldaat.

De Duitsers, zo bleek, hadden een groot 'martiaal ethos'. Loyaliteit, kameraadschap en opofferingsgezindheid vonden ze het belangrijkst, terwijl Jodenhaat en ideologische zuiverheid maar een kleine rol speelden. 'De afluisterrapporten uit Fort Hunt laten zien', aldus een Duitse historicus, 'dat veel van de gewone soldaten nauwelijks politiek bewust waren.'[8]

Dat gold ook voor de Amerikaanse soldaten tijdens de Tweede Wereldoorlog. In 1949 publiceerde een team van sociologen een gigantische studie waarvoor een half miljoen Amerikaanse veteranen waren ondervraagd. Ook voor hen bleken idealisme of ideologie niet de belangrijkste drijfveren te zijn geweest. Een Amerikaanse soldaat vocht niet uit patriottisme, ontdekten de wetenschappers, en een Britse soldaat dacht vrijwel nooit aan de democratische rechtsstaat. De jongens vochten niet voor hun vaderland, ze vochten voor hun maten.[9]

Deze onderlinge toewijding leidde tot de vreemdste taferelen. Talloze geallieerde soldaten weigerden promotie als dit betekende dat ze naar een andere eenheid moesten verkassen. Veel gewonden en zieken weigerden verlof, om maar niet te worden vervangen door een nieuwe rekruut. Een enkeling vluchtte zelfs uit het ziekenhuis, om terug te keren naar het front.

'Keer op keer', noteerde een verbaasde socioloog, 'stuitten we op [soldaten] die het niet lukte om in hun eigenbelang te handelen, uit angst de andere jongens in de steek te laten.'[10]

2.

Ik heb er een hele tijd over gepiekerd.

Als tiener had ik de Tweede Wereldoorlog nog als een soort *Lord of the Rings* beschouwd, een meeslepende strijd tussen helden en monsters. Maar Morris Janowitz? Die kwam tot een heel andere conclusie. Het Kwaad kwam volgens hem niet voort uit het sadisme van verdorven slechteriken, maar uit de betrokkenheid van dappere strijders. De Tweede Wereldoorlog was een heldhaftige strijd van miljoenen gewone mannen, die werden gedreven door het beste in de menselijke natuur – vriendschap, loyaliteit, trouw – om zó de grootste slachting in de geschiedenis aan te richten.

De psycholoog Roy Baumeister spreekt ook wel van 'de mythe van het pure kwaad', de misvatting dat onze vijanden kwaadaardige sadisten zijn. In werkelijkheid lijken ze juist op ons.

Dat geldt zelfs voor terroristen.

Ook zij lijken op ons, zo benadrukken deskundigen steeds weer. Natuurlijk is het verleidelijk om aan te nemen dat mensen die zichzelf opblazen monsters zijn. Psychologisch, biologisch, neurologisch – ze moeten wel gestoord zijn. Zijn het misschien psychopaten, zijn ze nooit naar school gegaan, of zijn ze opgegroeid in bittere armoede? Iets moet toch verklaren waarom ze afwijken van de Gemiddelde Mens.

Maar dan komen de sociologen, die stoïcijnse datagravers die hun Excelsheets vullen met de eigenschappen van honderden mensen die zichzelf met explosieven hebben opgeblazen. En dan blijkt de Gemiddelde Terrorist niet te bestaan. Terroristen zijn hoog- en laagopgeleid, arm en rijk, grappig en serieus, religieus en goddeloos. Mentale stoornissen hebben ze meestal niet. Met jeugdtrauma's lijkt het ook wel mee te vallen.

Nadat ze hun afschuwelijke daad hebben verricht, worden vaak geschokte buren, kennissen en vrienden van de dader geïnterviewd. Zij omschrijven de terrorist meestal als 'aardig' en 'sympathiek'.[11]

Als er één eigenschap is die je volgens wetenschappers bij veel aanslagplegers ziet opduiken, is het hoe gevoelig ze zijn. Gevoelig voor de mening van anderen. Gevoelig voor autoriteit. Ze snakken naar erkenning, en willen het goede doen voor hun familie en vrienden.[12] 'Terroristen moorden niet voor een ideologie', merkt een Amerikaanse antropoloog op. 'Ze moorden voor elkaar.'[13]

Radicalisering gebeurt volgens deskundigen dan ook zelden op eigen houtje. Het is iets wat vrienden en geliefden samen doen. Heel wat terroristische cellen zijn zelfs letterlijk 'bands of brothers'. Bij de aanslagen op 11 september 2001 waren bijvoorbeeld vier paren van broers betrokken. De aanslagplegers op de Boston Marathon in 2013 waren broers, net als

Salah en Brahim Abdeslam, die in 2015 in Parijs een slachting aanrichtten.[14]

Het is niet verwonderlijk dat terroristen het samen doen. Bruut geweld is doodeng. Politici hebben het achteraf vaak over een 'laffe daad', maar in werkelijkheid vergt het heel wat lef en doorzettingsvermogen om jezelf dood te vechten. 'Het is makkelijker om die sprong te wagen', merkt een Spaanse terrorisme-expert op, 'als je het doet met iemand die je vertrouwt en van wie je houdt.'[15]

Na een aanslag gaat het in de media vooral over de zieke ideologie die zulke terroristen zou drijven. En ja, ideologie doet ertoe – net als in nazi-Duitsland, en zeker aan de top van terroristische organisaties. De leiders van Al-Qaeda en Islamitische Staat (IS) brachten van jongs af aan veel tijd in eenzaamheid door, terwijl ze het ene na het andere boek over de radicale islam verslonden. Vooral Osama bin Laden was een boekenwurm.[16]

Maar voor de voetsoldaten speelt ideologie een verrassend kleine rol, zo blijkt uit onderzoek na onderzoek. Neem de duizenden jihadisten die in 2013 en 2014 afreisden naar Syrië. Driekwart werd gerekruteerd door vrienden en bekenden. De meesten hadden, bleek uit uitgelekte antwoorden op vragenlijsten van IS, nauwelijks kennis van de islam.[17] Een enkeling schafte nog snel het boek *De Koran voor dummies* aan. Of zoals een CIA-officier opmerkte: 'Religie is een *afterthought.*'[18]

We zullen de werkelijkheid onder ogen moeten zien: deze jongens waren geen godsdienstwaanzinnigen. Het waren boezemvrienden. Eindelijk voelden ze zich onderdeel van iets groters. Eindelijk had hun leven betekenis. Ze waren de auteurs geworden van hun eigen epos.

En nee, dit alles is geen excuus voor hun misdaden. Het is een verklaring.

3.

In het najaar van 1990 werd aan de Universiteit van Yale, waar Stanley Milgram dertig jaar eerder zijn schokmachine installeerde, het Infant Cognition Center opgericht. In de wandelgangen wordt het ook wel het 'Baby Lab' genoemd. Als dat saai klinkt, neem dan van mij aan: er zijn weinig plaatsen waar spannender onderzoek wordt verricht.

De vragen die de onderzoekers van dit lab zich stellen, zijn terug te voeren op Hobbes en Rousseau. Wat is aangeboren? Wat is aangeleerd? Zijn we van nature goed of slecht?

Een van de babywetenschappers, Kiley Hamlin, publiceerde in 2007 een baanbrekend artikel over het morele kompas van baby's. Met haar team toonde ze aan dat zuigelingen al vanaf zes maanden het verschil kennen tussen goed en kwaad. En nog mooier: ze geven de voorkeur aan het goede.[19]

Nu vraag je je misschien af hoe Hamlin dat zo zeker wist. Baby's kunnen immers vrijwel niets. Een muis kan tenminste nog door een doolhof rennen, maar baby's? Eén ding kunnen ze wel: kijken. En dus besloten de onderzoekers het ene na het andere toneelstuk op te voeren voor de proefbaby's (van zes en tien maanden oud). Ze onderzochten bijvoorbeeld naar welke pop ze reikten als je een poppenkast opvoerde waarin één figuur behulpzaam was, en een ander een rotzak.

En jawel: de helper was steeds favoriet. 'Dit was geen subtiele statistische trend', schreef een van de onderzoekers later. 'Vrijwel alle baby's strekten hun armen uit naar de goedzak.'[20] Eeuwenlang was louter gespeculeerd over hoe baby's naar de wereld kijken, en nu was er voorzichtig bewijs voor een aangeboren moraal. De *Homo puppy* is geen onbeschreven blad. We geven in de wieg al de voorkeur aan het goede, dat zit in onze natuur.

Maar toen verdiepte ik me verder in het babyonderzoek. En al snel werd ik minder vrolijk.

Er zit namelijk nog iets in onze natuur. Een paar jaar later bedacht het team van Hamlin een variant op het eerste experiment.[21] Ze zetten de baby's dit keer twee soorten ontbijtgranen voor, Cheerios en Crackers. De baby's mochten kiezen welk merk ze het lekkerst vonden. Vervolgens werden ze voorgesteld aan twee poppen: een die van Cheerios hield en een die de voorkeur gaf aan Crackers.

De grote vraag: naar welke pop zouden de baby's reiken? Het antwoord: de baby's kozen massaal voor de pop met dezelfde smaak. En daar bleef het niet bij. Hun voorkeur bleef zelfs in stand als de baby's een toneelspel zagen waarin de pop met dezelfde smaak een rotzak bleek, en de andere pop een brave borst. 'Waar we keer op keer op stuiten', zei een collega van Hamlin, 'is dat baby's het gemene individu [met dezelfde smaak] verkiezen boven het [aardige] individu met een andere mening.'[22]

Hoe deprimerend wil je het hebben?

Baby's hebben al voordat ze kunnen praten een afkeer van het onbekende. In tientallen experimenten hebben de onderzoekers van het Baby Lab bewezen dat baby's niet houden van vreemde gezichten, vreemde geuren, vreemde talen, en vreemde accenten. Het lijkt alsof we worden geboren als xenofoben.[23]

Toen begon ik het me af te vragen: zou dit onze fatale mismatch zijn? Zou het kunnen dat ons eenkennige instinct gedurende het grootste deel van onze geschiedenis geen probleem was, maar nu juist wel? Meer dan 95 procent van onze tijd op aarde leefden we immers als nomadische jagers en verzamelaars. Als we een vreemdeling ontmoetten, dan konden we een praatje maken. We hadden een naam en gezicht bij elkaar.

Tegenwoordig is dat heel anders. Tegenwoordig worden we omringd door miljoenen vreemdelingen in anonieme steden. We leren de ander nu vooral kennen via de media, en journalisten hebben de neiging om in te zoomen op de rotte appels. Is het erg verwonderlijk dat we zoveel wantrouwiger zijn geworden richting vreemden? Is onze afkeer van het onbekende soms in buskruit veranderd?

Sinds dat eerste onderzoek van Kiley Hamlin zijn nog veel meer studies gedaan naar het morele kompas van baby's. Het is een fascinerend onderzoeksveld dat nog wel in de, eh, kinderschoenen staat. Het probleem met dit soort onderzoek is namelijk dat baby's snel afgeleid zijn. Dat maakt het lastig om betrouwbare experimenten te ontwerpen.[24]

Gelukkig zijn mensen anderhalf jaar na hun geboorte al een stuk slimmer, en dus ook makkelijker te bestuderen. Neem het werk van de Duitse psycholoog Felix Warneken. Toen hij als student voorstelde om te onderzoeken hoe behulpzaam peuters zijn, moesten zijn begeleiders er niets van hebben. Peuters zijn kleine egoïstjes, was de consensus aan het begin van de eenentwintigste eeuw. En wat wist Warneken er nou van? Hij was niet eens gepromoveerd.[25]

Maar de jonge wetenschapper liet zich niet uit het veld slaan. Warneken zette een reeks experimenten op die inmiddels over de hele wereld zijn herhaald, met steeds hetzelfde resultaat: kinderen van nog maar anderhalf jaar oud willen dolgraag anderen helpen. Zelfs als je ze laat rondspringen in een ballenbak zullen ze met liefde hun spel onderbreken om een vreemdeling te hulp te schieten.[26] Ze willen er niet eens een beloning voor.[27]

Maar dan nu het slechte nieuws. Na mijn kennismaking met de hartverwarmende bevindingen van Felix Warneken kwam ik heel wat onderzoeken tegen met een treurige conclusie. Je kunt kinderen ook tegen elkaar opzetten.

Dit bleek al uit de archieven van het Robbers Cave Experiment, van Muzafer Sherif (zie hoofdstuk 7). En het was eveneens de conclusie van een berucht experiment uit de jaren zestig, dat begon op de dag na de moord op Martin Luther King.

Op 5 april 1968 besloot de docent Jane Elliott een praktijkles racisme te geven aan 28 kinderen van rond de acht jaar op een kleine school in Riceville, Iowa.

'Kinderen met bruine ogen zijn betere mensen', begon ze. 'Ze zijn schoner en slimmer.' Met grote letters schreef Elliott het woord MELANINE op het bord. Melanine, zei ze, is het stofje dat mensen intelligent maakt. Kinderen met donkere ogen hebben er meer van en zijn dus slimmer. Kinderen met blauwe ogen, vervolgde Elliott, 'zitten maar wat en doen niets'.[28]

In rap tempo begonnen de Bruinogen zich neerbuigend te gedragen naar de Blauwogen, die op hun beurt hun zelfvertrouwen verloren. Een pienter meisje ging fouten maken tijdens de rekenles. In de pauze kwamen drie vriendinnetjes met bruine ogen op haar af. 'Je moet sorry zeggen omdat je ons in de weg zit en omdat wij beter zijn', zei een van hen. Het meisje wist niet hoe snel ze haar excuses moest maken.[29]

Toen Elliott een paar weken later te gast was in *The Tonight Show Starring Johnny Carson* (indertijd een populaire talkshow), reageerde wit Amerika furieus. 'Hoe durf je dit wrede experiment uit te voeren met witte kinderen', schreef een boze kijker. 'Zwarte kinderen zijn gewend aan zulk gedrag, maar witte kinderen kunnen dit onmogelijk begrijpen. Het is wreed voor witte kinderen, en het zal hun grote psychologische schade opleveren.'[30]

Jane Elliott zou haar leven lang tegen zulk racisme blijven strijden. Toch is het belangrijk om te onthouden dat ze geen wetenschappelijk experiment had uitgevoerd. Ze had er bovendien alles aan gedaan om de kinderen in haar klas tegen elkaar op te zetten. De Blauwogen moesten achterin zitten, kregen minder pauze en mochten niet met de Bruinogen spelen.

De vraag is dan ook: wat zou er gebeuren als je kinderen opdeelt in groepen, maar verder niet manipuleert? In de herfst van 2003 ging een team van psychologen met die vraag aan de slag. Ze benaderden twee kinderdagverblijven in Texas. Hun verzoek: of ze alle kinderen, van slechts drie tot vijf jaar oud, een blauw of rood shirt mochten aantrekken.

Het experiment duurde slechts drie weken, maar dat was genoeg.[31] Zolang de volwassenen geen aandacht schonken aan de kleuren, waren de peuters er ook niet mee bezig. Maar dat nam niet weg dat ze een groepsgevoel ontwikkelden. In gesprekken met de onderzoekers zeiden de kinderen dat hun eigen kleur 'slimmer' en 'beter' was. En als in een variant van het experiment de verschillen wél werden benadrukt door de volwassenen ('Goedemorgen, blauwtjes en roodjes!'), was het effect nog sterker.

In een latere studie kregen kinderen van vijf jaar oud eveneens een rood of blauw shirt, waarna ze foto's van andere kinderen kregen voorgeschoteld. Sommigen daarvan hadden een rood shirt aan, anderen een blauw shirt. En ook al wisten de proefkinderen niets van hun leeftijdgenootjes op de foto's – toch waren ze een stuk negatiever over de kinderen met een andere kleur. Hun perceptie was 'ernstig verstoord door louter lidmaatschap van een sociale groep', schreven de onderzoekers, 'een bevinding met verontrustende implicaties'.[32]

De harde les is dat peuters niet kleurenblind zijn. Ze zijn gevoeliger voor verschillen dan de meeste volwassenen zich realiseren. Ook als we net doen alsof iedereen gelijk is, en verschillen in huidskleur, uiterlijk en rijkdom niet bestaan, dan nóg zien kinderen verschil. We worden geboren met een tribale knop in ons hoofd. Er hoeft alleen maar op gedrukt te worden.

4.

Toen ik las over de gespleten natuur van baby's en peuters – vriendelijk, maar met xenofobe neigingen – moest ik denken aan het zogenoemde 'knuffelhormoon'. Oxytocine. Dit goedje werd in hoge concentraties aangetroffen bij de schattige vosjes van Ljoedmila Troet in Siberië (zie hoofdstuk 3). Inmiddels weten we dat het hormoon een cruciale rol speelt in vriendschappen en de liefde, maar dat het ons óók wantrouwig kan maken richting vreemden.

Zou oxytocine kunnen helpen verklaren waarom goede mensen slechte dingen doen? Krijgen we sneller een hekel aan anderen als we ons sterker verbonden voelen met onze eigen groep? En zou de vriendelijkheid waarmee de *Homo puppy* de wereld veroverde dan ook de voedingsbodem kunnen zijn voor onze grootste misdaden?[33]

Aanvankelijk moest ik weinig hebben van dit gedachtespoor. De mens heeft immers nóg een prachtig instinct dat in onze puppy-achtige natuur is verankerd. Empathie. Oftewel: we kunnen uit onze bubbel stappen, in de schoenen van de ander. We zijn zo bedraad dat we kunnen voelen, op emotioneel niveau, hoe het is om de vreemdeling te zijn.

Sterker nog, daar zijn we goed in. Mensen zijn emotionele stofzuigers. Denk alleen al aan boeken of films, en hoe makkelijk ze emoties bij ons kunnen opwekken. Zelf heb ik er vooral last van wanneer ik in het vliegtuig een zielige film kijk. (Ik moet de film regelmatig op pauze zetten, om te voorkomen dat een medepassagier me begint te troosten.)[34]

Lange tijd dacht ik dat dit bijzondere instinct, om andermans leed te voelen, mensen weer bij elkaar kan brengen. Het enige wat we nodig hebben, was mijn overtuiging, is nog veel meer empathie.

Maar toen las ik een nieuw boek van een van die babyonderzoekers.

Als mensen vragen aan professor Bloom waar zijn boek over gaat, antwoordt hij:

'Het gaat over empathie.'

Dan wordt er geglimlacht en geknikt totdat hij eraan toevoegt:

'Ik ben ertegen.'[35]

Paul Bloom is bloedserieus. Volgens de psycholoog is empathie geen warme zon die de wereld verlicht. Empathie is een schijnwerper. Een zoeklicht. Het is gericht op een specifieke persoon of een enkele groep uit je eigen leefwereld. Terwijl je de emoties van de enkeling opzuigt, verdwijnt de rest van de wereld naar de achtergrond.

Neem de volgende studie. Een collega-psycholoog van Bloom vertelde aan een reeks proefpersonen een verdrietig verhaal: Sheri Summers, een meisje van tien, heeft een dodelijke ziekte. Ze staat op de wachtlijst voor een behandeling die haar leven kan redden, maar ja, de klok tikt. De onderzoeker legde de deelnemers uit dat ze haar hoger op de lijst mochten zetten, maar vroeg hen ook zo objectief mogelijk te blijven.

En toen? De meesten peinsden er niet over haar voor te trekken. De proefpersonen begrepen dondersgoed dat er nog andere zieke kinderen op de wachtlijst stonden.

Vervolgens kwam de twist. Een tweede groep proefpersonen werd gevraagd om zich voor te stellen hoe Sheri zich zou voelen. Was het niet hartverscheurend, zo'n klein meisje, zo ziek? Eén scheutje empathie bleek genoeg. Ineens wilde de meerderheid haar wel voortrekken. En bedenk: dit was een nogal dubieus besluit. De schijnwerper op Sheri kon immers de dood van andere kinderen betekenen, die nota bene langer hadden gewacht.[36]

Misschien dat je nu denkt: 'Precies! En daarom hebben we nóg meer empathie nodig.' We moeten ons niet alleen inleven in Sheri, maar in alle kinderen op alle wachtlijsten in de hele wereld. Meer emotie, meer gevoel, meer empathie!

Maar dat kan dus niet. Zo werkt een zoeklicht niet. Probeer het maar: verplaats jezelf in de schoenen van één persoon.

En nu van honderd. En nu van een miljoen. En nu van zeven miljard.

Onmogelijk.

In de praktijk is empathie een hopeloos beperkte emotie, aldus professor Bloom.

Empathie voelen we vooral voor mensen die dicht bij ons staan. Mensen die we kunnen ruiken, zien, horen en voelen. Voor onze familie en vrienden, voor de zwervers voor onze eigen supermarkt en de fans van dezelfde rockband. Voor schattige puppy's die we kunnen aaien en knuffelen, terwijl we ondertussen dieren eten die buiten ons zicht worden mishandeld. Voor mensen die we kunnen zien op televisie, en dan vooral als de camera inzoomt, met een droevig muziekje eronder.

Terwijl ik het boek van Bloom las, begon ik te beseffen waar empathie op lijkt. Het nieuws. In hoofdstuk 1 liet ik al zien dat het nieuws ook een schijnwerper is. En waar empathie je misleidt door in te zoomen op de enkeling, zo begoochelt het nieuws je door vooral te focussen op de uitzondering (Ongeluk! Aanslag! Oorlog!).

Eén ding is zeker: wie naar een betere wereld verlangt, heeft niet genoeg aan een scheut empathie. Sterker, empathie kan vergeving in de weg zitten, omdat mensen die zich sterker inleven in de slachtoffers ook harder generaliseren over hun vijanden.[37] Het mechanisme is steeds hetzelfde: we zetten een felle schijnwerper op onze naasten en raken blind voor het perspectief van onze vijanden, die buiten ons blikveld zijn.[38]

Dit is het mechanisme waar Brian Hare, de puppy-expert, het over had. Het mechanisme dat ons de aardigste én de wreedste soort op de planeet heeft gemaakt. Het is een ongemakkelijke waarheid: empathie en xenofobie zijn twee kanten van dezelfde medaille.

5.

Waarom doen goede mensen slechte dingen?

Ik denk dat we inmiddels een begin van een antwoord kunnen formuleren. De soldaten van de Wehrmacht vochten in de eerste plaats voor elkaar. De meesten werden niet gedreven door bloeddorst of sadisme, maar door kameraadschap.

Vervolgens bleek dat soldaten het alsnog moeilijk vonden om te doden. In hoofdstuk 4 schreef ik over kolonel Marshall, die ontdekte dat de meeste soldaten niet schoten. De Britse schrijver George Orwell merkte precies hetzelfde op, maar dan vanuit eigen ervaring. Tijdens de Spaanse Burgeroorlog werd hij plotseling overmand door empathie:

> Op dat moment sprong een man uit de loopgraaf [...]. Hij was half gekleed en hield zijn broek met beide handen omhoog terwijl hij rende. Ik heb niet op hem geschoten vanwege dat detail van die broek. Ik was hier gekomen om op 'fascisten' te schieten, maar een man die zijn broek omhooghoudt is geen 'fascist'. Hij is duidelijk een medeschepsel, net als jijzelf, en je hebt geen zin om op hem te schieten.[39]

De observaties van Marshall en Orwell laten zien dat mensen moeite hebben met geweld jegens mensen die te dichtbij komen. Er zit iets in onze natuur wat ons tegenhoudt. Iets waardoor we de trekker niet kúnnen overhalen.

Eén ding is zelfs nog lastiger dan schieten, zo hebben militaire historici ontdekt. Ik heb het over steken. Tijdens de slagen bij Waterloo (1815) en de Somme (1916) werd minder dan 1 procent van de wonden toegebracht met een bajonet.[40] Dat betekent dat de duizenden bajonetten die in honderden musea zijn tentoongesteld *vrijwel nooit zijn gebruikt*. Meestal, zo merkt een historicus op, 'herinnerde een van de twee partijen zich een belangrijke afspraak elders voordat de bajonetten werden gekruist'.[41]

Ook hier worden we al decennia misleid door de televisie- en filmindustrie. Series als *Game of Thrones* en films als *Star Wars* geven de indruk dat het een eitje is om een zwaard bij iemand naar binnen te schuiven. In werkelijkheid is het psychologisch bijna onmogelijk om het lijf van een medemens te doorboren.

Hoe kan het dan dat er toch honderden miljoenen zijn omgekomen in de oorlogen van de afgelopen tienduizend jaar? Waar zijn al die mensen door gestorven? Voor het antwoord zouden we de slachtoffers aan een forensisch onderzoek moeten onderwerpen. Laten we de doodsoorzaken van Britse soldaten tijdens de Tweede Wereldoorlog bijvoorbeeld eens bekijken:[42]

Overig: 1 procent
Chemisch: 2 procent
Ontploffing en verdrukking: 2 procent
Landmijn en *booby trap*: 10 procent
Kogel, antitankmijn: 10 procent
Mortier, granaat, luchtbom, scherf: 75 procent

Zie je de overeenkomst tussen deze doodsoorzaken? Als deze slachtoffers íéts gemeen hadden, dan is het dat ze van een afstand werden uitgeschakeld. Verreweg de meeste soldaten werden gedood door iemand die op een knop drukte, een bom gooide, of een mijn had achtergelaten. Door iemand die hen nooit had gezien, ook niet als ze halfnaakt waren en hun broek omhooghielden.

Doden doe je meestal niet van dichtbij, maar van ver weg. We kunnen de ontwikkeling van de militaire technologie zelfs samenvatten als een proces waarbij vijanden steeds verder van elkaar af komen te staan. Van knuppels en messen naar pijlen en bogen. Van musketten en kanonnen naar bommen en granaten.

In de loop van de geschiedenis ging het wapentuig een steeds betere oplossing bieden voor hét probleem van iedere oorlog: de oermenselijke afkeer van geweld. Iemand in de ogen kijken en neerschieten is bijna niet te doen. Zoals de meesten van ons direct vegetariër zullen worden zodra we zelf een koe moeten slachten, zo worden de meeste soldaten gewetensbezwaarden zodra de vijand te dichtbij komt.

Oorlogen worden van oudsher dan ook gewonnen door met zo veel mogelijk mensen van een afstand te schieten.[43] Dat is wat de Engelsen deden toen ze de Fransen bij Crécy en Azincourt versloegen, tijdens de Honderdjarige Oorlog (1337-1453). Dat is wat de *conquistadores* deden toen ze Amerika veroverden in de vijftiende en zestiende eeuw. Dat is wat de Verenigde Staten vandaag de dag doen, met een leger aan drones.

Naast wapens voor de lange afstand, zoeken legers ook naar manieren om de *psychologische* afstand tot de vijand te vergroten. Als je anderen ontmenselijkt, door ze bijvoorbeeld af te schilderen als kakkerlakken, wordt het eenvoudiger om hen onmenselijk te behandelen.

Je kunt ook je eigen soldaten drugs voeren, om hun natuurlijke empathie en afkeer van geweld af te stompen. Van Troje tot Waterloo, van Korea tot Vietnam: oorlogen worden vrijwel nooit nuchter gevochten. Waarschijnlijk was Parijs niet eens gevallen als de Duitsers in 1940 geen 35 miljoen methamfetaminetabletten hadden geslikt (ook wel bekend als *crystal meth*, een drug waar je extreem agressief van kunt worden).[44]

Legers kunnen hun troepen ook 'conditioneren'. Dat deed het Amerikaanse leger na de Tweede Wereldoorlog, op advies van niemand minder dan kolonel Marshall. Rekruten voor de oorlog in Vietnam werden ondergedompeld in bootcamps waarin niet alleen hun kameraadschap, maar ook het bruutste geweld werd verheerlijkt. Ze moesten 'KILL! KILL! KILL!' roepen totdat ze schor waren. Veteranen uit de Tweede Wereldoorlog (van wie de meesten nooit hadden geleerd om te doden) waren geschokt toen ze beelden zagen van dit soort trainingen.[45]

Tegenwoordig mikken soldaten niet meer op gewone schietschijven tijdens hun training. Ze leren instinctief vuren op realistische, menselijke doelwitten. Schieten wordt zo een automatisme, een pavlovreactie, iets waar je niet meer over hoeft na te denken. En scherpschutters krijgen een nog heftigere training. Een beproefde trainingsmethode is om een reeks van steeds gruwelijkere films te laten zien, terwijl de rekruut zit vastgesnoerd en een speciaal apparaatje zijn ogen openhoudt.[46]

Zo wordt de natuurlijke afkeer van geweld, die diep in ons lijf zit, eruit geramd. '*Manufactured contempt*', noemde een Amerikaanse veteraan het eens. Kunstmatige afkeer.[47]

En die conditionering werkt. Als een leger nieuwe stijl het opneemt tegen een leger oude stijl, delft het laatste steevast het onderspit. Neem de Falklandoorlog (1982). De Argentijnen waren zwaar in de meerderheid, maar hadden een ouderwetse training gehad. Ze maakten geen schijn van kans tegen de

Britse schietmachines.[48] Kameraadschap is voor moderne legers dan ook veel minder belangrijk geworden.

Ook de Amerikanen wisten hun vuurratio (het aantal schietende soldaten) omhoog te krijgen. Tijdens de oorlog in Korea steeg deze naar 55 procent en tijdens de oorlog in Vietnam naar 95 procent. Maar er werd een hoge prijs voor betaald. Als je miljoenen jongeren tijdens hun opleiding hersenspoelt, moet je niet verbaasd zijn als velen van hen met een trauma terugkeren. Dit is precies wat er gebeurde na Vietnam. Het aantal veteranen met een posttraumatische stressstoornis (PTSS) explodeerde.[49]

Talloze soldaten hadden niet alleen een ander gedood, er was ook iets in henzelf gestorven.

Tot slot is er één groep voor wie het eenvoudig is om de afstand te bewaren tot de vijand.

Dat is de groep aan de top. De generaals van legers en terroristische organisaties hoeven weinig moeite te doen om hun empathie voor de tegenstander te onderdrukken. Ze geven hun bevelen immers op afstand.

En het fascinerende is: waar de soldaten vaak gewone mensen zijn, geldt dat niet voor hun leiders. Terrorismedeskundigen en historici wijzen er steevast op dat de mensen aan de top een heel ander profiel hebben. Zo waren oorlogsmisdadigers als Adolf Hitler en Joseph Goebbels duidelijke voorbeelden van machtsbeluste en paranoïde narcisten.[50] De leiders van Al-Qaeda en IS zijn eveneens manipulatief en egocentrisch. Ook zij voelen weinig compassie en twijfelen zelden.[51]

Hier stuiten we op een volgend mysterie. Als de *Homo puppy* van nature zo'n vriendelijk wezen is, hoe kan het dan dat egoïsten en graaiers, narcisten en sociopaten zo vaak opklimmen naar de top? Hoe kan het dat wezens die blozen – als enige in het dierenrijk – zich laten leiden door figuren die de schaamte voorbij zijn?

HOOFDSTUK 11

HOE MACHT CORRUMPEERT

1.

Als je iets wilt schrijven over macht is er één naam waar je niet omheen kunt. Hij viel in hoofdstuk 3 al even, toen ik de theorie besprak dat mensen maar beter kunnen liegen en bedriegen als ze iets willen bereiken.

Machiavelli.

In de winter van 1513 begon deze berooide ambtenaar, na weer een lange avond in de kroeg, aan een pamflet dat hij zelf als 'een klein gekkigheidje' zag.[1] Hij noemde het *Il Principe* (*De vorst*). Het zou een van de invloedrijkste werken in de westerse geschiedenis worden.

Il Principe belandde op de nachtkastjes van keizer Karel V, koning Lodewijk XIV en secretaris-generaal Stalin. De machtige kanselier Otto von Bismarck had een exemplaar, net als Churchill, Mussolini en Hitler. Er werd zelfs een kopie gevonden in de koets van Napoleon, kort nadat hij bij Waterloo was verslagen.

De filosofie van Niccolò Machiavelli is dan ook direct toepasbaar. Wie macht wil, schreef hij, moet haar grijpen. Je moet schaamteloos zijn. Geen principes, geen moraal. Het doel heiligt de middelen. Als jij niet voor jezelf opkomt, dan walsen anderen over je heen.

'Van de mensen', schreef Machiavelli, 'kan men in het algemeen zeggen dat ze ondankbaar, wankelmoedig, huichelachtig, laf en hebzuchtig zijn.'[2] Doet iemand aardig tegen je? Laat je niet misleiden. Het is gehuichel. 'Mensen doen nooit iets goeds, tenzij ze niet anders kunnen.'[3]

Het boek van Machiavelli wordt vaak 'realistisch' genoemd. Mocht je het willen lezen, dan kun je het in de boekhandel nog altijd vinden bij de bestsellers. Of anders lees je een van de vele zelfhulpboeken die aan Machiavelli zijn gewijd, zoals *Machiavelli for Managers* en *Machiavelli for Moms.* Er zijn eindeloos veel toneelstukken, films en series op zijn ideeën gebaseerd. *The Godfather, House of Cards, Game of Thrones*: eigenlijk zijn het allemaal voetnoten bij het werk van die oude Italiaan.

En dus ligt de vraag voor de hand: klopt de filosofische theorie van Machiavelli? Moeten mensen schaamteloos liegen en bedriegen om macht te verwerven en te behouden? Wat zegt de moderne wetenschap?

Professor Dacher Keltner is dé expert als het gaat over toegepast machiavellisme. Al aan het begin van de jaren negentig raakte hij gefascineerd door de psychologie van macht. Hij stelde toen twee dingen vast. Eén: bijna iedereen dacht dat Machiavelli gelijk had. Twee: er was nauwelijks wetenschappelijk onderzoek naar zijn theorie.

En dus besloot Keltner de eerste te zijn. Hij infiltreerde in het ene na het andere studentenhuis en zomerkamp, waar de mens onbekommerd kan strijden om de macht. De psycholoog noemde het zijn 'natuurlijke staat'-experimenten. Juist op deze plekken – als mensen elkaar voor het eerst ontmoeten – verwachtte hij de tijdloze wijsheid van Machiavelli te mogen aanschouwen.

Dat viel tegen. Wie zich op een zomerkamp gedraagt zoals *Il Principe* voorschrijft, ontdekte Keltner, wordt met de nek aangekeken. Het is net als in de prehistorie: in minisamenlevingen is arrogantie uit den boze. Mensen vinden je een hork en sluiten je buiten. Juist de meest vriendelijke en empathische mensen komen volgens Keltner dan ook bovendrijven als leiders.[4] *Survival of the friendliest.*

Nu denk je misschien: laat die professor even langskomen bij mij op kantoor. Als hij mijn baas ontmoet, is hij snel verlost van z'n naïeve theorietje over sympathieke leiders.

Maar wacht even, ik heb nog niet het hele verhaal verteld. Keltner deed ook onderzoek naar het effect van macht *als je haar eenmaal hebt.* En toen kwam hij tot heel andere conclusies. De studie die misschien wel het meest tot de verbeelding spreekt, is vernoemd naar Koekiemonster van *Sesamstraat.*[5] In 1998 lieten Keltner en zijn team groepjes van drie het lab binnen. Een van de deelnemers werd geloot tot leider, waarna het groepje aan de slag ging met een saaie opdracht.

Toen kwam het: terwijl ze werkten, kregen de deelnemers een schaal met vijf koekjes voorgezet. Iedere groep liet één koekje liggen (een ijzeren wet van fatsoen) maar het vierde koekje was na afloop meestal in de mond van de leider verdwenen. En dat was nog niet alles. Een promovendus van Keltner merkte op dat de leiders ook smeriger leken te eten. Na een video-analyse bleek dat de koekiemonsters inderdaad vaker met hun mond open aten, luider smakten en meer kruimels op hun trui lieten vallen.

Misschien dat je nu wel aan je baas moet denken?

Je zou zo'n maffe studie nog met een korreltje zout kunnen nemen, maar in de afgelopen jaren zijn er tientallen van dit soort onderzoeken gedaan, over de hele wereld.[6] Het team van Keltner onderzocht bijvoorbeeld ook het psychologische effect van een dure auto. De eerste proefpersonen reden in een krakkemikkige Mitsubishi of Ford Pinto naar een zebrapad, waar een voetganger net wilde oversteken. Ze gaven allemaal netjes voorrang.

Maar toen werden de deelnemers in een dure Mercedes gezet, en ja hoor, liefst 45 procent van de chauffeurs reed door. Hoe duurder de auto, hoe lomper het rijgedrag.[7] 'Automobilisten in een BMW waren het ergste', zei een van Keltners collega's tegen *The New York Times*.[8] (Dit onderzoek is inmiddels twee keer gerepliceerd, met dezelfde resultaten.)[9]

Na een tijdje realiseerde Keltner zich waar zijn proefpersonen hem aan deden denken. *Acquired sociopathy* is de medische term. Psychologen zijn al sinds de negentiende eeuw bekend met deze niet-erfelijke vorm van de antisociale persoonlijkheidsstoornis. Iemand krijgt een klap op zijn hoofd en er worden cruciale delen van het brein beschadigd. Zulke ongelukken kunnen de leukste mensen veranderen in machiavellistische rotzakken.

En je voelt hem al aankomen: machtige mensen hebben dezelfde neigingen.[10] Ze gedragen zich alsof ze hersenletsel hebben opgelopen. Letterlijk. Ze zijn impulsiever, egoïstischer, roekelozer, arroganter, narcistischer en grover dan gemiddeld. Ze gaan vaker vreemd, luisteren minder goed en hebben minder oog voor het perspectief van een ander. Ze zijn ook schaamtelozer, en laten die ene gezichtsuitdrukking die mensen uniek maakt in het dierenrijk zelden zien.

Ze blozen niet.

Macht blijkt te werken als een soort verdoving die je afsluit voor anderen. Drie Amerikaanse neurologen zetten in 2014 zowel machtige als niet zo machtige mensen onder een 'transcraniële magnetische stimulatie'-machine, een moeilijk woord voor een apparaat waarmee hersenfuncties worden getest. Ze ontdekten dat gevoelens van macht een mentaal proces verstoren dat wetenschappers ook wel 'spiegelen' noemen, een proces dat een belangrijke rol speelt bij empathie.[11]

Normaliter is de mens een door en door spiegelend wezen. Iemand anders lacht, wij lachen ook. Iemand anders gaapt, wij gapen ook. Maar de machtigen spiegelen veel minder vaak. Het is net alsof ze niet meer verbonden zijn met andere mensen. Alsof hun stekker eruit is.[12]

Is het erg verwonderlijk dat machtige mensen, die minder 'verbonden' zijn, vaak cynische mensen zijn?

Uit heel wat onderzoek blijkt dat macht je negatiever maakt over anderen.[13] Machthebbers geloven vaker dat de meeste mensen lui en onbetrouwbaar zijn. Vanuit dat negatieve mensbeeld concluderen ze dat we bestuurd en bespioneerd, gemanaged en gereguleerd, gecensureerd en gecommandeerd moeten worden. En dat ze zelf de aangewezen personen zijn om dat te doen. Macht maakt dat je je verheven voelt boven anderen.

Het treurige is dat machteloosheid het tegenovergestelde effect heeft. Uit psychologisch onderzoek blijkt dat mensen die zich machteloos voelen veel onzekerder zijn. Ze twijfelen voordat ze hun mening geven. Ze maken zich kleiner in een groep. Ze voelen zich dommer dan ze in werkelijkheid zijn.[14]

Dit soort onzekere gevoelens komen machthebbers goed uit. Mensen die aan zichzelf twijfelen, komen immers niet in opstand. Onzekere mensen hoeven niet eens gecensureerd te worden, want ze snoeren zichzelf wel de mond. Hier zien we een nocebo in werking: als je anderen behandelt *alsof* ze dom zijn, gaan ze zich ook dom voelen, waarna bestuurders zichzelf kunnen vertellen dat het volk nu eenmaal te dom is om mee te beslissen en dat zij zelf de leiding moeten nemen (met hun geweldige visie en brede blik).

Maar is het niet juist andersom? Maakt niet juist macht je kortzichtig? Wie de top heeft bereikt hoeft zich minder te verplaatsen in het perspectief van anderen. Empathie is vaak niet meer nodig, want als iemand onbegrijpelijk of irritant is, kun je diegene negeren, beboeten, opsluiten, of erger. Machthebbers kunnen zich hun naïviteit permitteren omdat ze er niet op worden afgerekend.

Deze theorie kan mogelijk ook verklaren waarom mannen doorgaans lager scoren op empathietesten dan vrouwen. In 2018 bleek uit een grote studie van de Universiteit van Cambridge dat hier geen genetische verklaring voor is.[15] Het lijkt vooral te maken te hebben met wat wetenschappers 'socialisatie' noemen. Oftewel: we leven in een samenleving waarin de macht zo is verdeeld dat vrouwen voortdurend hun best moeten doen om mannen (die vaak hogere posities hebben) te begrijpen.

Vandaar die eeuwige verhalen over de geweldige 'vrouwelijke intuïtie'. Van vrouwen wordt verwacht dat ze zich in het mannelijke perspectief verplaatsen, maar het omgekeerde gebeurt veel minder vaak.

2.

Hoe meer ik me verdiepte in de psychologie van macht, hoe beter ik begreep dat macht een soort drug is, met een lange lijst bijwerkingen. Al aan het einde van de negentiende eeuw schreef de Britse geschiedschrijver Lord Acton de beroemde woorden: 'Macht corrumpeert, en absolute macht corrumpeert absoluut.'[16] Inmiddels zijn er weinig stellingen waar psychologen, sociologen en historici het zó over eens zijn.

Dacher Keltner spreekt ook wel van 'de machtsparadox'. Studie na studie wijst uit dat mensen de meest bescheiden en vriendelijke types verkiezen als hun leiders. Maar als die leiders eenmaal de top hebben bereikt, kan de macht hun zomaar naar het hoofd stijgen.

En probeer dan maar eens van hen af te komen.

Als we kijken naar familieleden als de gorilla en de chimpansee, zien we hoe moeilijk zo'n omverwerping kan zijn. Gorillagroepen hebben één zilverrugdictator die alle beslissingen neemt en exclusieve toegang heeft tot een harem van vrouwen. Ook chimpanseeleiders doen er alles aan om boven op de apenrots te blijven. Die toppositie is weggelegd voor de chimpansee met de grootste fysieke kracht én het vermogen om coalities te smeden.

'Hele passages van Machiavelli lijken direct van toepassing op het gedrag van chimpansees', noteerde de bioloog Frans de Waal begin jaren tachtig in zijn boek *Chimpanseepolitiek*.[17] De alfachimp, de vorst, loopt rond als een macho en is de grootste manipulator van het stel. Onder hem staan de adjudanten: andere chimpansees die de vorst in het zadel houden, maar hem ook een dolk in de rug kunnen steken.

Veertig jaar geleden wisten wetenschappers al dat we 99 procent van ons DNA delen met chimpansees. Niet toevallig verspreidde Newt Gingrich, een prominent Republikein, in 1995 tientallen exemplaren van De Waals boek onder zijn medewerkers. Het Amerikaanse Congres zou volgens hem niet wezenlijk verschillen van een chimpanseekolonie: mensen doen hoogstens iets meer moeite om hun instincten te verbergen.

Maar wat in de jaren negentig nog amper bekend was, is dat we nóg een naast familielid hebben. Nog een aap waar we 99 procent van ons DNA mee delen. De bonobo. De eerste keer dat Frans de Waal er een zag, was begin jaren zeventig, toen bonobo's nog 'dwergchimpansees' werden genoemd. De chimpansee en de bonobo werden lange tijd zelfs als één soort beschouwd.[18]

In werkelijkheid is de bonobo een heel ander wezen. In hoofdstuk 4 zagen we al dat het dier zichzelf heeft gedomesticeerd, net als de *Homo puppy*. Bonobovrouwen blijken de hoofdrol te hebben gespeeld in dit proces. Hoewel ze fysiek minder sterk zijn, spannen ze samen zodra een mannetjesbonobo een vrouwtje lastigvalt. In het uiterste geval bijten ze een penis in tweeën.[19] Het gevolg? De bonobovrouwen kunnen zélf kiezen met wie ze paren, waarbij ze de voorkeur geven aan de vriendelijkste kerels.

Mocht je denken dat zulke geëmancipeerde apen een slecht seksleven hebben, niets is minder waar. 'Bonobo's gedragen zich alsof ze de *Kamasutra* hebben gelezen', schrijft De Waal. 'Ze voeren ieder standje uit in iedere denkbare variatie.'[20] Als twee groepen bonobo's elkaar voor het eerst ontmoeten, eindigt het meestal in een orgie.

Voordat we al te enthousiast worden: mensen zijn natuurlijk geen bonobo's. Toch blijkt uit steeds meer onderzoek dat we meer weg hebben van deze vriendelijke apen dan van de machiavellistische chimpansees. Gedurende het grootste deel van onze geschiedenis leek ons politieke systeem bijvoorbeeld sprekend op dat van bonobo's.

Denk nog even terug aan wat een van de leden van het !Kung-volk zei (zie hoofdstuk 5):

> We moeten niets hebben van iemand die opschept, want op een dag zal zijn trots hem iemand laten doden. Dus daarom noemen we zijn vlees altijd waardeloos. Op die manier verkoelen we zijn hart en maken we hem zacht.

Een Amerikaanse antropoloog veegde 48 onderzoeken naar jagers en verzamelaars bij elkaar en kwam tot de conclusie dat machiavellisme bijna altijd een recept voor mislukking is geweest. Om je een idee te geven, dit is de lijst van eigenschappen die volgens deze onderzoeker nodig waren om de leiding in handen te krijgen in de prehistorie:

Genereus.
Aardig.
Dapper.
Charismatisch.
Onpartijdig.
Open.
Betrouwbaar.
Kalm.
Sterk.
Enthousiast.
Bescheiden.[21]

Een leidinggevende positie bij jagers en verzamelaars was bovendien tijdelijk, en beslissingen werden gezamenlijk genomen. Wie zich gedroeg zoals Machiavelli later zou voorschrijven, bracht zichzelf nota bene in levensgevaar. Egoïsten werden buitengesloten, en liepen een groot risico om te verhongeren. Niemand wilde voedsel delen met mensen die vol waren van zichzelf.

Dat het gedrag van mensen meer lijkt op dat van bonobo's dan dat van chimpansees, blijkt ook uit onze natuurlijke afkeer van ongelijkheid. Tik op Google Scholar *'inequality aversion'* in, en je vindt meer dan tienduizend wetenschappelijke artikelen over dit oude instinct. Kinderen van nog maar drie jaar oud delen een taart al eerlijk. Kinderen van zes gooien liever een deel weg dan dat iemand een groter stuk krijgt.[22] Net als bonobo's delen mensen graag, en veel.

Natuurlijk moeten we zulke bevindingen niet overdrijven. De *Homo puppy* is geen geboren communist. Een beetje ongelijkheid vinden we prima, benadrukken psychologen, zolang het maar ergens op is gebaseerd. Zolang het maar eerlijk *lijkt*. Als je de massa's kunt overtuigen dat jij slimmer, beter of vromer bent, vinden anderen het logisch dat jij de leider bent. Voor een opstand hoef je dan niet bang te zijn.

Met de opkomst van de eerste nederzettingen en de groei van de ongelijkheid, moesten de stamhoofden en koningen gaan uitleggen waarom ze meer privileges hadden dan hun onderdanen. Anders gezegd: ze moesten propaganda gaan bedrijven. Terwijl de leiders van jagers en verzamelaars nog de bescheidenheid zelve waren, begonnen leiders zich nu op de borst te kloppen. Koningen verkondigden dat ze door de goden waren uitverkoren. Of dat ze zélf goddelijk waren.

Tegenwoordig is de propaganda van de meeste machthebbers een stuk subtieler. Maar dat wil niet zeggen dat er geen vernuftige ideologieën meer zijn die moeten rechtvaardigen waarom sommige mensen meer macht, status of rijkdom 'verdienen' dan anderen. In de westerse wereld is het gebruikelijk geworden om deze verdediging in te kleden met zogenoemd 'meritocratische' argumenten.

De vraag is dan: wie heeft de meeste merites? Wie draagt er het meest bij aan de samenleving? Een vuilnisman, of een bankier? Een verpleegkundige, of een verandermanager die out of the box blijft denken? Hoe overtuigender je verhaal, hoe groter je macht en rijkdom. We kunnen de geschiedenis van de beschaving samenvatten als een geschiedenis waarin machthebbers steeds nieuwe redenen verzinnen voor hun privileges.[23]

Toch is hier nog iets merkwaardigs aan de hand. We hoeven de verhalen van onze machthebbers immers niet te geloven.

Sommige historici denken dat we simpelweg naïef zijn. Goedgelovig. Dat zou zelfs de grote troef zijn van onze soort.[24] De theorie is eenvoudig: als je een groep van duizenden vreemdelingen wilt laten samenwerken, dan heb je iets nodig om de boel bij elkaar te houden. Iets wat krachtiger is dan vriendelijkheid. Want ook al heeft de *Homo puppy* het grootste sociale netwerk van alle primaten, het is lang niet groot genoeg om een stad, een provincie of een land te beginnen.

Al in de jaren negentig ontdekten wetenschappers dat onze kring van kennissen niet veel groter is dan 150 personen. Twee Amerikaanse onderzoekers vroegen een reeks proefpersonen om een lijst te maken van vrienden en familie naar wie ze kerstkaarten stuurden. Gemiddeld bleken het er 68 te zijn, en de kaarten gingen naar huishoudens met opgeteld 150 leden.[25]

Dat laatste getal duikt steeds weer op. Van Romeinse legereenheden tot gelovige kolonisten, van moderne bedrijfsonderdelen tot het aantal mensen met wie we op Facebook contact hebben – keer op keer blijkt 150 de magische grens. Een menselijk brein lijkt niet meer betekenisvolle relaties aan te kunnen.

Toegegeven, met 150 man kun je een goed feest bouwen. Maar het is lang niet genoeg om een piramide te bouwen of een spaceshuttle naar de maan te sturen. Daarvoor moeten we in veel grotere groepen samenwerken. Hoe hebben onze machthebbers ons ooit zover gekregen?

Het antwoord: met mythes. We leerden de verwantschap met anderen, die we nooit hadden ontmoet, *in te beelden*. Religies en staten, bedrijven en landen bestaan eigenlijk alleen in ons hoofd, in de verhalen die door onze leiders en onszelf worden verteld. Niemand heeft ooit 'Frankrijk' ontmoet. Niemand heeft ooit 'de Rooms-Katholieke Kerk' de hand geschud. Maar dat maakt ook niet uit, zolang we ons maar onderdeel voelen van zulke ficties.

Het duidelijkste voorbeeld van zo'n mythe is natuurlijk God. Of noem hem gerust: de oorspronkelijke *Big Brother*. Als tiener vroeg ik me al af waarom de christelijke Schepper, waarmee ik was opgegroeid, zich zo druk maakte om mensen en hun beslommeringen. Wat ik toen nog niet wist, was dat jagers en verzamelaars een heel ander godsbeeld hebben (zie hoofdstuk

5). Hun goden zijn nauwelijks geïnteresseerd in het leven van mensen.

De vraag is dus: Hoe is het geloof in een almachtige God ontstaan? Een God die zich ook nog eens boos maakt over de zonden van mensen?

Nog maar kort geleden zijn wetenschappers met een fascinerende verklaring gekomen. Om deze te begrijpen, moeten we terug naar hoofdstuk 3, waar we leerden dat de *Homo puppy* een unieke oogopslag heeft. Mensen kunnen elkaars blik volgen, omdat we oogwit rond onze iris hebben. Dankzij dat oogwit kunnen we elkaars gemoed beter lezen, wat cruciaal is om vertrouwen te scheppen.

Alles veranderde toen we in grote groepen van duizenden vreemdelingen gingen samenleven. Mensen verloren elkaar letterlijk uit het oog, want in een groep van duizend, tienduizend of een miljoen mensen kun je niet met iedereen oogcontact hebben. En dus begon het wantrouwen weer te groeien. Steeds meer mensen vreesden dat anderen parasiteerden op de gemeenschap. Dat zij zich uit de naad werkten, terwijl de rest achteroverleunde.

Heersers hadden dan ook iemand nodig om de massa's in de gaten te houden. Iemand die alles hoorde en zag. Een Alziend Oog. God.

Het is niet toevallig dat de nieuwe goden wraakzuchtige types werden.[26] God werd een Superleviathan, die 24 uur per dag, 7 dagen per week, iedereen bespioneerde. 'Bij jullie zijn alle haren op je hoofd geteld', lezen we in Mattheüs 10 vers 30. De Heer las zelfs je gedachten. Voortaan was er iemand die vanuit de hemel observeerde, controleerde en – mocht het nodig zijn – stevig ingreep.

Met mythes speelden de mensheid en haar machthebbers klaar wat geen andere soort ooit was gelukt. Mythes hielpen ons om op enorme schaal samen te werken met miljoenen vreemdelingen.

Grote beschavingen zijn volgens deze theorie een kwestie van grote verbeeldingskracht. Het jodendom en de islam, het nationalisme en het kapitalisme zijn producten van onze fantasie. 'Het draaide allemaal om het vertellen van verhalen', schrijft de Israëlische historicus Yuval Noah Harari in zijn boek *Sapiens* (2011), 'en het overtuigen van andere mensen om ze te geloven'.[27]

Het is een fascinerende theorie, met één groot probleem.

Ze negeert 95 procent van onze geschiedenis. Feit is namelijk dat onze nomadische voorouders evengoed door de 'magische' grens van 150 heen schoten.[28] Oké, we jaagden en verzamelden in kleine groepjes. Maar we switchten ook regelmatig van groep, en maakten zo onderdeel uit van een enorm netwerk van kruisbestuivende *Homo puppy's*. Zoals ik in hoofdstuk 3 schreef: de Aché in Paraguay en de Hadza in Tanzania ontmoeten gedurende hun leven meer dan duizend mensen.[29]

Nog belangrijker is dat we in de prehistorie ook al een rijke fantasie hadden. We hebben altijd ingenieuze mythes bedacht en aan elkaar doorverteld, mythes die samenwerking tussen talloze mensen mogelijk maakten. Denk aan de oudste tempel ter wereld, de Navelberg in het huidige Turkije (zie hoofdstuk 5), waar duizenden mensen aan werkten.

Het enige verschil? In de prehistorie waren de mythes nogal instabiel. Stamhoofden werden zo weer omvergeworpen, monumenten razendsnel afgebroken. Of zoals twee antropologen schrijven:

> In plaats van in een of andere primitieve onschuld te luieren, totdat de geest van ongelijkheid werd ontkurkt, lijken onze voorouders de fles regelmatig te hebben geopend en gesloten, waarbij ze de ongelijkheid beperkten tot rituele

> kostuumdrama's, en waarbij ze goden en koninkrijken construeerden zoals ze ook met hun monumenten deden, om ze vervolgens weer vrolijk af te breken.[30]

De mens kon zich millennia veroorloven om lekker kritisch te zijn op de verhalen die werden verteld. Als een kletsmajoor beweerde dat hij door een machtige god was uitverkoren, kon je rustig je schouders ophalen. En als zo'n figuur irritant bleef doen, kreeg hij vroeg of laat een pijl in zijn achterste. De *Homo puppy* is wel vriendelijk, maar niet naïef.

Pas met de opkomst van generaals en legers veranderde alles. Probeer maar eens in te gaan tegen een heerser die iedere ketter levend vilt, verbrandt of vierendeelt. Je zult merken dat je een stuk minder kritisch bent. 'Dit is de reden', schreef Machiavelli, 'dat alle gewapende profeten hebben getriomfeerd en alle ongewapende profeten zijn gevallen.'

Ineens lieten de goden en koningen zich niet meer de laan uit sturen. Ongeloof werd dodelijk. Vereerde je de verkeerde god? Dat kon je maar beter voor je houden. Beschouwde je de natiestaat als een dwaze illusie? Dat kon je de kop kosten. 'Het is nuttig om de zaken zo te regelen', aldus Machiavelli, 'dat als mensen niet meer geloven, je ze altijd nog met geweld kunt dwingen.'[31]

Je zou misschien denken dat geweld tegenwoordig niet meer zo'n rol speelt, vooral in brave democratieën met saaie procedures. Maar vergis je niet: de *dreiging* van geweld is nog altijd aanwezig.[32] Overal. Het is de reden dat gezinnen met kinderen uit hun huis kunnen worden getrapt als ze hun schulden niet afbetalen. Het is de reden dat immigranten niet kunnen binnenwandelen in de fictie die we 'Europa' of 'de Verenigde Staten' noemen. En het is ook de reden dat we in geld blijven geloven.

Ga maar na: waarom zouden mensen zichzelf veertig uur per week opsluiten in hokken die we 'kantoren' noemen, in ruil voor wat stukjes metaal en papier, of wat cijfertjes op een bankrekening? Is het briljante propaganda van Vadertje Staat? En als dat zo is, waarom zijn er dan vrijwel geen ongelovigen? Waarom stapt niemand naar de fiscus om te zeggen: 'Luister vriend, ik heb onlangs een interessant boek gelezen over de kracht van mythes en realiseer me nu dat geld ook maar een fictie is. Dit jaar betaal ik geen belasting.'

Het antwoord ligt voor de hand. Als je een rekening negeert of geen belasting betaalt, verdwijn je in de bak. En als je niet op komt dagen, komt de politie je wel halen. De fictie van geld wordt afgedwongen met geweld.[33]

3.

Toen ik las over het werk van Dacher Keltner en de psychologie van macht, begon ik te begrijpen wat er mis moet zijn gegaan met de uitvinding van het privébezit en de landbouw.

Millennia verkozen we de vriendelijkste types als onze leiders. Macht had in de prehistorie ook al een corrumperende werking, en daarom hadden we een simpel systeem van schaamte en groepsdruk om elkaar in toom te houden.

Maar tienduizend jaar geleden werd het veel moeilijker om machthebbers neer te halen. We vestigden ons in steden en staten, en onze leiders kregen legers tot hun beschikking. Een beetje geroddel en een goed gemikte speer waren toen niet meer genoeg. Een koning liet zich niet zomaar onttronen. Een president blies je niet omver met een paar leuke grappen.

Sommige historici vermoeden dat we nu niet eens meer zonder ongelijkheid kúnnen. 'Complexe menselijke samenlevingen', schrijft de Israëlische historicus Harari, 'lijken ingebeelde hiërarchieën en onrechtvaardige discriminatie nodig te hebben.'[34] (En reken maar dat veel machthebbers ernstig knikken als ze zoiets horen.)

Maar wat mij zo fascineert, is dat mensen van over de hele wereld manieren hebben gevonden – en blijven vinden – om hun machthebbers te temmen. Ook ná de opkomst van de stamhoofden en de koningen. De meest voor de hand liggende methode is de revolutie. Of het nu gaat over de Franse Revolutie (1789), de Russische Revolutie (1917) of de 'Arabische Lente' (2011) – iedere keer is de dynamiek dezelfde. De massa probeert de tiran neer te halen.

Toch mislukken de meeste revoluties. Wanneer een despoot omver wordt geworpen, staat vaak een nieuwe leider op, die ook verandert in een machtswellusteling. Napoleon volgde op de Franse Revolutie. Lenin en Stalin kwamen na de Russische, en in Egypte is ook alweer een dictator aan de macht. Sociologen noemen dit de 'ijzeren wet van de oligarchie'. Zelfs socialisten en communisten, die de mond vol hebben van vrijheid en gelijkheid, veranderen in despoten als ze te veel macht krijgen.

En dus hebben sommige samenlevingen iets bedacht om de macht te spreiden. We noemen het 'democratie'. Die term suggereert dat het volk regeert (*'demos'* betekent 'het volk' in Oudgrieks en *'kratos'* betekent 'regeren'), maar in de praktijk betekent het meestal iets anders.

Rousseau merkte al op dat onze regeringsvorm eigenlijk een 'electieve aristocratie' is. In werkelijkheid zijn de burgers namelijk niet aan de macht. Het enige wat we mogen doen, is onze eigen heersers kiezen. Let wel: dit model was oorspronkelijk bedoeld om het klootjesvolk buiten de deur te houden. Historici zijn het erover eens dat bijvoorbeeld de Amerikaanse Grondwet is ontworpen als 'een intrinsiek aristocratisch document, bedoeld om de democratische tendensen van die tijd in te tomen'.[35]

De Founding Fathers van de Verenigde Staten wilden niet dat burgers zich te veel met de politiek gingen bemoeien. Tegenwoordig kan iedereen zich weliswaar verkiesbaar stellen, maar in de praktijk is het lastig om verkiezingen te winnen als je geen toegang hebt tot een aristocratisch netwerk van donateurs en lobbyisten. De Amerikaanse 'democratie' vertoont niet toevallig dynastieke trekjes – denk aan de Kennedy's, de Bushes en de Clintons.

Iedere keer hopen we op betere leiders, maar die stellen vaak teleur. Professor Keltner legt uit waarom: macht kan ervoor zorgen dat machthebbers hun vriendelijkheid en bescheidenheid verliezen, kwaliteiten op basis waarvan ze juist werden verkozen. En in sommige gevallen waren die goede kwaliteiten überhaupt niet aanwezig. Want bedenk: in een hiërarchisch ingerichte samenleving zijn de machiavellisten in het voordeel. Ze hebben een ultieme troef, een eigenschap waarmee ze hun concurrentie steeds weer aftroeven.

Ze zijn schaamteloos.

Eerder zagen we dat de *Homo puppy* is geëvolueerd om schaamte te voelen. We zijn niet voor niets de enige blozers in het dierenrijk. Millennia lang was schaamte dan ook het krachtigste middel om machthebbers te temmen. En het kan nog steeds heel goed werken. Schaamte is effectiever dan wetten en regels, censuur en geweld. Mensen die zich schamen reguleren zichzelf. Ze stotteren en blozen als er over hen wordt geroddeld, of als ze niet voldoen aan de verwachtingen van hun medemens.[36]

Natuurlijk, schaamte heeft ook donkere kanten (denk aan de schaamte die armoede met zich mee kan brengen), maar stel je eens een samenleving zonder schaamte voor. Dat is de hel.

Helaas zijn er altijd mensen die geen schaamte kúnnen

voelen. Dan heb ik het over mensen die zijn gedrogeerd door macht, of een kleine minderheid die is geboren met sociopathische trekken. Onder jagers en verzamelaars houden zulke asociale types het niet lang uit. Ze worden verstoten door de groep, en sterven eenzaam.

Maar in grote, moderne organisaties lijken sociopaten het juist iets beter te doen op de carrièreladder. Uit sommige studies blijkt dat 4 tot 8 procent van de CEO's kan worden gediagnosticeerd met sociopathie, vergeleken met 1 procent onder de gewone bevolking.[37] In een 'democratie' kan schaamteloosheid al helemaal van pas komen. Politici die geen last hebben van schaamte kunnen namelijk dingen doen die voor anderen simpelweg onmogelijk zijn. Waar anderen zich rot voor zouden schamen.

Jezelf de grootste denker van het land noemen? Opscheppen over de omvang van je geslacht? Liegen, betrapt worden, en dan gewoon doorliegen? De meeste mensen zouden door de grond zakken van schaamte, net als de meeste mensen niet het laatste koekje van de schaal pakken. Maar menig machthebber zal het een zorg zijn. In een mediacratie kan het zelfs voordelig zijn om je schaamteloos te gedragen: het nieuws focust immers op het bizarre en absurde.

In zo'n wereld drijven niet langer de vriendelijkste en meest empathische leiders boven. In zo'n wereld is het eerder andersom. *Survival of the shameless.*

HOOFDSTUK 12

DE VERGISSING VAN DE VERLICHTING

1.

Nadat ik me had verdiept in de psychologie van de macht, dacht ik terug aan het verhaal in de proloog van dit boek. Eigenlijk, realiseerde ik me, zaten de belangrijkste lessen van de afgelopen hoofdstukken al besloten in die ene geschiedenis, van de bommen die op Londen vielen.

De Britse experts hadden massale paniek voorspeld. Plunderingen. Rellen. In noodsituaties zouden we terugkeren naar onze brute natuur, en zou een oorlog van allen tegen allen uitbreken. Maar het tegendeel bleek waar. Rampen brengen juist het beste in ons naar boven. Het is net alsof er op een resetknop wordt gedrukt, en we teruggaan naar ons betere ik.

De tweede les van de Blitz is dat we groepsdieren zijn. De Britten dachten dat hun heldhaftige gedrag typisch Brits was. Ze dachten dat hun veerkracht aan hun *stiff upper lip* lag, hun droge humor en superieure cultuur. In hoofdstuk 10 zagen we dat zulk groepsdenken typisch menselijk is. We denken al snel in 'wij' en 'zij'. De tragiek van oorlog is dat de *Homo puppy* zich laat inspireren door het beste in de menselijke natuur – loyaliteit, kameraadschap, trouw – om vervolgens ten strijde te trekken.

Maar eenmaal aangekomen bij het front, deinzen we terug.

In de hoofdstukken 4 en 10 zagen we dat de mens een diepe afkeer heeft van geweld. Eeuwenlang lukte het veel soldaten niet eens om de trekker over te halen. Bajonetten werden al helemaal niet gebruikt. De meeste slachtoffers werden van een afstand geveld, door piloten of artilleristen die hun vijand niet in de ogen hoefden te kijken. Ook dat is een les van de Blitz: het ergste geweld komt niet van dichtbij, maar van ver weg.

Toen de Britten plannen maakten voor hun eigen bommenwerpers bleek, tot slot, hoe sterk macht kan corrumperen. Frederick Lindemann, de beste vriend van Churchill, negeerde het bewijs dat je een volk niet met bommen kunt breken. Hij had al besloten dat de Duitsers door de knieën zouden gaan. Wie tegen hem in ging, werd weggezet als landverrader.

'Het feit dat de bombardementen werden doorgedrukt met zo weinig oppositie', merkte een historicus later op, 'is een typisch voorbeeld van de hypnose van macht.'[1]

En zo komen we, eindelijk, bij een antwoord op de vraag van Hobbes en Rousseau. De vraag of we van nature goed of slecht zijn.

Het antwoord is heel dubbel. De *Homo puppy* is een door en door paradoxaal wezen. In de eerste plaats zijn we een van de vriendelijkste soorten in het dierenrijk. Het grootste deel van onze geschiedenis leefden we in een egalitaire wereld. Er waren geen edelmannen en koningen, presidenten en CEO's. Af en toe stond er een machthebber op, zagen we in hoofdstuk 11, maar die werd ook zo weer neergehaald.

Millennia was onze neiging om vreemden te wantrouwen niet zo'n probleem. We kenden onze vrienden immers van naam en gezicht. En als we vreemdelingen tegenkwamen, bleken het gewone mensen. Er was nog geen reclame of propaganda, geen nieuws of oorlog om verschillende groepen tegen elkaar uit te spelen. Je kon je makkelijk aansluiten bij een andere groep, en er waren veel onderlinge relaties.

Maar toen, ongeveer tienduizend jaar geleden, ging het mis. De mens streek neer op één plek en vond het privébezit uit. Vanaf dat moment verloor ons groepsinstinct zijn onschuld. In combinatie met schaarste en hiërarchie bleek het vergif. Ook de corrumperende werking van macht, die we zo lang hadden ingetoomd, bleek niet te houden toen leiders legers tot hun beschikking kregen.

In de nieuwe wereld van boeren en krijgers, steden en staten bleek dat vriendelijkheid en xenofobie verontrustend dicht bij elkaar liggen. Mensen willen graag ergens bij horen, en zetten zich gemakkelijk af tegen buitenstaanders. We vinden het moeilijk om nee te zeggen tegen leiders van onze eigen groep, ook als ze ons naar de verkeerde kant van de geschiedenis leiden.

Met de dageraad van de beschaving openbaarde zich de lelijkste kant van de *Homo puppy*. Wie de geschiedenisboeken doorbladert, leest over moordpartijen door Israëlieten en Romeinen, Hunnen en Vandalen, katholieken en Hugenoten. De namen veranderen, het mechanisme blijft hetzelfde. In de naam van kameraadschap, en opgehitst door cynische machthebbers, doen mensen elkaar de ergste dingen aan.

Het lot van de mens is sindsdien niet veranderd. Ik denk dat we de geschiedenis van de beschaving kunnen samenvatten als één grote worsteling om te leven met onze grootste blunder. We zijn een dier dat uit zijn natuurlijke omgeving is gerukt. Een dier dat sindsdien uit alle macht probeert die gapende 'mismatch' in te dammen. Al duizenden jaren proberen we de vloek van de beschaving – de ziektes, de oorlogen en de onderdrukking waar ik in hoofdstuk 5 over schreef – te bezweren.

En toen, nog maar kort geleden, leek het ineens te lukken.

2.

Aan het einde van de zeventiende eeuw werd een beweging geboren die we 'de Verlichting' zijn gaan noemen. Het was misschien wel de revolutionairste denkstroom die de wereld ooit heeft gezien. De verlichters legden de basis voor de moderne wereld, van de democratie tot de rechtsstaat, van het onderwijs tot de wetenschap.

In eerste instantie leken verlichte filosofen als Thomas Hobbes weinig af te wijken van de oude priesters en dominees. Ook de verlichters gingen er namelijk van uit dat de mens verdorven is. 'We moeten veronderstellen dat ieder mens een bedrieger is en geen ander doel heeft, in al zijn daden, dan zijn eigenbelang', zo vatte de Schotse filosoof David Hume (1711-1776) het verlichte mensbeeld samen.[2]

En toch, zo geloofden deze geleerden, was er een manier om ons egoïsme ten goede te keren. Wij mensen hadden een verbluffend talent, een gave die ons uniek maakte in het dierenrijk. Hier mochten we ons aan vastklampen. Op dit mirakel mochten we onze hoop vestigen.

De rede.

Geen empathie, geen gevoel, geen geloof. Nee: de rede. Als de verlichters ergens op vertrouwden, dan was het de kracht van het verstand. Ze raakten ervan overtuigd dat we slimme instituties konden ontwerpen die rekening zouden houden met ons aangeboren egoïsme. De verlichters geloofden dat we een laag beschaving over onze duistere instincten kunnen smeren. Of nog iets preciezer: dat we onze slechte eigenschappen kunnen inzetten voor de goede zaak.

Een van de favoriete zonden van de verlichters werd hebzucht. 'Particuliere ondeugden, publieke weldaden', luidde het motto van de nieuwe tijd.[3] Het was een geniaal idee. Wat als individu asociaal leek, kon voor de maatschappij positief uitpakken. De verlichte econoom Adam Smith vatte dit idee samen in zijn klassieker *The Wealth of Nations* (1776), het eerste boek waarin de principes van de vrije markt werden verdedigd. Hij schreef de beroemde woorden:

> Wij krijgen ons avondeten van de slager, de brouwer en de bakker. Niet omdat ze ons aardig vinden, maar omdat ruilhandel hun eigenbelang dient. Wij doen geen beroep op hun menselijkheid, maar op hun eigenliefde, en wij spreken nooit met hen over onze behoeftes, maar over hun voordeel.

Egoïsme moest je niet ontkennen, zeiden moderne economen, je moest het ontketenen. Het verlangen naar geld kon doen wat duizend dominees nooit zou lukken: mensen van over de hele wereld bij elkaar brengen. Als we tegenwoordig de boodschappen afrekenen bij de kassa van de supermarkt, dan werken we samen met miljoenen mensen die betrokken zijn bij de productie en de distributie van de spullen in onze winkelwagen. Niet omdat we al die mensen nou zo aardig vinden, maar gewoon, omdat we aan onszelf denken.

De moderne democratie werd door de verlichters op hetzelfde principe gegrondvest. Neem de oudste grondwet die nog van kracht is, van de Verenigde Staten. De Founding Fathers hadden een donker mensbeeld. Ze geloofden dat mensen egoïsten waren die door elkaar in toom gehouden moesten worden. Daarom ontwierpen ze een systeem dat aan elkaar hing van *'checks and balances'*. Iedereen moest iedereen controleren.

Als verschillende machthebbers (rechts en links, Republikeinen en Democraten) in verschillende instituties (Het Congres en de Senaat, het Witte Huis en het Hooggerechtshof) elkaar bedwongen, konden verdorven mensen toch nog in vrede samenleven.[4] De enige manier om corrupte machthebbers in toom te houden, zo geloofden de verlichters, was door andere machthebbers tegenover hen te zetten. In de woorden van de Amerikaanse staatsman James Madison: *'Ambition must be made to counteract ambition.'*

Ondertussen ontstond, in deze periode, ook de moderne rechtsstaat. Deze bood eveneens een medicijn voor onze duistere instincten. Want bedenk: Vrouwe Justitia heeft een blinddoek voor. Ze heeft geen empathie. Geen liefde. Geen voorkeur voor wie dan ook. Ze laat zich louter leiden door de rede. Hetzelfde ging op voor de moderne bureaucratie, die ons aan gelijke wetten, procedures en regels onderwierp.

Voortaan kon je zakendoen met wie je maar wilde, of de ander nu christelijk, islamitisch of ongelovig was. En juist in landen met een stevige rechtsstaat – waar je er zeker van kon zijn dat regels en contracten werden nageleefd – raakte het geloof in een straffende God op zijn retour. De rol van God de Vader werd overgenomen door Vadertje Staat.

Sinds de Verlichting heeft religie een veel vriendelijker gezicht gekregen. In veel landen is het oordelende oog van God niet meer nodig. Zo roept de Paus tegenwoordig niet meer op tot bloederige kruistochten, maar geeft hij hartverwarmende speeches over 'een revolutie van tederheid'.[5]

Kan het toeval zijn dat je de meeste atheïsten vindt in landen als Denemarken, Zweden of Nederland? Deze landen hebben ook de sterkste rechtsstaten, en de betrouwbaarste bureaucratie.[6] God is hier werkloos geworden. Zoals traditionele handwerkers hun baan verloren aan de lopende band, zo raakte God zijn baan kwijt aan de bureaucraat.

En daar zijn we dan, een paar eeuwen na de geboorte van de Verlichting.

Wie de balans opmaakt, kan niet anders dan concluderen dat de Verlichting een overdonderend succes is geweest voor onze soort. Het kapitalisme, de democratie, de rechtsstaat en de bureaucratie hebben ons leven veel beter gemaakt. De statistieken liegen niet. De wereld is rijker, veiliger en gezonder dan ooit.[7]

Nog maar twee eeuwen geleden ging het leven in nederzettingen gepaard met extreme armoede. Overal. Nu geldt dat voor minder dan 10 procent van de wereldbevolking. De strijd tegen de grote infectieziektes hebben we zo goed als gewonnen. En hoe deprimerend het nieuws ook blijft, in werkelijkheid zijn de kindersterfte en de honger, het aantal moorden en het aantal oorlogsslachtoffers in de afgelopen decennia spectaculair gedaald.[8]

Hoe kunnen we samenleven als we vreemden wantrouwen? Hoe kunnen we de vloek van de beschaving bezweren, de ziektes, de slavernij en de onderdrukking die ons tienduizend jaar lang teisterden? De koele ratio van de Verlichting bood het antwoord op ons oude dilemma. Het was het beste antwoord – tot nu toe.

Want laten we eerlijk zijn: de Verlichting kent ook een schaduwzijde. In de afgelopen eeuwen hebben we evengoed gezien dat het kapitalisme op hol kan slaan. Dat sociopaten aan de macht kunnen komen. En dat de menselijke maat verloren gaat als regels en protocollen de samenleving overheersen.

Historici wijzen er bovendien op dat niet alleen gelijkheid, maar ook racisme een uitvinding is van de Verlichting. In de achttiende eeuw gingen filosofen de mensheid voor het eerst onderverdelen in 'rassen'. David Hume schreef bijvoorbeeld: 'Ik denk dat negers [...] van nature inferieur zijn aan witten.' Zijn Franse collega Voltaire stemde in. 'Als hun denken niet van een heel andere aard is dan dat van ons, dan is het in ieder geval zwaar minderwaardig.'

Zulke racistische ideeën werden verankerd in wetten en protocollen. Thomas Jefferson, die de onsterfelijke woorden '*All men are created equal*' in de Amerikaanse Onafhankelijkheidsverklaring liet opnemen, was zelf nota bene een slavenhouder. Hij zei 'nog nooit een zwarte te hebben ontmoet die een gedachte had geuit die boven het niveau van een simpel verhaaltje uitsteeg'.

En dan hebben we nog het bloedigste conflict ooit, de Tweede Wereldoorlog, dat nog maar kort geleden plaatsvond. De Holocaust voltrok zich in een bakermat van de Verlichting, en werd uitgevoerd met behulp van een hypermoderne bureaucratie. De SS-afdeling die verantwoordelijk was voor het managen van de concentratiekampen heette 'Administratie en Economie'. Veel wetenschappers zien de moord op zes miljoen Joden niet als het toppunt van barbarisme, maar als het toppunt van moderniteit.[9]

Hoe tegenstrijdig de Verlichting was, blijkt tot slot als we inzoomen op haar mensbeeld. Op het eerste gezicht hadden filosofen als David Hume en Adam Smith een cynische kijk op de mens. Het moderne kapitalisme, de democratie en de rechtsstaat werden gegrondvest op de gedachte dat we allemaal egoïsten zijn.

Maar wie de boeken van de verlichters grondig bestudeert, beseft dat de auteurs niet echt zo cynisch waren. Zeventien jaar voor de publicatie van zijn boek *The Wealth of Nations* (dat de bijbel van het kapitalisme zou worden) publiceerde Adam Smith bijvoorbeeld een boek met de titel *The Theory of Moral Sentiments.* Daar stonden dit soort passages in:

> Hoe zelfzuchtig iemand ook wordt geacht te zijn, tot zijn natuur behoren onmiskenbaar bepaalde drijfveren die hem belang doen stellen in het welzijn van anderen, ten behoeve van zijn eigen noodzakelijke levensgeluk, hoewel

hij er niets voor terugkrijgt, behalve het genoegen er getuige van te zijn.

Invloedrijke verlichters als Smith en Hume hamerden er steeds op: mensen hebben een groot vermogen tot empathie en altruïsme. En dat roept de vraag op: als die filosofen zo'n scherp oog hadden voor de mooie kanten van de mens, waarom gingen hun verlichte instituties (democratie, rechtsstaat, bedrijfsleven) dan zo vaak uit van een pessimistische kijk? Waarom bleven ze een negatief mensbeeld koesteren?

Het antwoord vinden we in een van de boeken van David Hume. De Schotse wijsgeer vatte de spagaat van de Verlichting treffend samen:

> Het is dus een rechtvaardig politiek principe, dat we net moeten doen alsof ieder mens een bedrieger is, hoewel het tegelijkertijd een beetje vreemd lijkt dat een principe in politiek opzicht juist moet zijn, terwijl het in feite onjuist is.

Oftewel: Hume geloofde dat we net moeten doen *alsof* mensen van nature egoïstisch zijn. Ook als dat helemaal niet het geval is.

Toen ik dat ontdekte, schoot er één woord door mijn hoofd. *Nocebo.* Zou dit de vergissing zijn waarop de Verlichting – en dus de moderne maatschappij – is gegrondvest? Dat we voortdurend uitgaan van een verkeerd mensbeeld?

In hoofdstuk 1 zagen we dat sommige dingen waar kunnen worden, als we er maar in geloven. Dat pessimisme een zelfvervullende profetie kan zijn. Toen moderne economen ervan uitgingen dat we ten diepste egoïsten zijn, gingen ze beleid adviseren dat dit egoïsme naar boven haalde. Toen politici ervan overtuigd raakten dat politiek een cynisch spel is, wérd het ook een cynisch spel.

En dus dringt de vraag zich op.

Kan het anders?

Kunnen we de rede inzetten, ons verstand gebruiken, om nieuwe instituties te ontwerpen? Instituties die uitgaan van een heel ander mensbeeld? Wat als scholen en bedrijven, ministeries en overheden uitgaan van het goede in de mens?

Over die vragen gaat de rest van dit boek.

DEEL 4

EEN NIEUW REALISME

*'We moeten idealistisch zijn –
want dan eindigen we als de ware,
echte realisten.'*

— Viktor Frankl (1905-1997)

1.

Ik was negentien toen ik mijn eerste college filosofie bijwoonde. Die ochtend, in een tl-verlichte collegezaal van de Universiteit Utrecht, maakte ik kennis met een Britse wiskundige en filosoof: Bertrand Russell (1872-1970). Binnen een paar minuten wist ik het. Deze man was mijn nieuwe held.

Russell bleek niet alleen een geniaal logicus, maar ook de oprichter van een revolutionaire school, een vroege pleitbezorger van de rechten van homoseksuelen, een vrijdenker die inzag dat de Russische Revolutie tot louter ellende zou leiden, een anti-oorlogsactivist die op zijn 89ste nog werd opgesloten voor burgerlijke ongehoorzaamheid, een schrijver van meer dan zestig boeken en tweeduizend artikelen, en een overlever van een vliegtuigcrash. En o ja, hij won ook nog de Nobelprijs voor de Literatuur.

Wat ik nog het meest aan Russell bewonderde, was zijn intellectuele integriteit. Zijn trouw aan de waarheid. Russell wist dat het maar al te menselijk is om te geloven wat je uitkomt, en zijn leven lang verzette hij zich tegen die neiging. Keer op keer roeide hij tegen de stroom in, ook al moest hij een hoge prijs betalen. Een van zijn uitspraken zou me vooral bijblijven. In 1959 werd Russell door de BBC gevraagd om zijn advies voor toekomstige generaties. Hij antwoordde:

> Als je iets bestudeert, of een filosofie op waarde probeert te schatten, stel jezelf dan alleen de vraag wat de feiten zijn, en welke waarheid door de feiten wordt ondersteund. Laat je nooit afleiden door wat je wilt geloven, of iets waarvan je denkt dat het nuttige sociale effecten zou hebben als het geloofd zou worden. Kijk louter en alleen naar de feiten.

Die woorden hadden een immense impact op me. Ik hoorde ze in een tijd waarin ik me afvroeg of ik in een God kon geloven. Als zoon van een dominee en lid van een christelijke studentenvereniging was ik geneigd mijn twijfels overboord te zetten. Ik wist waar ik op hoopte: dat er leven is na de dood, dat alles goed komt in een hiernamaals, en dat we niet alleen zijn op deze aardkloot.

Maar voortaan spookte de waarschuwing van Russell door mijn hoofd. 'Laat je nooit afleiden door wat je wilt geloven.'

Tijdens het schrijven van dit boek heb ik mijn best gedaan.

Of het is gelukt om me te houden aan Russells advies? Ik hoop het. Maar ik betwijfel het ook. Ik moest in ieder geval flink geholpen worden door kritische meelezers. En zoals Russell zei: 'Geen van onze overtuigingen is echt waar, ze hebben allemaal ten minste de schaduw van vaagheid en dwaling.' Als we zo dicht mogelijk bij de waarheid willen komen, moeten we zekerheid juist uit de weg gaan. Dan moeten we voortdurend twijfelen aan onszelf. *'The Will to Doubt'* noemde Russell deze levenshouding.

Pas jaren nadat ik had kennisgemaakt met de Britse wijsgeer, kwam ik erachter waar die frase – 'The Will to Doubt' – aan refereerde. Russell gebruikte haar om zich af te zetten tegen een andere filosoof, de Amerikaan William James (1842-1910).

En over die man moeten we het nu hebben. William James was docent van Theodore Roosevelt, Gertrude Stein, W.E.B. Du Bois en vele andere grootheden uit de Amerikaanse geschiedenis. Hij was alom geliefd. James was 'vol van de warmte van menselijke vriendelijkheid', schreef Russell, die de Amerikaan ook had ontmoet.

Toch moest Russell weinig hebben van het gedachtegoed van James. In 1896 had James nog een lezing gegeven waarin niet de moed om te twijfelen, maar 'The Will to Believe' voorstond. James geloofde dat we sommige dingen nu eenmaal moeten geloven, ook al hebben we er geen bewijs voor.

Neem vriendschap. Als je voortdurend twijfelt aan je medemens, dan zul je je op een manier gedragen die het onwaarschijnlijk maakt dat iemand je ooit nog aardig zal vinden. Vriendschap en liefde, vertrouwen en loyaliteit worden waar *omdat* we erin geloven. Natuurlijk kan dat geloof altijd worden gelogenstraft, zei James, maar hij vond het beter om te worden 'bedot door de hoop' dan door de angst.

Russell moest niets hebben van dit soort vage gedachtekronkels. Hij verfoeide James' filosofie, hoe aardig hij de beste man ook vond. De waarheid doet nu eenmaal niet aan *wishful thinking*, aldus de Britse wijsgeer. Jarenlang zou dat ook mijn motto blijven, totdat ik begon te twijfelen aan de twijfel zelf.

2.

Het is 1963, vier jaar na Russells interview met de BBC.

In Cambridge, Massachusetts gaat een klein experiment van start. Bob Rosenthal, een jonge psycholoog van de Harvard-universiteit, heeft bordjes opgehangen bij twee kooien met ratten. Op het ene bordje staat dat het om speciaal getrainde, intelligente beestjes gaat. Bij de andere kooi wordt vermeld dat er domme, slome ratten in zitten.

Die dag geeft Rosenthal zijn studenten de opdracht om de ratten in een doolhof te stoppen. Ze moeten bijhouden hoelang de beestjes erover doen om de uitgang te vinden. Maar wat de deelnemers niet weten, is dat geen van de ratten speciaal is getraind. Het zijn allemaal doodgewone beestjes.

Dan gebeurt er iets buitengewoons. De ratten waarvan de studenten *denken* dat ze slimmer en sneller zijn, presteren ook echt beter. Het lijkt wel magie. De 'slimme' ratten, die in werkelijkheid helemaal niet slimmer zijn, doen het bijna twee keer zo goed als de 'domme' ratten.

'Aanvankelijk geloofde niemand me', zal Rosenthal zich jaren later herinneren. 'Ik kreeg de resultaten nergens gepubliceerd.'[1] Pas na een tijdje begint de psycholoog zich te realiseren dat er geen magische krachten in het spel zijn geweest. Er is een wetenschappelijke verklaring. Rosenthal ontdekt dat de manier waarop zijn studenten zijn 'slimme' ratten aanraakten – warmer, zachter, verwachtingsvoller – de manier veranderde waarop de ratten zich gedroegen. Ze gingen er beter van presteren.

Vanaf dat moment begint een radicaal idee te gisten in het hoofd van Rosenthal. Hij raakt er meer en meer van overtuigd dat hij een onzichtbare, maar fundamentele kracht heeft ontdekt. 'Als een schooldirecteur een leraar vertelt dat iemand een trage leerling lijkt', vraagt Rosenthal zich af in het tijdschrift *American Scientist*, 'maakt deze verwachting dan zichzelf waar?'

Een paar weken later valt een brief op zijn mat. De directeur van de Spruce School in San Francisco heeft het artikel van Rosenthal gelezen. 'Laat het me weten als ik je kan helpen', schrijft ze.[2] De psycholoog grijpt het aanbod met beide handen aan, en zo gaat de volgende studie van start. Dit keer is het geen experiment met ratten. Dit keer is het een experiment met kinderen.

Aan het begin van het nieuwe schooljaar krijgen de leraren van de Spruce School te horen dat een vermaarde wetenschapper, ene Bob Rosenthal, een zeer geavanceerde 'Test van de Verborgen Verwerving' heeft ontwikkeld. Daarmee kan hij voorspellen welke leerlingen de grootste sprongen zullen maken in het aankomende schooljaar.

De leraren weten niet dat het om een gewone IQ-test gaat. Sterker nog, Rosenthal en zijn team leggen de scores terzijde en gooien een muntje op om te bepalen welke leerlingen de meeste 'potentie' hebben. Die verwachting spelen ze door aan de leraren, terwijl de kinderen hun score niet te weten komen.

En ja hoor: weer doet de magische kracht van de verwachting haar werk. De leraren blijken de 'slimme' groep meer aandacht, complimentjes en hoopvolle blikken te geven, waardoor de kinderen zichzelf ook anders gaan zien. Het effect op jonge leerlingen is het duidelijkst: zij maken in één jaar een sprong van gemiddeld 27 IQ-punten. De grootste vooruitgang wordt geboekt door jongens met een Mexicaans uiterlijk, de groep waar normaliter het minst van wordt verwacht.[3]

Rosenthal noemt zijn ontdekking het 'Pygmalion-effect', naar de mythologische kunstenaar die zo veel hield van een beeld dat hij van een vrouw had gemaakt, dat de goden besloten haar tot leven te brengen. Het Pygmalion-effect doet denken aan het placebo-effect, waar ik in hoofdstuk 1 over schreef. Alleen hebben we het hier niet over een verwachting waar we zelf beter van worden. Dit is een verwachting die *anderen* vooruithelpt.

Ik dacht eerst nog: zo'n oud onderzoek zal inmiddels wel ontkracht zijn, net als die andere mediagenieke experimenten uit de jaren zestig. Niets blijkt minder waar.

Vijftig jaar later is het Pygmalion-effect een van de belangrijkste bevindingen van de psychologische wetenschap. Er zijn honderden studies naar gedaan, in het leger, op universiteiten, in rechtszalen, in gezinnen, in verpleeghuizen en binnen bedrijven.[4] Keer op keer blijkt: verwachtingen zijn machtige wapens. Als managers meer verwachten, presteren werknemers beter. Als officieren meer verwachten, vechten soldaten harder. Als verpleegkundigen meer verwachten, worden patiënten sneller beter.

Toch heeft de ontdekking van Rosenthal niet de revolutie veroorzaakt waar hij en zijn collega's op hadden gehoopt. 'Het Pygmalion-effect is geweldige wetenschap die nauwelijks wordt toegepast', verzucht een Israëlische psycholoog. 'Het heeft niet het verschil gemaakt dat het had moeten doen, en dat is heel teleurstellend.'[5]

Zoals verwachtingen werkelijkheid kunnen worden, kunnen nachtmerries dat helaas ook. Het kwaadaardige broertje van het Pygmalion-effect wordt het Golem-effect genoemd, naar de Joodse legende van een beest dat werd geschapen om de inwoners van Praag te beschermen, maar dat in een monster veranderde. Ook het Golem-effect is alomtegenwoordig. Mensen van wie we minder verwachten kijken we minder vaak aan. We nemen meer afstand. We lachen ze minder toe. We doen, kortom, precies wat Rosenthals proefpersonen deden toen ze de 'domme' ratten in het doolhof loslieten.

Er is weinig onderzoek gedaan naar het Golem-effect, omdat het nogal immoreel is om proefpersonen op te zadelen met slechte verwachtingen. Maar wat we weten, is schokkend. Zo deelde de psycholoog Wendell Johnson in 1939 een twintigtal weeskinderen in Davenport, Iowa op in twee groepen. De ene groep kreeg te horen dat ze netjes praatten, terwijl de andere groep werd verteld dat ze stotteraars zouden worden. Dit onderzoek wordt tegenwoordig *'The Monster Study'* genoemd, omdat meerdere kinderen er een levenslang spraakprobleem aan overhielden.[6]

Het Golem-effect is een soort nocebo. Een nocebo waardoor slechte leerlingen nog verder achterblijven, daklozen de hoop opgeven en eenzame tieners kunnen radicaliseren. Het is een van de manieren waarop racisme zijn smerige werk doet: mensen van wie minder wordt verwacht, presteren minder goed, waardoor nog minder van hen wordt verwacht en ze nog slechter presteren. Er is zelfs bewijs dat het Golem-effect hele organisaties de afgrond in kan trekken, als de negatieve verwachtingen zich opstapelen.[7]

3.

Onze wereld hangt aan elkaar van Pygmalion- en Golem-effecten. Iedere dag maken we elkaar slimmer of dommer, sterker of slapper, sneller of trager. Aan alle kanten lekken onze verwachtingen uit ons lijf, met onze blik, onze houding en ons stemgeluid. Ik heb verwachtingen van jou die mijn gedrag naar jou toe bepalen; en mijn gedrag naar jou heeft weer invloed op de verwachtingen die jij van mij hebt, die jouw gedrag naar mij toe bepalen.

Eigenlijk hebben we het hier – en vergeef me als ik nu wat hoogdravend klink – over de essentie van de menselijke conditie. De *Homo puppy* is een antenne die zich voortdurend op anderen afstemt. Komt iemand met zijn vinger tussen de deur, dan krimp je zelf ook ineen. Zie je een koorddanser op een dunne lijn, dan voel je het ook in je eigen maag. En begint iemand te gapen, dan wordt het moeilijk om zelf een geeuw te onderdrukken. Mensen zijn door en door spiegelende wezens.

En vaak werkt dat gespiegel prima. Een lekker sfeertje op

de dansvloer wordt alleen maar beter naarmate de feestvierders in elkaar opgaan. Onze natuurlijke neiging om anderen te spiegelen wordt dan ook vaak genoemd als iets positiefs, maar helaas is de werkelijkheid een stuk weerbarstiger. Haat, afgunst en hebzucht kunnen we immers ook weerspiegelen.[8] Als mensen slechte ideeën van elkaar overnemen – ideeën waarvan ze denken dat iedereen ze gelooft – kunnen zich zelfs de grootste rampen voltrekken.

Neem economische bubbels. Al in 1936 schreef de Britse econoom John Maynard Keynes dat financiële markten een soort schoonheidswedstrijd zijn. Stel dat je honderd foto's krijgt voorgeschoteld en je niet moet zeggen welke je het mooist vindt, maar welke foto *anderen* het mooist vinden.[9] In zo'n situatie probeert iedereen te raden wat iedereen denkt. En als iedereen denkt dat iedereen denkt dat een aandeel meer waard wordt, wordt het ook meer waard. Dat kan een hele tijd doorgaan, tot de bubbel barst. Zo werden in januari 1637 tijdens de 'tulpenmanie' in Amsterdam tulpenbollen verkocht voor meer dan tien keer het jaarsalaris van een ervaren ambachtsman. Even later waren de bollen vrijwel waardeloos.

Dit soort bubbels komen niet alleen voor in de financiële wereld. Ze zijn overal. Een psycholoog van Duke University, Dan Ariely, gaf eens een mooie demonstratie tijdens een van zijn colleges. Hij begon met de introductie van zijn vak, de gedragseconomie, en gebruikte een schijnbaar diepzinnige definitie. In werkelijkheid kwam deze uit een generator die – met iedere druk op de knop – een reeks willekeurige woorden en zinnen aan elkaar plakte. Het resultaat zat vol met ingewikkelde termen als *'dialectic enigmatic theory'* en *'neodeconstructive rationalism'*.

Minutenlang luisterden Ariely's studenten, van een van de beste universiteiten ter wereld, ademloos naar de betekenisloze woordenbrij. Niemand lachte. Niemand stak een hand op. Niemand gaf de indruk er niets van te begrijpen.

'En dit brengt ons bij de grote vraag...' zei Ariely tot slot. 'Waarom heeft niemand me gevraagd waar ik het in hemelsnaam over heb?'[10]

Wat zich in deze collegezaal afspeelde, wordt in de psychologie ook wel – en dit woord komt niet uit die generator – 'pluralistische onwetendheid' genoemd. Individueel vonden de studenten Ariely's verhaal onbegrijpelijk. Maar ze zagen hun medestudenten aandachtig luisteren, en dus dachten ze dat het aan hen lag. (Voor lezers die weleens congressen bijwonen met keynotes over, bijvoorbeeld, 'disruptieve cocreatie in de netwerksamenleving' is dit gedrag wellicht herkenbaar.)

We hebben het nu over een onschuldig voorbeeld. Maar pluralistische onwetendheid kan levensgevaarlijk zijn, blijkt uit onderzoek. Een goed voorbeeld is comazuipen. Als studenten afzonderlijk worden geïnterviewd, zijn ze er meestal geen fan van. Maar omdat ze denken dat *andere* studenten het wel cool vinden, eindigen ze alsnog kotsend in de goot.

Inmiddels hebben we stapels onderzoek waaruit blijkt dat zo'n negatieve spiraal ook bij veel groter kwaad kan optreden, zoals racisme, groepsverkrachtingen, eerwraak, steun aan terroristen en dictatoriale regimes, en zelfs genocide.[11] In gedachten keuren de daders het af, maar ze vrezen dat zij de enige zijn. En dus doen ze toch maar mee. De *Homo puppy* vindt het moeilijk om tegen de groep in te gaan. We zijn in staat de grootste ellende te verkiezen boven een beetje schaamte of ongemak.

En dus vraag ik me af: zou ons negatieve mensbeeld ook een vorm van pluralistische onwetendheid kunnen zijn? Vrezen we dat de meeste mensen egoïsten zijn omdat we denken dat anderen dat ook denken? En voegen we ons vervolgens naar dit cynisme, terwijl we eigenlijk verlangen naar een leven met meer vriendelijkheid en saamhorigheid?

Ik moet soms denken aan de spiralen waarin mieren verstrikt kunnen raken. Mieren zijn geprogrammeerd om de feromonen van hun voorgangers te volgen. Meestal lopen ze in een mooie lijn, maar een enkele keer gaat er iets mis en wordt het een cirkel. Dan kunnen tienduizenden mieren elkaar dagenlang blijven volgen, in cirkels van honderden meters breed. De mieren blijven gedachteloos doorgaan, worden moe, hongeren uit en gaan dood.

Zo nu en dan lijken gezinnen, bedrijven of hele landen in net zo'n spiraal verstrikt te zijn. We blijven in cirkels lopen, we nemen het verkeerde in elkaar aan, slechts weinigen van ons komen in verzet – en zo marcheren we onze ondergang tegemoet.

Het is nu vijftig jaar geleden dat de carrière van Bob Rosenthal begon. Nog altijd denkt de psycholoog na over hoe we de kracht van de verwachting in ons voordeel kunnen gebruiken. Want niet alleen haat, maar ook vertrouwen is besmettelijk.

Vaak begint zulk vertrouwen bij iemand die tegen de stroom in durft te gaan. Iemand die aanvankelijk nog onrealistisch lijkt, of misschien zelfs naïef. In het vervolg van dit boek wil ik je voorstellen aan een paar van zulke mensen. Managers die hun werknemers totaal vertrouwen. Leraren die kinderen vrij laten spelen. En politici die hun burgers behandelen alsof ze creatief en geëngageerd zijn.

Het zijn stuk voor stuk mensen die gedreven worden door wat de filosoof William James de 'The Will to Believe' noemde. Mensen die de wereld herscheppen naar hun evenbeeld.

HOOFDSTUK 13

DE KRACHT VAN INTRINSIEKE MOTIVATIE

1.

Al een hele tijd wilde ik Jos de Blok spreken. Ik had veel gelezen over het succes van zijn Stichting Buurtzorg en vermoedde dat hij een van de vertegenwoordigers is van een nieuw realisme. Van een nieuw mensbeeld.

Maar laat ik eerlijk zijn: toen ik hem voor het eerst sprak, kwam hij niet over als een groot denker. In een paar woorden zette De Blok de hele bestuurdersklasse weg. 'Managen is flauwekul. Je moet mensen gewoon hun werk laten doen.'

Tuurlijk Jos, denk je dan. Neem er nog eentje. Tot je beseft: dit is geen kletsmajoor. Deze man heeft een immens succesvolle organisatie opgebouwd met meer dan 14.000 werknemers. Hij is vijf keer verkozen tot werkgever van het jaar. Hoogleraren van New York tot Tokio komen naar hém toe om zich te laven aan zijn wijsheid.

En dus besloot ik alle interviews met Jos de Blok door te spitten. Al snel kreeg ik de slappe lach.

Vraag: Heeft u iets waarmee u zichzelf motiveert? Steve Jobs zou iedere ochtend in de spiegel tegen zichzelf hebben gezegd: wat zou ik doen als dit mijn laatste dag was?
Antwoord: 'Ik heb zijn boek ook gelezen en ik geloof er geen hout van.'[1]

Vraag: Gaat u vaak naar netwerkbijeenkomsten?
Antwoord: 'Op de meeste bijeenkomsten gebeurt niets, daar zie ik alleen mensen die elkaars meningen bevestigen. Die sla ik dus liever over.'[2]

Vraag: Hoe motiveert u [uw medewerkers]?
Antwoord: 'Niet. Daar gaat een soort betutteling van uit, vind ik.'[3]

Vraag: Waar ontstaat dan de stip aan de horizon, waar u en uw teams enthousiast van worden?
Antwoord: 'Die stip is er niet. Ik heb daar niks mee, met zo'n stip.'[4]

Het is misschien moeilijk te geloven, maar deze man ontving in november 2014 de prestigieuze Albert Medal van The Royal Society of Arts in Londen. Dezelfde prijs was eerder uitgereikt aan Tim Berners-Lee, de uitvinder van het *world wide web*, Francis Crick, ontdekker van de structuur van het DNA, en Stephen Hawking, de briljante natuurkundige.

En nu dus aan Jos de Blok uit Almelo. De hele Britse jetset was uitgelopen voor zijn *keynote speech*. In authentiek steenkolenengels vertelde De Blok dat hij eerst dacht dat het een grap was. Maar nee, het was geen grap.

Het was hoog tijd.

2.

Om te begrijpen waarom de ideeën van De Blok zo revolutionair zijn – en vergelijkbaar met de ontrafeling van het DNA – moeten we terug naar het begin van de twintigste eeuw.

De wetenschap van de bedrijfskunde kwam toen op, en dit nieuwe onderzoeksveld baseerde zich op een hobbesiaans mensbeeld. We zouden van nature hebzuchtige wezens zijn. Juist daarom zouden we managers nodig hebben: om ons in de gaten te houden. De manager, zo luidde de gedachte, moet ook de juiste 'prikkels' geven. Bankiers krijgen bonussen omdat ze er harder van werken, uitkeringen worden gekort zodat mensen van de bank komen, kinderen krijgen onvoldoendes opdat ze beter hun best doen.

Het fascinerende is dat de twee grote ideologieën van de twintigste eeuw, het kapitalisme en het communisme, dit mensbeeld deelden. De kapitalist en de communist waren het erover eens dat er maar twee manieren zijn om mensen in beweging te krijgen. De wortel en de stok. De kapitalist vertrouwde vooral op de wortel (oftewel: geld), terwijl de communist het vooral van de stok moest hebben (oftewel: straf).

Maar over één ding waren ze het eens: mensen motiveren zichzelf niet.

Misschien denk je nu: ach, dat valt wel mee. Ik vind mezelf best gemotiveerd. Dus voordat er misverstanden ontstaan – daar heb je waarschijnlijk volkomen gelijk in. Mijn punt is dat we vooral over ánderen denken dat zij zichzelf niet kunnen motiveren.

Hoogleraar Chip Heath van de Universiteit van Stanford spreekt ook wel van het 'extrinsieke-motivatie-vooroordeel'. We nemen voortdurend aan dat de anderen het alleen voor het geld doen. In een onderzoek naar rechtenstudenten ontdekte Heath bijvoorbeeld dat 64 procent rechten studeerde omdat dit altijd een droom was geweest, of omdat het gewoon interessant leek. Maar slechts 12 procent dacht dat dit ook voor andere studenten gold. Anderen? Die zouden het vooral voor het geld doen.[5]

Het kapitalisme is op precies dit cynische mensbeeld gegrondvest. 'Wat werknemers het liefste willen van hun werkgevers, meer dan wat ook, is een hoog loon', stelde een van de eerste bedrijfsconsultants, Frederick Taylor, honderd jaar geleden al.[6] Taylor werd beroemd met zijn 'wetenschappelijke bedrijfsvoering', die ervan uitging dat je prestaties zo precies mogelijk moet meten om fabrieken zo efficiënt mogelijk te maken. Er moest een manager met een stopwatch naast de lopende band staan om te registreren hoelang het duurde om een schroef aan te draaien of een doos in te pakken. Taylor zag de ideale werknemer als een gedachteloze robot, 'zo dom, zo onverschillig, dat hij geestelijk meer weg heeft van een os'.[7]

Met deze boodschap groeide Frederick Taylor uit tot een van de invloedrijkste bedrijfskundigen ooit. Aan het begin van de twintigste eeuw liep iedereen weg met zijn ideeën: communisten, fascisten én kapitalisten. Van Lenin tot Mussolini, van Renault tot Siemens – de managementfilosofie van Taylor verspreidde zich, in de woorden van zijn biograaf, 'als een virus over de wereld'.[8]

Natuurlijk is er veel veranderd sinds die tijd. Bij hippe start-ups mag je nu ook in je slippers op kantoor verschijnen. Veel werknemers mogen hun tijd wat flexibeler indelen. Maar Taylors mensbeeld – zijn overtuiging dat alleen wortels en stokken ons in beweging brengen – is nog overal. Als het gaat over thuiszorgers die in zeven minuten steunkousen moeten uittrekken, magazijnmedewerkers die constant gefilmd worden of dokters die betaald worden per 'diagnose-behandelcombinatie', dan hebben we het nog steeds over het taylorisme.

3.

Het was de zomer van 1969 toen de eerste tegengeluiden klonken.

Edward Deci, een jonge psycholoog, werkte aan zijn proefschrift in een tijd dat de psychologie in de ban was van het zogenoemde 'behaviorisme'. Deze theorie ging er (net als Frederick Taylor) van uit dat mensen door en door passieve wezens zijn. We zouden alleen in beweging komen voor een beloning of uit angst voor straf.

Maar Deci had het gevoel dat er iets niet klopte aan deze theorie. Mensen doen voortdurend rare dingen die niet passen in het behavioristische mensbeeld. Denk aan bergbeklimmen (zwaar!), vrijwilligerswerk (gratis!) en kinderen krijgen (heftig!). We doen de hele tijd dingen die geen geld opleveren en zelfs doodvermoeiend zijn, zonder dat we ertoe worden gedwongen. Waarom?

Die zomer deed Deci een vreemde ontdekking: soms zorgen stokken en wortels ervoor dat mensen *minder* hun best doen. Toen hij een groep studenten een paar dollar gaf om een puzzel op te lossen, verminderde hun belangstelling voor de puzzel. 'Als er geld wordt gegeven als beloning voor een bepaalde activiteit', schreef Deci later, 'dan verliest het subject zijn intrinsieke motivatie.'[9]

Dit was een revolutionaire hypothese. De economen uit die tijd moesten er dan ook niets van hebben. Zij bezwoeren dat financiële prikkels gewoon konden worden opgeteld bij onze intrinsieke motivatie. Als een student een puzzel leuk vindt, dan zou ze met een beloning nóg enthousiaster moeten worden.

Ook veel psychologen keken neer op Edward Deci. 'We stonden buiten de mainstream', zou Richard Ryan (collega en beste vriend van Deci) zich later herinneren. 'Het idee dat beloningen de motivatie kunnen ondermijnen was ondenkbaar voor de behavioristen.'[10]

Maar toen verscheen de ene na de andere studie die de vermoedens van Deci bevestigde. Zo zat aan het einde van de jaren negentig een keten van kinderdagverblijven in Haifa, Israël met een probleem. Een kwart van de ouders kwam na sluitingstijd de kinderen ophalen. Het gevolg: verdrietige kinderen en een begeleider die moest overwerken. En dus besloot de opvang een boete in te stellen: drie dollar voor iedere ouder die te laat kwam.

Het leek een slim plan: nu hadden de ouders immers *twee* redenen om op tijd te komen. Een morele én een financiële.

De boete werd afgekondigd en het aantal ouders dat te laat kwam ging... omhoog. Het duurde niet lang of één derde van de ouders kwam pas na sluitingstijd opdagen. Nog een paar weken later was het maar liefst 40 procent. De verklaring was snel gevonden: de ouders waren de boete gaan beschouwen als een prijs. Ze voelden geen morele plicht meer om de kinderen op tijd op te halen.[11]

Inmiddels zijn er talloze onderzoeken uitgevoerd waaruit hetzelfde blijkt: soms laten beweegredenen zich niet bij elkaar optellen. Soms concurreren ze juist met elkaar.

Een paar jaar geleden analyseerden onderzoekers van de Universiteit van Massachusetts in totaal 51 onderzoeken naar het effect van financiële prikkels. Ze vonden 'overweldigend bewijs' dat bonussen de intrinsieke motivatie en het morele kompas van werknemers kunnen afstompen.[12] En alsof die uitkomst nog niet erg genoeg is: ze ontdekten dat bonussen en targets ook de creativiteit kunnen aantasten. Met extrinsieke prikkels krijg je namelijk vooral meer van hetzelfde. Als je betaalt per uur krijg je meer uren. Als je betaalt per publicatie krijg je meer publicaties. Als je betaalt per operatie krijg je meer operaties.

Weer valt de overeenkomst tussen de voormalige Sovjet-Unie en onze kapitalistische economie op. De Sovjet-managers werkten met targets. En als die targets omhooggingen in bijvoorbeeld een meubelfabriek, dan vloog de kwaliteit van de meubels omlaag. Werd er vervolgens per kilo meubel betaald, dan werden de meubels ineens loodzwaar.

Je kunt erom lachen, maar het treurige is dat dit nog steeds gebeurt binnen veel organisaties. Chirurgen die per behandeling worden betaald hebben de neiging meer te snijden, in plaats van betere zorg te leveren. Een groot advocatenkantoor dat zijn werknemers verplicht een minimum aantal uren te factureren (zeg: 1.500 per jaar), stimuleert werknemers niet tot beter werk, maar tot overwerk. Communistisch of kapitalistisch, in beide gevallen tast de cijferdictatuur de intrinsieke motivatie aan.

Werken bonussen dan echt nooit? Toch wel. Uit het onderzoek van de gedragseconoom Dan Ariely blijkt dat ze effectief kunnen zijn voor het uitvoeren van eenvoudige, mechanische handelingen (denk aan de fabrieken waar Frederick Taylor rondliep met zijn stopwatch).[13] In onze moderne economie wordt meer en meer van dat werk door robots gedaan, en robots hebben geen intrinsieke motivatie nodig.

Maar wij mensen kunnen niet zonder.

Helaas zijn de lessen van Edward Deci nog te weinig doorgedrongen op de werkvloer. We gaan er nog te vaak van uit dat mensen robots zijn. Op kantoor. Op school. In ziekenhuizen. Aan de balies van de sociale dienst.

Keer op keer nemen we het zelfzuchtige in elkaar aan. We denken dat anderen liever lui dan moe zijn, tenzij er een beloning lonkt. Onlangs bleek uit een Britse studie dat de overgrote meerderheid van de bevolking (74 procent) zich meer identificeert met waarden als behulpzaamheid, eerlijkheid en rechtvaardigheid dan met geld, status en macht. Maar de onderzoekers ontdekten ook dat de meerderheid – 78 procent – denkt dat anderen egoïstischer zijn dan ze in werkelijkheid zijn.[14]

Sommige economen vinden dit scheve mensbeeld niet zo erg. Zo betoogde de beroemde econoom Milton Friedman dat het prima is om verkeerde aannames te doen, zolang je voorspellingen maar kloppen.[15] Maar Friedman vergat het nocebo-effect: wat je aanneemt, is wat je oproept.

Zo kan de manier waarop je wordt beloond je in een ander mens veranderen. Twee Amerikaanse psychologen toonden een paar jaar geleden aan dat advocaten en consultants die per uur worden betaald een prijs op ál hun tijd zetten. Ook als ze niet aan het werk zijn. Het gevolg: juristen die hun werktijd heel precies registreren, zijn minder bereid om vrijwilligerswerk te doen.[16]

Uiteindelijk is het verbijsterend om te zien hoe vaak we in de problemen komen door targets, bonussen en het dreigen met straf:

- Denk aan CEO's die alleen maar focussen op hun kwartaalresultaten en daarmee hun bedrijf de afgrond in trekken.
- Denk aan academici die worden afgerekend op hun publicatielijst en zo de verleiding voelen te frauderen.
- Denk aan scholen die worden beoordeeld op de meetbare resultaten van gestandaardiseerde toetsen en daardoor minder aandacht geven in de les aan wat niet meetbaar is.
- Denk aan psychologen die betaald worden om zo lang mogelijk te behandelen en dus ook zo lang mogelijk doorbehandelen.

- Denk aan bankiers die hun bonussen verdienen door rommelhypotheken te verkopen, en vervolgens het mondiale financiële systeem aan het wankelen brengen.

Enzovoorts, en zo verder. Honderd jaar na Frederick Taylor ondermijnen we elkaars intrinsieke motivatie nog altijd op enorme schaal. Uit een groot onderzoek onder 230.000 werknemers in 142 landen bleek een paar jaar geleden dat slechts 13 procent zich 'geëngageerd' voelt op zijn werk.[17] 13 procent. Als je zulke cijfers tot je door laat dringen, dan besef je hoeveel ambitie en energie we nu laten liggen.

En hoeveel ruimte er is om het anders te doen.

4.

Terug naar Jos de Blok. Tot begin 2006 was hij nog bestuurder bij een grote zorginstelling. Hij lanceerde er het ene na het andere idee over 'zelfsturende teams' en 'minder management' – tot zijn collega-bestuurders hem spuugzat waren. Zelf had De Blok nooit een managementopleiding afgerond. Integendeel, hij was jaren geleden met zijn studie economie gestopt om verpleegkundige te worden.

'De kloof tussen de top en de werkvloer – in de zorg, in het onderwijs en noem maar op – is enorm', vertelt De Blok als ik hem spreek in Almelo. 'De bestuurders zoeken vooral elkaar op. Die hebben van alles geregeld in opleidingen en congressen waar ze elkaar bevestigen dat ze het goed doen.'

De werkelijkheid is anders. 'Er is een beeld van vakmensen dat zij niet strategisch kunnen denken', vertelt De Blok. 'Dat ze geen visie hebben. Maar vakmensen zitten juist vol met ideeen. Ze bedenken duizend dingen, maar die worden niet gehoord. Want die bestuurders denken dat zij ergens op de hei iets moeten bedenken en het dan moeten vertellen aan de vaklui.'

De Blok heeft een heel andere visie. Hij ziet zijn werknemers als intrinsiek gemotiveerde professionals, die zélf het beste weten hoe ze hun werk moeten doen. 'Mijn ervaring is dat veel managers ontzettend weinig ideeën hebben. Ze hebben hun baan gekregen omdat ze in een systeem passen. En omdat ze volgzaam zijn. Maar niet omdat het grote visionairs zijn. Dan gaan ze *'high performance leadership'*-trainingen doen en krijgen ze het idee dat ze bij een soort voorhoede van vernieuwers horen. Van innovators.'

Als ik De Blok vertel dat de categorie 'managers zorginstellingen' de snelst groeiende beroepsgroep van Nederland was tussen 1996 en 2014, moet hij zuchten.[18]

'Wat er vanuit die MBA-achtige opleidingen komt... Als je in zo'n opleiding zit, denk je al snel dat je een handige manier hebt geleerd om de wereld te ordenen: je hebt HR, je hebt financiën, je hebt ICT. En op een gegeven moment krijg je het idee dat veel van de dingen die gebeuren in je organisatie te maken hebben met jou. Dat zie je bij veel bestuurders. Terwijl het werk gewoon doorgaat zonder al dat management, en nog beter ook.'

Met dit soort opvattingen was De Blok altijd al een vreemde eend in de bijt. Een manager die niet wilde managen. Een bestuurder met vakkennis. Een anarchist bovenaan de ladder. Terwijl de zorg een product werd en de patiënt een klant, besloot De Blok zijn bestuursfunctie op te zeggen en iets nieuws te beginnen. Hij droomde van een kleine oase in een bureaucratische woestijn. In plaats van schaalvergroting en marktwerking zette hij in op schaalverkleining en vertrouwen.

Buurtzorg begon met één team van vier verpleegkundigen

in Enschede. Inmiddels zijn er meer dan achthonderd teams in heel Nederland. Maar het belangrijkste aan Buurtzorg is wat het níét is. De organisatie heeft geen managers, geen callcenter en geen planners. Er zijn geen targets en geen bonussen. Er is nauwelijks overhead en er wordt weinig vergaderd. Er is geen flitsend hoofdkantoor in de Randstad – alleen een lelijk gebouw op een lelijk bedrijventerrein in Almelo.

De teams van ongeveer twaalf vakmensen doen zo veel mogelijk zelf. Ze plannen hun eigen week. Ze nemen hun eigen collega's aan. En ze leveren geen H126 ('persoonlijke verzorging'), H127 ('persoonlijke verzorging extra'), H120 ('persoonlijke verzorging speciaal') of H136 ('persoonlijke verzorging zorg op afstand aanvullend'). Nee, Buurtzorg levert maar één product: zorg. In het grote 'productenboek' (ik verzin dit niet) met alle 'zorgproducten' die in Nederland worden geleverd, heeft Buurtzorg nu zelfs een eigen code gekregen van de verzekeraars: 'R002 - Buurtzorg'.

Verder is er een interne website, waar de werknemers kennis en ervaring kunnen uitwisselen. Ieder team heeft een eigen onderwijsbudget. Per vijftig teams is er een coach die kan helpen als een team ergens niet uitkomt. Tot slot neemt het hoofdkantoor van Buurtzorg de financiële administratie uit handen.

Ziehier: de formule die vijf keer de prijs van 'Beste Werkgever' opleverde (ook al heeft Buurtzorg geen HR-afdeling). En o ja, één keer de prijs voor beste marketing in de zorg (ook al heeft Buurtzorg geen marketingafdeling).

'De tevredenheid van medewerkers en cliënten is fenomenaal goed', stelt een bedrijfskundige van KPMG. 'Qua kosten zijn ze slechts iets goedkoper dan gemiddeld – maar ze leveren wel duidelijk bovengemiddelde kwaliteit.'[19] Je leest het goed: Buurtzorg is beter voor de patiënten, prettiger voor de werknemers en goedkoper voor de belastingbetaler. Win-win-win.

Ondertussen groeit de stichting door. Iedere maand zeggen tientallen verpleegkundigen hun baan op om voor Buurtzorg aan de slag te gaan. En dat is niet zo gek: van deze stichting krijgen ze niet alleen meer vrijheid, maar ook een beter salaris. Niet lang geleden nam Buurtzorg nog een deel van een failliete thuiszorgorganisatie over. 'Het eerste wat we gaan doen is de salarissen van de medewerkers verhogen', zei De Blok toen.[20]

Begrijp me niet verkeerd: Buurtzorg is niet perfect. Er zijn ruzies, er gaat weleens wat mis, wat dat betreft zijn het net mensen.[21] De organisatie is eerder ouderwets. Zo is het altijd De Bloks streven geweest om terug te gaan naar de eenvoudig georganiseerde thuiszorg van begin jaren tachtig.

Maar dat er tien jaar geleden iets bijzonders is begonnen in Twente mag duidelijk zijn. Je zou kunnen zeggen dat Buurtzorg het beste van links en rechts combineert: met belastinggeld wordt kleinschalige zorg geleverd door zelfstandige vakmensen.

De kern van De Bloks filosofie kan op een tegeltje aan de wand: *'Het is makkelijk om iets moeilijker te maken, maar het is moeilijk om iets makkelijker te maken.'* En wat wil het geval: bestuurders houden van moeilijk. 'Want dat maakt je baan interessanter', legt De Blok uit. 'En dan kun je zeggen: zie je wel, ik ben nodig om die complexiteit te regelen.'

Zou het kunnen dat een groot deel van wat we de 'kenniseconomie' noemen zo in elkaar zit? Dat hoogopgeleide managers en consultants eenvoudige dingen zo complex mogelijk maken, zodat zij weer nodig zijn om die complexiteit te managen? Stiekem denk ik weleens dat dit het verdienmodel is van zowel bankiers op de Zuidas als van postmoderne filosofen die schrijven in een onbegrijpelijk jargon. Ze maken eenvoudige zaken zo ingewikkeld mogelijk.

Jos de Blok doet in ieder geval het tegenovergestelde. Hij kiest voor eenvoud. Terwijl dure trendwatchers op het ene na het andere zorgcongres orakelen over disruptie en innovatie, vindt hij het belangrijker om te behouden wat goed is. 'De wereld is vaak meer gebaat bij continuïteit dan bij continue veranderingen', zegt hij. 'We hebben nu verandermanagers, *change agents*, en ga zo maar door. Maar als ik naar de wijkverpleging kijk, dan is dat vak in dertig jaar nauwelijks veranderd. Je probeert een relatie op te bouwen met iemand in een moeilijke situatie, dat blijft hetzelfde. Natuurlijk kun je wat nieuwe inzichten en technieken gebruiken, maar de basis is onveranderd.'

Wat volgens De Blok wel op de schop moet, is het zorg*systeem*. In de afgelopen decennia hebben de juristen het overgenomen. 'Nu word je als tegenovergestelde partijen gezien', vertelt De Blok, 'een partij die inkoopt, en een partij die verkoopt. Ik was vorige week nog bij een ziekenhuis waar ze me vertelden: ja, we hebben nu ons eigen verkoopteam. Moet je je voorstellen! We hebben ziekenhuizen met commerciële afdelingen en verkoopteams. En aan de andere kant zitten de verzekeraars met inkoopteams. Op beide plekken zitten mensen zonder achtergrond in de zorg. De een koopt in, de ander verkoopt – en beiden weten ze niet waar het over gaat.'

Ondertussen groeit de bureaucratie, want wie van de zorg een markt wil maken, krijgt te maken met heel veel papierwerk. De Blok: 'Omdat ze elkaar niet vertrouwen gaan ze het ene na het andere voorbehoud inbakken. Allerlei controles, die resulteren in heel veel bureaucratie. Het is echt absurd om te zien. Bij de verzekeraars neemt het aantal consultants en bestuurskundigen alleen maar toe. En het aantal vakmensen neemt af.'

De Blok bepleit dan ook een totaal andere financiering van de zorg. Weg met het productdenken. Het vak moet weer voorop komen te staan en de systemen van bekostiging moeten veel eenvoudiger. 'Hoe eenvoudiger de bekostiging', zegt De Blok, 'hoe meer aandacht er is voor de inhoud. Hoe ingewikkelder de bekostiging, hoe meer er naar mogelijkheden wordt gezocht om het systeem te misbruiken. Dan gaan de financiële afdelingen groeien en gaan die beslissen over de inhoud.'

Wie een tijdje met Jos de Blok praat, beseft dat zijn lessen niet alleen voor de zorg gelden. Ze kunnen ook daarbuiten worden toegepast. Op scholen en politiebureaus. Op ministeries en bedrijven.

Een mooi voorbeeld is het Franse bedrijf FAVI, dat onderdelen levert voor de auto-industrie. Toen Jean-François Zobrist in 1983 de nieuwe CEO werd, was FAVI nog een ouderwets bedrijf. Er was een strakke piramidestructuur, wie hard werkte kreeg een bonus en wie te laat kwam werd flink gekort.

Vanaf dag één droomde Zobrist van een organisatie waar niet hij, maar de werknemers de baas zouden zijn. Waar mensen op tijd kwamen omdat ze zich verantwoordelijk voelden (en waar je kon aannemen dat ze een goede reden hadden als dat een keer niet lukte). 'Ik droomde van een plek', zo zei Zobrist later, 'waar iedereen net zou doen alsof hij thuis is. Niets meer, niets minder.'[22]

Zijn eerste daad? Het dichtmetselen van het grote raam van waarachter het management de productievloer kon overzien. Vervolgens gooide hij de prikklok eruit, liet hij de sloten van de opslagruimtes verwijderen en schafte hij het bonussysteem af. Zobrist deelde het bedrijf op in 'minifabriekjes' van 25 tot 30 werknemers die zelf hun teamleider kozen. Deze teams gingen alles zelf bepalen: hun salaris, hun werktijden, wie ze inhuurden, en noem maar op. Ze legden rechtstreeks verantwoording af aan hun klanten.

Toen de oude managers met pensioen gingen, besloot Zobrist ze niet te vervangen. Ook de personeels-, planning- en marketingafdeling verdwenen. FAVI ging werken volgens het principe van 'omgekeerd delegeren': de teams deden alles zelf, tenzij ze besloten om het management in te schakelen.

Dit klinkt misschien als het recept voor een geldverslindende hippiecommune, maar nee, de productiviteit van FAVI ging juist *omhoog*. Het bedrijf groeide van honderd naar vijfhonderd werknemers en wist 50 procent van de markt voor versnellingsbakvorken te veroveren. De gemiddelde productietijd van de belangrijkste onderdelen daalde van elf dagen naar één dag. Terwijl de concurrentie naar lagelonenlanden moest verhuizen, bleef de fabriek van FAVI in Europa staan.[23]

Al die tijd was en bleef Zobrists filosofie doodeenvoudig. Als je werknemers behandelt alsof ze verantwoordelijk en betrouwbaar zijn, dan zijn ze dat ook. Hij schreef er een boek over met de ondertitel: *L'entreprise qui croit que l'homme est bon.* Vertaling: 'Het bedrijf dat gelooft dat de mens goed is.'

5.

Bedrijven als Buurtzorg en FAVI laten zien dat alles verandert als je niet uitgaat van wantrouwen, maar van een positiever mensbeeld.

Vakmanschap en competentie worden de belangrijkste waarden, in plaats van rendement en productiviteit. Stel je voor wat dat zou betekenen voor andere functies en beroepen. CEO's gaan aan de slag omdat ze geloven in hun bedrijf, academici gaan overuren draaien omdat ze nieuwsgierig zijn, leraren gaan lesgeven omdat ze zich verantwoordelijk voelen voor hun leerlingen, psychologen behandelen zo lang als nodig is om hun cliënt beter te maken en bankiers halen voldoening uit hun rol als dienstverlener.

Natuurlijk, er lopen nu talloze leraren en bankiers, academici en managers rond die tot op het bot gemotiveerd zijn om anderen te helpen. Maar die motivatie hebben ze eerder *ondanks* dan dankzij de wirwar aan targets, regels en richtlijnen.

De Amerikaanse psycholoog bij wie de revolutie in het denken over motivatie begon, Edward Deci, gelooft dat de vraag niet langer is hoe we *elkaar* motiveren. De echte vraag luidt: hoe scheppen we een samenleving waarin mensen *zichzelf* motiveren? Deze vraag is niet links of rechts, en ook niet kapitalistisch of communistisch. We hebben het hier over een nieuwe beweging. Over een nieuw realisme. Want niets is krachtiger dan mensen die doen wat ze doen *omdat ze het willen doen.*

HOOFDSTUK 14

DE *HOMO LUDENS*

1.

In de dagen na mijn gesprek met Jos de Blok laat één gedachte me niet los: wat als we de hele maatschappij grondvesten op vertrouwen?

Zo'n rigoureuze ommezwaai zou moeten beginnen bij de basis, lijkt me. Bij kinderen dus. Maar als ik me in de pedagogische wetenschap begin te verdiepen, stuit ik meteen op de harde feiten. In de afgelopen decennia is de intrinsieke motivatie van kinderen zwaar in de verdrukking gekomen.

Kinderen worden steeds vaker beziggehouden door volwassenen. Huiswerk, sport, muziek, toneel, bijles, examentraining – het lijkt niet op te houden. Voor één activiteit is daardoor veel minder tijd: spelen. En dan gaat het over 'spelen' in de breedste zin van het woord: de vrijheid om je eigen nieuwsgierigheid te volgen. Om te zoeken en te ontdekken, te proberen en te creëren. Niet omdat een ouder of leraar het je voorkauwt, maar gewoon, omdat je er zin in hebt.

Bijna overal waar je kijkt is de vrijheid van kinderen ingeperkt.[1] In 1971 liep in Groot-Brittannië nog 80 procent van de zeven- en achtjarigen zelf naar school. Nu is dat 10 procent. Uit een peiling onder 12.000 ouders in tien landen bleek onlangs dat de meeste kinderen minder buiten komen dan gevangenen.[2] Onderzoekers van de Universiteit van Michigan ontdekten dat de tijd die kinderen op school doorbrengen tussen 1981 en 1997 met 18 procent is gestegen. De tijd voor huiswerk met 145 procent.[3]

En niet alleen sociologen luiden de alarmbel. Ook psychologen maken zich zorgen. Zo blijkt uit langlopend Amerikaans onderzoek dat kinderen een steeds zwakkere *'internal locus of control'* hebben. Oftewel: ze hebben vaker het gevoel dat hun leven door anderen wordt bepaald, in plaats van door henzelf. In de VS was de verschuiving zo groot dat het gemiddelde kind in 2002 minder *in control* was dan 80 procent van de kinderen in de jaren zestig.[4]

In Nederland en België zijn de cijfers minder dramatisch, maar de trend is hetzelfde. In 2018 ontdekten Nederlandse onderzoekers dat drie op de tien kinderen maar één keer in de week buiten spelen, of zelfs helemaal nooit.[5] Uit een grote studie van de OESO, een invloedrijke denktank, bleek dat Nederlandse leerlingen het *minst* gemotiveerd zijn van alle onderzochte landen. Hun intrinsieke motivatie lijkt zo sterk afgestompt door toetsen en rapporten, dat hun aandacht al snel verdampt als een opdracht een keer niet voor een cijfer is.[6]

En dan hebben we nog de grootste verschuiving van allemaal: ouders zijn véél meer tijd gaan doorbrengen met hun kinderen. Denk aan voorlezen. Hulp bij het huiswerk. Rijden naar voetbal. Volgens het Sociaal en Cultureel Planbureau besteden Nederlandse ouders meer dan anderhalf keer zo veel tijd aan de opvoeding als in de jaren tachtig.[7]

Waar komt deze verschuiving vandaan? Het is niet dat ouders ineens zeeën van tijd hebben. Integendeel, sinds de jaren tachtig zijn ze juist harder gaan werken. Daar ligt dan ook de sleutel: de fixatie op werk, werk, werk. Terwijl politici zich druk gingen maken over ranglijstjes en groei, raakten ouders en scholen in de ban van toetsen en resultaten.

Op almaar jongere leeftijd sorteren we onze kinderen voor: jullie zijn de slimmen, jullie niet. En ouders maken zich zorgen. Wordt mijn kind wel genoeg gestimuleerd? Kan zij haar vriendinnen wel bijhouden? Mag hij wel naar de universiteit? Een recente studie onder tienduizend Amerikaanse scholieren wees uit dat 80 procent ervan overtuigd is dat hun ouders hoge cijfers belangrijker vinden dan vriendelijkheid en compassie.[8]

Ondertussen is er een wijdverbreid gevoel dat we iets kostbaars aan het verliezen zijn. Onze onbevangenheid. Onze speelsheid. Zo staan de bladen vol tips over wat je als ouder kunt doen om je kind en jezelf weerbaarder te maken tegen de prestatiedruk. Boeken over minder werken en meer mindfulness gaan als warme broodjes over de toonbank.

Maar wat als een beetje zelfhulp niet meer genoeg is?

Om beter te begrijpen wat er aan de hand is, moeten we eerst een paar definities ophelderen. In het Engels wordt onderscheid gemaakt tussen *'game'* and *'play'*. Het eerste wordt door regels ingekaderd, het tweede is open en vrij. Aan de ene kant hebben we toernooien op strak gemaaide velden, terwijl ouders langs de zijlijn staan te schreeuwen; aan de andere kant hebben we kinderen die buiten spelen, zonder ouderlijk toezicht, terwijl ze zelf de regels van hun spel verzinnen.

Als ik het in dit hoofdstuk over 'spelen' heb, dan bedoel ik die laatste variant. *Play.* Kinderen die zelf spelen, denken namelijk zelf na. Ze trainen hun fantasie en motivatie. Ze nemen risico's en kleuren buiten de lijntjes. Spelen is bovendien het natuurlijke medicijn tegen verveling. Kinderen krijgen nu allerlei kunstmatige zoethoudertjes: van de LEGO® Star Wars Snowspeeder™ met gedetailleerd bouwplan, tot de Miele Elektronische Speelkeuken "Gourmet Deluxe" met elektronische kookgeluiden.

Maar als alles wordt voorgekookt, ontwikkelen we dan nog wel onze eigen nieuwsgierigheid en verbeeldingskracht?[9] Juist verveling zou weleens de grootste bron van creativiteit kunnen zijn. 'Creativiteit kun je niet onderwijzen', schrijft de psycholoog Peter Gray, 'je kunt haar alleen laten opbloeien.'[10]

Biologen zijn het erover eens dat de behoefte aan vrij spel diep in onze natuur zit. Vrijwel alle zoogdieren spelen, en ook veel andere beesten kunnen het niet laten. Raven in Alaska houden ervan om van besneeuwde daken af te roetsjen.[11] Bij een strand in Australië zijn krokodillen gezien die voor de lol op de golven lijken te surfen en Canadese wetenschappers hebben octopussen geobserveerd die waterstralen afvuren op lege medicijnpotjes.[12]

Op het eerste gezicht lijkt spelen misschien een nutteloos tijdverdrijf. Maar het fascinerende is dat de slimste dieren – zoals apen en olifanten – ook het meest speelse gedrag vertonen. In hoofdstuk 3 zagen we dat gedomesticeerde dieren zelfs hun leven lang blijven spelen. Sterker nog, er is geen soort die zo lang kind blijft als de *Homo puppy.* Spelen, schreef de historicus Johan Huizinga al in 1938, geeft het leven zin. Hij noemde ons dan ook de *Homo ludens*: de spelende mens. Alles wat we 'cultuur' noemen, komt volgens Huizinga voort uit spel.[13]

Antropologen vermoeden dat kinderen gedurende het grootste deel van onze geschiedenis zo veel mochten spelen als ze wilden. Want ook al zijn er forse verschillen tussen de diverse culturen van jagers en verzamelaars, toch is hun *speelcultuur* heel vergelijkbaar.[14] Wat volgens wetenschappers nog het meest in het oog springt, is de immense vrijheid die jonge mensen krijgen. Nomaden hebben zelden het idee dat ze de ontwikkeling van hun kinderen kunnen sturen, en dus mag hun kroost de hele dag spelen, van 's ochtends vroeg tot 's avonds laat.

Maar worden kinderen dan nog wel voorbereid op het volwassen leven, als ze nooit naar school hoeven? Het antwoord is dat spelen en leren naadloos in elkaar over kunnen lopen. Er zijn geen toetsen of cijfers nodig om peuters te leren lopen of praten. Dat doen ze zelf wel, omdat ze de wereld willen ontdekken. De kinderen van jagers en verzamelaars leren dan ook spelenderwijs. Beestjes vangen, pijl-en-boog maken, dierengeluiden nadoen – er valt waanzinnig veel te leren in de jungle. Je hebt een fabelachtige kennis nodig van het planten- en dierenrijk.

Door samen te spelen leren kinderen bovendien samen te werken. Het kroost van jagers en verzamelaars speelt vrijwel altijd gemengd. Meisjes met jongens, en alle leeftijden door elkaar. Jonge kinderen leren van oudere kinderen, en oudere kinderen voelen zich verantwoordelijk om kennis over te dragen op de kleintjes.

Het is dus weinig verrassend dat in deze culturen nauwelijks competitieve spelletjes worden gespeeld.[15] In tegenstelling tot toernooien van volwassenen, dwingt vrij spelen om voortdurend compromissen te sluiten. Wie ontevreden is, kan immers altijd stoppen (en dan is het voorbij met de pret voor iedereen).

2.

De speelcultuur van de mens veranderde radicaal toen we in nederzettingen gingen wonen.

Met de dageraad van de 'beschaving' moesten kinderen zwaar en geestdodend werk gaan doen op de boerderij. Tegelijkertijd groeide het idee dat kinderen moesten worden opgevoed, zoals tomaten worden opgekweekt. Als kinderen van nature verdorven zijn, zo luidde de gedachte, dan kun je ze niet vrijlaten. Dan moet je eerst dat laagje beschaving aanbrengen, desnoods met harde hand. Het idee dat ouders af en toe een tik moeten uitdelen, is een recente uitvinding van landbouwers en stedelingen.[16]

Met de opkomst van de eerste steden en staten ontstonden ook de eerste onderwijssystemen. De kerk wilde vrome volgelingen, het leger wilde loyale soldaten en de overheid wilde harde werkers. Over één ding waren ze het eens: spel was de vijand. 'Er is geen tijd om te spelen', stond bijvoorbeeld in het reglement van de scholen die de Britse predikant John Wesley (1703-1791) oprichtte. 'Want wie speelt als een kind, zal spelen als een volwassene.'[17]

Pas in de negentiende eeuw werd het religieuze onderwijs vervangen door een nationaal systeem waarin, in de woorden van een historicus, 'een Franse minister van Onderwijs kon opscheppen dat hij, om 10.20 uur, precies wist welke passage van Cicero alle leerlingen van een bepaald niveau in heel Frankrijk aan het bestuderen waren'.[18] Kinderen moesten worden gedrild tot brave burgers. En natuurlijk moesten ze leren om van hun vaderland te houden. Frankrijk, Italië en Duitsland bestonden al, nu moesten er alleen nog Fransen, Italianen en Duitsers worden gemaakt.[19]

Tijdens de industriële revolutie werd veel van het geestdodende werk overgenomen door machines (helaas niet overal, in Bangladesh zitten kinderen nog steeds achter de naaimachines voor onze koopjes). En dus veranderde het doel van het onderwijs: kinderen moesten leren lezen en schrijven, ontwerpen en organiseren om later genoeg geld te verdienen.

Pas aan het einde van de negentiende eeuw kregen kinderen weer meer tijd om te spelen. Historici zien deze periode als het 'gouden tijdperk' van het vrije spel.[20] Kinderarbeid was afgeschaft en ouders lieten hun kinderen steeds vaker met rust. In veel buurten in Europa en Noord-Amerika zwierven kinderen het grootste deel van de dag rond, zonder dat ze door iemand in de gaten werden gehouden.

Maar dit gouden tijdperk was van korte duur. Vanaf de jaren tachtig van de vorige eeuw kregen we het drukker, op kantoor en in de klas. Het individualisme en de prestatiecultuur maakten school. Terwijl gezinnen kleiner werden, vreesden ouders dat hun kroost niet goed genoeg zou presteren.

Kinderen die zich te speels gedroegen, werden in sommige gevallen zelfs naar de dokter gestuurd. Zo is in de afgelopen decennia het aantal diagnoses van gedragsstoornissen enorm gestegen.[21] ADHD is misschien wel het beste voorbeeld – ik hoorde een psychiater eens verzuchten dat het de enige seizoensgebonden stoornis is: in de zomervakantie lijkt het even geen probleem, maar als de scholen beginnen moeten heel wat jongetjes weer aan de ritalin.

Natuurlijk, de opvoeding van onze kinderen is minder streng dan honderd jaar geleden. Ook scholen zijn niet meer de gevangenissen die ze in de negentiende eeuw waren. Lastige kinderen worden niet meer geslagen, maar gedrogeerd. Kinderen worden niet meer geïndoctrineerd, maar hebben een diverser curriculum dan ooit. Er wordt zo veel mogelijk kennis op hen overgedragen, zodat ze later een goedbetaalde baan vinden in de 'kenniseconomie'.

Onderwijs is verworden tot iets wat je ondergaat. Er groeit een nieuwe generatie op die de regels van de prestatiemaatschappij steeds dieper krijgt ingeprent. Het is een generatie die leert mee te rennen in de *rat race* waar 'succes' vooral wordt afgemeten aan de hand van je salaris en cv.

Maar het is ook een generatie die minder buiten de lijntjes kleurt. Een generatie die minder droomt en durft, minder fantaseert en exploreert. Een generatie, kortom, die het verleert te spelen.

3.

Is er een alternatief?

Kunnen we terugkeren naar een samenleving met meer vrijheid en creativiteit?

Kunnen we speelplaatsen bouwen en scholen ontwerpen die de behoefte aan spel niet onderdrukken, maar ontketenen?

Het antwoord luidt ja, ja en ja.

Carl Theodor Sørensen, een Deense landschapsarchitect, had al heel wat speelplaatsen ontworpen toen hij zich realiseerde dat kinderen ze oersaai vinden. De zandbak, de glijbaan en de schommel: de gemiddelde speeltuin is de droom van een bureaucraat en de nachtmerrie van een kind. Logisch toch, schreef Sørensen, dat kinderen liever spelen op bouwplaatsen en vuilnisbelten?

Zo kwam hij op het idee om iets nieuws te ontwerpen. Een speelplaats zonder toestellen, regels en veiligheidsvoorschriften. Een plek waar kinderen zélf de dienst uitmaken.

In 1943, tijdens de Duitse bezetting, werd het idee getest in een buitenwijk van Kopenhagen: Emdrup. Sørensen gooide een plek van 7.000 vierkante meter vol met kapotte auto's, brandhout en oude banden. De kinderen konden er zagen, slopen en hakken met hamers, beitels en schroevendraaiers. Ze konden in bomen klimmen en fikkie stoken, kuilen graven en hutten bouwen. Of, zoals Sørensen later schreef: ze konden 'hun dromen en verbeelding werkelijkheid maken'.[22]

Het werd een doorslaand succes. Iedere dag kwamen er tweehonderd kinderen naar Emdrup. En hoewel er heel wat 'lastige' gevallen bij zaten, werd al snel duidelijk dat 'de herrie, het gegil en de vechtpartijen van saaie speeltuinen hier afwezig waren, omdat de mogelijkheden zo eindeloos waren dat de kinderen geen ruzie hoefden te maken'.[23] Er werd een 'spelleider' ingehuurd om een oogje in het zeil te houden, maar deze hield zich afzijdig. 'Ik kan en zal de kinderen niets leren', bezwoer de eerste spelleider, John Bertelsen.[24]

Een paar maanden na het einde van de oorlog bracht een Britse architect, die toevallig barones was, een bezoek aan Emdrup. Lady Allen of Hurtwood was 'totaal ondersteboven' van wat ze zag.[25] In de daaropvolgende jaren gebruikte ze haar invloed om het evangelie van de rommel te verspreiden. Haar motto: 'Liever een gebroken bot dan een gebroken geest.'[26]

In steden als Londen en Liverpool, Coventry en Leeds werd de ene na de andere ruïne opengesteld voor kinderen. Waar Duitse bommenwerpers tijdens de Blitz dood en verderf hadden gezaaid, klonken nu kreten van plezier. De speelplaatsen werden een metafoor voor de wederopbouw, een bewijs voor de veerkracht van de natie.

Toegegeven, niet iedereen was enthousiast. Volwassenen hebben steevast twee bezwaren tegen dit soort speelplaatsen. Eén: ze zijn lelijk. Spuuglelijk. Maar waar ouders troep zien, zien kinderen mogelijkheden. En waar volwassenen niet vies willen worden, willen kinderen zich niet vervelen.

Het tweede bezwaar: rommelspeelplaatsen zouden gevaarlijk zijn. Bezorgde ouders vreesden dat Emdrup tot een parade van gebroken benen en ingeslagen hersenpannen zou leiden. Maar na een jaar waren er hoogstens wat pleisters geplakt. Een Britse verzekeraar was zo onder de indruk van de rommelspeelplaatsen dat hij een lager tarief vroeg dan voor gewone speelplaatsen.[27]

Toch kregen de rommelspeelplaatsen het moeilijk in de jaren tachtig. Terwijl het ene na het andere veiligheidsvoorschrift werd opgesteld, realiseerden fabrikanten zich dat ze goud geld konden verdienen aan de verkoop van zogenaamd 'veilige' toestellen. Tegenwoordig zijn er veel minder Emdrups dan veertig jaar geleden.

Maar in de afgelopen jaren is de interesse in het oude idee van Carl Theodor Sørensen weer gegroeid. En terecht. Er is inmiddels een berg aan wetenschappelijk bewijs dat vrij, risicovol spel goed is voor de fysieke en mentale gezondheid van kinderen.[28] 'Van alle dingen waar ik aan bijgedragen heb', schreef Sørensen aan het einde van zijn leven, 'is de rommelspeelplaats het lelijkste, maar voor mij het mooiste en beste van al mijn werk.'[29]

4.

Kunnen we nog een stap verder gaan?

Als kinderen buiten meer vrijheid aankunnen, kunnen ze dat dan ook binnen? Nu zijn veel scholen nog georganiseerd als veredelde fabrieken, met schoolbellen, roosters en toetsen. Maar als kinderen leren door te spelen, waarom zouden we ons onderwijs daar dan niet op inrichten? Die vraag stelde Sjef Drummen, kunstenaar en schoolleider, zichzelf een paar jaar geleden.

Drummen is zo'n figuur die het nooit verleerd is om te spelen. Hij heeft altijd maling gehad aan regels en autoriteit. Als hij me oppikt bij het station van Roermond blijkt hij zijn auto pontificaal op het fietspad te hebben geparkeerd. Vervolgens begint hij een monoloog die de komende uren niet zal stoppen, en waar ik heel af en toe een vraag weet tussen te proppen. 'Ze noemen me ook wel Chef Drammen', grinnikt hij.

Maar ik heb niet de trein naar het zuiden gepakt omdat Drummen zo'n ouwehoer is. Ik ben hier omdat er iets bijzonders gebeurt in Roermond.

Stel je voor: een school zonder lokalen. Zonder huiswerk en zonder vakken, zonder cijfers en zonder klassen. Er is geen hiërarchische structuur met onderdirecteuren en teamleiders – er zijn slechts teams van autonome docenten (of 'coaches', moet ik zeggen). En eigenlijk zijn de kinderen de baas. Dit is een school waar de directeur regelmatig uit zijn kantoor wordt gezet omdat leerlingen ruimte nodig hebben om te vergaderen.

En nee, ik heb het niet over zo'n elitaire privéschool voor excentrieke leerlingen met zweverige ouders. Dit is een school met kinderen van alle achtergronden. De naam van de school: Agora.

Het begon allemaal in 2014. De muren werden uit de lokalen gesloopt (Drummen: 'Als je kinderen in hokken opsluit, krijg je rattengedrag'). Kinderen van vmbo tot gymnasium werden bij elkaar gezet ('Zo ziet de echte wereld er ook uit'). En ieder kind begon zijn eigen plan uit te stippelen ('Heb je duizend kinderen op je school? Dan heb je duizend leerroutes').

Het resultaat?

Als ik de school binnenloop moet ik denken aan een rommelspeelplaats. Ik zie geen strakke rijen voor een schoolbord, maar een gezellige chaos van zelfgebouwde bureaus, een aquarium, een nagemaakt graf van Toetanchamon, Griekse zuilen, een stapelbed, een Chinese draak en een halve Cadillac uit 1969.

Een van de leerlingen is Brent (17). Een paar jaar geleden zat hij nog op een tweetalig atheneum, waar hij hoge cijfers haalde. Alleen voor Frans en Duits stond hij een 3 en een 2. En dus moest hij naar de havo, waar het niet beter ging. Toen werd hem verteld dat hij naar het vmbo moest. 'Ik ben boos naar huis gerend. Thuis zei ik tegen mijn moeder dat ik bij de McDonald's ging werken.'

Maar via via kwam Brent bij Agora, waar hij mocht doen wat hij wilde. Hij weet nu alles van de atoombom, schrijft aan zijn eerste bedrijfsplan en spreekt heel aardig Duits. Inmiddels is hij ook – zonder diploma – aangenomen voor een internationaal programma van de Universiteit van Mondragon in Shanghai.

Brent vond het moeilijk om te vertellen dat hij was toegelaten tot de universiteit, vertelt zijn coach Rob Houben. 'Hij zei tegen me: "Ik moet nog zo veel terugdoen voor de school."'

Of neem Angelique (14). Van de basisschool kreeg ze een vmbo-kaderadvies, maar het meisje dat ik spreek is razend analytisch. Om de een of andere reden is ze geobsedeerd met Korea, wil ze daar per se studeren en heeft ze zichzelf al een aardig woordje Koreaans geleerd. Angelique is ook veganist en heeft een boek volgeschreven met argumenten waarmee ze vleeseters om de oren slaat. (Coach Rob: 'Die discussies verlies ik altijd.')

En zo gaat het maar door. Rafael (14) is programmeur en laat me zien dat hij een beveiligingslek bij de Open Universiteit heeft ontdekt. Hij heeft de webmaster al ingelicht, maar die heeft er nog niets mee gedaan. 'Als ik zijn aandacht zou willen, zou ik zijn eigen wachtwoord kunnen veranderen', zegt Rafael lachend.

Als hij me de website van het bedrijf laat zien waarvoor hij *front-end development* doet, vraag ik hem of het niet tijd wordt een factuurtje te sturen. Rafael kijkt me raar aan. 'Ik wil toch niet mijn motivatie verliezen?'

Toch is het niet de gedrevenheid van deze leerlingen die me het meest raakt. Het is de saamhorigheid.

Ik spreek een paar kinderen van wie ik zeker weet dat ze op mijn oude middelbare school zouden zijn afgemaakt. Maar op Agora wordt niet gepest, zo bevestigt iedereen die ik ernaar vraag. 'Je corrigeert elkaar', vertelt Milou (14).

Vaak wordt pesten gezien als een natuurverschijnsel, als iets wat nu eenmaal bij kinderen hoort. Maar sociologen hebben inmiddels uitgebreid onderzoek gedaan naar de plekken waar het meest wordt gepest. En die plekken blijken specifieke kenmerken te hebben. Het worden ook wel 'totale instituties' genoemd.[30] De socioloog Erving Goffman gaf een halve eeuw geleden al een heldere definitie:

- Iedereen leeft op dezelfde plek, onder hetzelfde gezag.
- Alle activiteiten worden samen uitgevoerd en iedereen moet hetzelfde doen.
- De activiteiten zijn strak gepland, vaak van uur tot uur.
- Er is een systeem van expliciete, formele regels, die van bovenaf zijn opgelegd.

Het ultieme voorbeeld van zo'n plek is natuurlijk een gevangenis, waar heel veel wordt gepest. Maar ook verpleeghuizen kunnen 'totale' kenmerken vertonen, met alle gevolgen van dien. Als je ouderen opsluit, kan een kastensysteem ontstaan waar de beste tafels en stoelen tijdens de bingo worden geclaimd door de grootste pestkoppen.[31] Een Amerikaanse pestexpert noemt bingo niet toevallig *'the devil's game'*.[32]

En dan hebben we nog de school. Op typisch Britse *boarding schools* (waar William Golding zijn *Lord of the Flies* op baseerde) wordt verreweg het meest gepest.[33] Deze scholen lijken op een gevangenis. Je kunt er niet weg, je moet een plek vinden in een strakke hiërarchie, en er is een strikte scheiding tussen de staf en de leerlingen. Zulke competitieve instellingen horen bij de Britse *upper-class*-cultuur (de meeste Londense politici hebben op een boarding school gezeten) maar druisen volgens pedagogen in tegen onze spelende natuur.[34]

Gelukkig kan het anders. Op vrije scholen als Agora wordt niet of nauwelijks gepest. Hier staan de ramen en deuren wagenwijd open. En belangrijker nog: iedereen is raar op Agora. Raar is normaal. Alle niveaus en leeftijden lopen door elkaar.

'Op mijn oude school zeiden ze dat je niet met vmbo'ers moet omgaan', zegt Brent. Maar dan vertellen hij en Joep (15) over die keer dat Noah (15, vmbo-kader) hun een college gaf over hoe je moet plannen, iets waar ze zelf niet goed in zijn. 'Noah heeft de komende anderhalf jaar van zijn leven gepland, dus dat was erg leerzaam', aldus Joep.

Hoe langer ik op Agora rondloop, hoe meer ik besef dat het bizar is om alleen kinderen van dezelfde leeftijd en hetzelfde niveau in hokken bij elkaar te zetten. Deskundigen waarschuwen al jaren voor de groeiende kloof tussen laag- en hoogopgeleid, maar waar begint het eigenlijk? Jolie (14): 'Ik merk niks van de niveauverschillen. Mensen van het vmbo heb ik slimmere dingen horen zeggen dan mensen van het vwo.'

Of neem de gewoonte om de dag op te delen in blokjes van vijftig minuten. 'Alleen scholen delen de wereld in vakken op', zegt coach Rob, 'dat gebeurt nergens anders.' Als een kind net in de *flow* van het leren zit, dan gaat in het regulier onderwijs de bel. Is er een systeem dat leren meer ontmoedigt?

Het is belangrijk dat ik de vrijheid op Agora niet overdrijf. De school is vrij, maar niet vrijblijvend. Er is een lichte, maar cruciale structuur: een dagopening door een van de leerlingen, een stilte-uurtje, een wekelijks gesprek met de coach. De kinderen weten bovendien dat er veel van hen wordt verwacht. De coaches leren hun om doelen te stellen voor zichzelf.

Die coaches zijn essentieel. Ze stimuleren en provoceren, bemoedigen en begeleiden. Eerlijk gezegd lijkt het mij moeilijker dan gewoon lesgeven. De coaches moeten veel van wat ze op de lerarenopleiding hebben geleerd weer vergeten. 'De meeste dingen die kinderen willen leren, kun je niet bieden', zegt Rob. Hij spreekt zelf geen Koreaans en kan ook niet programmeren, maar heeft Angelique en Rafael wel op weg geholpen.

De grote vraag is natuurlijk: zou dit onderwijsmodel voor de meeste kinderen werken?

Als ik zie hoe divers de leerlingen op Agora zijn, vind ik het moeilijk daaraan te twijfelen.[35] De kinderen vertellen me dat het eerst wennen was, maar na een tijdje leerden ze hun eigen nieuwsgierigheid te volgen. Sjef Drummen vergelijkt het met kippen uit een legbatterij. 'Een paar jaar geleden kocht ik er een paar van een boer. Die stonden uren in mijn tuin aan de grond genageld. Het duurde een week voordat ze zich durfden te bewegen.'

Dan nu het slechte nieuws. Wie radicaal vernieuwt, botst met het oude systeem.

Eigenlijk leidt Agora mensen op voor een andersoortige samenleving. De school wil kinderen de ruimte geven om zelfstandige, creatieve en betrokken burgers te worden. Maar als Agora niet scoort volgens de juiste criteria van gestandaardiseerde toetsen (lees: eindexamens), dan krijgt ze een onvoldoende van de inspectie. Dan gaat de geldkraan dicht. Dit is hét mechanisme waarmee innovaties als Agora al jaren worden tegengehouden.

Dus misschien moeten we een nog grotere vraag stellen: wat is het doel van ons onderwijs? Zijn we niet te sterk gefocust op het belang van goede cijfers en een goedbetaalde baan? In 2018 analyseerden twee Nederlandse economen een peiling onder 27.000 werknemers in 37 landen. Wat bleek: maar liefst 25 procent van de werknemers twijfelt aan het nut van zijn eigen werk.[36]

Wie zijn deze mensen? Geen schoonmakers, verpleegkundigen en politieagenten in ieder geval. Uit de data blijkt dat je de meeste 'sociaal nutteloze banen' in de private sector vindt, bij bijvoorbeeld banken, advocatenkantoren en reclamebureaus. Veel van deze werknemers zijn – volgens de criteria van onze 'kenniseconomie' – hartstikke succesvol. Ze hebben hoge cijfers gehaald, een prachtig LinkedIn-profiel aangemaakt en genieten een goed salaris. Toch vinden ze hun eigen werk nutteloos.

Het is de wereld op zijn kop. We besteden miljarden om onze grootste talenten de carrièreladder op te helpen, die zich – eenmaal aan de top – afvragen waar ze het eigenlijk voor doen. Ondertussen blijven politici roepen dat we het nog beter moeten doen in de ranglijstjes. Dat we nog 'hogeropgeleid' moeten worden, nog meer geld moeten verdienen en de economie verder moeten laten 'groeien'.[37]

Maar waar staan al die diploma's voor? Zijn ze het bewijs van creativiteit en verbeeldingskracht, of van het vermogen om stil te zitten en ja te knikken? De filosoof Ivan Illich schreef het jaren geleden al: 'De school is het reclamebureau dat je wil doen geloven dat je de maatschappij nodig hebt zoals ze is.'[38]

Agora, de spelende school, laat zien dat het anders kan. Ze hoort bij een beweging van scholen die het roer omgooien. Er wordt vaak schamper gedaan over deze vorm van onderwijs, maar de Summerhill School in Suffolk, Engeland, bewijst al sinds 1921 dat je kinderen veel vrijheid kunt toevertrouwen. En voor de Sudbury Valley School in Massachusetts geldt hetzelfde: sinds eind jaren zestig hebben duizenden kinderen er hun jeugd doorgebracht. En die zijn prima terechtgekomen.[39]

De vraag is niet: kunnen onze kinderen die vrijheid aan?

De vraag is: durven wij hun die vrijheid te geven?

Het is een urgente vraag. 'Het tegenovergestelde van spelen is niet werk', schreef de psycholoog Brian Sutton-Smith eens, 'het tegenovergestelde van spelen is depressie.'[40] En de manier waarop velen van ons nu werken – zonder vrijheid, zonder spel, zonder intrinsieke motivatie – maakt steeds meer mensen depressief. Volgens de Wereldgezondheidsorganisatie is depressie inmiddels volksziekte nummer één.[41] Ons grootste tekort vind je niet op een begroting, maar in onszelf. Het is een tekort aan zingeving. Een tekort aan spel.

Toch hangt er hoop in de lucht, zie ik die middag in Roermond. Als Chef Drammen me weer afzet bij het station, kijkt hij me grijnzend aan. 'Ik heb je behoorlijk sufgeluld, geloof ik.' En inderdaad: wie een tijdje rondloopt op Agora, voelt heel wat van zijn oude aannames wankelen.

Maar inmiddels begrijp ik het: dit is een reis naar het begin. De onderwijsfilosofie van Agora is die van de jagers en verzamelaars. Kinderen leren het beste in vrijheid, in een gemeenschap, met alle leeftijden en niveaus door elkaar, met coaches en spelleiders.[42] Drummen noemt het 'Onderwijs 0.0': terug naar de spelende mens.

HOOFDSTUK 15

ZO ZIET EEN ECHTE DEMOCRATIE ERUIT

1.

Het was een onwaarschijnlijke plaats voor een revolutie. Toch gebeurde het in deze stad, in het westen van Venezuela, waar een kleine elite al eeuwen de touwtjes in handen had. In Torres, een gemeente met evenveel inwoners als Groningen, werd het antwoord gevonden op enkele van de dringendste vragen van onze tijd.

Hoe herstellen we ons vertrouwen in de politiek? Hoe stuiten we de opmars van het cynisme in de samenleving? En hoe redden we de democratie?

Wereldwijd worden onze democratieën geteisterd door minstens zeven plagen. Partijen die afbrokkelen. Burgers die elkaar niet vertrouwen. Minderheden die worden buitengesloten. Kiezers die hun interesse verliezen. Politici die corrupt blijken. Rijken die hun belasting ontduiken. En dan nog het knagende besef dat de huidige democratie samengaat met een diepgewortelde ongelijkheid.

In Torres is een oplossing gevonden voor ál deze problemen. Het is een oplossing die inmiddels vijfentwintig jaar bestaat en zich in rap tempo over de wereld verspreidt. Ze is verbazingwekkend eenvoudig, maar komt zelden op het journaal. Misschien komt dat wel doordat ze – net als realistische organisaties als Buurtzorg en Agora – van een fundamenteel ander mensbeeld uitgaat.

Wat als burgers geen verwende en boze kiezers zijn? Wat als er een verantwoordelijke, gemotiveerde en constructieve burger in ieder van ons schuilt? Of anders gezegd: wat als een échte democratie gewoon tot de mogelijkheden behoort?

Het verhaal van Torres begon op 31 oktober 2004. Verkiezingsdag. In de Venezolaanse gemeente stonden twee kandidaten tegenover elkaar. De steenrijke Javier Oropeza, die als zittend burgemeester gesteund werd door de commerciële media, nam het op tegen Walter Cattivelli, die de machtige partij van president Hugo Chávez achter zich had staan.

Een echte keuze was er niet voor de inwoners van Torres. Oropeza of Cattivelli – het corrupte establishment zou in beide gevallen blijven zitten. Niets wees erop dat hier de toekomst van de democratie zou worden uitgevonden.

Of nu ja, er was nog één andere kandidaat, de moeite van het noemen nauwelijks waard. Julio Chávez (geen familie van) was een marginale onruststoker, die slechts een handjevol studenten, vrijzinnige theologen en vakbondsactivisten tot zijn achterban kon rekenen. Hij had dan ook een belachelijk verkiezingsprogramma, dat in één zin kon worden samengevat. Julio wilde, als hij burgemeester werd, zijn macht weggeven aan de inwoners van Torres.

Door zijn tegenstanders werd hij niet serieus genomen. Niemand gaf hem enige kans. Maar soms beginnen de grootste revoluties waar je ze het minst verwacht. Die zondag in oktober werd Julio Chávez, met een nipte 35,6 procent van de stemmen, verkozen tot burgemeester van Torres.[1]

En hij hield woord.

De lokale revolutie begon met honderden vergaderingen, waar alle burgers van Torres welkom waren. Er werden niet alleen discussies gevoerd, maar ook beslissingen genomen. 100 procent van het investeringsbudget van de gemeente, ongeveer zeven miljoen dollar, mocht voortaan door de burgers zelf worden besteed.

Het was tijd, zo vond de nieuwe burgemeester, voor een échte democratie. Dat wil zeggen: suffe zaaltjes, lauwe koffie, tl-licht en boekhouden maar. En dan niet door ambtenaren en beroepspolitici, maar door de burgers van de gemeente.

De oude elite keek met afgrijzen toe hoe hun corrupte systeem werd ontmanteld. 'Ze zeiden dat dit anarchie was', zou Julio (iedereen noemt de burgemeester bij zijn voornaam) later vertellen aan een Amerikaanse onderzoeker. 'Ze zeiden dat dit nooit kon werken, dat ik gek was om mijn macht op te geven.'[2]

De gouverneur van de staat Lara, waar Torres deel van uitmaakt, was woest dat Julio zijn marionet Oropeza had verslagen. De gouverneur besloot de geldkraan dicht te draaien en een ander gemeentebestuur aan te stellen. Maar waar hij niet op had gerekend, was de inmiddels enorme aanhang van de burgemeester. Honderden inwoners trokken naar het gemeentehuis en weigerden te vertrekken voordat hun begroting werd uitgevoerd.

Het volk trok aan het langste eind. Amper tien jaar na de verkiezing van Julio Chávez leek het alsof er eeuwen waren verstreken in Torres. De corruptie en het cliëntelisme waren fors verminderd, zo bleek uit onderzoek van de Universiteit van Californië, en de inwoners waren nog nooit zo betrokken geweest bij de politiek. Talloze huizen en scholen waren uit de grond gestampt, wegen waren aangelegd en buurten opgeknapt.[3]

Tot op de dag van vandaag heeft Torres een van de grootste burgerbegrotingen ter wereld. Maar liefst 15.000 mensen doen er jaarlijks aan mee. Ieder jaar begint het met bijeenkomsten op 560 plaatsen in de hele gemeente, waar voor iedereen de deuren openstaan om voorstellen in te dienen en afgevaardigden te kiezen. Samen wordt besloten waar de miljoenen aan belastinggeld aan worden besteed.

'Vroeger bleven de ambtenaren de hele dag in hun kantoren met airconditioning, waar ze hun beslissingen namen', vertelde een van de inwoners. 'Maar wie denk je dat een beter besluit kan nemen over wat we nodig hebben? Een ambtenaar in zijn kantoor, die nog nooit naar onze gemeenschap is gekomen, of iemand van die gemeenschap zelf?'[4]

2.

Nu denk je misschien: leuke anekdote, maar één zwaluw maakt nog geen democratische zomer. Waarom is er sprake van een revolutie als een obscure gemeente ver weg een keer iets geks doet?

Het punt is: het verhaal van Torres is slechts één bladzijde in een dik boek. Het grotere verhaal begon al in 1989, met de eerste metropool die maar liefst een *kwart* van de begroting aan zijn burgers toevertrouwde: het Braziliaanse Porto Alegre. Tien jaar later was dit idee overgenomen door meer dan honderd Braziliaanse steden. En toen ging het idee pas echt de wereld over. Anno 2016 deden meer dan 1.500 steden, van New York tot Sevilla en van Hamburg tot Mexico-Stad, aan een vorm van 'participatief budgetteren'.[5]

In feite hebben we het hier over een van de grootste bewegingen van de eenentwintigste eeuw – en toch is de kans groot dat je er nog niet eerder over hoorde. Maar weinig nieuwsprogramma's zijn erin geïnteresseerd. Burgerpolitici zijn nu eenmaal geen verkapte realitysterren. Ze hebben geen geld voor spindoctors of reclamespotjes. Ze studeren geen *oneliners* in voor zogenaamde 'debatten' en maken zich al helemaal niet druk om de dagelijkse peilingen.

Integendeel, burgerpolitici voeren rustige, redelijke gesprekken. Dat klinkt saai, maar het is magisch. Het zou zomaar eens hét antwoord kunnen zijn op de zeven plagen van onze oude, vermoeide democratie.

1. Van cynisme naar betrokkenheid

In de meeste landen is de afstand tot de politiek groot. Het zijn de stropdassen in Washington, Beijing en Brussel die beslissen. Niet zo gek dus, dat bijna niemand nog actief lid is van een politieke partij. Mensen voelen zich geen onderdeel van het systeem.

In Torres en Porto Alegre daarentegen kent bijna iedereen een politicus. Ongeveer 20 procent van de inwoners heeft een keer meegedaan aan het begroten, en dus is er minder gemopper op 'de politici' die het allemaal fout zouden doen.[6] De reactie is dan: doe zelf eens wat. 'Het zijn niet de maatpakken die hier komen en ons vertellen wat we moeten doen', vertelt een deelnemer in Porto Alegre. 'Wij zijn het. Ik ben een eenvoudig man, maar ik heb meegedaan sinds het begin. [...] Het [budgetteren] laat mensen praten, zelfs de allerarmsten.'[7]

Tegelijkertijd is het vertrouwen in het bestuur van Porto Alegre toegenomen. Vooral burgemeesters profiteren van burgerparticipatie, zo ontdekte een politicoloog van de Universiteit van Yale. Want als ze hun macht weggeven, worden ze vaker herkozen.[8]

2. Van versplintering naar vertrouwen

Toen de Braziliaanse stad Porto Alegre aan zijn experiment met een burgerbegroting begon, was het geen stad die bulkte van het vertrouwen. Integendeel, er is bijna geen land waar mensen zo weinig vertrouwen hebben in elkaar als Brazilië. En dus veronderstelden de meeste wetenschappers dat hier weinig kans was op een democratische lente. Mensen moesten eerst de handen ineenslaan, clubjes oprichten, discriminatie aanpakken, enzovoorts, en dán zou er pas een vruchtbare bodem zijn voor een bloeiende democratie.[9]

In Porto Alegre ging het andersom. Het vertrouwen begon pas te groeien na het besluit van de regering om een burgerbegroting in te voeren. Het aantal buurtverenigingen in de stad nam toe van 180 in 1986 naar 600 in 2000. De deelnemers aan het burgerbegroten gingen elkaar *'companheiro'* noemen, wat 'medeburger' of 'broeder' betekent.

In feite gedroegen ze zich als de legkippen uit het voorbeeld van Sjef Drummen, de oprichter van de school Agora. Toen de inwoners van Porto Alegre uit hun hok kwamen, stonden ze eerst nog aan de grond genageld. Maar na een tijdje kwamen ze in beweging. 'Het belangrijkste', zo vertelde een deelnemer, 'is dat er steeds meer mensen komen. Je hebt de verantwoordelijkheid om diegenen die voor het eerst komen een handje te helpen.'[10]

3. Van uitsluiting naar inclusiviteit

Voor veel mensen is het moeilijk om de politiek te volgen, omdat de debatten te ingewikkeld zijn. We leven in een diplomademocratie, waarin de burgers met de minste centen en opleiding aan de zijlijn staan. Zij hebben hoogstens de vrijheid om hun eigen aristocratie te kiezen.

Maar in veel van de honderden experimenten met een burgerbegroting blijkt juist de 'onderkant' van de samenleving oververtegenwoordigd. In New York komen, sinds het burgerbegroten in 2011 van start ging, vooral latino's en Afro-Amerikanen op de vergaderingen af.[11] In Porto Alegre behoort 30 procent van de deelnemers tot de armste 20 procent van de bevolking.[12]

'De eerste keer dat ik deelnam, was ik onzeker', vertelt een deelnemer uit Porto Alegre. 'Er waren mensen met diploma's van de universiteit, en die hebben wij niet. [...] Maar met het verstrijken van de tijd begonnen wij te leren.'[13] De nieuwe democratie is dus niet voorbehouden aan witte mannen van middelbare leeftijd. Keer op keer blijken armen, laagopgeleiden en minderheden een stuk beter vertegenwoordigd dan in de oude politiek.

4. Van gemakzucht naar burgerschap

De meeste kiezers hebben geen hoge pet op van hun bestuurders, en vice versa. Maar de democratieën van Torres en Porto Alegre blijken scholen van burgerschap. Zodra mensen delen in de macht, worden ze genuanceerder over de politiek. Inlevender. En zelfs slimmer.

Een journalist die onderzoek deed naar het burgerbudget van Vallejo, een stad in Californië, verbaasde zich over de toewijding van de deelnemers. 'Hier zaten ze dan, al deze mensen van verschillende leeftijden en achtergronden, die thuis voor de televisie konden zitten maar in plaats daarvan discussieerden over regels en stemprocedures.'[14]

Wat onderzoekers steeds opvalt, is dat bijna iedereen iets zinnigs heeft bij te dragen, diploma of niet. Als er maar serieus naar iedereen geluisterd wordt.

5. Van corruptie naar transparantie

Voordat de burgerbegroting werd ingevoerd in Porto Alegre moesten de inwoners urenlang in de wachtruimte van een politicus zitten om iets door hem of haar gedaan te krijgen. En dan hielp het als je een envelop met geld onder de tafel schoof.

Volgens een Braziliaanse socioloog, die jarenlang onderzoek deed in de stad, kwam die omkoopcultuur onder druk te staan.[15] De burgerbegroting zorgde ervoor dat burgers beter op de hoogte waren van de financiële situatie van hun stad. Dat maakte het moeilijker voor politici om steekpenningen te accepteren of baantjes uit te delen.

'We zien [de burgerbegroting] als een middel om ons te organiseren', vertelt een deelnemer in Chicago. 'Het helpt ons om meer te leren over het budget van de stad. Vervolgens kunnen we de wethouder onder druk zetten over andere onderwerpen in zijn portefeuille.'[16] Dat wil zeggen: de burgerbegroting maakt de kloof tussen burger en politiek kleiner dan ooit.

6. Van egoïsme naar solidariteit

Hoeveel boekenkasten zijn er in de afgelopen jaren niet volgeschreven over het afbrokkelen van de solidariteit? We willen betere zorg, meer onderwijs en minder armoede, maar daar moeten we dan wel aan willen bijdragen.

Het klinkt ongelofelijk, maar het participatieve budget blijkt ervoor te zorgen dat burgers bereid zijn om meer belasting te betalen, zo hebben wetenschappers ontdekt. Mensen besluiten immers zelf wat er met het geld gebeurt. In Porto Alegre gingen de deelnemers zelfs *hogere* lokale belastingen eisen, iets wat door politicologen altijd onmogelijk werd geacht.[17]

'Ik wist eerst niet dat de gemeentelijke belasting zo veel financierde', vertelde een deelnemer in Leicester East (Groot-Brittannië). 'Het was goed om te ontdekken welke diensten ermee worden betaald.'[18] Zo verandert de belastingaanslag in een contributie, die je betaalt als lid van een gemeenschap. Veel deelnemers vertellen dat ze zich door het budget voor het eerst een inwoner van hun stad voelden. 'Na een jaar leerde ik om niet alleen te kijken naar mijn eigen wijk, maar ook naar de stad als geheel', aldus een deelnemer in Porto Alegre.[19]

7. Van ongelijkheid naar verheffing

Toen Porto Alegre aan zijn avontuur begon, kampte de stad met grote financiële problemen. Een derde van de bevolking leefde in sloppenwijken.

Maar vervolgens ging de stad er razendsnel op vooruit – veel sneller dan de steden die geen burgerbegroting voerden.[20] Het aantal mensen met riolering vloog omhoog van 48 procent in 1989 naar 95 procent in 1996. In dezelfde tijd steeg het aantal mensen met stromend water van 75 naar 99 procent. Drie keer zo veel kinderen gingen naar school, vijf keer zo veel wegen werden aangelegd en de belastingontduiking nam flink af.[21]

Dankzij het burgerbegroten werd bovendien veel minder geld besteed aan prestigieuze vastgoedprojecten, zo bleek uit een evaluatie van de Wereldbank, en meer aan infrastructuur, onderwijs en zorg. En dat vooral in de armere buurten.[22]

In 2014 verscheen het eerste grootschalige onderzoek naar de sociale en economische impact van het burgerbegroten in heel Brazilië. De conclusie van de Amerikaanse onderzoekers was luid en duidelijk: 'Het [burgerbegroten] is sterk geassocieerd met een groei van de uitgaven aan de gezondheidszorg, een groei van het aantal buurtverenigingen en een afname van de kindersterfte. Deze verbinding wordt nog veel sterker als het burgerbegroten langer wordt volgehouden.'[23]

In het midden van de jaren negentig zond het Britse Channel 4 het programma *The People's Parliament* uit. Honderd willekeurig gelote burgers, van alle rangen en standen, gingen in debat over controversiële vraagstukken als drugs, de verkoop van wapens en jeugdcriminaliteit. Aan het einde van iedere uitzending moesten ze met een compromis komen.

'Veel kijkers van *The People's Parliament*', schreef het tijdschrift *The Economist*, 'achtten de debatten van een hogere kwaliteit dan die in het House of Commons. De leden van het eerstgenoemde lijken, in tegenstelling tot die van het laatste, te luisteren naar wat hun collega's zeggen.'[24]

En wat deed Channel 4? Het programma werd voortijdig gestaakt. De debatten in het programma waren te rustig, te redelijk, te rationeel. De meeste zenders geven de voorkeur aan het entertainment dat we normaliter 'de politiek' noemen.

Maar de participatieve democratie is niet zomaar een experimentje van tv-makers. Het is een beproefde methode om de plagen van de oude democratie aan te pakken.

Natuurlijk, iedere vorm van democratie kent zijn problemen, zo ook deze. De focus op jaarlijkse investeringen kan afdoen aan de langetermijnvisie van een stad. En belangrijker nog: veel burgerbegrotingen stellen te weinig voor. Het budget in Porto Alegre is gekortwiekt toen er in 2004 een conservatieve coalitie aan de macht kwam. Inmiddels is het de vraag of de traditie zal overleven in de stad waar het allemaal begon.

Soms is een burgerbegroting zelfs een schaamlap. Dan maken elites een vals gebaar van medezeggenschap terwijl ze in feite gewoon doorregeren. De bijeenkomsten van burgers worden gebruikt om beslissingen te legitimeren die toch al genomen zijn. Er is weinig waar mensen cynischer van worden.

Maar dit is geen argument om burgers de macht te ontzeggen. 'Behandel de mondige burger als stemvee en hij gedraagt zich als stemvee', schrijft de historicus David Van Reybrouck, 'maar behandel hem als een volwassene en hij gedraagt zich als een volwassene.'[25]

3.

In groep zes van de basisschool vertelde meester Arnold ons over het communisme. 'Van ieder naar zijn vermogen, aan ieder naar zijn behoeften.' Of zoals de definitie van de *Oxford English Dictionary* luidt (die ik jaren later las): 'Een sociale organisatie waarin al het eigendom in het bezit is van de gemeenschap en ieders bijdrage en ontvangst afhankelijk is van wat men kan bijdragen en nodig heeft.'[26]

Als kind leek het mij wel sympathiek. Waarom zouden we niet gewoon alles delen? Helaas volgde in de jaren erop de teleurstelling die zo veel kinderen moeten verwerken: eerlijk delen is misschien een mooi ideaal, maar in de praktijk ontaardt het in chaos, armoede of erger nog: een bloedbad. Kijk maar naar Rusland onder Lenin en Stalin. Kijk maar naar China onder Mao. Kijk maar naar Cambodja onder Pol Pot.

Tegenwoordig staat het c-woord bovenaan de lijst van omstreden ideologieën. Het communisme kán niet werken, zo luidt de boodschap. En waarom niet? Omdat het van een verkeerd mensbeeld uitgaat. Zonder privébezit hebben we geen prikkels om in beweging te komen en veranderen we al snel in lusteloze profiteurs.

Of althans, zo gaat het verhaal.

Als middelbare scholier vond ik het al raar dat als bewijs voor de 'mislukking' van het communisme steevast bloeddorstige regimes werden aangedragen in landen waar gewone burgers niets te zeggen hadden. Deze regimes hadden een oppermachtige politiestaat en een corrupte elite.

Wat ik me toen nog niet realiseerde, is dat het communisme – volgens de officiële definitie tenminste – al eeuwen een succesvol systeem is. Het heeft dan ook weinig te maken met de

Sovjet-Unie. Sterker nog, we beoefenen het iedere dag. Zelfs na decennia privatiseren zijn de grootste delen van onze economie nog communistisch georganiseerd. Het is zo normaal, zo vanzelfsprekend – dat we het niet meer zien.

Simpel voorbeeld: je zit aan het ontbijt en kan niet bij de kaasschaaf. 'Mag ik de kaasschaaf?' vraag je – en zowaar, zonder factuur krijg je de kaasschaaf aangereikt. Dit is wat antropologen ook wel 'dagelijks communisme' noemen.[27] Mensen zijn gek op het delen van pleinen en parken, muziek en verhalen, het strand en het bed.

Misschien wel het beste voorbeeld van deze vrijgevigheid is het huishouden. Miljarden huishoudens, wereldwijd, zijn communistisch georganiseerd: ouders delen hun bezit met hun kinderen en dragen bij naar vermogen. Het woord 'economie' komt niet toevallig van het Griekse *oikonomíā*, dat 'het beheer van het huishouden' betekent.

Ook op ons werk hangen we voortdurend de communist uit. Zo heb ik voor dit boek veel gehad aan het commentaar van tientallen collega's, terwijl ik hen niet betaald heb voor de tijd die ze erin hebben gestopt. Sterker nog, ik denk dat ze dat als een belediging zouden hebben opgevat. Het bedrijfsleven is gek op intern communisme omdat het stiekem best efficiënt is.

Maar hoe zit het dan met vreemden? We delen toch niet alles met iedereen?

Dat is zo, maar aan de andere kant: hoe vaak heb je een toerist laten betalen nadat je haar de weg wees? Of nadat je de deur openhield in de trein, of een voorbijganger liet schuilen voor de regen? Dit zijn geen 'voor-wat-hoort-wat-transacties' – je doet het gewoon, een kwestie van fatsoen. Het is genoeg om te geloven dat de vreemdeling hetzelfde voor jou zou doen.

Zo zit ons leven vol voorbeelden van communistisch gedrag. Het woord 'communisme' komt van het Latijnse *commu-*

nis, dat 'gemeenschappelijk' betekent. Je zou het communisme dan ook kunnen zien als het fundament waarop al het andere – markt, staat, bureaucratie – is gebouwd. Het verklaart misschien ook waarom er na een natuurramp, zoals in 2005 in New Orleans, een explosie van samenwerking en altruïsme plaatsvindt. We gaan dan terug naar ons fundament.

Natuurlijk, het communistische ideaal 'van ieder naar zijn vermogen, aan ieder naar zijn behoeften' kunnen we lang niet altijd toepassen, evenals we niet alles in geld kunnen uitdrukken. Maar wie een beetje uitzoomt ziet dat we in de praktijk meer met elkaar delen dan we voor onszelf houden.

Zonder een gemeenschappelijk fundament zou het kapitalisme niet eens functioneren. Veel bedrijven zijn door en door afhankelijk van de goedheid van hun klanten. Facebook zou niets waard zijn zonder de foto's en filmpjes die miljoenen gebruikers gratis met elkaar delen. Airbnb zou geen geld kunnen verdienen zonder de talloze recensies die voor nop worden geschreven.

Maar waarom zijn we zo blind voor ons eigen communisme? Misschien omdat de dingen die we delen niet opvallen. We vinden ze vanzelfsprekend. Niemand hoeft folders te drukken om mensen uit te leggen dat je lekker kunt wandelen in het Vondelpark. Schone lucht heeft geen behoefte aan televisiespotjes die vertellen dat je haar moet inademen. Je ziet de lucht ook niet als iemands bezit, net zomin als het strand waarop je luiert en de sprookjes die je vertelt.

Pas als iemand die lucht verhuurt, dat strand voor zichzelf opeist of de rechten op dat sprookje claimt, gaat het opvallen: wacht even, denk je dan, dit is toch van ons allemaal?

In het Engels wordt ook wel van '*the commons*' gesproken. Dat kan van alles zijn, zolang een gemeenschap het maar deelt en op democratische wijze beheert. Van een volkstuintje tot een website, van een taal tot een oceaan. Soms zijn de commons een geschenk van de natuur (denk aan olie in de grond), in andere gevallen zijn het menselijke uitvindingen (denk aan een website als Wikipedia).

Lange tijd behoorde vrijwel alles op de hele wereld tot de commons. Gedurende het grootste deel van onze geschiedenis bestond er immers nauwelijks privébezit, en geen staat. Jagers en verzamelaars zagen de natuur als een 'gevende plek' die iedereen voorzag in zijn behoeftes. Niemand kwam op het idee om een uitvinding of een liedje te patenteren. Integendeel, in hoofdstuk 3 zagen we al dat het succes van de *Homo puppy* juist te danken is aan het feit dat we elkaar als geen ander plagiëren.

Pas in de afgelopen tienduizend jaar zijn steeds grotere delen van de commons opgeslokt door de markt en de staat. Het begon met de eerste stamhoofden en koningen, die het land dat eens van iedereen was voor zichzelf opeisten. Vandaag de dag zijn het vooral multinationals die allerlei commons opslokken, van waterbronnen tot levensreddende medicijnen, van nieuwe kennis van wetenschappers tot de liedjes die we samen zingen. (Zo waren de rechten van de negentiende-eeuwse hit '*Happy Birthday*' tot 2015 in handen van Warner Music Group, wat het bedrijf tientallen miljoenen heeft opgeleverd.)

Of neem de opmars van de reclame-industrie. In de afgelopen decennia is de ene na de andere binnenstad ontsierd door grote reclameborden. Als iemand je huis toetakelt met graffiti, noemen we dit vandalisme. Maar als het om reclame gaat mag je de publieke ruimte gerust bekladden. Economen spreken dan van 'groei'.

Het begrip 'the commons' verwierf bekendheid toen Garrett Hardin, een Amerikaanse bioloog, erover publiceerde in het tijdschrift *Science*. Het was 1968, het revolutiejaar, waarin wereldwijd mensen de straat opgingen om te protesteren tegen het kapitalisme en de staat. 'Wees realistisch, eis het onmogelijke!' luidde de slogan van miljoenen demonstranten.

Maar de conservatieve Garrett Hardin roeide tegen de stroom in. In een artikel van slechts zes kantjes maakte hij gehakt van het naïeve idealisme van de hippies. De titel: *'The Tragedy of the Commons'*. 'Stel je een stuk land voor', schreef Hardin, 'dat open is voor iedereen.' Iedere herder zal zo veel mogelijk vee op deze grond laten grazen. Maar wat op dit individuele niveau handig lijkt, zorgt voor een collectieve ramp: alle planten worden opgegeten en er blijft een woestijn achter. Hardin sprak van een 'tragedie' in de oud-Griekse zin van het woord: een verdrietige, maar onvermijdelijke gebeurtenis. 'Vrijheid in de commons betekent de ondergang van iedereen.'[28]

De bioloog deinsde er niet voor terug om harde conclusies te trekken. Voedselhulp voor Ethiopië? Niet aan beginnen, zei hij, dan krijgen de paupers nog meer kinderen en wordt hun honger nog erger.[29] Net als de doemdenkers van Paaseiland zag Hardin overbevolking als de ultieme tragedie. Het recht op voortplanting kon maar beter worden ingeperkt (niet voor Hardin zelf trouwens, die vier kinderen had).

Het is moeilijk om de invloed van Hardins essay te overschatten. Het groeide uit tot het meest herdrukte artikel dat ooit verscheen in een wetenschappelijk tijdschrift, en werd gelezen door miljoenen mensen van over de hele wereld.[30] '[Het] zou verplichte literatuur moeten zijn voor alle studenten', schreef een Amerikaanse bioloog in de jaren tachtig, 'en als het aan mij ligt, voor iedereen.'[31]

Uiteindelijk werd *'The Tragedy of the Commons'* een van de krachtigste pleidooien voor de groei van de staat en de markt. Gemeenschappelijk bezit zou nu eenmaal niet werken. Óf de zichtbare hand van Vadertje Staat moest zijn zegenrijke werk doen, óf de onzichtbare hand van de Markt moest verlossing brengen. Het Kremlin of Wall Street – meer smaken leken er niet te zijn. En toen de Muur viel, in 1989, was er nog maar één smaak over: die van het kapitalisme. We waren allemaal een *Homo economicus* geworden.

4.

Of nu ja – al die tijd was er één vrouw die niet overtuigd was door het betoog van Garrett Hardin.

Elinor Ostrom was een ambitieuze onderzoeker in een tijd waarin er nauwelijks plek was voor vrouwen aan de universiteit. En in tegenstelling tot Hardin had ze weinig interesse in theoretische modellen. Ze wilde kijken hoe echte mensen in de echte wereld samenwerken.

Het duurde niet lang voordat de politicoloog ontdekte dat Hardin een cruciaal detail over het hoofd had gezien in zijn essay. Mensen kunnen praten. Boeren, vissers en burgers zijn prima in staat om afspraken te maken, zodat hun akkers geen woestijnen worden, hun meren niet raken leeggevist en hun waterputten niet droogvallen. Zoals de inwoners van Paaseiland bleven samenwerken en zoals de deelnemers van burgerbegrotingen er uitkomen na een goed gesprek, zo worden talloze commons succesvol beheerd. Door gewone mensen.

Ostrom zette een database op waarin ze voorbeelden verzamelde van commons van over de hele wereld. Van gemeenschappelijke weiden in Zwitserland tot gedeelde akkers in Japan, van irrigatiegemeenschappen op de Filipijnen tot watervoorraden in Nepal – keer op keer ontdekte ze dat er geen sprake hoeft te zijn van een 'tragedie', zoals Hardin had gesteld.[32]

Natuurlijk, een common kán aan tegengestelde belangen

en egoïsme ten onder gaan. Maar dat is niet onvermijdelijk. In totaal verzamelden Ostrom en haar collega's meer dan vijfduizend voorbeelden van functionerende commons. Veel daarvan bestonden al eeuwen, zoals de vissers van Alanya in Turkije die al sinds mensenheugenis hun vissersrechten verlootten en de boeren van het Zwitserse dorp Törbel die afspraken maakten over het gebruik van het schaarse brandhout.

In haar baanbrekende boek *Governing the Commons* (1990) formuleerde Ostrom een aantal 'ontwerpprincipes' die succesvolle commons kenmerken. Een gemeenschap moet bijvoorbeeld zelfstandig genoeg zijn, en er is effectieve sociale controle nodig. Maar Ostrom benadrukte dat er geen blauwdruk bestaat, uiteindelijk gaat het om de lokale context.

In de loop van de tijd ging Ostroms plek aan de universiteit steeds meer op een commons lijken. Ze richtte in 1973 met haar man de Workshop in Political Theory and Policy Analysis op aan de Universiteit van Indiana, waar onderzoekers van over de hele wereld samenkwamen om de commons te bestuderen. Ze noemden het een 'workshop' omdat de universiteit geen voorwaarden stelde aan hoe die georganiseerd moest worden. Het werd een plek van onderzoek en ontmoeting. Of zeg gerust: een soort hippiecommune. Als er een feestje was, nam Ostrom de leiding in het zingen van volksliedjes.[33]

En toen, jaren later, kwam het telefoontje uit Stockholm. In 2009 won Elinor Ostrom, als eerste vrouw ooit, de Nobelprijs voor de Economie.[34] Het was een veelzeggende keuze. Na de val van de Muur in 1989 en de crash van het kapitalisme in 2008 was het moment daar om de commons, de derde weg tussen de staat en de markt, de aandacht te geven die ze verdient.

5.

Je ziet het misschien niet terug in het nieuws, maar inmiddels maken de commons een grandioze *comeback*. Het lijkt zelfs alsof de geschiedenis zich herhaalt.

In de Late Middeleeuwen gebeurde het namelijk ook al in Europa: een explosie van samenwerking. Historicus Tine De Moor spreekt van een 'stille revolutie' van de elfde tot de dertiende eeuw. Steeds meer weidegronden werden toen gezamenlijk beheerd.[35] Gilden, waterschappen en begijnhoven schoten als paddenstoelen uit de grond. En eeuwenlang functioneerden deze commons prima. Pas in de achttiende eeuw kwamen ze opnieuw onder druk te staan.

De verlichte economen van destijds vonden dat de gedeelde landbouwgronden niet productief genoeg waren. En dus adviseerden ze de staat tot de zogenoemde *enclosures*: het gemeenschappelijke bezit moest worden opgeknipt en verdeeld onder rijke landeigenaren. Onder hun hoede zou de productie moeten toenemen.

Wie denkt dat de opkomst van het kapitalisme in de achttiende eeuw een spontaan proces was, heeft het dan ook mis. Het was niet de onzichtbare hand van de markt die de boeren zachtjes van het land naar de fabriek duwde. Over de hele wereld was het de harde hand van de staat, met een bajonet erin. De 'vrije markt' werd van bovenaf gepland en opgelegd.[36]

Pas aan het einde van de negentiende eeuw ontstonden, ongepland en van onderop, de talloze verenigingen en coöperaties van arbeiders, die de basis vormden voor de latere verzorgingsstaat. En dat gebeurt nu weer: na een periode van *enclosures* en marktwerking (van bovenaf gepland door de staat) is van onderop een stille revolutie begonnen. In de afgelopen jaren, en zeker sinds de financiële crisis van 2008, is het aantal zorgcoöperaties, broodfondsen en energiecoöperaties geëxplodeerd.

'De geschiedenis leert ons', zo schrijft historicus Tine De Moor, 'dat de mens een coöperatief wezen is, een *Homo cooperans*, en dat we al heel lang instituties die op langdurige samenwerking gericht zijn bouwen, en dat telkens na een periode van versnelde marktwerking en privatisering.'[37]

Dus: willen we meer of minder communisme?

Bij het vak economie op de middelbare school leerde ik nog dat de mens van nature een egoïstisch wezen is. Het kapitalisme zou voortkomen uit onze diepste instincten. Kopen, verkopen, onderhandelen, allemaal voor eigen gewin. Vooruit, werd er nog bij gezegd, de staat kan best een laagje solidariteit sprenkelen over onze natuurlijke neigingen. Maar dat gebeurt altijd van bovenaf, en gaat steevast gepaard met betutteling en bureaucratie.

Nu blijkt dat precies het tegenovergestelde het geval is. De mens is van nature een solidair wezen. En juist marktwerking moet van bovenaf worden opgelegd. Zo zijn in de afgelopen decennia miljarden gepompt in een verwoede poging om het zorgstelsel te veranderen in een kunstmatige markt. De zelfzucht komt immers niet vanzelf; die moet worden aangeleerd.

Zeker, er zijn talloze voorbeelden van markten die goed functioneren. En laten we niet vergeten dat de opkomst van het kapitalisme in de afgelopen twee eeuwen gepaard ging met een enorme groei van de welvaart. Tine De Moor pleit dan ook voor 'institutionele diversiteit'. Soms werken markten het beste, soms heeft de staat de juiste oplossing, maar uiteindelijk hebben we vooral behoefte aan een sterke gemeenschappelijke basis, van burgers die de handen ineenslaan.

De toekomst van de commons is nog onzeker. Aan de ene kant zijn ze weer in opkomst, aan de andere kant worden ze belaagd. Denk aan multinationals die watervoorraden opkopen en genen patenteren, overheden die alles wat los en vast zit privatiseren en universiteiten die hun kennis in de uitverkoop doen. Ook zien we de opkomst van het platformkapitalisme, waarbij bedrijven als Airbnb en Facebook de welvaart van de *Homo cooperans* weten af te romen. De deeleconomie is maar al te vaak een steeleconomie.[38]

Het is een harde, nog onbesliste strijd. Er zijn optimisten die bezweren dat de hele wereld straks één grote hippiecommune wordt. Postkapitalisme noemen ze dat, misschien omdat het c-woord nog altijd verboden is.[39] Aan de andere kant heb je pessimisten die geloven dat de ongelijkheid nog verder zal toenemen en nog veel meer commons worden opgeslokt door Silicon Valley en Wall Street.[40]

Wie krijgt er gelijk? Er is niemand die het echt weet. Maar ik denk dat we het meeste hebben aan het levenswerk van Elinor Ostrom, die geen optimist was, en ook geen pessimist. Zij was een possibilist. Ze geloofde dat het anders kan. Niet omdat ze aanhanger was van een abstracte theorie, maar omdat ze het met eigen ogen had gezien.

6.

Een van de meest hoopgevende alternatieven voor het huidige kapitalistische model blijkt, tot slot, al jaren oud te zijn. Je vindt het niet in het linkse Scandinavië, het 'communistische' China of in de anarchistische broedplaatsen van Latijns-Amerika. Nee, dit alternatief vind je in Alaska. Het conservatieve Alaska. Waar 'links' en 'socialistisch' scheldwoorden zijn.

Het was een idee van de Republikeinse gouverneur Jay Hammond (1922-2005), een geharde pelsjager en ex-gevechtspiloot die nog tegen de Japanners had gevochten. Toen eind jaren zestig grote olievoorraden werden gevonden in zijn staat, vond hij dat deze het eigendom waren van álle inwoners van Alaska. En dus stelde hij voor om het oliegeld in een gezamenlijke spaarpot te stoppen.

Zo werd, in 1976, het Alaska Permanent Fund opgericht. De vraag was natuurlijk wat er met al dat geld moest gebeuren. Veel conservatieve Alaskanen wilden niet alles aan de overheid geven, die zou het toch maar verspillen. En dus zat er maar één ding op. Vanaf 1982 kregen alle inwoners een dividenduitkering, die in goede jaren kon oplopen tot drieduizend dollar per persoon.

Tot op de dag van vandaag is het Permanent Fund Dividend – PFD voor intimi – volkomen onvoorwaardelijk. Het is geen gunst, maar een recht. In die zin is het Alaskaanse model het tegenovergestelde van de ouderwetse verzorgingsstaat. Als je tegenwoordig een beroep doet op een uitkering, moet je vaak bewijzen dat je ziek, beperkt of depressief genoeg bent. Pas als je op tientallen formulieren hebt aangetoond dat je echt een hopeloos geval bent, krijg je een beetje geld.

Zo'n systeem máákt mensen somber en lusteloos. Het produceert afhankelijkheid. Van een onvoorwaardelijk dividend daarentegen gaat vertrouwen uit. Natuurlijk waren er ook in Alaska genoeg mensen met een cynisch mensbeeld, die vreesden dat het dividend door andere Alaskanen zou worden opgesoupeerd aan alcohol en drugs. Maar de realisten concludeerden dat het tegendeel waar was.

In Alaska investeren mensen hun dividend vooral in onderwijs en zorg. Na een grondige analyse ontdekten twee Amerikaanse economen dat het PFD geen negatief effect heeft gehad op de werkgelegenheid, terwijl de armoede er fors door is afgenomen.[41] Uit onderzoek naar een vergelijkbaar dividend in North Carolina blijkt zelfs dat er allerlei positieve neveneffecten zijn. De zorgkosten gaan omlaag, kinderen presteren beter op school en zo wordt de investering van zo'n dividend zelfs terugverdiend.[42]

Stel dat we Alaska's filosofie van gezamenlijk bezit nog verder doortrekken. Dat we zouden zeggen dat ook het grondwater, het aardgas, de patenten die door ons belastinggeld zijn gefinancierd en nog veel meer, toebehoren aan de gemeenschap. Als een deel van de commons wordt ingepikt, als de aarde wordt vervuild, of als er CO_2 in onze atmosfeer wordt gedumpt, moeten wij, de leden van de commons, dan niet worden gecompenseerd?[43]

Zo'n fonds zou een nog veel groter dividend kunnen opbrengen voor ieder van ons. Het zou een 'burgerdividend' zijn, dat de vrijheid biedt om je eigen keuzes te maken. Een uitkering die berust op vertrouwen. Durfkapitaal voor het volk.

Het PFD is in ieder geval razend populair in Alaska. Iedere politicus die eraan wil morrelen, riskeert een einde aan zijn politieke carrière.[44] Misschien komt dat wel doordat het, net als de echte democratie van Porto Alegre en Torres, voorbij de ouderwetse tegenstellingen gaat. Voorbij links en rechts. Voorbij markt en staat. Voorbij kapitalisme en communisme. We hebben het hier over een nieuwe weg. Over een samenleving waar we allemaal een aandeel in hebben.

DEEL 5

DE ANDERE WANG

'Om iemand te straffen moet je hem verwonden. Om iemand te hervormen moet je hem verbeteren. Mensen worden niet beter van verwondingen.'

— George Bernard Shaw (1856-1950)

Niet lang geleden pakte Julio Diaz, een jonge maatschappelijk werker, de metro naar zijn huis in The Bronx, New York. Zoals bijna elke werkdag stapte hij een halte eerder uit om een hapje te eten bij zijn favoriete *diner*.

Maar die avond verliep de wandeling naar het restaurant heel anders. Bij de trap van het uitgestorven metrostation sprong ineens een jongen uit de schaduw. Een tiener met een mes in zijn handen. 'Ik gaf hem mijn portemonnee', zou Julio later aan een journalist vertellen. De jongen greep het geld en stond op het punt weg te rennen toen Julio ineens iets onverwachts deed.

'Hé, wacht even', riep hij. 'Als je de hele avond nog mensen gaat beroven kun je misschien ook mijn jas meenemen om warm te blijven.'

De overvaller keek Julio ongelovig aan. 'Waarom doe je dit?'

'Als jij je vrijheid wilt riskeren voor een paar dollar', zei Julio, 'dan denk ik dat je het geld echt nodig hebt. Het enige wat ik wilde is een hapje eten. En als je trouwens wilt aanschuiven... je bent meer dan welkom.'

En zo geschiedde. Even later zaten Julio en zijn overvaller tegenover elkaar in Julio's favoriete restaurant. De obers groetten hen hartelijk. De manager kwam langs voor een praatje. Ook de afwassers zeiden hallo.

'Je kent iedereen hier', zei de jongen verbaasd, 'ben je de eigenaar of zo?'

'Nee hoor', antwoordde Julio. 'Ik eet hier gewoon vaak.'

'Maar je bent zelfs aardig tegen de afwassers!'

'Is jou dan niet op school geleerd dat je aardig moet zijn tegen iedereen?'

'Jawel', antwoordde de jongen, 'maar ik had nooit gedacht dat iemand dat ook echt zou doen.'

Toen Julio en zijn overvaller waren uitgegeten kwam de rekening. Enige probleem: Julio had geen portemonnee meer. 'Luister', zei hij tegen zijn overvaller, 'ik denk dat jij dit moet betalen want jij hebt mijn geld. Maar als je m'n portemonnee teruggeeft, dan trakteer ik graag.'

De jongen overhandigde de portemonnee, waarop Julio de rekening betaalde en de jongen twintig dollar gaf. Op één voorwaarde: dat hij ook het mes afstond.

Toen een journalist Julio een paar weken later vroeg waarom hij zijn overvaller mee uit eten had genomen, hoefde hij niet lang na te denken. 'Als je mensen goed behandelt, kun je alleen maar hopen dat ze jou ook goed behandelen. Eenvoudiger wordt het niet in deze ingewikkelde wereld.'[1]

Toen ik een vriend vertelde over Julio's heldendaad was zijn reactie onmiddellijk en direct.

'Mag ik even een teiltje?'

Oké, het is een nogal sentimenteel verhaal. Het voorval deed mij denken aan de clichés die ik als jongen in de kerk hoorde. Zo lazen we tijdens de catechisatie uit de Bergrede van Jezus, in Mattheüs 5:

> Jullie hebben gehoord dat gezegd werd: 'Een oog voor een oog en een tand voor een tand.' En ik zeg jullie je niet te verzetten tegen wie kwaad doet, maar wie je op de rechterwang

slaat, ook de linkerwang toe te keren. Als iemand een proces tegen je wil voeren en je onderkleed van je wil afnemen, sta hem dan ook je bovenkleed af. En als iemand je dwingt één mijl met hem mee te gaan, loop er dan twee met hem op.

Tuurlijk, denk je dan. Mooi plan, Jezus – als we heiligen zouden zijn. Enige punt is dat we mensen zijn. In de echte wereld is er weinig zo naïef als het toekeren van je andere wang, of niet soms?

Wat ik me nu pas realiseer, is dat Jezus eigenlijk een rationeel principe beschreef. Moderne psychologen noemen het ook wel 'niet-complementair gedrag'. Bedenk: meestal spiegelen mensen elkaar. Je krijgt een complimentje, en je geeft al snel een pluim terug. Iemand zegt iets onaardigs, en je hebt meteen de behoefte met iets lulligs te antwoorden. In de vorige hoofdstukken zagen we hoe krachtig zulke positieve of negatieve *feedback loops* kunnen zijn binnen scholen, bedrijven en democratieën.

Het is makkelijk om het goede te doen als je zelf ook goed wordt behandeld. Makkelijk, maar niet genoeg. Of zoals Jezus zei: 'Is het een verdienste als je liefhebt wie jou liefheeft? Doen de tollenaars niet net zo? En als jullie alleen je broeders en zusters vriendelijk bejegenen, wat voor uitzonderlijks doe je dan?'

De vraag is of we een stap verder kunnen zetten. Wat als we niet alleen het goede aannemen in onze kinderen, in onze collega's en in onze medeburgers, maar ook in onze vijanden? Dat zal véél moeilijker zijn, en zelfs lijnrecht tegen onze intuïtie in gaan. Mahatma Gandhi en Martin Luther King, de grootste helden van de twintigste eeuw, blonken uit in niet-complementair gedrag, maar dat waren bijna bovenmenselijke figuren.

De vraag is dus: Zijn wij er zelf toe in staat? En werkt het ook op grote schaal, in gevangenissen en op politiebureaus, na aanslagen en in oorlogstijd?

HOOFDSTUK 16

THEEDRINKEN MET TERRORISTEN

1.

In een bos in Noorwegen, ongeveer honderd kilometer ten zuiden van Oslo, vind je een van de vreemdste gevangenissen ter wereld.

Er zijn geen cellen en geen tralies. Er lopen geen bewakers met pistolen of handboeien. Er is wel een bos van berken en pijnbomen, een glooiend landschap met wandelpaadjes en om dat alles heen een hoge stalen muur – een van de weinige herinneringen aan het feit dat hier toch echt mensen zijn opgesloten.

De inwoners van de gevangenis, genaamd Halden, hebben ieder hun eigen kamer. Met vloerverwarming. Flatscreen. Badkamer *en suite*. Er zijn keukens, waar de gevangenen zelf mogen koken, met porseleinen borden en roestvrijstalen messen. Halden heeft ook een bibliotheek, een klimmuur en een heuse muziekstudio, waar de bewoners hun eigen platen kunnen opnemen. Die muziek wordt uitgebracht onder het label van de gevangenis dat – geen grap – Criminal Records heet. Drie gevangenen hebben al meegedaan aan de Noorse *Idols*, en de eerste gevangenismusical is in de maak.[1]

In feite is Halden een schoolvoorbeeld van wat je een 'niet-complementaire gevangenis' zou kunnen noemen. Het personeel spiegelt niet het gedrag van de gedetineerden, maar keert hun juist de andere wang toe. Zelfs naar de zwaarste misdadigers. Er is wel een isolatiecel, maar deze is nog nooit gebruikt. De bewakers dragen niet eens wapens. Of zoals een van hen opmerkt: 'We praten tegen de jongens, dat is ons wapen.'[2]

Mocht je denken dat ik hier een van de softste gevangenissen van Noorwegen beschrijf, dan heb je het mis. Halden heeft het hoogste beveiligingsniveau. Er zitten ongeveer 250 drugsdealers, zedendelinquenten en moordenaars, wat het de op een na grootste gevangenis van Noorwegen maakt.

Zoek je een nog relaxtere gevangenis, dan hoef je maar een paar kilometer verder te rijden. Even verderop ligt het pittoreske eiland Bastøy, dat als gevangenis dient voor 115 zware misdadigers die de laatste jaren van hun straf uitzitten. Hier gebeurt hetzelfde als tijdens het BBC Prison Experiment, de saaie realityshow die uitmondde in een pacifistische commune (zie hoofdstuk 7).

Ik kon mijn ogen nauwelijks geloven toen ik voor het eerst foto's van het eiland zag. Gevangenen en bewakers die samen barbecueën? Zwemmen? Zonnebaden? Het is überhaupt lastig om het personeel en de criminelen uit elkaar te houden, want de bewakers van Bastøy dragen geen uniform. Ze eten aan dezelfde tafel als de gevangenen.

Er is van alles te doen op het eiland. Er is een bioscoop, een zonnebank en er zijn twee skihellingen. Een paar gevangenen hebben de Bastøy Blues Band opgericht, waarmee ze het tot het voorprogramma van de populaire Amerikaanse rockband ZZ Top hebben geschopt. Verder zijn er nog een kerk, een supermarkt en een bibliotheek.

Al met al lijkt Bastøy misschien een luxeresort, maar dat is overdreven. De gevangenen moeten flink aan de bak om hun gemeenschap draaiende te houden. Ze moeten ploegen en zaaien, oogsten en koken, houthakken en timmeren. Alles wordt gerecycled en een kwart van het voedsel wordt zelf verbouwd. Sommige gevangenen forenzen zelfs naar het vasteland, voor hun baan aan de overkant. De veerdienst wordt bediend door de gedetineerden zelf.

En o ja, voor hun werk hebben de mannen de beschikking over messen, hamers en andere potentiële moordwapens. Ze mogen zelfs een kettingzaag gebruiken als ze een boom willen vellen. Dat gold ook voor die ene man die was veroordeeld voor een moord met, jawel, een kettingzaag.

Zijn de Noren gek geworden? Hoe naïef moet je zijn om busladingen vol moordenaars af te zetten op een vakantie-eiland?

Het personeel van Bastøy vindt het de normaalste zaak van de wereld. De bewakers van alle Noorse gevangenissen, van wie 40 procent vrouw, hebben een tweejarige opleiding gehad. Daar hebben ze geleerd dat het beter is om vrienden te worden met de gevangenen dan om hen te betuttelen en te vernederen.

De Noren spreken ook wel van *'dynamic security'*, om een onderscheid te maken met de ouderwetse *'static security'* (van muren, camera's en tralies). In Noorse gevangenissen gaat het niet om het voorkomen van slechte daden, maar om het voorkomen van slechte intenties. De bewakers beschouwen het als hun plicht om gedetineerden zo goed mogelijk voor te bereiden op het gewone leven. Dit wordt ook wel het 'principe van normaliteit' genoemd: het leven binnen moet zo veel mogelijk op het leven buiten lijken.

En het wonderlijke is: dat lijkt te werken. Halden en Bastøy zijn vredige gemeenschappen. Normaliter zijn gevangenissen door en door 'totale instituties' – het soort plekken waar veel wordt gepest (zie hoofdstuk 14). Maar in Noorse gevangenissen gaan de gedetineerden juist goed met elkaar om. Als er een keer een conflict is, worden de ruziemakers bij elkaar gebracht voor een goed gesprek. Dan mogen ze pas de deur uit als ze elkaar de hand hebben geschud.

'Het is echt heel simpel', vertelt de directeur van Bastøy, Tom Eberhardt. 'Behandel mensen als tuig, en ze zullen tuig zijn. Behandel ze als mensen, en ze zullen zich gedragen als mensen.'[3]

Ik was nog steeds niet overtuigd. Rationeel kon ik wel begrijpen waarom een niet-complementaire gevangenis beter zou kunnen werken. Maar intuïtief bleef het wringen. Moordenaars opsluiten in een gezellig dorp? Wat zouden de slachtoffers hier wel niet van denken?

Maar toen las ik de nuchtere uitleg van Tom Eberhardt. Hij wijst erop dat bijna iedere gevangene weer vrijkomt. Meer dan 90 procent van de Noorse gevangenen staat zelfs binnen een jaar weer buiten, en dan worden ze hoe dan ook *iemands* buurvrouw of buurman.[4] 'Luister, ieder jaar laten wij buren vrij', zei Tom tegen een Amerikaanse journalist, 'wil je soms dat ik ze loslaat als tikkende tijdbommen?'[5]

Uiteindelijk, zo bedacht ik, is één ding het belangrijkste. Het resultaat. Hoe doen dit soort gevangenissen het eigenlijk? In de zomer van 2018 ging een team van Noorse en Amerikaanse economen met die vraag aan de slag. Ze becijferden dat de recidive (de kans dat een vrijgelaten gevangene weer de fout in gaat) door een verblijf in een gevangenis als Halden of Bastøy met bijna de helft wordt verlaagd ten opzichte van een taakstraf of geldboete in Noorwegen.[6]

Ik sloeg steil achterover. *Bijna de helft.* Dat is ongehoord. Per veroordeling worden er in de toekomst gemiddeld elf misdaden minder gepleegd. De kans op een baan voor de ex-gevangenen blijkt bovendien te groeien met 40 procent. Oftewel: veel mensen komen door hun verblijf in een Noorse gevangenis op een heel ander levenspad terecht.

Niet toevallig heeft Noorwegen de laagste recidive ter wereld. Het Amerikaanse gevangenissysteem daarentegen heeft een van de *hoogste* recidives. In de VS zit 60 procent van de gevangenen na twee jaar weer achter slot en grendel, in Noorwegen 20 procent.[7] Voor Bastøy hebben we het over een recidive van maar 16 procent.[8] Dat maakt het tot de beste gevangenis van Europa, en waarschijnlijk zelfs de hele wereld.

Laatste vraag dan nog: is de Noorse methode niet veel te duur?

Aan het einde van hun artikel zetten de economen de kosten en baten op een rijtje. Zo kost een verblijf in een Noorse gevangenis gemiddeld 60.515 dollar per veroordeling, bijna twee keer zo veel als in de VS. Maar daartegenover staat een besparing binnen het Noorse rechtssysteem van 71.226 dollar, omdat de ex-gedetineerden minder misdaden plegen. Vervolgens is er een besparing van gemiddeld 67.086 dollar, omdat meer mensen werk vinden, en er dus minder uitkeringen nodig zijn en er meer belasting wordt betaald. Ten derde zijn er minder slachtoffers, wat onmogelijk in geld is uit te drukken.

Conclusie: zelfs als we conservatief schatten, verdient een verblijf in een Noorse gevangenis zich meer dan dubbel terug. De Noorse aanpak is geen naïeve, socialistische uitwas. We hebben het over een beter, menselijker en goedkoper systeem.

2.

Op 23 juli 1965 kwam in het centrum van Washington D.C. een comité van negentien topcriminologen bijeen. Ze waren opgeroepen door niemand minder dan president Lyndon B. Johnson. Hun opdracht voor de komende twee jaar: ontwikkel een radicaal nieuwe visie voor het Amerikaanse rechtssysteem, van de politie tot de detentie.

Het waren de *roaring sixties.* Terwijl een nieuwe generatie rammelde aan de poorten van de macht, nam de misdaad snel toe, en kraakte het oude rechtssysteem in zijn voegen. De criminologen wisten dat ze groot moesten denken. Hun uiteindelijke rapport bevatte meer dan tweehonderd aanbevelingen. De hulpverlening moest op de schop, politieagenten moesten beter worden opgeleid, en er moest een nationaal alarmnummer komen: 911.

Maar de radicaalste aanbevelingen? Die gingen over de toekomst van de gevangenis. De experts wonden er geen doekjes om:

> Het leven in veel instellingen is in het beste geval dor en nutteloos, en in het slechtste geval onbeschrijfelijk bruut en vernederend. [...] De omstandigheden waarin [de gevangenen] leven zijn de slechtst mogelijke voorbereiding op een succesvolle terugkeer in de samenleving, en bevestigen vaak alleen maar een patroon van manipulatie en vernietigingsdrang.[9]

De commissie vond dat het tijd was voor een totale hervorming. Weg met de tralies, cellen en lange gangen. 'Qua architectuur zou de modelinstelling zo veel mogelijk een normale, huiselijke setting hebben', aldus de experts. 'De kamers zouden deuren hebben in plaats van tralies. Gevangenen zouden aan kleine tafels eten in een informele sfeer. Er zouden schoollokalen zijn, recreatiefaciliteiten, en misschien een winkel en een bibliotheek.'[10]

Weinig mensen weten dat het niet veel had gescheeld of de Amerikanen hadden nu net zo'n gevangeniswezen als de Noren gehad. Eind jaren zestig gingen de eerste experimenten met de 'nieuwe generatie' gevangenissen van start. Gedetineerden kregen ieder een eigen kamer, waarvan de deur grensde aan één huiskamer. Daar konden ze praten, lezen en spelletjes spelen, terwijl een ongewapende bewaker een oogje in het zeil hield. Er waren gestoffeerde meubels, porseleinen toiletten en er lagen zachte tapijten op de vloer.[11]

Dit was, zo zeiden de experts, de gevangenis van de toekomst.

Achteraf is het schokkend hoe snel er een andere wind ging waaien, en waar die wind vandaan kwam. Het begon met Philip Zimbardo, die in februari 1973 het eerste academische artikel over zijn Stanford Prison Experiment publiceerde. Deze psycholoog, die zelf nooit een echte gevangenis had bezocht, stelde in zijn artikel dat gevangenissen inherent kwaadaardige plekken zijn. Hoe je ze ook inricht.

Die conclusie werd met instemming ontvangen en won aan populariteit toen een jaar later het beruchte *Martinson Report* verscheen. De naamgever van dat rapport, Robert Martinson, was een socioloog aan de Universiteit van New York. Onder zijn vrienden stond hij bekend als een briljante, bijna maniakale figuur. En hij had een missie. Martinson was in zijn jeugd burgerrechtenactivist geweest, en had toen 39 dagen in de gevangenis gezeten (waarvan drie in een isolatiecel). Na deze afschuwelijke ervaring wist hij het zeker: gevangenissen zijn monsterlijke plekken.

Kort na zijn studententijd, het was inmiddels eind jaren zestig, werd Martinson gevraagd om te helpen bij een grote analyse van alle vormen van hulpverlening aan delinquenten – cursussen, therapie, begeleiding – waarbij criminelen werden bijgestaan om de draad weer op te pakken. Met twee andere sociologen verzamelde hij meer dan tweehonderd studies van over de hele wereld. Het uiteindelijke rapport besloeg 736 pagina's en kreeg de droge titel: *The Effectiveness of Correctional Treatment: A Survey of Treatment Evaluation Studies.*

Zulke ingewikkelde onderzoeken werden nauwelijks gelezen door journalisten. Maar gelukkig kwam Martinson zelf met een korte samenvatting van het onderzoek in een populair tijdschrift. De titel van dat stuk: *'What works?'* De conclusie: *Nothing works.* 'Afgezien van enkele uitzonderlijke gevallen', schreef Martinson, 'hebben de pogingen tot reclassering tot dusver geen enkel effect gehad.'[12] De linkse socioloog hoopte – net als Philip Zimbardo – dat iedereen nu zou concluderen dat alle gevangenissen dicht moesten.

Dat viel tegen.

In eerste instantie konden de media geen genoeg krijgen van de charismatische socioloog. In talloze krantenartikelen en televisieprogramma's kreeg Martinson de gelegenheid om zijn harde conclusie te herhalen, terwijl zijn co-auteurs zich de haren uit het hoofd trokken. (In werkelijkheid waren de resultaten van 48 procent van de onderzochte studies namelijk positief. Reclassering kan wel degelijk werken.)[13]

De gemankeerde samenvatting van het *Martinson Report* maakte de weg vrij voor de *hardliners*. Zie je wel, zeiden politici uit conservatieve hoek, sommige mensen zijn nu eenmaal verdorven. Het hele idee van rehabilitatie zou in gaan tegen de menselijke natuur. Je kon slechteriken maar beter opsluiten en de sleutel weggooien. Zo brak er een nieuw tijdperk aan van streng, strenger, strengst. De Amerikaanse experimenten met de nieuwe generatie gevangenissen werden afgebroken.

Ironisch genoeg trok Martinson een paar jaar later zijn conclusie terug ('in tegenstelling tot wat ik eerder zei, blijken sommige programma's wel degelijk de recidive te verlagen').[14] Tijdens een seminar in 1978 vroeg een verbaasde professor wat hij zijn studenten nu moest vertellen. Martinson: 'Vertel ze dat ik uit m'n nek kletste.'[15]

Maar toen luisterde vrijwel niemand meer. Martinson schreef nog één artikel waarin hij zijn fouten toegaf, maar dat werd alleen geaccepteerd door een obscuur tijdschrift. Een collega verzuchtte dat het 'waarschijnlijk het minst gelezen artikel in het strafrechtelijk debat over reclassering' was.[16] Er kwam geen bericht over Martinsons rectificatie in de krant, op de radio of op de televisie.

En zo was het ook geen nieuws toen de 52-jarige socioloog, een paar weken later, van de vijftiende verdieping van zijn flat in Manhattan sprong.

3.

Wie inmiddels wel in het nieuws kwam, was professor James Q. Wilson.

Wilson is geen naam die veel belletjes zal doen rinkelen, maar als je iets wilt begrijpen van de staat waarin het Amerikaanse rechtssysteem tegenwoordig verkeert, dan kun je niet om hem heen. In de jaren nadat Robert Martinson zich van het leven beroofde, veranderde James Wilson de koers van de Amerikaanse geschiedenis.

Professor Wilson doceerde politicologie aan de Universiteit van Harvard. Hij had overal een mening over, van bio-ethiek tot de oorlog tegen drugs, van de toekomst van de rechtsstaat tot scubaduiken.[17] (De professor liet zich graag fotograferen met haaien van meer dan zes meter lang.)[18] Maar het grootste deel van zijn oeuvre? Dat ging over misdaad.

Als Wilson ergens een hekel aan had, dan was het de andere wang. Hij moest niets hebben van de nieuwe generatie gevangenissen, waar gedetineerden vriendelijk werden behandeld. Hij vond het onzinnig om je blind te staren op de zogenaamde 'grondoorzaken' van crimineel gedrag. Al die linkse types die maar doorgingen over de moeilijke jeugd van criminelen – sommige mensen zijn nu eenmaal tuig. En tuig kun je maar beter opsluiten. Of executeren.

'Het laat zien hoe verward we tegenwoordig zijn', schreef Wilson, 'dat zo'n stelling op veel verlichte lezers als wreed, of zelfs barbaars zal overkomen.'[19]

Toch was het pure logica, aldus de politicoloog in zijn boek *Thinking About Crime* (1975). Deze bundeling van essays werd een hit onder mensen die aan de touwtjes trokken. In het jaar dat het boek verscheen, noemde president Gerald Ford de ideeën van Wilson 'heel interessant en behulpzaam'.[20] Topambtenaren liepen weg met zijn gedachtegoed. Het beste middel tegen misdaad, legde de professor hun geduldig uit, was misdadigers opsluiten. Hoe moeilijk kon het zijn?

Toen ik een paar artikelen had gelezen over de invloed van James Q. Wilson op het Amerikaanse rechtssysteem, dacht ik: ik ken die naam ergens van.

Wat bleek? In 1982 was hij met nóg een revolutionair idee gekomen, een idee dat de geschiedenis in zou gaan als de '*Broken Windows*'-theorie. De eerste keer dat ik op deze theorie stuitte, was in het boek waarin ik ook over de moord op Kitty Genovese las (en de 38 'apathische' omstanders). *The Tipping Point* van de journalist Malcolm Gladwell.

Ik weet nog dat ik Gladwells hoofdstuk over Wilson in één ruk had uitgelezen. 'Stel je een gebouw voor met een paar gebroken ramen', schreef Wilson zelf in 1982 in het tijdschrift *The Atlantic*.[21] Als die ramen niet worden gerepareerd, dan zullen vandalen nog een paar ramen ingooien. En als er dan niemand ingrijpt, wordt het pand vroeg of laat gekraakt. Vervolgens kunnen er zomaar een paar verslaafden gaan wonen, en hoelang duurt het dan nog voordat de eerste moord wordt gepleegd?

'Dit is een epidemische theorie van misdaad', schreef Gladwell.[22] Troep op straat, een plasje in een portiek: het zijn *tipping points* voor moord en doodslag. De boodschap van één gebroken raam is immers dat de orde niet wordt gehandhaafd, waarna criminelen concluderen dat ze nog verder kunnen gaan. Dus wil je de zware misdaad bestrijden? Dan moet je beginnen met het repareren van gebroken ramen.

Ik vond het eerst nog een raar idee. Je druk maken over kleine vergrijpen terwijl dagelijks mensen worden vermoord? Het lijkt – zo gaf ook Gladwell toe – 'net zo zinloos als het schrobben van het dek van de Titanic, terwijl het schip op de ijsbergen afstevende'.[23]

Maar toen las ik over de eerste experimenten.

Halverwege de jaren tachtig werd George Kelling, de co-auteur van Wilson, ingehuurd als adviseur voor de stad New York. Kelling adviseerde om een enorme schoonmaakactie op te zetten. De metro's van de stad waren met liters graffiti beklad, en dat kon zo niet langer. 'Het was bijna een religie voor ons', zou het hoofd van de operatie later zeggen.[24] Een metro waar ook maar een beetje graffiti op zat, werd in rap tempo schoongepoetst.

Toen volgde de tweede fase. Wilson en Kelling geloofden dat hun Broken Windows-theorie niet alleen opging voor rommel, maar ook voor rommelmakers. Een stad waar wildplassers, hangjongeren en bedelaars hun gang konden gaan, zou een stad worden waar veel ergere dingen gebeuren. 'De openbare orde is iets kwetsbaars', zei Wilson nog in 2011.[25] In tegenstelling tot veel andere wetenschappers hechtte hij weinig waarde aan onderzoek naar de structurele oorzaken van misdaad, zoals armoede of discriminatie. Hij beweerde dat er uiteindelijk maar één echte oorzaak is: de menselijke natuur.

De meeste mensen, geloofde Wilson, maken een simpele kosten-batenafweging. Loont misdaad, of niet? Als de politie laks optreedt en gevangenissen te comfortabel zijn, dan moet je niet verbaasd zijn als meer mensen voor het criminele pad kiezen.[26] En neemt de misdaad toe, dan ligt ook de oplossing voor de hand: versterk de extrinsieke prikkels. Hogere boetes, langere gevangenisstraffen, strakkere handhaving – zodra de 'kosten' van misdaad omhooggaan, zal de vraag dalen.

Er was één man die stond te popelen om de theorie van Wilson in de praktijk te brengen: William Bratton.

En dat is de laatste sleutelfiguur over wie we het moeten hebben. Bratton werd in 1990 aangesteld als het nieuwe hoofd van de metropolitie van New York. Een energieke man, die rechtstreeks uit de leerschool van professor Wilson kwam. Hij stond erom bekend dat hij om de haverklap kopietjes uitdeelde van dat ene artikel uit *The Atlantic*, over de Broken Windows-theorie.

Maar Bratton wilde meer dan ramen repareren. Hij wilde de orde herstellen in New York, met harde hand. Zijn eerste doelwit: de zwartrijders. Reizigers die geen kaartje van 1,25 dollar konden tonen, werden voortaan door zijn metroagenten opgepakt, geboeid en in een rijtje op het perron gezet, zodat iedereen hen goed kon zien. Het aantal arrestaties onder Brattons bewind vervijfvoudigde.[27]

Dat smaakte naar meer. In 1994 werd Bratton gepromoveerd tot korpschef van de politie van New York, waarna de hele stad kennismaakte met zijn filosofie. Eerst werden agenten nog in de weg gezeten door allerlei regels en protocollen. Bratton zette daar een streep door. Voortaan kon je worden opgepakt voor de kleinste dingen – een pilsje, een jointje, een grapje tegen een agent. Bratton: 'Als je ook maar piste op straat, dan ging je al naar de gevangenis.'[28]

En zowaar, het leek te werken. De misdaadcijfers *vlogen* omlaag. Het aantal moorden tussen 1990 en 2000? Min 63 procent. Overvallen? Min 64 procent. Autodiefstallen? Min 71 procent.[29] Die merkwaardige Broken Windows-theorie, waar journalisten eerst nog schamper over hadden gedaan, leek ineens een briljant idee.

Wilson en zijn collega Kelling groeiden uit tot de meest gevierde criminologen van het land. Commissaris Bratton schopte het tot de voorpagina van *Time Magazine*. In 2002 werd hij ook nog korpschef in Los Angeles, en in 2014 weer in New York. Generaties agenten – 'Brattonistas' zoals ze zichzelf noemden – droegen hem op handen.[30] Professor Wilson concludeerde dat Bratton verantwoordelijk was voor 'de grootste verandering in het politiewerk in dit land'.[31]

4.

Inmiddels is het bijna veertig jaar geleden dat het artikel over de Broken Windows-theorie in *The Atlantic* stond. In die tijd is de filosofie van Wilson en Kelling doorgedrongen tot in de verste uithoeken van de Verenigde Staten en daarbuiten, van Europa tot Australië. In zijn boek *The Tipping Point* noemde Malcolm Gladwell de theorie een groot succes, en ik schreef er zelf ook enthousiast over in mijn eerste boek.[32]

Wat ik indertijd over het hoofd zag, was dat de meeste criminologen er allang niet meer in geloofden. Eigenlijk had er al een alarm moeten afgaan toen ik in *The Atlantic* las dat Wilson en Kelling hun theorie baseerden op één beroemd experiment. Een onderzoeker had een auto achtergelaten in een nette buurt, en een week met rust gelaten. Er gebeurde niets. Pas toen hij terugkwam met een hamer, en zelf het eerste raam brak, was het hek van de dam. Gewone voorbijgangers sloopten in een paar uur de hele auto.

De naam van die onderzoeker? Philip Zimbardo!

Zimbardo's auto-experiment, dat nooit in een wetenschappelijk tijdschrift is gepubliceerd, vormde dé inspiratie voor de Broken Windows-theorie. En net als zijn Stanford Prison Experiment is ook deze theorie inmiddels grondig ontkracht. Zo weten we dat het 'innovatieve' politiewerk van William Bratton en zijn Brattonistas helemaal niet de afname van de criminaliteit in New York heeft veroorzaakt. Die afname begon namelijk al eerder, en vond ook plaats in andere steden. In San Diego bijvoorbeeld, waar de politie kleine ordeverstoorders juist met rust liet.

In 2015 verscheen een meta-analyse van dertig onderzoeken naar de Broken Windows-theorie. Wat bleek: er is geen bewijs dat het agressieve politiewerk onder Bratton de misdaad heeft verminderd.[33] Niks, nada, noppes. Je maakt een buurt niet veiliger door bonnen uit te schrijven, net als je de Titanic niet had gered door het dek te schrobben.

Aanvankelijk dacht ik nog: oké, jammer, de zware misdaad neemt niet af als je bedelaars en dronkenlappen aanpakt. Maar het is toch sowieso goed om de orde te handhaven?

Toen stuitte ik op een fundamentele vraag. Over wiens 'orde' hebben we het eigenlijk? Terwijl het aantal arrestaties omhoogschoot in New York, knalde ook het aantal meldingen van wangedrag *door de politie* de lucht in. In 2014 gingen duizenden demonstranten in New York en andere Amerikaanse steden – van Boston tot Chicago, van Pittsburgh tot Washington – de straat op. Hun leus: *Broken Windows, Broken Lives.*

Daarvan was geen letter overdreven. Het agressieve handhaven van de orde had, in de woorden van twee criminologen, geleid tot dagvaardingen voor:

> ...vrouwen die donuts eten in een park in Brooklyn; schakers in een park van Inwood; treinreizigers voor het plaatsen van hun voeten op stoelen rond 4 uur 's nachts, en een ouder echtpaar in Queens dat tijdens een ijskoude nacht geen veiligheidsgordels om had, terwijl ze onderweg waren om levensreddende medicijnen op recept te kopen. De man werd opgedragen om naar huis te lopen om zijn identiteitsbewijs te halen. Toen hij bij de apotheek terugkwam, hadden de agenten de bon al uitgeschreven, waarbij ze de voorgeschreven medicijnen als identificatie hadden gebruikt. Vervolgens kreeg de man een hartaanval, en ging hij dood.[34]

In theorie had het nog zo mooi geklonken, in de praktijk kwam de Broken Windows-aanpak neer op zo veel mogelijk arrestaties. Korpschef Bratton raakte geobsedeerd door statistieken. Chefs met de beste cijfers konden rekenen op promotie, en wie achterbleef kreeg de wind van voren.

Zo ontstond er een systeem van quota: agenten werden onder druk gezet om zo veel mogelijk boetes uit te schrijven en dagvaardingen te scoren. Ze gingen zelfs misdaden verzinnen. Stond iemand te kletsen op de stoep? Oppakken, want: blokkade van de openbare weg. Waren kinderen aan het dansen in de metro? Inrekenen, want: verstoring van de openbare orde.

Als het over zware misdaden ging, zo ontdekten onderzoeksjournalisten later, gebeurde juist het tegenovergestelde. Agenten werden onder druk gezet om zulke meldingen af te zwakken, of helemaal niet te rapporteren, omdat de cijfers van hun afdeling er anders slecht uit zouden zien. Er zijn zelfs gevallen bekend van vrouwen die waren verkracht en eindeloos werden ondervraagd om hen op de kleinste inconsistenties te pakken. Dan hoefde de verkrachting namelijk niet te worden meegenomen in de statistieken.[35]

Op papier zag het er allemaal prachtig uit. De misdaad vloog omlaag, het aantal arrestaties schoot omhoog, en commissaris Bratton was de held van New York. Maar in werkelijkheid gingen talloze criminelen vrijuit en werden duizenden onschuldigen verdacht gemaakt. Tot op de dag van vandaag zijn talloze politiedepartementen nog in de ban van Brattons filosofie, waardoor wetenschappers de Amerikaanse politiestatistieken onbetrouwbaar blijven achten.[36]

En dat is nog niet alles. De Broken Windows-aanpak is ook een synoniem gebleken voor racisme. Zo had slechts 10 procent van de mensen die voor een kleine overtreding gearresteerd werden een witte huidskleur.[37] Sommige zwarte tieners werden iedere maand gefouilleerd, ook al waren ze nooit in overtreding, en dat jarenlang.[38] Broken Windows verziekte de relatie van de politie met minderheden, zadelde talloze armen op met boetes die ze niet konden betalen en had soms zelfs een dodelijke afloop, bijvoorbeeld toen in 2014 een sigarettenverkoper genaamd Eric Garner stierf. 'Iedere keer dat u me ziet, wilt u me lastigvallen', had Garner nog gezegd, 'ik ben hier zo moe van... Laat me alstublieft gewoon met rust. Ik zei u vorige keer ook: laat mij alstublieft met rust.'

De politie had hem toen op de grond gewerkt en in een nekklem gelegd. *'I can't breathe'*, waren Garners laatste woorden.

Pas nu, jaren na het lezen van Malcolm Gladwells boek, realiseer ik me dat de Broken Windows-theorie is gebaseerd op een onrealistisch mensbeeld. Het is de zoveelste variant van de vernistheorie. In New York ging de politie iedereen als een potentiële crimineel zien. Het kleinste foutje zou al het begin zijn van iets veel ergers. Het laagje beschaving zou flinterdun zijn.

Tegelijkertijd werden politieagenten aangestuurd alsof ze geen eigen oordeelsvermogen hadden. Geen intrinsieke motivatie. Ze werden van bovenaf gedrild om de papieren werkelijkheid zo mooi mogelijk te maken.

Moeten we gebroken ramen dan niet repareren? Natuurlijk wel. Het is een prima idee om ramen te repareren, huizen op te knappen, en goed te luisteren naar de zorgen van buurtbewoners. Zoals een nette gevangenis vertrouwen uitstraalt, zo voelt een opgeruimde buurt ook een stuk veiliger.[39] En als je ramen repareert, kun je ze daarna openzetten.

Maar het grootste deel van het betoog van Wilson en Kelling ging niet over kapotte ramen of slecht verlichte straten. Dat 'gebroken raam' was een misleidende metafoor. In de praktijk ging het vooral over gewone mensen die moesten worden geregistreerd, gecontroleerd en gedresseerd.

Professor Wilson bleef zijn leven lang voet bij stuk houden. Tot zijn dood in 2012 beweerde hij dat de aanpak van de Brattonistas een groot succes was, terwijl zijn co-auteur juist steeds meer twijfelde. George Kelling verzuchtte dat de Broken Windows-theorie vaak verkeerd was toegepast. Het was hem altijd om die gebroken ramen gegaan, niet om het oppakken en opsluiten van zo veel mogelijk minderheden.

'Er zijn heel veel dingen gedaan in naam van Broken Windows waar ik spijt van heb', zei Kelling in 2016. Toen hij op een gegeven moment politiecommissarissen in het hele land over zijn theorie hoorde, schoten twee woorden door zijn hoofd. 'Oh s—t.'[40]

Wat zou er gebeuren als we de Broken Windows-theorie omdraaien? Gevangenissen kunnen we anders inrichten, maar geldt dat ook voor onze politiebureaus?

Absoluut. In Noorwegen – waar anders – bestaat een lange traditie van *'community policing'*. Dit is een politiestrategie die ervan uitgaat dat de meeste mensen deugen. Agenten proberen het vertrouwen te winnen van buurtbewoners. Als mensen je kennen, zullen ze je immers vaker helpen. Bewoners geven meer tips, en ouders zullen sneller bellen als ze vrezen dat hun kind op het verkeerde pad belandt.

Al in de jaren zeventig publiceerde Elinor Ostrom, de vrouw die onderzoek deed naar de commons (zie hoofdstuk 15), de grootste studie ooit naar politiedepartementen in de Verenigde Staten. Ostrom en haar team ontdekten dat kleinere bureaus steevast beter presteren dan grotere. Ze zijn sneller ter plaatse, lossen meer misdaden op, hebben een betere relatie met de buurt en dat voor minder geld. Beter, menselijker, goedkoper.[41]

In Europa wordt de filosofie van *community policing* al langer toegepast. Agenten zijn gewend om samen te werken met hulpverleners, en zien zichzelf als een soort maatschappelijk werkers.[42] Ze zijn bovendien goed getraind. In de VS duurt de politieopleiding gemiddeld maar negentien weken, wat in de meeste Europese landen ondenkbaar zou zijn. Zo duurt de opleiding in landen als Nederland en Duitsland meer dan twee jaar.[43]

Ook steeds meer Amerikaanse steden gooien het roer om. Zo werd in 2014 een nieuwe, zwarte burgemeester verkozen in Newark, New Jersey. Hij vatte helder samen hoe modern politiewerk eruit zou moeten zien. Er zijn agenten nodig 'die de oma's van mensen kennen, die het verenigingsleven van de gemeenschap begrijpen, die naar de bewoners kijken alsof het mensen zijn. Dat is het begin. Als je de inwoners niet als gewone mensen ziet, dan ga je hen onmenselijk behandelen.'[44]

Zouden we nog een stap verder kunnen gaan in het toekeren van de andere wang? Het lijkt misschien een absurde vraag, maar ik begon het me toch af te vragen: werkt een non-complementaire strategie ook in de strijd tegen terrorisme?

Op zoek naar een antwoord ontdekte ik dat die aanpak al eens is uitgeprobeerd, in mijn eigen land nota bene. Deskundigen spreken zelfs van de *Dutch Approach*. In de jaren zeventig werd Nederland geconfronteerd met zwaar geweld van extreemlinkse terroristen. Toch werden er geen nieuwe veiligheidswetten aangenomen en bleven de media, op verzoek van de politie, terughoudend. Terwijl overheden in West-Duitsland, Italië en Amerika alles in de strijd gooiden – helikopters, wegblokkades, militairen – gaf Nederland de terroristen niet het podium waar ze op hoopten.

Sterker nog, de politie wilde niet eens van 'terrorisme' spreken. Ze gebruikte liever de term 'gewelddadig politiek activisme', of had het gewoon over 'criminelen'. Ondertussen waren de veiligheidsdiensten achter de schermen volop in de weer, onder meer met infiltratie. Ze jaagden gericht op terroristen, pardon, criminelen, zónder hele bevolkingsgroepen verdacht te maken.[45]

Dit leidde tot komische situaties, waarin bijvoorbeeld drie van de vier leden van een Rode Jeugd-cel in werkelijkheid undercoveragenten van de Binnenlandse Veiligheidsdienst waren. Het bleek lastig aanslagen plegen als er steeds iemand naar het toilet moest, of verkeerd op de kaart had gekeken.

'Contraterrorismebeleid achter de schermen, punctueel en terughoudend', merkt een Nederlandse historicus op, bracht 'de geweldsspiraal tot stilstand.'[46] Toen een afvaardiging van de Rode Jeugd een trainingskamp voor terroristen in Jemen bezocht, schrokken de Nederlandse terroristen zich een ongeluk. Die Duitse en Palestijnse strijders waren veel te hard. Of zoals een van de Hollandse terroristen later zou opmerken: 'Het moest wel leuk blijven.'[47]

Een recenter voorbeeld van de andere-wang-aanpak vond ik in het Deense Aarhus. Eind 2013 besloot deze stad om jonge moslims die naar Syrië wilden afreizen niet op te pakken en op te sluiten. Nee, ze kregen een kopje thee. En een mentor. Familie en vrienden werden ingeschakeld om de tieners duidelijk te maken dat er mensen waren die van hen hielden. Ondertussen haalde de politie de banden aan met de lokale moskee.

Heel wat critici vonden de aanpak van Aarhus laf en naïef. In werkelijkheid was het een moeilijke en gewaagde strategie. 'Wat makkelijk is', schamperde de korpschef, 'dat is het invoeren van strenge nieuwe wetten. Het is veel lastiger een echt proces op gang te brengen: *counseling*, gezondheidszorg, onderwijs, werk, misschien onderdak. We doen dit niet vanuit een politieke overtuiging; we doen dit omdat we denken dat het werkt.'[48]

En het werkte ook. Terwijl in andere Europese steden de exodus doorging, nam het aantal Syriëstrijders uit Aarhus af van dertig in 2013 naar één in 2014 en twee in 2015. 'Aarhus is voor zover ik weet de eerste stad die extremisme bestrijdt op basis van degelijk sociaalpsychologisch onderzoek', merkte een psycholoog van de Universiteit van Maryland op.[49]

De Noren lukte het in 2011 om zelfs na de gruwelijkste aanslag in de geschiedenis van het land het hoofd koel te houden. Nadat de rechts-extremist Anders Breivik een bloedbad had aangericht, zei de premier: 'We zullen deze aanslag beantwoorden met meer democratie, meer openheid, meer menselijkheid.'[50]

Wie zo reageert krijgt nogal eens het verwijt een 'wegkijker' te zijn en de makkelijke weg te kiezen. Maar ik realiseer me nu: meer democratie, meer openheid en meer menselijkheid zijn niet makkelijk. Integendeel: stoer doen, wraak nemen, grenzen sluiten, bommen gooien, de wereld opdelen in goede en slechte mensen – dat is makkelijk. Dát is wegkijken.

5.

Soms zijn er momenten waarop wegkijken niet meer kan. Momenten waarop de realiteit zich te sterk aan je opdringt. In oktober 2015 beleefde een delegatie van hoge functionarissen binnen het gevangeniswezen van North Dakota precies zo'n moment.

Het gebeurde tijdens een dienstreis naar Noorwegen. Je moet weten: North Dakota is een Republikeinse, door en door conservatieve staat. Per 100.000 inwoners zitten er acht keer zo veel mensen opgesloten als in Noorwegen.[51] En de gevangenissen? Dat zijn ouderwetse warenhuizen: lange gangen, tralies, strenge bewakers. De Amerikaanse ambtenaren verwachtten dan ook weinig van de trip. 'Ik was echt arrogant', zou een van hen later zeggen. 'Wat zouden we nou zien behalve een soort IKEA-gevangenis?'[52]

Maar toen zagen ze het. Halden. Bastøy. De rust. Het vertrouwen. De manier waarop de gevangenen en de bewakers met elkaar omgingen.

Leann Bertsch, de directeur van het gevangeniswezen in North Dakota, stond onder haar collega's bekend als hard en onvermurwbaar. Maar op een van die avonden, aan de bar van het Radissonhotel in Oslo, begon ze te huilen. 'Hoe kunnen we ooit hebben gedacht dat het oké is om mensen op te sluiten in kooien?'[53]

Tussen 1972 en 2007 groeide de gevangenispopulatie in de Verenigde Staten – gecorrigeerd voor bevolkingsgroei – met meer dan 500 procent.[54] Gevangenen in de VS zitten gemiddeld 63 maanden vast, wat zeven keer zo lang is als in Noorwegen. Inmiddels zit bijna een kwart van alle gevangenen, wereldwijd, achter Amerikaanse tralies.

Deze *mass incarceration* is het resultaat van bewust beleid.

Hoe meer mensen je opsluit, geloofden professor James Wilson en zijn volgelingen, hoe verder de misdaad zou dalen. In werkelijkheid verwerden veel Amerikaanse gevangenissen tot universiteiten van misdaad. Peperdure instellingen om mensen nog crimineler te maken.[55] Een paar jaar geleden bleek dat een megagevangenis in Miami maar liefst 24 gedetineerden in één cel propte, waar ze twee keer per week een uurtje uit mochten. Er was een 'brute gladiatoriale gevechtscode' ontstaan.[56]

De mensen die uit dit soort instellingen komen, zijn levensgevaarlijk. 'Uiteindelijk verandert de overgrote meerderheid van ons in precies het soort mens dat ze zeggen dat we zijn', merkt een ex-gevangene uit Californië op, 'gewelddadig, irrationeel, en niet in staat om zich als gezonde volwassene te gedragen.'[57]

Toen gevangenisdirecteur Bertsch terugkwam uit Noorwegen, besefte ze dat het zo niet langer kon. En dus formuleerden zij en haar collega's een nieuwe missie voor zichzelf. Vanaf nu wilden ze hun 'menselijkheid implementeren'.[58]

De eerste stap? Kappen met de Broken Windows-aanpak. Eerst was er nog een reglement met meer dan driehonderd voorschriften. Wie bijvoorbeeld zijn shirt niet netjes in zijn broek stopte, kon al in de isoleercel belanden. Al die kleine regels gingen nu de prullenbak in.

Vervolgens kwam er een nieuw protocol voor de bewakers. Zij moesten minstens twee gesprekken per dag voeren met de gevangenen. Dat was al een enorme overgang voor hen, en de weerstand was dan ook groot. 'Ik was doodsbang', zei een van de bewakers later. 'Ik maakte me zorgen om de staf. Ik maakte me zorgen om de hele gevangenis. Ik vreesde dat sommige collega's hun baan zouden opzeggen, maar ik zat ernaast.'[59]

Terwijl de maanden verstreken, begonnen de bewakers

hun werk juist leuker te vinden. Er kwam een koor. Er werden schilderlessen aangeboden. Het personeel en de gevangenen gingen samen honkbal spelen. Bovendien was er een fikse afname van het aantal (gewelds)incidenten. '[Eerst] hadden we nog drie of vier keer per week een incident', blikte een bewaker later terug. 'Iemand die zelfmoord probeerde te plegen, iemand die zijn cel liet overstromen, of iemand die totaal in de war was. Dit jaar hebben we daar nog vrijwel niets van meegemaakt.'[60]

Inmiddels zijn er ook topfunctionarissen uit zes andere Amerikaanse staten afgereisd naar Noorwegen. Bertsch, de conservatieve directeur in North Dakota, blijft erop hameren dat hervormen een kwestie van gezond verstand is. Hele volksstammen opsluiten is een slechte investering. En het Noorse model is aantoonbaar beter. Goedkoper. Realistischer.

'Ik ben niet links', bezweert Bertsch. 'Ik ben gewoon praktisch.'[61]

HOOFDSTUK 17

HET BESTE MEDICIJN TEGEN HAAT, RACISME EN VOOR-OORDELEN

1.

Het idee achter de Noorse gevangenissen liet me niet meer los. Als we criminelen en potentiële terroristen de andere wang kunnen toekeren, dan kunnen we die strategie misschien op nog grotere schaal toepassen. Dan kunnen we gezworen vijanden bij elkaar brengen of zelfs de vuren van haat en racisme doven.

Ik moest denken aan een verhaal dat ik eens in een voetnoot was tegengekomen, maar nooit verder had uitgezocht. Het ging over twee broers die decennia lijnrecht tegenover elkaar stonden, maar uiteindelijk een heuse burgeroorlog voorkwamen.

Klinkt als een goed verhaal, nietwaar? Ergens in een berg oude aantekeningen vond ik de namen van de broers, waarna ik alles van hen wilde weten.

2.

De geschiedenis van de broers is onlosmakelijk verbonden met een van de beroemdste figuren van de twintigste eeuw. Op 11 februari 1990 zaten miljoenen mensen gekluisterd aan de televisie om hem te zien. Die dag trad Nelson Mandela, na 27 jaar gevangenschap, de vrijheid tegemoet. Eindelijk was er hoop op vrede en verzoening tussen witte en zwarte Zuid-Afrikanen. 'Neem jullie wapens, jullie messen en jullie panga's', riep Mandela kort na zijn vrijlating, 'en gooi ze in de zee!'[1]

Vier jaar later, op 26 april 1994, vonden de eerste verkiezingen plaats voor álle Zuid-Afrikanen. De beelden waren weer adembenemend. Er stonden eindeloze rijen voor de kieslokalen, 23 miljoen mensen in totaal. Zwarte ouderen die het begin van de apartheid nog hadden meegemaakt, mochten nu voor het eerst in hun leven stemmen. Helikopters die ooit dood en verderf zaaiden, vlogen af en aan met potloden en stembiljetten.

Een racistisch regime was gevallen, een democratie geboren. Twee weken later, op 10 mei 1994, werd Mandela ingehuldigd als eerste zwarte president. Tijdens de inauguratie raasden er straaljagers door de lucht, strepen trekkend van rook in de kleuren van de Regenboognatie. De nieuwe Zuid-Afrikaanse vlag was de kleurigste vlag ter wereld, met groen, rood, blauw, zwart, wit en goud.

Eén ding is minder bekend: hoe kantje boord het was.

Het had weinig gescheeld of Zuid-Afrika was ten onder gegaan. In de vier jaar tussen de vrijlating van Mandela en zijn verkiezing als president brak bíjna een burgeroorlog uit. En helemaal vergeten is de cruciale rol die werd gespeeld door twee broers – een eeneiige tweeling – om dat te voorkomen.

Constand en Abraham Viljoen werden geboren op 28 oktober 1933. Van jongs af aan waren ze onafscheidelijk.[2] De broers gingen naar dezelfde scholen en zaten in dezelfde klassen. Ze luisterden naar dezelfde leraren en dezelfde propaganda over de superioriteit van hun eigen, witte volk.

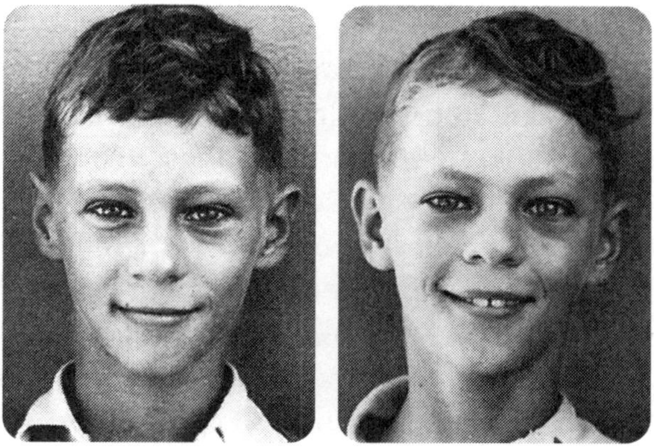

Constand (links) en Abraham als schooljongens. Bron: Andries Viljoen.

En belangrijker nog: ze waren getekend door dezelfde geschiedenis. Constand en Abraham waren Afrikaners. Ze stamden af van Franse Hugenoten die in 1671 aan wal waren gegaan en zich vervolgens hadden vermengd met de Nederlandse kolonisten. In 1899 zouden deze Afrikaners in opstand komen tegen de Britten in Zuid-Afrika, om al snel het onderspit te delven.

Vader Viljoen had als kind nog in een Brits concentratiekamp gezeten. Hij had machteloos toegekeken toen zijn broertje en twee zusjes stierven in de armen van zijn moeder. Oftewel: de familie van Constand en Abraham behoorde tot een onderdrukt volk. Maar soms worden de onderdrukten ook onderdrukkers, en die waarheid zou de tweeling uit elkaar drijven.

In 1951, ze waren net volwassen, deelde moeder Viljoen mee dat er niet genoeg geld was voor twee studies aan de universiteit van Pretoria. Ga jij maar, zei Constand tegen Abraham, of 'Braam' zoals iedereen hem noemde. Braam was nu eenmaal de slimste.

Terwijl zijn broer zich inschreef voor de studie theologie, koos Constand voor het leger. En daar voelde hij zich als een vis in het water – het leger werd zijn tweede familie. Terwijl Braam met zijn neus in de boeken zat, sprong Constand uit helikopters. Terwijl Braam studeerde in Amerika en Nederland, vocht Constand in Zambia en Angola. Terwijl Braam bevriend raakte met studenten van over de hele wereld, voelde Constand een steeds hechtere band met zijn militaire kameraden.

En ieder jaar groeiden de broers verder uit elkaar. 'Ik werd blootgesteld aan het idee van rechtvaardige behandeling', zou Braam zich later herinneren, 'en het geloof dat mensen gelijk zijn.'[3] Braam begon zich te realiseren dat de apartheid waarin hij was opgegroeid misdadig was, en lijnrecht in ging tegen alles wat de Bijbel hem leerde.

Toen hij terugkeerde van zijn overzeese studiejaren, werd hij door veel witte Zuid-Afrikanen als deserteur gezien. Als ketter. Landverrader. 'Ze zeiden dat ik beïnvloed was', zei hij later. 'Dat ik nooit overzees had mogen gaan.'[4] Toch bleef Braam pleiten voor de gelijkwaardige behandeling van zijn zwarte landgenoten. In de jaren tachtig stelde hij zich zelfs kandidaat voor een partij die de apartheid wilde afschaffen. Braam realiseerde zich steeds beter dat het apartheidsregime ronduit moorddadig was.

Constand werd intussen een van de populairste soldaten van Zuid-Afrika. Het duurde niet lang of zijn uniform hing vol medailles. Uiteindelijk schopte hij het zelfs tot hoofd van het Zuid-Afrikaanse leger, inclusief de marine en de luchtmacht. Tot 1985 bleef hij de grote beschermheer van de apartheid.

Uiteindelijk spraken de gebroeders Viljoen niet meer met elkaar. Bijna niemand wist überhaupt dat generaal Viljoen – die patriot, die oorlogsheld, die lieveling van talloze Afrikaners – een tweelingbroer had.

Toch was het deze band die de toekomst van Zuid-Afrika zou bepalen.

3.

Hoe breng je gezworen vijanden weer bij elkaar?

Dat was de vraag waarmee een Amerikaanse psycholoog in het voorjaar van 1956 door Zuid-Afrika trok. De apartheid was toen al ingevoerd, gemengde huwelijken waren verboden en in hetzelfde jaar werd een wet aangenomen die de betere banen reserveerde voor witte mensen.

De psycholoog, Gordon Allport, had zijn leven lang nagedacht over twee simpele vragen: a) waar komen vooroordelen vandaan, en b) hoe voorkom je ze? Na jaren onderzoek was hij op een wondermiddel gestuit – of althans, dat dacht hij.

Wat het was?

Contact. Niets meer, niets minder. De Amerikaanse professor vermoedde dat vooroordelen, haat en racisme voortkomen uit een gebrek aan contact. We generaliseren in het wilde weg over vreemdelingen omdat we hen niet kennen. En dus ligt de oplossing voor de hand: meer contact.

De meeste wetenschappers moesten weinig hebben van Allports theorie, die ze simplistisch en naïef vonden. De Tweede Wereldoorlog lag nog vers in het geheugen en er werd breed aangenomen dat meer contact juist tot méér spanningen leidt. In die tijd deden de psychologen in Zuid-Afrika nota bene nog 'onderzoek' naar de biologische verschillen tussen de rassen, die de 'gescheiden ontwikkeling' (lees: apartheid) moesten rechtvaardigen.[5]

Voor veel witte Zuid-Afrikanen was Allports theorie een schok. Hier was een geleerde die vermoedde dat de apartheid niet de oplossing, maar de oorzaak was van alle problemen. Als zwart en wit elkaar zouden ontmoeten, op school, op het werk, in de kerk, of waar dan ook, stelde hij, zouden ze elkaar beter leren kennen.

En bekend maakt bemind.

Ziehier: de contacthypothese. Het klinkt te simpel voor woorden, maar zowaar, Allport had er nog bewijs voor ook. Hij wees bijvoorbeeld op de rassenrellen die in juni 1943 in Detroit waren uitgebroken. Sociologen was iets bijzonders opgevallen:

> De mensen die buren waren, gingen niet met elkaar op de vuist. De studenten van Wayne University – wit en zwart – gingen vreedzaam naar hun lessen op *Bloody Monday*. En er was ook geen onrust onder witte en zwarte arbeiders in de oorlogsfabrieken.[6]

Sterker nog, de mensen die naast elkaar woonden, hadden elkaar beschermd. Sommige witte families lieten hun zwarte buren onderduiken als de relschoppers in de buurt kwamen. En vice versa.

Nog opvallender waren de gegevens die het Amerikaanse leger verzamelde tijdens de Tweede Wereldoorlog. Officieel was het niet de bedoeling dat witte en zwarte soldaten samen vochten, maar in het heetst van de strijd was het toch weleens gebeurd. De onderzoeksafdeling van het leger ontdekte vervolgens dat het aantal witte soldaten met een hekel aan zwarte veel lager lag in de gemengde compagnieën. *Negen* keer zo laag om precies te zijn.[7]

Gordon Allport schreef pagina's vol over de positieve effecten van contact. Het gold voor soldaten en agenten, buren en studenten. Als zwarte en witte jongeren samen naar school gingen, zo bleek, raakten ze hun vooroordelen kwijt. Wat Braam Viljoen tijdens zijn studiereizen overkwam, was dan ook niet uitzonderlijk. Het was de regel.

Misschien wel het krachtigste bewijs voor de contacthypothese van Allport kwam van zee. Aanvankelijk was er veel weerstand toen in 1938 zwarte Amerikanen werden toegelaten tot de grootste vakbond voor matrozen. Maar het geklaag verstomde toen zwarte en witte zeelui begonnen samen te werken.[8]

Het beste medicijn tegen racisme? Samen varen op zee

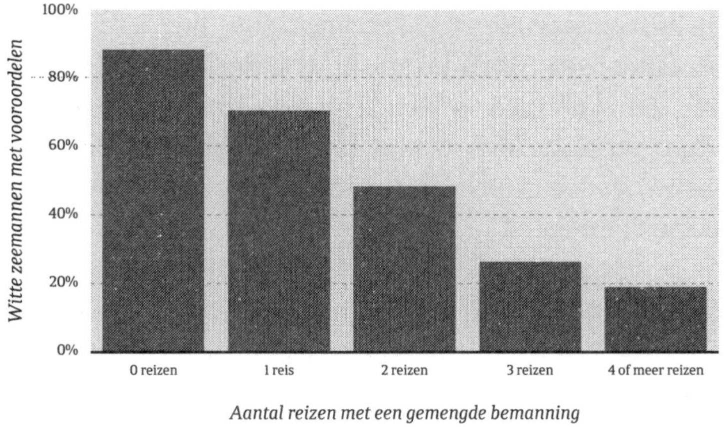

Nu moet je weten: Gordon Allport was een voorzichtig man. Hij wist dat zijn bewijs nog lang niet sluitend was. Het zou bijvoorbeeld kunnen dat tolerante matrozen zich vaker meldden voor een reis met een gemengde bemanning.

En gedurende zijn verblijf in Zuid-Afrika in 1956 – twee jaar nadat hij zijn magnum opus over de contacttheorie had gepubliceerd – begon Allport opnieuw te twijfelen.[9] Klopte zijn theorie wel? Dit was een land waar zwart en wit al eeuwen naast elkaar leefden. Ondertussen nam het racisme in Zuid-Afrika niet af. Integendeel, het leek eerder toe te nemen. Allport ontmoette talloze witte Afrikaners, met wie psychisch niets mis leek maar die tóch voortdurend uitsloten en discrimineerden.

Toen Allport in de jaren zestig terugblikte op zijn bezoek aan Zuid-Afrika, moest hij toegeven dat hij blind was geweest voor de 'krachten van de geschiedenis'.[10]

4.

7 mei 1993. Maar liefst 15.000 witte Afrikaners zijn bijeengekomen in het rugbystadion van Potchefstroom, honderd kilometer ten zuiden van Johannesburg. Honderden rood-zwarte vlaggen met symbolen die nog het meest lijken op hakenkruizen wapperen in de lucht. De boeren dragen lange baarden en bruine hemden, en velen zijn tot de tanden toe bewapend met pistolen en geweren.[11]

Een van de sprekers is Eugène Terre'Blanche, de voorman van de Afrikaner Weerstandsbeweging. Terre'Blanche is al jaren gefascineerd door de retorische technieken van Adolf Hitler. Zijn knokploeg is een soort Ku Klux Klan, maar dan nog gewelddadiger.

Die dag vult het stadion zich met woede en angst. Angst voor wat er zal gebeuren als Mandela de eerste verkiezingen voor alle Zuid-Afrikanen wint. Angst voor het verlies van vlag en volkslied. Angst voor de vernietiging van een hele cultuur. De 15.000 woedende betogers worden ook wel 'bittereinders' genoemd, naar de Afrikaners die een eeuw eerder tot de laatste snik doorvochten tegen de Britten. Ze zien zichzelf als vrijheidsstrijders, en zijn bereid tot het uiterste te gaan.

Toch missen ze nog iets, of beter gezegd, iemand. Ze missen een leider. Iemand die respect afdwingt. Iemand met een onbetwistbare staat van dienst. Iemand die voor de Afrikaners kan zijn wat Mandela is voor het *'swart gevaar'*, een leider die voor kan gaan in de laatste, grote vrijheidsstrijd.

Iemand, kortom, als Constand Viljoen.

Constand is aanwezig, die dag in Potchefstroom. Hij is al jaren met pensioen en leidt een eenvoudig bestaan als boer. Maar als de menigte zijn naam begint te roepen, twijfelt hij geen moment. De oud-generaal beklimt het podium.

'Het Afrikaanse volk moet zich klaarmaken voor de verdediging', brult Constand in de microfoon. 'Een bloedige confrontatie die offers zal eisen is onvermijdelijk, maar we zullen die offers graag brengen, want onze zaak is rechtvaardig!'

De menigte ontploft.

'U leidt!' schreeuwen de Afrikaners. 'Wij volgen!'[12]

Zo wordt Constand de leider van een nieuwe organisatie: het Afrikaner Volksfront. Dit is niet zomaar een vereniging, stichting of partij. Dit is een leger. Constand bereidt zich voor op oorlog. Hij moet en zal de multiraciale verkiezingen voorkomen.

'We moesten een gigantische militaire capaciteit opbouwen', zal hij zich later herinneren.[13] In slechts twee maanden worden 150.000 Afrikaners gerekruteerd, onder wie 100.000 ervaren strijdkrachten. Alleen al de naam Constand Viljoen is genoeg om mensen over de streep te trekken.

Ondertussen wordt het ene na het andere bizarre aanvalsplan geopperd. Misschien moeten ze een aanslag plegen op de top van het ANC, de politieke partij van Mandela, stelt iemand voor. Nee, oppert een ander, ze moeten 15.000 zwarte mensen in West-Transvaal vermoorden en dumpen in een massagraf. De sfeer wordt hoe langer hoe hysterischer.

Honderd kilometer verderop, in Johannesburg, zit Constands broer Abraham met zijn handen in het haar. 'Soms denk ik dat de klassieke elementen van een tragedie aan het samenkomen zijn', schrijft hij in een memo voor Mandela en het ANC.[14] Maar Braam weet ook dat hij in actie moet komen. Hij is de enige in heel Zuid-Afrika die zijn broer, misschien, op andere gedachten kan brengen. Ze hebben elkaar veertig jaar nauwelijks gesproken, maar nu is het moment.

'Als hij Constand kon overtuigen', zal een historicus later schrijven, 'zou een vreedzame overgang van apartheid naar democratie mogelijk zijn. Maar als dat niet zou lukken, was oorlog onvermijdelijk.'[15]

Het is begin juli 1993, tien maanden voor de verkiezingen, als Braam aanbelt bij het kantoor van het Volksfront, in het centrum van Pretoria.

'Wat zijn je opties?' komt Braam meteen ter zake als hij tegenover zijn broer zit.

'Zoals het er nu naar uitziet', antwoordt Constand, 'hebben we maar één optie, en dat is vechten.'[16]

Dan doet Braam een voorstel dat hij in het diepste geheim heeft uitgewerkt met Nelson Mandela. Wat zou Constand ervan vinden, vraagt Braam, als hij rechtstreeks kan onderhandelen over de positie van zijn volk met de leiding van het ANC? Constand heeft dan al negen toenaderingspogingen afgeslagen, maar dit keer reageert hij anders.

Dit is zijn broer.

Zo kan het gebeuren dat op 12 augustus 1993 een eeneiige tweeling aanbelt bij een villa in Johannesburg. Ze verwachten iemand van de huishouding aan de deur, maar daar staat hij, met een grote glimlach. Nelson Mandela.

Het is een historisch moment: de held van het nieuwe Zuid-Afrika tegenover de held van het oude. De vredestichter tegenover de man die een oorlog wil beginnen. 'Hij vroeg me of ik thee wilde', zal Constand jaren later vertellen. 'Ik zei ja en hij schonk me een kopje in. Hij vroeg me of ik melk wilde. Ik zei ja en hij schonk melk voor me in. Toen vroeg hij of ik suiker wilde in de thee. Ik zei dat ik dat wilde en hij deed er suiker bij. Ik hoefde alleen nog maar te roeren.'[17]

Mandela laat merken dat hij zich heeft verdiept in de cultuur en de geschiedenis van de Afrikaners. Hij maakt indruk op Constand als hij de overeenkomsten bespreekt tussen de vrijheidsstrijd van de familie Viljoen tegen de Britten, honderd jaar geleden, en zijn eigen strijd tegen de apartheid.

Maar het belangrijkste, zo zullen historici later schrijven, is dat Mandela de militair toespreekt in zijn eigen taal. 'Generaal', zegt hij in het Afrikaans, 'er kunnen geen winnaars zijn als we elkaar de oorlog verklaren.'

Constand knikt. 'Er kunnen geen winnaars zijn.'[18]

Dat eerste gesprek is het begin van vier maanden aan geheime onderhandelingen tussen Viljoen en Mandela. Zelfs president Frederik Willem de Klerk weet er niet van, en het staat nog steeds in weinig geschiedenisboeken. Toch is dit een cruciaal moment voor de toekomst van Zuid-Afrika. Uiteindelijk besluit de oud-generaal om de wapens neer te leggen en met zijn eigen partij mee te doen aan de verkiezingen.

Iedere keer dat Constand de hand schudt van Mandela, groeit zijn bewondering voor de man die hij eerst nog zag als terrorist. En Mandela krijgt ook steeds meer respect voor Constand. In tegenstelling tot beroepspoliticus De Klerk begint hij de generaal te vertrouwen.

'Hij pakte de arm van mijn broer', zal Braam later zeggen, 'en hij liet nooit meer los.'[19]

5.

Gordon Allport, de beroemde psycholoog van de contacthypothese, was toen al lang overleden. Wie nog wel leefde, was zijn leerling Thomas Pettigrew, met wie Allport in 1956 door Zuid-Afrika was getrokken.

In tegenstelling tot de verlegen Allport was Pettigrew een rebel. Een activist. Hij had vooropgelopen in de burgerrechtenbeweging in de Verenigde Staten en de FBI hield een dik dossier over hem bij. In Zuid-Afrika had Pettigrew de ene na de andere illegale bijeenkomst van het ANC bezocht, terwijl de geheime dienst hem in de gaten hield. Toen hij zes maanden later weer bij de douane stond, kreeg hij een groot stempel in zijn paspoort. 'VERBAN UIT SUID-AFRIKA.'[20]

Wat Pettigrew toen niet kon weten, was dat hij terug zou keren naar het land van Mandela. Precies een halve eeuw later, in 2006, werd hij uitgenodigd voor een internationale conferentie van psychologen in Zuid-Afrika.

'Waar we ook keken', schreef Pettigrew over het land, 'we zagen vooruitgang, ook al moest er nog veel gebeuren.'[21] De prachtige stranden van Durban waren nu opengesteld voor wit en zwart. Waar eens een beruchte gevangenis stond, huisde nu het Constitutionele Gerechtshof met een welkomstbord in de elf officiële talen van het land.

Als eregast van de conferentie – hij was inmiddels een van de belangrijkste wetenschappers in zijn veld – presenteerde Pettigrew een enorm onderzoek, dat de theorie van zijn oude meester Allport stevig onderbouwde. Pettigrew en zijn collega's hadden 515 studies uit 38 landen bij elkaar geveegd en geanalyseerd.[22] De conclusie: contact *werkt*. Sterker nog, er is weinig in de sociale wetenschap waar meer bewijs voor is.

Contact leidt tot meer vertrouwen, meer saamhorigheid en

meer hulp over en weer. Het helpt om de wereld te zien door de ogen van een ander. En het verandert je als persoon: mensen met een diverse vriendengroep zijn ook toleranter tegenover vreemden. Contact is bovendien besmettelijk: wie ziet dat zijn buurman een goede relatie heeft met anderen, begint te twijfelen aan zijn vooroordelen.

Maar wat ook uit deze studies bleek, was dat één negatieve ervaring (een botsing, een boze blik) harder aankomt dan een grapje of een helpende hand. Zo werkt ons brein nu eenmaal. Aanvankelijk kampten Pettigrew en zijn collega's dan ook met een mysterie. Als we negatief contact beter onthouden, hoe kan contact ons dan tóch dichter bij elkaar brengen? Uiteindelijk lag de verklaring voor de hand: tegenover ieder vervelend incident staat een berg vrolijke interacties.[23]

Het kwade is sterker, maar het goede is met meer.

Als er iemand was die de kracht van ontmoeting begreep, dan was het Nelson Mandela. Jaren eerder had hij nog een andere weg gekozen – die van geweld. Mandela was in 1960 een van de oprichters geweest van de militaire vleugel van het ANC.

Maar 27 jaar achter de tralies kan een mens totaal veranderen. Terwijl de jaren verstreken, begon Mandela te beseffen wat wetenschappers later zouden bewijzen: vreedzaam verzet is veel effectiever dan gewelddadig verzet. Neem het recente werk van Erica Chenoweth, een Amerikaanse socioloog die de 'methode-Mandela' eerst nog naïef vond. In de echte wereld, zo geloofde ze, komt macht uit de loop van een geweer. En om dat te bewijzen bouwde ze een enorme database met alle verzetsbewegingen sinds 1900.

'Toen begon ik te rekenen', schreef ze in 2014. 'Ik was verbijsterd.'[24] Van de vreedzame campagnes bleek meer dan 50 procent succesvol, tegenover 26 procent van de gewelddadige. De belangrijkste reden, stelde Chenoweth vast, was dat er meer mensen meededen aan vreedzaam verzet. Gemiddeld meer dan *elf keer* zo veel, om precies te zijn.[25] En dan ging het niet alleen over jongens met iets te veel testosteron, maar ook over vrouwen en kinderen, ouderen en mensen met een handicap. Regimes zijn niet bestand tegen zulke mensenmassa's. Het goede verslaat het kwade door zijn overmacht.

Tijdens een vreedzame campagne is één ingrediënt essentieel: zelfbeheersing. In de gevangenis leerde Mandela als geen ander om het hoofd koel te houden. Hij besloot zijn vijand nauwgezet te bestuderen. Mandela las talloze boeken over de cultuur en geschiedenis van de Afrikaners. Hij keek rugby. Hij leerde de taal. 'Als je tegen iemand praat in een taal die hij begrijpt', zou hij later zeggen, 'dan gaat dat naar zijn hoofd. Maar als je iemand toespreekt in zijn eigen taal, dan gaat dat naar zijn hart.'[26]

Tijdens zijn gevangenschap probeerde Mandela zijn medegevangenen ervan te overtuigen dat hun bewakers ook mensen waren. Dat ze waren verpest door het systeem. Met diezelfde blik zou Mandela later naar generaal Constand Viljoen kijken: als een eerlijke, loyale en dappere man die zijn leven lang had gevochten voor een regime waar hij in geloofde.

Eenmaal uit de gevangenis wist Mandela 90 procent van de zwarte Zuid-Afrikanen achter zich te krijgen. Vervolgens veroverde hij het hart van veel witte Afrikaners. Op 24 juni 1995 liep hij in het tenue van het witte rugbyteam het stadion van Johannesburg binnen. 'Nelson, Nelson!' riepen duizenden mannen en vrouwen die hem eerder nog als terrorist beschouwden.

Het is verleidelijk om te denken dat Mandela's aanpak succesvol was omdat hij een publicitair wonder was. Maar nee. Hij kon niet speechen met de passie van een Martin Luther King of debatteren met het vuur van een Winston Churchill. Tijdens zijn eerste persconferentie keek Mandela zelfs verbaasd naar de pluizige objecten voor zijn neus, totdat iemand in zijn oor fluisterde dat het microfoons waren.[27]

De echte kracht van Mandela lag ergens anders. Hij was een van de grootste leiders uit de wereldgeschiedenis, concludeert de journalist John Carlin, 'omdat hij ervoor koos het goede te zien in mensen die bijna iedereen als hopeloos verloren beschouwde'.[28]

Walter Sisulu, een van Mandela's beste vrienden, werd ooit gevraagd of hij een paar slechte kanten van hem kon opnoemen. 'Als Mandela iemand eenmaal vertrouwt', begon hij, 'dan gaat hij er helemaal voor...'

Toen twijfelde Sisulu even.

'Maar misschien is dat geen gebrek...'[29]

6.

Wie terugblikt op de hoopvolste verschuivingen van de afgelopen decennia, ziet dat vertrouwen en contact steeds een sleutelrol speelden. Neem de emancipatie van homo's en lesbiennes, die in de jaren zestig begon. Toen steeds meer moedige mensen uit de kast kwamen, ontdekten vrienden en collega's, vaders en moeders dat niet iedereen dezelfde seksuele voorkeur heeft. En dat dit prima is.

Maar het werkt ook de andere kant op. Na de verkiezing van president Donald Trump in 2016 werd duidelijk dat we nog te vaak in onze eigen bubbel leven. Twee sociologen ontdekten dat 'de raciale en etnische isolatie van witten' een van de sterkste voorspellers was van steun voor Trump.[30] Sterker nog, hoe *verder* je van de grens met Mexico komt, hoe meer steun voor de man die er een grote muur wilde neerzetten.[31]

Dat wil zeggen: het probleem was niet dat Trump-stemmers te veel contact hadden met moslims en vluchtelingen. Er was juist te weinig contact.

Hetzelfde patroon was te zien in het Britse referendum over de EU in 2016. Hoe minder cultureel divers de omgeving, hoe vaker er voor de Brexit werd gestemd.[32] In Nederland vind je al jaren de meeste PVV-stemmers in witte gemeentes als Volendam of Urk. Mensen die meer contact hebben met moslims (met name op het werk) hebben daarentegen minder last van islamofobie, zo concludeerde een team van sociologen van de Radboud Universiteit in Nijmegen.[33]

Diversiteit kan je zelfs vriendelijker maken. Een internationaal team van onderzoekers, verbonden aan de Universiteit van Singapore, concludeerde in 2018 op basis van vijf nieuwe studies dat mensen in diversere buurten zichzelf vaker met de hele mensheid identificeren. Daardoor vertonen ze ook meer 'prosociaal gedrag' richting vreemden. Na de aanslag tijdens de marathon van Boston in 2013 werd bijvoorbeeld meer hulp geboden door mensen die in een diverse wijk woonden.[34]

Maar niet te vroeg gejuicht. Het is lang niet genoeg om in een gemengde buurt te leven. Als je zelden of nooit met de buren praat, kan diversiteit zelfs tot meer vooroordelen leiden.[35] En er zijn evengoed aanwijzingen dat wijken die in korte tijd werden overspoeld met migranten juist vaker voor Brexit of Trump stemden.[36]

De contactwetenschappers benadrukken dan ook dat er tijd nodig is om te wennen aan de ander. Contact werkt, maar niet meteen. Zo werd in 2015 in Nederland hevig geprotesteerd tegen de komst van asielzoekerscentra voor Syrische vluchtelingen. Er werd geschreeuwd, er werd gescholden, er vlogen stenen door de ruiten.

Maar een paar jaar later was de woede op verschillende plaatsen omgeslagen in verdriet. De asielzoekers moesten weer vertrekken naar andere locaties. 'We hebben geen overlast gehad, het is alleen maar positief eigenlijk', zei een Utrechter die eerder nog met geweld had gedreigd. 'Het is een gezellige voorziening geworden, een soort buurthuis, waar ik graag heen ga om een kopje koffie te drinken.'[37]

Omgaan met vreemdelingen is iets wat we moeten leren, het liefst van jongs af aan. Zou niet iedereen een reis moeten maken op jonge leeftijd, zoals Abraham Viljoen in zijn studententijd? 'Reizen is dodelijk voor vooroordelen, intolerantie en kleingeestigheid', schreef Mark Twain al in 1869.[38]

Dat wil niet zeggen dat we niet onszelf mogen zijn. Integendeel, een van de belangrijkste bevindingen van de contactwetenschappers is dat je vooroordelen alleen kunt wegnemen als we onze identiteit behouden.[39] We mogen erachter komen dat we anders zijn en dat hier niets mis mee is. Onze identiteit mag een huis zijn, met stevige fundamenten.

En dan kunnen we de deuren openzetten.

Na zijn bezoek aan Zuid-Afrika in 1956 had Gordon Allport de conclusie getrokken dat hij naïef was geweest. Dat sommige samenlevingen nu eenmaal te verrot zijn. Dat de geschiedenis soms te zwaar op ons drukt. Toen hij stierf, in 1967, had de psycholoog er geen idee van dat al zijn eerdere voorspellingen juist zouden uitkomen.

Want wat had hij gezegd, tijdens een van die lezingen in Johannesburg? Ja, mensen zijn groepsdieren. Ja, vooroordelen ontwikkelen zich razendsnel. En ja, het zit diep in onze natuur om in stereotypen te denken.

Toch vond de psycholoog het belangrijk om uit te zoomen. 'Wie wanhoopt', zei hij, 'verliest de lange boog van de geschiedenis uit het oog.'[40] De erfenis van de apartheid zal Zuid-Afrika nog decennia met zich meedragen, maar de vooruitgang van de afgelopen vijftig jaar is evengoed adembenemend.

Vandaag de dag leven Constand en Abraham Viljoen nog altijd in twee werelden – soldaat en dominee, veteraan en vrijheidsstrijder. Maar ze zien elkaar vaker dan ze in jaren hebben gedaan. De broers zijn weer samen. Het contact is hersteld.

HOOFDSTUK 18

TOEN DE SOLDATEN UIT DE LOOPGRAVEN KWAMEN

1.

Aan de vooravond van de Eerste Wereldoorlog, in de zomer van 1914, dacht bijna iedereen dat het snel voorbij zou zijn. Voor Kerstmis zijn we weer terug, zeiden soldaten tegen hun geliefden. In Parijs, Londen en Berlijn verzamelden zich grote menigten, wild van enthousiasme over de zege die niet lang uit kon blijven. Miljoenen soldaten marcheerden zingend naar het front.

Toen begon het: de 'Moedercatastrofe' van de twintigste eeuw.[1] Want zonder de Eerste Wereldoorlog geen Tweede. Zonder de slagen bij Ieper en Verdun geen Verdrag van Versailles, geen revolutie in Rusland, geen Lenin, geen Stalin, geen Hitler.

Met Kerstmis 1914 waren er al een miljoen soldaten dood. Het front liep van het strand van Vlaanderen tot aan de Frans-Zwitserse grens, meer dan 750 kilometer lang. Vier jaar zat er nauwelijks beweging in. Iedere dag werd een hele generatie jonge mannen verder uitgedund, en dat voor hoogstens een paar hectare terreinwinst. Wat een heldhaftige strijd had moeten worden, met paarden, trommels en trompetten, werd een zinloze slachting.

Toch was er in die wanhopige jaren, toen in heel Europa de

lampen uitgingen, ook een klein, maar schitterend lichtpunt. In december 1914 ging de hemel even open, en vingen duizenden een glimp op van een andere wereld. Even realiseerden ze zich dat ze bij elkaar hoorden, als mensen, als broeders.

Dit is het verhaal waarmee ik dit boek wil afsluiten, omdat we steeds opnieuw in de loopgraven belanden. Het is maar al te makkelijk om te vergeten dat die ander, honderd meter verderop, als twee druppels water op je lijkt. Op sociale media, achter de televisie, of waar we ons ook verschansen – keer op keer schieten we van een afstand op elkaar. We laten ons leiden door angst en onbegrip, wantrouwen en stereotypes, en generaliseren over mensen die we nooit hebben ontmoet.

Er is een alternatief. Haat kan worden omgezet in vriendschap, vijanden kunnen elkaar de hand schudden. Dat mogen we geloven, niet omdat we naïef mogen zijn, maar omdat het echt is gebeurd.

2.

Kerstavond, 1914. Het is een heldere nacht. De maan verlicht het besneeuwde niemandsland tussen de loopgraven bij het dorp La Chapelle-d'Armentières. Het Britse High Command maakt zich zorgen en stuurt een bericht naar het front: 'Het zou goed kunnen dat de vijand een aanval overweegt tijdens Kerst of Nieuwjaar. Extra waakzaamheid zal in acht worden genomen.'[2]

De generaals hebben geen idee van wat er werkelijk ophanden is.

Rond zeven, misschien acht uur, knippert Albert Moren, van het 2nd Queens Regiment, nog een keer met zijn ogen. Wat is dat, aan de overkant? Een voor een gaan de lichtjes aan. Hij ziet lantaarns, fakkels, en... kerstbomen? Dan hoort hij het: 'Stille nacht, heilige nacht'. Niet eerder heeft het lied hem zo mooi in de oren geklonken. 'Ik zal het nooit vergeten', zal Moren later zeggen. 'Het was een van de hoogtepunten van mijn leven.'[3]

Natuurlijk kunnen de Britten niet achterblijven, en dus zetten ze *'The First Noel'* in. De Duitsers applaudisseren en antwoorden met *'O Tannenbaum'*. Zo gaat het een tijd door, totdat de vijanden samen *'O Come All Ye Faithful'* in het Latijn zingen. 'Het was echt ongelofelijk', zal soldaat Graham Williams zich later herinneren, 'twee naties die hetzelfde kerstlied zingen, midden in de oorlog.'[4]

Een Schots regiment, iets ten noorden van het Belgische dorpje Ploegsteert, gaat nog een stap verder. Korporaal John Ferguson hoort iemand roepen vanuit de vijandelijke loopgraven – of ze misschien wat tabak willen. 'Kom naar het licht', roept een Duitser, waarna Ferguson het niemandsland betreedt.

'Al snel stonden we te praten alsof we elkaar al jaren kenden', zal hij later schrijven. 'Wat een tafereel – kleine groepen van Duitse en Britse soldaten, over het hele front. Vanuit het donker hoorden we gelach en zagen we oplichtende sigaretten. [...] Daar waren we dan, lachend en kletsend met mannen die we een paar uur geleden nog probeerden te doden!'[5]

De volgende ochtend, Eerste Kerstdag, klimmen de moedigste soldaten weer uit hun loopgraven. Ze lopen voorbij het prikkeldraad en schudden de hand van de vijand. Vervolgens zwaaien ze naar de achterblijvers. 'Wij juichten en stoven erop af', herinnert Leslie Walkington van de Queen's Westminster Rifles zich, 'als een menigte voetbalfans.'[6]

Dan worden er cadeautjes uitgewisseld. Chocola, thee en *puddings* van de Britten, sigaren, zuurkool en *Schnaps* van de Duitsers. Er worden moppen getapt, er zijn verkleedpartijen en er worden groepsfoto's gemaakt alsof het één grote reünie is. Op verschillende plaatsen komt het tot potjes voetbal, waarbij de helmen dienen als doelpalen.[7] Eén wedstrijd winnen de Duitsers met 3-2, een andere winnen de Engelsen met 4-1.

Ten zuidwesten van het dorpje Fleurbaix in Noord-Frankrijk houden de vijanden zelfs een gezamenlijke begrafenisdienst. 'De Duitsers stonden aan de ene kant', schrijft luitenant Arthur Pelham-Burn later, 'de Engelsen aan de andere, de officieren vooraan, ieder met ontbloot hoofd.'[8] Terwijl kameraden ter aarde worden besteld – kameraden die door de vijand zijn neergeschoten – zingen ze nu allemaal samen: *'The Lord is my Shepherd'* / *'Der Herr ist mein Hirt'*.

's Avonds wordt het ene na het andere feestmaal aangericht. Een Engelse soldaat wordt tot achter de linies naar een wijnkelder geëscorteerd, waar hij met een Beierse soldaat een Veuve Clicquot-champagne uit 1909 soldaat maakt. De mannen wisselen adressen uit en beloven elkaar na de oorlog te ontmoeten in Londen of München.

Je zou het allemaal niet geloven, ware het niet dat het bewijs overweldigend is. Er zijn talloze verslagen van ooggetuigen, die het zelf ook nauwelijks konden bevatten.

'Moet je je voorstellen', schreef de Britse soldaat Oswald Tilley naar zijn ouders, 'terwijl jullie je kalkoen opaten, stond ik te praten met de mannen die ik een paar uur eerder nog probeerde te doden! Het was fenomenaal!'[9] De Duitse luitenant Kurt Zehmisch moest ook regelmatig in zijn arm knijpen: 'Hoe fantastisch, wonderlijk en vreemd', schreef hij naar huis, 'dat dankzij voetbal en Kerstmis [...] gezworen vijanden even als vrienden samenkwamen.'[10]

De meeste Britten waren stomverbaasd toen ze ontdekten hoe aardig de Duitsers waren. Thuis waren ze opgehitst door propaganda en nepnieuws in kranten als de *Daily Mail*. Lord

Northcliffe, de Rupert Murdoch van zijn tijd, was de eigenaar van de meeste Britse kranten en oefende een enorme invloed uit op de publieke opinie. Duitsers werden neergezet als monsterlijke Hunnen, die baby's spietsten op bajonetten en priesters ophingen aan kerkklokken.[11]

Kort voor de oorlog had de Duitse dichter Ernst Lissauer nog een 'Hymne van haat tegen Engeland' geschreven, die bijna uitgroeide tot een tweede volkslied. Miljoenen Duitse kinderen moesten haar uit hun hoofd leren. Duitse kranten schreven dat de vijand niet eens Kerstmis zou vieren, daar waren de Fransen en Engelsen veel te goddeloos voor.

Ook hier was een duidelijk patroon zichtbaar: hoe verder je van het front kwam, hoe groter de haat. Thuis, op de ministeries en de redacties, in de huiskamers en de kroegen, was de afkeer van de vijand enorm. Maar in de loopgraven ontstond begrip voor elkaar. 'Na al onze gesprekken', schreef een Britse soldaat naar huis, 'denk ik dat veel van onze krantenberichten verschrikkelijk overdreven zijn.'[12]

Lange tijd werd de vrede van Kerst 1914 als een mythe beschouwd. Als een sentimenteel sprookje, of erger nog, een leugen van landverraders. Na de feestdagen van 1914 kwam de oorlog weer op gang, vonden miljoenen soldaten de dood en werd het steeds moeilijker om te geloven dat het echt was gebeurd.

Pas in 1981 maakte de BBC een documentaire, *Peace in No Man's Land*, en werd duidelijk dat het niet om slechts een paar geruchten ging. Maar liefst twee derde van het Britse front lag stil tijdens de feestdagen. In de meeste gevallen kwam het initiatief van Duitse zijde en sloten zij vriendschap met de Britten (ook al gebeurde het ook aan het Belgische en Franse front). In totaal legden meer dan 100.000 soldaten de wapens neer.[13]

Duitse soldaten vieren Kerst in de loopgraven. Daily Sketch, *5 januari 1915. Bron: Getty.*

En Kerstmis 1914 was niet de enige keer dat de vrede spontaan uitbrak. Het gebeurde ook tijdens de Spaanse Burgeroorlog, tijdens de Boerenoorlog, tijdens de Amerikaanse Burgeroorlog, tijdens de Krimoorlog, en tijdens de oorlog van Napoleon tegen de rest van Europa. Toch was het nergens zo wijdverbreid en plotseling als die Kerst in Vlaanderen.

Steeds als ik de oude brieven van de soldaten herlees, schiet er één vraag door mijn hoofd: als zelfs zij het konden, in het midden van een gruwelijke oorlog die al een miljoen soldaten het leven had gekost, wat belet ons dan om – in deze tijd – uit onze loopgraven te komen?

Ook wij worden uit elkaar gespeeld door demagogen en haatzaaiers. Kranten als de *Daily Mail* schreven destijds over bloeddorstige Hunnen; nu schrijven ze over invasies van stelende, moordende en verkrachtende vluchtelingen die onze banen inpikken, te lui zijn om te werken en ondertussen Sinterklaas en de Kerstman om zeep helpen.

Zo wordt de haat weer de samenleving ingepompt. En dit keer niet alleen via kranten, maar ook via blogs en tweets, met leugens op sociale media en met giftige reacties onder nieuwsberichten. Zelfs de beste factchecker lijkt machteloos tegenover de rancune die op sommige dagen over ons heen spoelt.

Maar wat als het ook de andere kant op werkt? Wat als propaganda ons niet alleen tegen elkaar kan opzetten, maar ook weer kan samenbrengen?

3.

Colombia, 2006. Carlos Andrés Rodríguez en Juan Pablo García werken voor het internationaal toonaangevende reclamebureau MullenLowe. Normaliter bedenken ze commercials voor kattenvoer of proberen ze een nieuw shampoomerk aan de man te brengen. Maar die dag komt er een ongebruikelijk verzoek binnen bij het bureau.

Het verzoek is van de minister van Defensie, in eigen persoon. Zijn vraag: of de reclamejongens mee willen helpen in de strijd tegen de FARC, het oudste guerrillaleger van Latijns-Amerika. De Colombiaanse overheid wil namelijk een fikse dosis guerrillamarketing loslaten op, jawel, guerrilla's.

De oorlog in Colombia duurt op dat moment al meer dan vijftig jaar. Maar liefst 220.000 mensen zijn omgekomen. Het leger, rechtse paramilitairen en guerrillabewegingen als de

FARC hebben gruwelijke oorlogsmisdaden op hun geweten. Er is een hele generatie opgegroeid die nooit vrede heeft gekend. En het leger weet inmiddels: met grof geweld valt deze strijd niet te winnen.

De reclamejongens van MullenLowe accepteren het verzoek van de minister en beginnen zoals ze iedere opdracht aanpakken: interviews met de doelgroep. In een jaar tijd spreekt het bureau bijna honderd ex-strijders. De onderzoekers proberen te begrijpen wat hen de jungle in heeft gedreven, en wat hen daar houdt. Keer op keer komen ze tot dezelfde conclusie: dit zijn gewone mensen.

De rebellen hebben dezelfde behoeftes, dromen en verlangens als wij allemaal. 'Zodra je beseft dat het geen guerrillastrijders zijn, maar mensen', zal Carlos later vertellen, 'verandert de communicatie totaal.'[14] In feite komen de consultants tot dezelfde conclusie als Morris Janowitz, de psycholoog die tijdens de Tweede Wereldoorlog honderden Duitse krijgsgevangenen interviewde (zie hoofdstuk 10). Carlos en Juan begrijpen dat ze in hun propaganda niet de ideologie van de FARC moeten aanvallen, maar dat ze het veel dichter bij huis moeten zoeken.

Het team ontdekt bijvoorbeeld dat het aantal demobilisaties ieder jaar piekt op hetzelfde moment: rond Kerstmis. Blijkbaar willen de guerrillero's tijdens de feestdagen het liefst thuis zijn, net als ieder ander. Zo pitchen Carlos en Juan hun idee bij hun baas: 'Misschien zijn we gek, maar wat zou je ervan zeggen als we een kerstboom neerzetten in het midden van de jungle?'[15]

Operatie Kerstmis begint in december 2010.

In het holst van de nacht vliegen twee teams van *special forces* diep het vijandelijke gebied in. Met Black Hawk-helikopters droppen ze op negen strategische locaties tweeduizend ledlichtjes op 25 meter hoge bomen. Aan deze kerstbomen monteren ze een bewegingssensor en een banner die geactiveerd wordt zodra iemand voorbijloopt.

'Als Kerst naar de jungle kan komen', staat er, 'dan kun jij ook naar huis komen. Leg je wapens neer. Met Kerst is alles mogelijk.'

De operatie is een overdonderend succes. In één maand geven maar liefst 331 guerrillero's de strijd op. Velen van hen zeggen dat de kerstbomen het laatste zetje zijn geweest. 'Onze leider was niet boos', vertelt een van de rebellen. 'Het was anders dan de propaganda die we eerder hadden gezien... Hij was geraakt.'[16]

Ondertussen gaat het team van MullenLowe verder met het interviewen van de ex-rebellen. Ze komen erachter dat bijna alle guerrillastrijders van de kerstbomen hebben gehoord, maar dat de meesten ze niet hebben gezien. De FARC verplaatst zich namelijk via de rivieren, de snelwegen van de jungle.

En zo komen de reclamemakers op hun volgende idee.

Operatie Rivieren van Licht gaat van start in december 2011. Colombianen die bij de rivieren wonen, en waar de FARC veel heeft gerekruteerd, worden gevraagd iets te schrijven aan hun broers, zussen, vrienden of familie die zich hebben aangesloten bij de rebellengroep. De boodschap: kom naar huis, we houden een plekje voor je vrij.

De brieven worden met kleine cadeautjes in 6.823 doorzichtige kerstballen te water gelaten. Er zitten ook ledlampjes in, waardoor de rivier 's nachts oplicht als de sterrenhemel. Op die manier drijven de kerstballen het vijandelijke gebied in. Het resultaat: nog eens 180 strijders leggen de wapens neer, inclusief een van de bommenmakers van de FARC.

En zo gaat het maar door. Een jaar later is het tijd voor Operatie Bethlehem. Carlos en Juan zijn er tijdens de interviews achter gekomen dat guerrillastrijders vaak gedesoriënteerd zijn in de jungle. Zelfs als ze naar huis willen, zouden ze de weg niet weten. En dus gooit het marketingbureau duizenden lichtjes uit de legerhelikopters. Er worden ook gigantische lichtbakens neergezet, die een felle lichtstraal omhoog zenden en van kilometers afstand te zien zijn. De rebellen hoeven op hun weg uit de jungle alleen maar naar boven te kijken, zoals de herders in het veld ooit de ster van Bethlehem zijn gevolgd.

Dan is het tijd voor het grofste geschut.

Als strijders íéts missen in de jungle, zo leert het team van MullenLowe, dan is het hun moeder. Van de geheime dienst krijgen ze een lijst van vrouwen die een kind hebben bij de FARC. Sommige van deze moeders hebben hun kroost al meer dan twintig jaar niet gezien. De reclamejongens vragen hun om oude foto's, van toen de soldaten nog kind waren. Het team verspreidt deze foto's (die alleen de guerrillero's zelf zullen herkennen) op plekken in de jungle waar er gevochten wordt. Er staat een simpele boodschap bij:

'Voor je rebel werd, was je mijn kind. Deze Kerst wacht ik thuis op je.'

Het is weer een schot in de roos. Nog eens 218 verloren zonen en dochters keren terug naar hun ouders.[17] Ze krijgen amnestie en komen terecht in re-integratieprogramma's, waar ze een vak leren en aan een baan worden geholpen. Het geheim van de campagne? De rebellen worden niet als monsters neergezet, maar als mens. 'We zoeken naar een kind dat vermist is in de jungle', legt Juan uit. 'Niet naar een crimineel.'[18]

Waar kwam die ruimhartigheid vandaan? Waarom kregen de rebellen amnestie, een opleiding en een baan? Hoe lukte het de Colombianen om het verleden achter zich te laten?

Als ik het vraag aan Jose Miguel Sokoloff, de baas van Juan en Carlos bij MullenLowe, schiet hij in de lach. 'Ik denk dat we in onze campagne een beetje overdreven hebben hoeveel mensen er bereid waren om de rebellen een tweede kans te geven.'

Ze konden ook niet anders. Het reclamebureau kreeg namelijk te maken met dezelfde paradox als Europa in 1914. Hoe verder van het front, hoe groter de haat. 'Mensen die nooit door de oorlog zijn geraakt, zijn meestal de ergste hardliners', vertelt Jose. Maar wie zelf gekidnapt is, of wie naasten heeft verloren, wil het verleden juist achter zich laten.

De reclamejongens besloten het verhaal van die laatste groep centraal te zetten. Ze deden alsof heel Colombia de rebellen met open armen zou ontvangen, omdat het zo een zelfvervullende profetie kon worden. En dat werkte. Sinds 2010 zijn duizenden guerrillero's naar huis teruggekeerd. Aanvankelijk had de FARC nog 20.000 leden, maar een paar jaar later was daar minder dan de helft van over.

Natuurlijk is de leegloop van de FARC niet uitsluitend te danken aan de acties van Jose en zijn team, maar bij het Colombiaanse ministerie van Defensie zijn ze ervan overtuigd dat de vredespropaganda een cruciale bijdrage heeft geleverd. Bij het ministerie van Financiën zullen ze ook tevreden zijn geweest: kerstballen zijn een stuk goedkoper dan bommen en granaten.[19]

De campagne van MullenLowe was een belangrijke aanjager voor het vredesproces in Colombia, dat in 2011 begon.[20] Een paar jaar later kreeg president Juan Manuel Santos, die als minister de opdracht aan MullenLowe had gegeven, de Nobelprijs voor de Vrede. Na meer dan een halve eeuw kwam het conflict eindelijk ten einde. Het jaar erop leverde de FARC duizenden wapens in en kwamen de laatste leden uit de jungle.

'Vandaag is een bijzondere dag', sprak president Santos, 'de dag dat wapens worden ingeruild voor woorden.'[21]

4.

Natuurlijk, Colombia is niet ineens de hemel op aarde geworden. Er zitten nog andere rebellengroepen in de jungle, en de demobilisatie van de linkse rebellen heeft ruimte gemaakt voor rechtse paramilitairen en drugscriminelen. De littekens van een halve eeuw bloedvergieten zullen nooit verdwijnen.

Toch is dit een verhaal van hoop. De Colombiaanse reclamemakers leren ons een oude les: wie het goede zaait, zal het goede oogsten. Hóé besmettelijk het goede kan zijn, was honderd jaar eerder al gebleken. Toen met Kerst 1914 het virus van de vrede uitgroeide tot een heuse epidemie, bleken maar een paar soldaten immuun. Onder hen was een halsstarrige 25-jarige korporaal in het 16de Beierse Reserve-infanterieregiment. 'Zulke dingen horen niet te gebeuren in oorlogstijd!' riep hij. De naam van deze man? Adolf Hitler.[22]

Maar de meeste soldaten beleefden de vrede in de loopgraven als een van de hoogtepunten van hun leven. Keer op keer begon de toenadering aan het front, bij de mannen die het dichtst op de strijd zaten. Van de laagste rangen borrelde het vervolgens naar boven, totdat zelfs kapiteins, majoors en kolonels meededen.

De enigen die zich bleven verzetten, waren de machthebbers aan de top. De generaals zetten alles op alles om de plaag van vrede te stoppen. Op 29 december 1914 vaardigde het Duitse hoofdkwartier een bevel uit: alle vriendelijkheid jegens de vijand was ten strengste verboden. Ook een Britse veldmaarschalk beval dat ieder gebaar van vriendschap moest stoppen.[23] Wie ongehoorzaam was, werd voor de krijgsraad gesleept.

In de daaropvolgende jaren was de legertop beter voorbereid. Met Kerst 1915 liet het Britse High Command de vijandelijke posities dag en nacht bombarderen, om zo iedere kerstgedachte de kop in te drukken. Luitenant Llewelyn Wyn Griffith van de Royal Welch Fusiliers schreef over 'strikte orders... We moesten bezeten blijven door een geest van haat, en iedere toenadering met lood beantwoorden'.[24]

En toch – als het aan veel soldaten had gelegen, dan was de oorlog met Kerst 1914 geëindigd. 'Als we met rust waren gelaten', bezwoer een Britse majoor, 'dan zou er nooit meer een schot zijn gelost.'[25]

Duizenden soldaten deden hun best om de vrede te bewaren. In het geheim stuurden ze brieven naar elkaar. 'Wees op je hoede morgen', schreef een Franse eenheid aan een Duitse. 'De generaal komt onze positie bezoeken. [...] we zullen moeten vuren.' Een Brits bataljon kreeg een vergelijkbaar bericht van de Duitsers: 'We zullen jullie kameraden blijven. Als we worden gedwongen te vuren, dan zullen we te hoog schieten.'[26]

Op sommige plekken aan het front hield de wapenstilstand nog weken stand. En ondanks alle maatregelen van hogerhand zouden nog meer uitbraken van vrede volgen. Toen in 1917 de helft van de Franse divisies begon te muiten, hadden de Duitsers het niet eens door. Voor zover zij wisten hielden de Fransen zich gewoon aan de oude, stilzwijgende afspraak om niet te schieten.[27]

Zo lag er voortdurend vrede op de loer. De militair historicus Tony Ashworth beschrijft Kerst 1914 als het plotselinge boven water komen van 'een grote ijsberg'.[28] Zelfs in oorlogstijd is er een berg van vrede, die ieder moment kan bovendrijven. Generaals, politici en ophitsers moeten alles uit de kast trekken – geweld, dwang, nepnieuws – om die berg onder water te duwen. Oorlog zit nu eenmaal niet diep in onze natuur.

Wat we moeten onthouden, en ik schrijf dit ook voor mezelf, is dat die ander op ons lijkt. Die boze burger in de krant, die crimineel met een zwarte balk voor zijn ogen, die vluchteling als statistiek – het zijn stuk voor stuk mensen van vlees en bloed. Mensen die in een ander leven onze vrienden, onze familie, onze geliefden hadden kunnen zijn. 'Zij hebben thuis ook mensen van wie ze houden', realiseerde een Britse soldaat zich.[29]

Als we ons ingraven in onze eigen loopgraven, verliezen we ons zicht op de werkelijkheid. Dan raken we ervan overtuigd dat een kleine, haatdragende minderheid representatief is voor de rest van de mensheid. Zo zijn een handvol eenzame en anonieme trollen op sociale media verantwoordelijk voor bijna alle haat op Twitter en Facebook.[30] En zelfs achter de lelijkste toetsenbordridder kan nog een lieve vriend of trouwe mantelzorger schuilgaan.

Wie gelooft in het goede van de mens is niet slap of naïef. Wie gelooft in vrede en vergeving is juist moedig en realistisch. Jose Miguel Sokoloff vertelt het verhaal van een officier die met zijn legereenheid de Colombiaanse reclamemakers hielp om hun kerstboodschap te verspreiden. Een paar maanden later kwam hij om in de strijd.

Jose wordt nog altijd emotioneel als hij zich herinnert wat hij van zijn vriend heeft geleerd. 'Ik wil dit doen', vertelde de officier hem, 'omdat generositeit me sterker maakt. Ook mijn mannen voelen zich er sterker door.'[31]

Dat is een oude waarheid. Van de mooiste dingen in het leven krijg je alleen maar meer als je ze weggeeft: vertrouwen, vriendschap, vrede.

EPILOOG

TIEN LEEFREGELS

'If you make a film about a man kidnapping a woman and chaining her to a radiator for five years – something that has happened probably once in history – it's called searingly realistic analysis of society. If I make a film like Love Actually, *which is about people falling in love, and there are about a million people falling in love in Britain today, it's called a sentimental presentation of an unrealistic world.'*

— Richard Curtis (1956)

Het verhaal gaat dat er ooit twee woorden waren gebeiteld in het frontaal van de Tempel van Apollo in Delphi. De tempel was een pelgrimsoord, waar de oude Grieken van heinde en verre naartoe reisden, op zoek naar goddelijke raad.

GNOTHI SEAUTON, lazen ze bij binnenkomst.

Ken uzelf.

Wie de jongste bevindingen van de psychologie en de biologie, de archeologie en de antropologie, de sociologie en de geschiedwetenschap overziet, komt tot de conclusie dat de mens millennia een verkeerd zelfbeeld heeft gehad. Lange tijd hebben we aangenomen dat de mens een egoïst is, een beest, of erger. Lange tijd geloofden we dat de beschaving een dun laagje is, dat bij het minste of geringste zou barsten.

Dit mensbeeld, en deze lezing van onze geschiedenis, blijkt totaal onrealistisch.

In de laatste delen van dit boek heb ik een poging gedaan om de nieuwe wereld te schetsen die in het verschiet ligt als we overstappen op een ander mensbeeld. Waarschijnlijk heb ik nog maar het topje van de ijsberg beschreven. Zodra we geloven dat de meeste mensen deugen, verandert namelijk alles. We kunnen onze scholen en gevangenissen, onze rechtsstaat en democratie helemaal anders inrichten. En we kunnen zelf ook een ander leven gaan leiden.

Nu moet je weten: ik ben geen fan van zelfhulpboeken, dat

genre dat hoog ligt opgestapeld in de kiosken van vliegvelden. Deze tijd heeft te veel introspectie en te weinig outrospectie. Een betere wereld begint niet bij jezelf, maar bij ónszelf. Met nog honderd tips over hoe je carrière maakt en jezelf rijk fantaseert, komen we er niet.

Maar toen vroeg een vriend of ik door het schrijven van dit boek ook anders naar mijn eigen leven was gaan kijken. En toen besefte ik dat het antwoord ja was. Een realistisch mensbeeld heeft grote implicaties voor de manier waarop je met anderen omgaat. Dus tot slot, voor wat het waard is. Dit zijn de tien leefregels die ik in de afgelopen jaren in mijn notitieboekje krabbelde.

1. Bij twijfel, ga uit van het goede

Mijn eerste gebod is meteen een van de moeilijkste. Natuurlijk, hoofdstuk 3 liet zien dat de mens is geëvolueerd om samen te werken met anderen. Maar communiceren blijft lastig. Soms komt een opmerking niet goed over, kijkt iemand je wat vreemd aan of hoor je via via dat er iets lelijks over je is gezegd. In iedere relatie, zelfs in jarenlange huwelijken, weet je lang niet altijd wat de ander over je denkt.

En dan gaan we raden. Stel dat ik vermoed dat een collega een hekel aan me heeft. Dan zal ik me gedragen op een manier die onze relatie geen goed zal doen, of ik nu gelijk heb of niet. In hoofdstuk 1 zagen we dat mensen een *'negativity bias'* hebben. Eén vervelende opmerking raakt ons harder dan tien complimentjes (het kwade is sterker, maar het goede is met meer). En bij twijfel zijn we geneigd om uit te gaan van het slechte.

Intussen hebben we te maken met zogenoemde 'asymmetrische feedback'. Simpel gezegd: als je iemand ten onrechte vertrouwt, kom je daar vroeg of laat wel achter. Dan is je Russische bruid er met je poen vandoor, heeft je Nigeriaanse zakenpartner je bedrogen of heb je na vier weken nog steeds geen sixpack van die Ab King Pro waar ze op televisie nog zo lyrisch over waren. Een overdosis aan vertrouwen komt altijd boven water.[1]

Maar als je iemand een keer níét vertrouwt, zul je nooit zeker weten of dat terecht was. Je krijgt immers geen feedback meer. Stel dat je – ik zeg maar wat – besluit om nooit meer zaken te doen met roodharige Schotten, omdat je een keer bent opgelicht door een roodharige Schot. Dan kun je je leven lang wantrouwig blijven ten opzichte van alle roodharige Schotten, zonder ooit met je neus op de feiten te worden gedrukt: de meeste roodharige Schotten zijn behoorlijk sympathiek.

Dus wat kun je het beste doen als je twijfelt aan andermans intenties?

Het is het meest realistisch om uit te gaan van het goede. Om de ander het voordeel van de twijfel te geven. In de meeste gevallen zul je het dan bij het rechte eind hebben, omdat de meeste mensen deugen. En in het zeldzame geval dat iemand het tóch slecht met je voor heeft, zou je reactie weleens niet-complementair kunnen werken.[2] (Denk aan Julio Diaz, de man die uit eten ging met zijn overvaller.)

Maar wat als je toch wordt opgelicht? De psycholoog Maria Konnikova schreef een fascinerend boek over professionele oplichters.[3] Je zou zeggen dat ze ervan doordrongen raakte dat je voortdurend op je hoede moet zijn. Maar Konnikova, dé expert als het gaat over fraude en bedrog, trok een heel andere conclusie. Je kunt maar beter incalculeren dat je af en toe wordt opgelicht, schreef ze. Dat is een kleine prijs voor een heel leven waarin je anderen met vertrouwen tegemoet mag treden.

Mensen schamen zich vaak als ze zijn beetgenomen, maar de realist is er misschien wel trots op. Sterker, als je nog nooit bent opgelicht, moet je eens nadenken of je wel met genoeg vertrouwen in het leven staat.

II. Denk in win-winscenario's

Het verhaal gaat dat Thomas Hobbes eens met een vriend door Londen wandelde, toen hij zijn pas inhield om een bedelaar geld te geven. De vriend was verbaasd. Geloofde Hobbes dan niet dat we van nature egoïsten zijn? Hobbes zag het probleem niet. Hij vond het ongemakkelijk om de bedelaar te zien lijden, dus voelde het lekker om wat kleingeld te geven. Hij handelde uit eigenbelang.[4]

In de afgelopen eeuwen hebben filosofen en psychologen zich het hoofd gebroken over de vraag of er zoiets bestaat als pure onbaatzuchtigheid. Ik moet bekennen dat ik die hele discussie oninteressant vind. Want stel je een wereld voor waarin je een misselijk gevoel krijgt zodra je iets vriendelijks doet. Wat voor hel zou dat zijn?

Het mooie is nu juist dat we in een wereld leven waar het goede ook goed voelt. Eten vinden we lekker omdat we zonder eten doodgaan. Seks vinden we lekker omdat we zonder seks uitsterven. Helpen vinden we lekker omdat we zonder elkaar verpieteren. Het goede voelt zo vaak goed omdat het ook goed ís.

Helaas zijn talloze bedrijven en scholen nog altijd ingericht op de mythe dat mensen van nature met elkaar concurreren. 'In een geweldige deal win jij – niet de andere kant', zegt bijvoorbeeld Donald Trump in zijn boek *Think Big and Kick Ass*. 'Je sloopt je tegenstander en gaat er zelf op vooruit.'[5]

In werkelijkheid is het precies andersom: bij de beste deals wint iedereen. De gevangenissen in Noorwegen? Die zijn beter, menselijker en goedkoper. De thuiszorgorganisatie van Jos de Blok? Die levert een hogere kwaliteit, voor een lagere prijs, terwijl de cliënten en werknemers tevredener zijn en de laatsten ook nog eens een hoger salaris verdienen. Win-win.

Ook in de literatuur over vergeving wordt benadrukt dat het in je eigenbelang is om anderen te vergeven.[6] Dat wil zeggen: vergeving is niet alleen een geschenk, het is ook een goede deal. Want wie vergeeft, hoeft minder energie te verspillen aan haat en nijd. Die kan gaan leven. Die bevrijdt zichzelf.

III. Verbeter de wereld, stel een vraag

Het is de Gulden Leefregel van zo'n beetje alle wijsgeren in de wereldgeschiedenis: 'Wat gij niet wilt dat u geschiedt, doet dat ook een ander niet.' De Chinese denker Confucius onderwees deze wijsheid al tweeënhalfduizend jaar geleden. Vervolgens kwamen de Griekse geschiedschrijver Herodotus en de filosoof Plato ermee, en nog een paar eeuwen later dook de regel op in joodse, christelijke én islamitische teksten.

Tegenwoordig leren miljarden ouders de Gulden Leefregel aan hun kinderen. Er zijn twee varianten: de positieve ('Behandel anderen zoals je zelf behandeld wilt worden') en de negatieve ('Wat gij niet wilt...'). Al met al weerspiegelt de Gulden Leefregel ons natuurlijke vermogen tot empathie: stel je eens voor dat jij die ander bent, dan zou je toch ook goed behandeld willen worden? Volgens sommige neurologen is de regel zelfs het product van miljoenen jaren evolutie, en is hij verankerd in ons brein.[7]

Toch ben ik ervan overtuigd geraakt dat de Gulden Leefregel tekortschiet. In hoofdstuk 10 zagen we al dat empathie een slechte leidraad kan zijn. Het punt is namelijk: we voelen niet altijd goed aan wat de ander wil. Talloze managers en bestuurders, journalisten en politici denken van wel, waarmee ze anderen in feite de mond snoeren. Vandaar dat er zelden een vluchteling aan de talkshowtafel zit als het over vluchtelingen gaat. Vandaar dat onze democratie en journalistiek nog grotendeels uit eenrichtingsverkeer bestaan. En vandaar dat onze verzorgingsstaat van paternalisme aan elkaar hangt.

In de praktijk is het beter om eerst een vraag te stellen. Om burgers zélf aan het woord te laten, zoals in de democratie van

Porto Alegre (zie hoofdstuk 15). Om werknemers hun eigen team te laten aansturen, zoals in de fabriek van Jean-François Zobrist (zie hoofdstuk 13). Om kinderen hun eigen leerweg te helpen uitstippelen, zoals in de school van Sjef Drummen (zie hoofdstuk 14).

Deze leefregel wordt ook wel de 'Platinum Leefregel' genoemd. De Ierse toneelschrijver George Bernard Shaw vatte hem eens mooi samen. 'Doe niet voor anderen wat je wilt dat zij voor jou zouden doen', schreef hij. 'Ze zouden weleens een andere smaak kunnen hebben.'[8]

IV. Temper je empathie, train je compassie

De Platinum Leefregel roept niet op tot empathie, maar tot compassie. Het verschil kan ik het beste uitleggen aan de hand van de boeddhistische monnik Matthieu Ricard, een man met een fabelachtige controle over zijn gedachten. (Mocht je daar ook behoefte aan hebben: veel succes, hij heeft er meer dan 50.000 uur voor gemediteerd.)

Niet lang geleden werd Ricard uitgenodigd door de neuroloog Tania Singer, voor een ochtend in haar hersenscanner.[9] Singer vroeg zich af wat er in ons brein gebeurt als we empathie ervaren. En belangrijker nog: ze vroeg zich af of er een alternatief is.

Matthieu Ricard had de avond ervoor op verzoek van Singer een documentaire gekeken over eenzame weeskinderen in een Roemeens tehuis. Toen zijn brein de volgende dag in de scanner werd geschoven, vroeg Singer hem om terug te denken aan die lege ogen. Die magere lijfjes. Zo intens mogelijk probeerde Ricard zich voor te stellen hoe de Roemeense kinderen zich voelden.

Na een uur was hij opgebrand.

Want dat is wat empathie met mensen doet. Het is doodvermoeiend. Voor een latere studie vroeg Singer een groep proefpersonen om een week lang iedere dag een kwartier hun ogen te sluiten en zo veel mogelijk empathie te ervaren. Veel langer hadden ze het niet volgehouden. De deelnemers stonden aan het einde van de week stuk voor stuk somberder in het leven. Een vrouw zei dat ze nog maar één ding zag wanneer ze om zich heen keek in de trein. Leed.[10]

Na die eerste sessie met Ricard gooide Singer het over een andere boeg. Weer vroeg ze de monnik om aan de Roemeense kinderen te denken, maar dit keer hoefde hij zich niet in te leven. Nu mocht hij doen waar hij jarenlang op had geoefend. Ricard voelde niet mét de kinderen, maar vóór hen. Hij riep zo veel mogelijk gevoelens van warmte, zorg en liefde op. Daarbij probeerde hij niet in de schoenen van de kinderen te staan, maar hield hij juist afstand.

Singer kon het verschil meteen zien op haar computerscherm. Er lichtten totaal andere delen van het brein op. Empathie activeert vooral de 'anterior insula', net boven ons oor, terwijl nu het 'corpus striatum' en de 'orbitofrontale cortex' oplichtten.

Wat was er aan de hand? Psychologen noemen Ricards houding ook wel 'compassie'. En in tegenstelling tot empathie kost compassie geen energie. Integendeel, de monnik voelde zich er een stuk beter door. Compassie is beheerster, afstandelijker en constructiever. Het laat je niet delen in het lijden van de ander, maar helpt je wel diens leed te zien, en vervolgens in actie te komen. Compassie geeft energie.

Dat is precies wat we nodig hebben. Om een ander voorbeeld te geven: als een kind bang is voor het donker wil je als ouder niet de angst van je kind meevoelen en in een hoekje van de kamer meehuilen (empathie). Nee, je wilt troosten en geruststellen (compassie).

Moeten we dan allemaal gaan mediteren als Matthieu Ricard? Ik vond het eerst nog zweverig klinken, maar er is enig wetenschappelijk bewijs dat we onze compassie inderdaad met meditatie kunnen trainen.[11] Het brein is nogal kneedbaar. En als we naar een fitnessclub gaan voor ons lijf, waarom zouden we dan niet onze geest trainen?

v. Probeer de ander te begrijpen, ook als je geen begrip hebt

Nu moet ik toegeven dat ik het geprobeerd heb, dat mediteren, maar tot nog toe met weinig succes. Om de een of andere reden is er altijd nog een mailtje, tweet of filmpje van een geit op een trampoline dat mijn onmiddellijke aandacht vraagt. En 50.000 uur mediteren? Sorry, maar ik heb ook nog een leven.

Gelukkig bestaat er een andere manier om uit te zoomen. Een alternatief waar de verlichte filosofen al in de achttiende eeuw de loftrompet over staken.

Ons verstand. De rede. De ratio. Ons vermogen om te relativeren – een psychologisch proces waarbij weer andere delen van ons brein betrokken zijn. Als we iemand met ons verstand proberen te begrijpen, activeert de 'prefrontale cortex'. Het deel van het brein net achter ons voorhoofd, dat bij mensen uitzonderlijk groot is.[12]

Ik weet ook wel: er zijn talloze studies waaruit blijkt dat die cortex in duizend-en-een gevallen niet zo lekker werkt. Dat we vaak helemaal niet zo rationeel en beheerst zijn. Toch denk ik dat we die bevindingen niet moeten overdrijven. In het dagelijks leven gebruiken we voortdurend rationele argumenten en bewijzen. We hebben een samenleving gebouwd die barst van de wetten, regels en afspraken. Mensen kunnen veel beter denken dan we denken. Ons verstand is niet een dun laagje dat onze emotionele natuur bedekt. Het is een essentieel onderdeel van wie we zijn. Het maakt ons tot mens.[13]

Neem de Noorse visie op het gevangeniswezen, die regelrecht tegen onze intuïtie indruist. Alleen wie zijn kop erbij houdt, en de recidivecijfers grondig bestudeert, zal beseffen dat het een uitstekend idee is om criminelen zo te behandelen. Of neem het staatsmanschap van Nelson Mandela. Keer op keer moest hij op zijn tong bijten, zijn emoties onderdrukken en scherp analyseren. Mandela was minstens zo slim als zachtmoedig. Het goede aannemen is even vaak een rationele als een emotionele daad.

Iemand begrijpen hoeft natuurlijk niet te betekenen dat je ook begrip hebt. Je kunt een fascist, een terrorist of een liefhebber van *Love Actually* prima begrijpen zonder fascisme, terrorisme of cultuurbarbarij goed te keuren. Iemand op rationeel niveau begrijpen is een vaardigheid. Het is een spier die je kunt trainen.

Waar we, tot slot, ons verstand het hardst bij nodig hebben, is het bij tijd en wijle *onderdrukken* van ons verlangen om aardig te zijn. Ons vriendelijke instinct staat soms namelijk in de weg van de waarheid. En van de rechtvaardigheid. Ga maar na: hoe vaak houden we onze mond als we onrecht zien, omdat we niet vervelend willen overkomen? Hoe vaak slikken we onze woorden in, om de goede vrede te bewaren? En hoe vaak zetten we mensen die hun rechten opeisen weg als zeurderige types?

Eigenlijk hebben we het hier over dé paradox van dit boek. Ik heb betoogd dat de mens is geëvolueerd als door en door vriendelijk wezen, maar soms is die vriendelijkheid juist het probleem. De geschiedenis leert dat vooruitgang dikwijls begint bij mensen – zoals Jos de Blok van Buurtzorg en Sjef Drummen van de school Agora – die als drammerig of zelfs *onvriendelijk* worden ervaren. Mensen die de moed hebben om ongezellig te doen op feestjes en partijen. Die ongemakkelijke onderwerpen aansnijden en je een onbehaaglijk gevoel geven.

Koester die mensen, want ze helpen je vooruit.

VI. Heb je naaste lief, gelijk ook anderen hun naasten liefhebben

Op 17 juli 2014 stortte een Boeing 777 van Malaysia Airlines neer bij het Oekraïense dorpje Hrabove. Aan boord waren 298 mensen, onder wie 193 Nederlanders. Het vliegtuig was neergehaald door pro-Russische separatisten. Niemand overleefde de ramp.

Aanvankelijk had het bericht nog iets abstracts – 298 doden – totdat een stuk in *de Volkskrant* me bij de keel greep.[14] Het begon met een foto: een selfie van Karlijn Keijzer (25) en Laurens van der Graaff (30). Twee stralende gezichten, een blonde jongen en een meisje met krullen, net voordat ze het vliegtuig instapten. Ik las dat ze elkaar hadden ontmoet bij de Amsterdamse roeivereniging Skøll. Dat hij had geschreven voor *Propria Cures*, het onvolprezen studentenblad, en dat zij al aan haar promotie was begonnen in de Verenigde Staten.

En dat ze stapelgek waren op elkaar.

'Ze zullen altijd die enorm verliefde, niet van elkaar afblijvende, bom geluk blijven', zo werd een vriend geciteerd. Is het niet hypocriet, dacht ik nog, dat mijn ogen nu vochtig werden maar ik het stuk over de wreedheden in Irak op pagina zeventien oversloeg? Meestal stoor ik me er zo aan. 'Twee Nederlanders omgekomen voor de kust van Nigeria', lees je dan, terwijl een hele boot is gezonken.

Maar mensen zijn beperkte wezens. We geven meer om soortgenoten die op ons lijken. Dezelfde taal, hetzelfde uiterlijk, dezelfde achtergrond. Ik ben ook blond, zat ook bij een studentenvereniging, ontmoette ook een meisje met mooie krullen en had maar wat graag voor *Propria Cures* geschreven. ('Voor mensen die Laurens kenden', schreven zijn collega's, 'was het geen verrassing dat er een luchtdoelraket aan te pas moest komen om dat machtige lijf van hem tot stilstand te brengen.')[15]

Die stralende selfie, van een paar uur voor hun dood, had

de krant van haar broertje gekregen. 'Het enige wat ik aan u vraag', schreef hij, 'is dat u laat zien aan Nederland en aan de wereld welke pijn ik, mijn andere zus en mijn ouders nu doormaken. Dit is de pijn van honderden mensen in Nederland.'

En inderdaad, iedereen kende wel iemand die iemand kende. Ik heb me zelden zo Nederlands gevoeld als in die dagen.

Waarom geven we meer om mensen op wie we lijken? In hoofdstuk 10 schreef ik dat afstand de handlanger van het kwaad is. Afstand laat ons tekeergaan tegen vreemden op het internet. Afstand helpt soldaten om hun afkeer van geweld te omzeilen. Afstand heeft de grootste misdaden in de geschiedenis mogelijk gemaakt, van de slavernij tot de Holocaust.

Wie zich laat leiden door compassie, beseft daarentegen dat de vreemdeling dicht bij ons staat. Die stijgt boven zichzelf uit, tot zijn eigen geliefden even belangrijk lijken als de rest van de wereld. Niet toevallig verliet de Boeddha zijn gezin. Niet toevallig zei Jezus dat zijn volgelingen hun vader, moeder, vrouw, kinderen, broers en zussen moesten achterlaten.

Maar misschien kun je ook te ver gaan.

Misschien begint naastenliefde wel in het klein. Mensen die zichzelf haten, kunnen moeilijk van een ander houden. Mensen die hun familie en vrienden uit het oog verliezen, kunnen niet het juk van de wereld dragen. Pas als het kleine op orde is, kan het grote een plek krijgen. Veel van de 193 Nederlandse slachtoffers waren schaamteloze wereldverbeteraars – aidsonderzoekers, strijders voor mensenrechten. Maar het grootste gat lieten ze achter bij de mensen die het dichtst bij hen stonden.

Als mens maak je nu eenmaal onderscheid. Je trekt voor en hecht je aan wie naast je staat. Dat is niets om je voor te schamen. Integendeel, het maakt ons tot mens. Het enige wat we moeten beseffen, is dat die vreemdelingen, ver weg, óók familie hebben van wie ze houden. Dat zij net zo goed mensen zijn.

VII. Vermijd het nieuws

Tegenwoordig is het nieuws een van de grootste bronnen van afstand. Wie het journaal kijkt, krijgt het gevoel dichter bij de werkelijkheid te komen, maar krijgt in werkelijkheid een verwrongen beeld voorgeschoteld. Er wordt vaak in generaliserende termen gesproken over groepen mensen: 'vluchtelingen', 'racisten', 'elites', 'politici'. Bovendien zoomt het nieuws in op uitzonderingen, en dan meestal op de rotte appels.

Hetzelfde geldt voor sociale media. Een kleine groep pestkoppen zegt van een afstand de lelijkste dingen. Die hatelijke berichten worden door de algoritmes van Twitter en Facebook omhoog gestuwd, want sociale media teren op onze '*negativity bias*'. De digitale platforms verdienen het meest als mensen zo lelijk mogelijk tegen elkaar doen. Dat trekt de aandacht, daarop klikken we het meest en dan zien we de meeste reclames.[16] Op deze manier zijn sociale media verworden tot machines om onze slechte kanten zo ver mogelijk op te blazen.

Neurologen wijzen erop dat onze behoefte aan nieuws en pushberichten alles weg heeft van een verslaving. In Silicon Valley is dit geen geheim meer. Juist de managers van bedrijven als Facebook en Google laten hun kinderen zo min mogelijk op internet en 'sociale' media. Terwijl onderwijsgoeroes de loftrompet steken over iPad-scholen en *digital skills*, gedragen de tech-elites zich als drugsdealers. Ze beschermen hun kroost tegen hun giftige handel.[17]

Mijn vuistregel? Bestudeer liever de bedachtzame zaterdagkrant dan het dagelijkse nieuwsbulletin. Ontmoet liever mensen van vlees en bloed dan naar een scherm te staren. Denk even goed na over welke informatie je in je hoofd stopt als over welk voedsel in je lichaam.

VIII. Sla geen nazi (of: steek een hand uit naar je grootste vijand)

Als je regelmatig het nieuws volgt, is het makkelijk om moedeloos te worden. Wat heeft het voor zin om duurzaam te leven, braaf je belasting te betalen en te collecteren voor het goede doel als anderen er met de pet naar gooien?

Mocht je verleid worden door zulke gedachten, bedenk dan: cynisme is een ander woord voor luiheid. Het is een excuus om achterover te leunen. Wie gelooft dat de meeste mensen verdorven zijn, hoeft zich niet druk te maken over onrecht. De wereld gaat toch wel naar de knoppen.

Er is een vorm van activisme die verdacht veel lijkt op cynisme. Dan heb ik het over het type 'wereldverbeteraar' dat vooral bezig is met het eigen imago. Mocht je die kant opgaan, dan verander je in de rebel die het zo goed weet voor de ander, zonder iets om die ander te geven. Dan wordt slecht nieuws zelfs goed nieuws, want slecht nieuws ('De aarde warmt nog harder op!', 'De ongelijkheid is nog groter dan gedacht!') bewijst dat je altijd al gelijk had.[18]

Hoe het anders kan, laat het Duitse dorpje Wunsiedel zien. Eind jaren tachtig werd hier een van Hitlers handlangers begraven, Rudolf Hess. In de jaren erop werd het dorp een bedevaartsoord voor neonazi's. Nog altijd marcheren zij op 17 augustus, de sterfdag van Hess, dwars door het dorp, in de hoop op rellen en geweld.

En ja hoor, menig antifascist geeft de neonazi's precies wat ze willen. Om de zoveel tijd vliegt er een filmpje over het internet van iemand die trots een nazi mept. Maar in de praktijk pakt dit averechts uit. Zoals het bombarderen van het Midden-Oosten een cadeautje is voor terroristen, zo is het slaan van nazi's een cadeautje voor extremisten. Het bevestigt hen alleen maar in hun wereldbeeld, en maakt de rekrutering van nieuwe extremisten nog makkelijker.

Een tegenovergestelde strategie werd uitgetest in Wunsiedel. In 2014 kwam Fabian Wichmann, een geestige Duitser met felblond haar, op een briljant idee. Wat als ze de mars voor Rudolf Hess veranderden in een sponsorloop? De inwoners waren meteen enthousiast. Voor iedere meter die de neonazi's marcheerden, beloofden ze tien euro te doneren aan Wichmanns organisatie, EXIT-Deutschland, die mensen helpt om extreemrechtse groeperingen te verlaten.

Zonder dat de neonazi's ergens van wisten, tekenden de bewoners een start- en finishlijn. Ze maakten spandoeken waarop de wandelaars werden bedankt voor hun bijdrage. En op de dag zelf klonk er luid gejuich voor de nazi's, die bij de finish onder confetti werden bedolven. In totaal werd meer dan 20.000 euro opgehaald voor de goede zaak.

Wichmann benadrukt hoe belangrijk het is om vervolgens de deur open te houden. In de zomer van 2011 deelde zijn organisatie T-shirts uit op een extremistisch rockfestival in Duitsland. Op het eerste gezicht leek de kleding (met extreemrechtse symbolen) de ideologie van de neonazi's te ondersteunen. Maar wie het T-shirt waste, kreeg een andere boodschap te zien: 'Wat je T-shirt kan doen, dat kun jij ook. We kunnen je helpen om jezelf te bevrijden van rechts-extremisme.'[19]

Zoiets klinkt misschien een beetje *cheesy*, maar in de weken erop schoot het aantal telefoontjes naar EXIT-Deutschland met 300 procent omhoog. Wichmann heeft gemerkt dat zijn boodschappen de neonazi's in de war brengen. Ze verwachten walging en woede, maar krijgen een uitgestoken hand.

IX. Kom uit de kast, schaam je niet voor het goede

Voor een uitgestoken hand heb je één ding vooral nodig. Lef. Je kunt immers zomaar worden weggehoond als aansteller, als sentimentele *do-gooder*. 'Wanneer je aalmoezen geeft, bazuin dat dan niet rond...' waarschuwde Jezus al in de Bergrede, en 'als jullie bidden, trek je dan in je huis terug, sluit de deur en bid tot je Vader, die in het verborgene is...'

Op zich is het een begrijpelijk advies. Niemand wil schijnheilig overkomen, en dus is het veiliger om een goede daad geheim te houden, of in ieder geval een excuus paraat te hebben.

'Ach, het gaf me iets om te doen.'

'Ik had het geld toch niet nodig.'

'Het stond goed op mijn cv.'

Moderne psychologen hebben ontdekt dat mensen vaak 'egoïstische' nepredenen verzinnen als ze iets doen uit de goedheid van hun hart. Dit gebeurt vooral in individualistische, westerse culturen, waar de vernistheorie het diepst is geworteld.[20] Logisch ook: als je aanneemt dat de meeste mensen egoïsten zijn, dan is het goede per definitie verdacht. 'Mensen lijken er een hekel aan te hebben', aldus een Amerikaanse psycholoog, 'om te erkennen dat hun gedrag gemotiveerd is door oprechte compassie of vriendelijkheid.'[21]

Helaas werkt deze schroom als een nocebo. Wie zich vermomt als egoïst, sterkt anderen in hun cynische mensbeeld. Erger nog, als je het goede geheimhoudt, dan plaats je het in quarantaine. Dan ben je geen voorbeeld voor anderen meer, terwijl het geheim van de *Homo puppy* nu juist is dat we elkaar de hele tijd na-apen.

Begrijp me niet verkeerd: inspireren is iets anders dan koketteren. Uitkomen voor het goede betekent niet dat je jezelf op de borst moet kloppen. In de Bergrede waarschuwde Jezus zijn volgelingen voor het laatste, maar pleitte hij voor het eerste:

> Jullie zijn het licht in de wereld. Een stad die boven op een berg ligt, kan niet verborgen blijven. Men steekt ook geen

lamp aan om hem vervolgens onder een korenmaat weg te zetten, nee, men zet hem op een standaard, zodat hij licht geeft voor ieder die in huis is. Zo moet jullie licht schijnen voor de mensen, opdat ze jullie goede daden zien...

Dat het goede besmettelijk kan zijn, toonden twee Amerikaanse psychologen in 2010 aan met een briljant experiment.[22] Ze organiseerden een spel waarvoor 120 vreemden in groepjes van vier werden ingedeeld. Als deelnemer kreeg je wat geld om het spel mee te beginnen, en vervolgens mocht je een vrijwillige bijdrage leveren aan de groepspot. Na deze eerste ronde werd je ingedeeld in een andere groep, waarbij de onderzoekers twee personen nooit twee keer bij elkaar plaatsten.

Toen begon de grote vermenigvuldigingstruc. Als iemand één dollar extra aan de pot gaf in de eerste ronde, bleken de andere deelnemers uit die groep gemiddeld 20 cent extra te geven in de volgende ronde. *Ook al speelden ze met andere mensen.* Het effect bleef zelfs hangen in de derde ronde, toen er gemiddeld 5 cent extra werd gegeven. Alles bij elkaar werd een gift van één dollar meer dan verdubbeld.

Ik denk nog vaak terug aan deze studie, want dit is iets waar ik mezelf aan wil blijven herinneren. Iedere goede daad is een steen in een vijver, met rimpelingen die meters doorgolven. 'We zien meestal niet', vertelt een van de onderzoekers, 'hoe onze generositeit, door een sociaal netwerk, het leven van tientallen of misschien wel honderden andere mensen beïnvloedt.'[23]

Vriendelijkheid is zo besmettelijk als de pest. Of eigenlijk is het nog besmettelijker, want het kan ook mensen infecteren die van een afstand toekijken. Eind jaren negentig was de Amerikaanse psycholoog Jonathan Haidt een van de eerste wetenschappers die hier onderzoek naar deed.[24] In een van zijn artikelen vertelt hij het verhaal van een student die een oude vrouw hielp om haar oprit sneeuwvrij te maken. Een medestudent, die deze goede daad zag, schreef later:

> Ik had zin om uit de bus te springen en hem te omhelzen. Ik wilde zingen en rennen, springen en lachen. Gewoon actief zijn. Ik had er behoefte aan om aardige dingen te zeggen over mensen. [...] Ik ging naar huis en vertelde erover aan mijn huisgenoten, die ook geraakt waren.[25]

Haidt ontdekte dat mensen vaak verrast en ontroerd zijn als ze simpele uitingen van goedheid zien. Toen de psycholoog vroeg aan zijn proefpersonen wat zo'n ervaring voor henzelf had betekend, vertelden ze over een onweerstaanbare drang om ook iemand te helpen.

Haidt noemt deze emotie *'elevation'*. De mens is zo bedraad dat een simpel blijk van goedheid al tintelingen over ons hele lijf kan bezorgen. En het fascinerende is: dit effect kan zelfs optreden als we zulke verhalen uit tweede hand horen. Dan is het net alsof er op een mentale resetknop wordt gedrukt, waardoor onze gevoelens van cynisme verdampen en we weer helder naar de wereld kunnen kijken.

x. Wees realistisch

Tot slot mijn belangrijkste leefregel.

Als ik met dit boek íéts heb willen doen, dan is het de betekenis van het woord 'realisme' veranderen. Is het niet veelzeggend dat in ons taalgebruik 'de realist' synoniem is geworden voor een cynicus? Voor iemand met een somber mensbeeld?

In werkelijkheid is juist de cynicus wereldvreemd. In werkelijkheid leven we op Planeet A, waar mensen ten diepste geneigd zijn tot het goede.

Wees dus realistisch. Kom uit de kast. Geef toe aan je natuur en schenk je vertrouwen. Schaam je niet voor je generositeit en doe het goede in het volle daglicht. Misschien zul je eerst nog worden weggezet als onnozel en naïef. Maar bedenk: de naïviteit van vandaag kan de nuchterheid van morgen zijn.

Het is tijd voor een nieuw mensbeeld. Het is tijd voor een nieuw realisme.

DANKWOORD

In januari 2013 kreeg ik bericht van de filosoof Rob Wijnberg, of ik eens koffie wilde drinken. Hij was van plan een nieuw journalistiek platform te beginnen. Zonder nieuws. Zonder reclame. Zonder cynisme. Mét oplossingen.

Een paar maanden later was er een wereldrecord crowdfunden gevestigd, en had ik een nieuwe baan. Dit boek is het resultaat van zes jaar werken bij *De Correspondent*. Het is het resultaat van talloze gesprekken met lezers, die mijn ideeën aanscherpten, verbeterden of ontkrachtten. Het is het resultaat van het voorrecht om mijn eigen fascinaties te volgen, en te varen op dat magische goedje dat we 'intrinsieke motivatie' noemen.

Mijn dank gaat uit naar al mijn collega's. Natuurlijk naar Rob zelf, want er zijn weinig mensen van wie ik meer energie krijg. Naar Jesse Frederik, die me leerde om kritischer te zijn op mijn eigen ideeën. Naar Milou Klein Lankhorst, die wederom de beste uitgever van Nederland bleek. En naar Andreas Jonkers, die als adjunct-uitgever en persklaarmaker enorm veel heeft betekend voor dit boek.

Ik had het geluk dat Harminke Medendorp mijn redacteur wilde zijn. Harminke is een van de besten in haar vak. Ze heeft de gave om met een paar vragen je te laten begrijpen wat je zelf wilt zeggen. En dan waren er nog al die collega's die meelazen: Tomas Vanheste, Maurits Martijn, Rosan Smits, Marnix de Bruyne, Sanne Blauw, Michiel de Hoog, Johannes Visser, Tamar Stelling, Jelmer Mommers, Arjen van Veelen, Maite Vermeulen, Riffy Bol, Charlotte Remarque en Anna Vossers. Het is moeilijk om cynisch te zijn als je met zulke mensen samenwerkt.

De uitspraak 'De meeste mensen deugen' werd in 2012 gedaan door de Nationale ombudsman Alex Brenninkmeijer. Ik dank David Van Reybrouck, die mij erop wees. Ik dank ook Matthias van Klaveren, Huib ter Horst, Sem de Maagt en Carlijn Kingma, die (delen van) mijn boek lazen en waardevolle tips gaven. Carlijn is een van de meest getalenteerde kunstenaars van Europa. Ze maakte een werk naar aanleiding van mijn boek dat waarschijnlijk nog in musea zal hangen als mijn boeken al verwerkt zijn als oud papier.

Ik dank Leon Postma en Harald Dunnink, die het omslag van mijn boek ontwierpen. Ik dank Leon ook voor het ontwerp van de infographics. Daarnaast dank ik Lisa Roggeveen en Yara van der Velden, die hielpen bij de selectie van de foto's en de rechthebbenden achterhaalden. Dank gaat eveneens uit naar Annelieke Tillema, die nauwkeurig de laatste correctieslag verzorgde.

Tot slot sta ik in het krijt bij mijn familie en vrienden, mijn zussen en zwagers. Bij Jurriën Hamer, voor een prachtige vriendschap. Bij Maartje, voor alles. En bij mijn ouders, Peta en Kees Bregman, aan wie dit boek is opgedragen. Zij gaven me het belangrijkste wat ouders hun kinderen kunnen geven: vertrouwen.

BRONNEN

Proloog

1 Dit zei Churchill in het House of Commons op 30 juli 1934.

2 J.F.C. Fuller, *The Reformation of War*, Hutchinson & Co. (1923), p. 150.

3 Gustave Le Bon, *The Crowd. A Study of the Popular Mind*, Kitchener (2001), p. 19. Oorspronkelijk werk gepubliceerd in 1896.

4 Richard Overy, 'Hitler and Air Strategy', *Journal of Contemporary History*, Vol. 15, Issue 3 (1980), p. 410.

5 J.T. MacCurdy, *The Structure of Morale*, Cambridge University Press (1943), p. 16.

6 Geciteerd in: Richard Overy, *The Bombing War. Europe 1939-1945*, Allen Lane (2013), p. 185.

7 Angus Calder, *The People's War. Britain 1939-1945*, Pimlico (1991), p. 174.

8 *The Bombing War* (2013), p. 160.

9 Robert Mackay, *Half the Battle. Civilian Morale in Britain during the Second World War*, Manchester University Press (2002), p. 261.

10 Geciteerd in: *The Bombing War* (2013), p. 145. Begin 1941 werd nog maar 8 procent van de schuilplaatsen gebruikt. Zie: *The Bombing War*, p. 137.

11 Sebastian Junger, *Tribe. On Homecoming and Belonging*, Twelve (2016).

12 Richard Overy, 'Civilians on the frontline', *The Observer* (6 september 2009).

13 Mollie Panter-Downes, *London War Notes 1939-1945*, Farrar, Straus and Giroux (1971), p. 105.

14 *The Bombing War* (2013), p. 264.

15 Zelfs vrienden die Frederick Lindemann goed kenden, beschreven hem in dit soort termen: 'Hij dacht altijd dat hij overal gelijk over had, en wilde het nooit toegeven als hij fout zat', 'Hij had de neiging om andere meningen als een persoonlijke belediging op te vatten', 'Als hij van een bepaald onderwerp niets begreep, weerhield hem dat nooit om erover te oreren'. Zie: Hugh Berrington, 'When Does Personality Make a Difference? Lord Cherwell and the Area Bombing of Germany', *International Political Science Review*, Vol. 10, Issue 1 (1989).

16 Tweeduizend kinderen werd gevraagd een opstel te schrijven over hun ervaringen. Wie die opstellen vandaag terugleest, verbaast zich over de moed van de kinderen. 'Ik was bedolven, ik bloedde, maar ik hielp nog wel om de doden en gewonden eruit te trekken', schreef een jongetje van tien over zijn verwoeste huis. Zie: Martin L. Levitt, 'The Psychology of Children: Twisting the Hull-Birmingham Survey to Influence British Aerial Strategy in World War II', *Psychologie und Geschichte*, Vol. 7, Issue 1 (1995).

17 Geciteerd in: Brenda Swann en Francis Aprahamian (red.), *J.D. Bernal. A Life in Science and Politics*, Verso (1999), p. 176.

18 Solly Zuckerman, *From Apes to Warlords. An Autobiography, 1904-1946*, HarperCollins Publishers Ltd (1988), p. 405. Dit boek werd voor het eerst uitgegeven in 1978. Als bijlage publiceerde Zuckerman toen ook de voorpagina van het rapport over Hull. Eigenlijk schond hij hiermee het embargo, dat gold tot 2020.

19 Geciteerd in: Charles Webster en Noble Frankland, *The Strategic Air Offensive Against Germany 1935-1945*, HMSO (1961), p. 332.

20 C.P. Snow, 'Whether We Live or Die', *Life Magazine* (3 februari 1961), p. 98.

21 *The Bombing War* (2013), p. 356.

22 Geciteerd in: Jörg Friedrich, *The Fire. The Bombing of Germany 1940-1945*, Columbia University Press (2006), p. 438.

23 Geciteerd in: Friedrich Panse, *Angst und Schreck*, Thieme (1952), p. 12.

24 *The Fire* (2006), p. 418-420.

25 Het Britse rapport werd pas vijftig jaar later vrijgegeven. Zie: Sebastian Cox (red.), *The Strategic Air War Against Germany, 1939-1945. The Official Report of the British Bombing Survey Unit*, Routledge (1998).

26 John Kenneth Galbraith, *A Life in Our Times*, Ballantine Books (1981), p. 206. De grote vraag is natuurlijk: wat als de geallieerden minder geld aan de luchtmacht hadden besteed, en meer aan de marine en het leger? Na de oorlog kwam de Nobelprijswinnaar Patrick Blackett tot de conclusie dat de oorlog in dat geval zes tot twaalf maanden eerder zou zijn afgelopen. De Duitsers dachten hetzelfde. Albert Speer, minister van Bewapening en Munitie, zei dat hij zich de meeste zorgen had gemaakt over de aanvallen op de Duitse infrastructuur. Hermann Göring (het hoofd van de Luftwaffe) kon zich vooral de bombardementen op de olie-industrie herinneren. 'Zonder brandstof kan niemand oorlog voeren.' In de herfst van 1944 was de Duitse olie bijna op. Tanks stonden stil, vliegtuigen bleven in de hangar en artilleriestukken moesten met paarden worden voortgetrokken. Maar zelfs toen gingen de Britten door met het bombarderen van het Duitse volk. In het laatste kwartaal van 1944 vloog maar liefst 53 procent van de bommenwerpers naar de steden, en slechts 14 procent naar de raffinaderijen. Brandbommen gebruikten de Britten toen al nauwelijks meer, omdat er bijna niets brandbaars over was. Ondertussen kwam de Duitse olieproductie weer op gang. Zie: Max Hastings, *Bomber Command*, Michael Joseph (1979), p. 327-334.

27 Edward Miguel en Gérard Roland, 'The Long Run Impact of Bombing Vietnam', *Journal of Development Economics*, Vol. 96, Issue 1 (2011), p. 2.

1. Een nieuw realisme

1 Tom Postmes, e-mail aan mij (9 december 2016).

2 Jack Winocour (red.), *The Story of the Titanic as Told by Its Survivors*, Dover Publications (1960), p. 33.

3 Geciteerd in: Rebecca Solnit, *A Paradise Built in Hell. The Extraordinary Communities That Arise in Disaster*, Viking (2009), p. 187.

4 Frans de Waal, *The Bonobo and the Atheist. In Search of Humanism Among the Primates*, W. W. Norton & Company (2013), p. 43.

5 Gary Younge, 'Murder and Rape – Fact or Fiction?', *The Guardian* (6 september 2005).

6 Geciteerd in: Robert Tanner, 'New Orleans Mayor Orders Police Back to Streets Amid Increasingly Violent Looting', *The Seattle Times* (1 september 2005).

7 Timothy Garton Ash, 'It Always Lies Below', *The Guardian* (8 september 2005).

8 Jim Dwyer en Christopher Drew, 'Fear Exceeded Crime's Reality in New Orleans', *The New York Times* (29 september 2005).

9 Havidán Rodríguez, Joseph Trainor en Enrico L. Quarantelli, 'Rising to the Challenges of a Catastrophe: The Emergent and Prosocial Behavior Following Hurricane Katrina', *The Annals of the American Academy of Political and Social Science*, Vol. 604, Issue 1 (2006).

10 Matthieu Ricard, *Altruism. The Power of Compassion to Change Yourself and the World*, Little, Brown and Company (2015), p. 99.

11 Enrico L. Quarantelli, 'Conventional Beliefs and Counterintuitive Realities', *Social Research: An International Quarterly of the Social Sciences*, Vol. 75, Issue 3 (2008), p. 885.

12 Geciteerd in: AFP/Reuters, 'Troops Told "Shoot to Kill" in New Orleans', ABC News (2 september 2005).

13 Trymaine Lee, 'Rumor to Fact in Tales of Post-Katrina Violence', *The New York Times* (26 augustus 2010)

14 *A Paradise Built in Hell* (2009), p. 131.

15 Geciteerd in: 'Coke Products Recalled', *CNN Money* (15 juni 1999).

16 B. Nemery e.a., 'The Coca-Cola Incident in Belgium, June 1999', *Food and Chemical Toxicology*, Vol. 40, Issue 11 (2002).

17 Victoria Johnson en Spero C. Peppas, 'Crisis Management in Belgium: the case of Coca-Cola', *Corporate Communications: An International Journal*, Vol. 8, Issue 1 (2003).

18 Geciteerd in: Bart Dobbelaere, 'Colacrisis was massahysterie', *De Standaard* (2 april 2000).

19 Karolina Wartolowska e.a., 'Use of Placebo Controls in the Evaluation of Surgery: Systematic Review', *British Medical Journal*, Vol. 348 (2014).

20 Clayton R. Critcher en David Dunning, 'No Good Deed Goes Unquestioned: Cynical Reconstruals Maintain Belief in the Power of Self-interest', *Journal of Experimental Social Psychology*, Vol. 47, Issue 6 (2011), p. 1212.

21 Jodie Jackson, 'Publishing the Positive. Exploring the Motivations for and the Consequences of Reading Solutions-focused Journalism', *Constructive Journalism Project* (herfst 2016).

22 Zie bijvoorbeeld: Wendy M. Johnston en Graham C.L. Davey, 'The psychological impact of negative TV news bulletins: The catastrophizing of personal worries', *British Journal of Psychology*, Vol. 88, Issue 1 (1997).

23 Hans Rosling, *Factfulness. Ten Reasons We're Wrong About the World – And Why Things Are Better Than You Think*, Flatiron Books (2018), p. 50.

24 Chris Weller, 'A top economist just put the fight against poverty in stunning perspective', *Business Insider* (17 oktober 2017).

25 Toni van der Meer e.a., 'Mediatization and the Disproportionate Attention to Negative News. The case of airplane crashes', *Journalism Studies*, Vol. 20, Issue 6 (2018).

26 Laura Jacobs e.a., 'Back to Reality: The Complex Relationship Between Patterns in Immigration News Coverage and Real-World Developments in Dutch and Flemish Newspapers (1999–2015)', *Mass Communication and Society*, Vol. 21, Issue 4 (2018).

27 Nic Newman (red.), *Reuters Institute Digital News Report. Tracking the Future of News*, Reuters Institute for the Study of Journalism (2012). Zie ook: Rob Wijnberg, 'The problem with Real News – and What We Can Do about It', *Medium* (12 september 2018).

28 Geciteerd in: Michael Bond, 'How to keep your head in scary situations', *New Scientist* (27 augustus 2008).

29 Rolf Dobelli, 'Avoid News. Towards a Healthy News Diet', dobelli.com (augustus 2010).

30 *The Bonobo and the Atheist* (2013), p. 38-39.

31 Michael Ghiselin, *The Economy of Nature and the Evolution of Sex*, University of California Press (1974), p. 247.

32 Joseph Henrich e.a., 'In Search of Homo Economicus: Behavioral Experiments in 15 Small-Scale Societies', *American Economic Review*, Vol. 91, Issue 2 (2001).

33 David Sloan Wilson en Joseph Henrich, 'Scientists Discover What Economists Haven't Found: Humans', *Evonomics* (12 juli 2016).

34 'Ik weiger te geloven dat de menselijke natuur altijd naar beneden neigt', schreef Mahatma Gandhi, de legendarische onafhankelijkheidsstrijder die door Churchill als '*half-naked fakir*' werd weggezet. 'De goedheid van de mens is een vlam die verborgen kan worden, maar nooit gedoofd', zei Nelson Mandela, die 27 jaar werd opgesloten door een misdadig regime.

35 Emma Goldman, *Anarchism and Other Essays*, Bibliolife (2008), p. 29. Oorspronkelijk gepubliceerd in 1910.

2. De echte *Lord of the Flies*

1 Dit herinnerde William Golding zich tijdens een audio-opname in 1980, als introductie voordat hij zijn eigen boek voorlas. Zie: William Golding, *Lord of the Flies. Read by the Author*, Listening Library (2005).

2 John Carey, *William Golding. The Man Who Wrote Lord of the Flies*, Free Press (2010), p. 150.

3 William Golding, *The Hot Gates*, Faber and Faber Ltd (1965), p. 87.

4 Arthur Krystal (red.), *A Company of Readers. Uncollected Writings of W.H. Auden, Jacques Barzun and Lionel Trilling*, Free Press (2001), p. 159.

5 Geciteerd in: *William Golding* (2010), p. 82.

6 Ibidem, p. 259.

7 Dit schreef ik in: 'Dit gebeurt er als je gewone kinderen vrijlaat in de wildernis', *De Correspondent* (6 juni 2017).

8 *The Bonobo and the Atheist* (2013), p. 214.

9 MaryAnn McKibben Dana, 'Friday Link Love: Doubt, Virginia Woolf, and a Real-Life Lord of the Flies', maryannmckibbendana.net (3 mei 2013).

10 Susanna Agnelli, *Street Children. A Growing Urban Tragedy*, Weidenfeld & Nicolson Ltd (1986).

11 Jamie Brown, 'Mates Share 50-Year Bond', *Daily Mercury* (12 december 2014).

12 Geciteerd in: Kay Keavney, 'The Dropout Who Went to Sea, *The Australian Women's Weekly* (19 juni 1974).

13 De citaten van Peter Warner en Mano Totau in dit hoofdstuk komen, tenzij anders vermeld, uit mijn interviews met hen.

14 Zie vooral: Keith Willey, *Naked Island – and Other South Sea Tales*, Hodder & Stoughton (1970).

15 Steve Bowman, een documentairemaker uit Australië, interviewde David in 2007. Hij was zo vriendelijk de (nooit gepubliceerde) beelden met mij te delen. Dit citaat komt uit Bowmans documentaire.

16 *Naked Island* (1970), p. 6.

17 Geciteerd in: Scott Hamilton, 'In remote waters', readingthemaps.blogspot.com (18 november 2016).

18 Peter Warner, *Ocean of Light. 30 years in Tonga and the Pacific*, CreateSpace Independent Publishing Platform (2016), p. 19.

19 Sione bleek zich hetzelfde te herinneren. 'We bleven heel dicht bij elkaar', vertelde hij me aan de telefoon. 'Als er ruzie was, probeerde ik de jongens te kalmeren. Dan huilden ze, zeiden ze sorry, en gingen we verder. Zo ging het steeds.'

20 Eigenlijk hadden ze hier geluk mee. De jongens dachten namelijk dat ze in de buurt van Samoa waren, en gingen naar het zuiden. In werkelijkheid hadden ze naar het noorden moeten gaan.

21 *Naked Island* (1970), p. 33.

22 *Ocean of Light* (2016), p. 89.

23 Charlotte Edwardes, 'Survivor Game Show Based on Public School', *The Telegraph* (3 juni 2001).

24 Robert Evans en Michael Thot, '5 Ways You Don't Realize Reality Shows Lie', *Cracked.com* (7 juli 2014).

25 *Real to Me. Girls and Reality TV*, Girl Scout Research Institute (2011).

26 Robert Sapolsky, *Behave. The Biology of Humans at Our Best and Worst*, Vintage (2017), p. 199.

27 Bryan Gibson e.a., 'Just "Harmless Entertainment"? Effects of Surveillance Reality TV on Physical Aggression', *Psychology of Popular Media Culture*, Vol. 5, Issue 1 (2014).

28 Geciteerd in: CBC Arts, 'George Gerbner Leaves the Mean World Syndrome', *Peace, Earth & Justice News* (8 januari 2006).

29 Dit zei de leraar tegen de documentairemaker Steve Bowman, die het (ongepubliceerde) interview met de leraar met mij deelde.

Deel 1. De natuurstaat

1 Thomas Hobbes, *Leviathan*, McMaster University Archive of the History of Economic Thought (1997), p. 8. Oorspronkelijk gepubliceerd in 1651.

2 *Leviathan* (1997), p. 78.

3 Ibidem, p. 61.

4 Ibidem, p. 79.

5 Jean-Jacques Rousseau, *Confessions. Volume II*, Aldius Society (1904), p. 3. Oorspronkelijk gepubliceerd in 1768.

6 Geciteerd in: Christopher Kelly, Roger D. Masters, en Peter G. Stillman, *The Collected Writings of Rousseau*, Vol. 5, University Press Of New England (1995), p. 575.

7 Jean-Jacques Rousseau, *Vertoog over de oorsprong en grondslagen van de ongelijkheid onder mensen*, Boom Uitgevers (2003), p. 97. Origineel gepubliceerd in 1755.

8 Jean-Jacques Rousseau, *Vertoog over kunst en wetenschap* (oorspronkelijk gepubliceerd in 1750).

3. De opmars van de *Homo puppy*

1 Charles Darwin, 'To Joseph Dalton Hooker', *Darwin Correspondence Project* (11 januari 1844).

2 Richard Dawkins, *The Selfish Gene. 30th Anniversary Edition*, Oxford University Press (2006), p. ix. Oorspronkelijk gepubliceerd in 1976. Dawkins heeft deze woorden later teruggetrokken (zie het slot van dit hoofdstuk).

3 Claire Armitstead, 'Dawkins Sees off Darwin in Vote for Most Influential Science Book', *The Guardian* (20 juli 2017).

4 Michael J. Edwards, 'Fascinating, But at Times I Wish I Could Unread It', recensie op Amazon.com (7 augustus 1999). Dit is een van de populairste recensies van het boek op Amazon.

5 Marcus E. Raichle en Debra A. Gusnard, 'Appraising the Brain's Energy Budget', ***PNAS***, Vol. 99, Issue 16 (6 augustus 2002).

6 E. Herrmann e.a., 'Humans Have Evolved Specialized Skills of Social Cognition: The Cultural Intelligence Hypothesis', *Science*, Vol. 317, Issue 5843 (2007).

7 Joseph Henrich, *The Secret of Our Success. How Culture Is Driving Human Evolution, Domesticating Our Species, and Making Us Smarter*, Princeton University Press (2016), p. 16-17.

8 *The Secret of Our Success* (2016), p. 17-21.

9 Maria Konnikova, *The Confidence Game* (2015). In de epiloog van dit boek schrijf ik meer over Konnikova's interessante boek.

10 Charles Darwin, *The Expression of the Emotions in Man and Animals*, John Murray (1872), p. 309. In 2018 werd een kleine studie van vijf blauw-gele ara's (papegaaiachtigen) gepubliceerd, die leek te suggereren dat deze vogels ook kunnen blozen. Zie: Aline

Bertin e.a., 'Facial Display and Blushing: Means of Visual Communication in Blue-and-Yellow Macaws (*Ara Ararauna*)?', PLOS ONE, Vol. 13, Issue 8 (2018).

11 Johann Carl Fuhlrott, 'Menschliche Überreste aus einer Felsengrotte des Düsselthals. Ein Beitrag zur Frage über die Existenz fossiler Menschen', in: *Verhandlungen des Naturhistorischen Vereins der preußischen Rheinlande und Westphalens* (deel 16, 1859), p. 131–153.

12 Paige Madison, 'The Most Brutal of Human Skulls: Measuring and Knowing the First Neanderthal', *British Journal for the History of Science*, Vol. 49, Issue 3 (2016), p. 427.

13 De bioloog Ernst Haeckel stelde deze naam voor ('*Homo stupidus*'). Deze bleef echter niet hangen omdat de anatoom William King twee jaar eerder al de naam '*Homo neanderthalensis*' had voorgesteld.

14 Geciteerd in: João Zilhão, 'The Neanderthals. Evolution. Paleoecology and Extinction', in: Vicki Cummings, Peter Jordan en Marek Zvelebil, *The Oxford Handbook of the Archaeology and Anthropology of Hunter-Gatherers*, Oxford University Press (2014), p. 192.

15 Thomas D. Berger en Erik Trinkaus, 'Patterns of Trauma among the Neandertals', *Journal of Archaeological Science*, Vol. 22, Issue 6 (1995).

16 Thomas Wynn en Frederick L. Coolidge, *How to Think Like a Neanderthal*, Oxford University Press (2012), p. 19. Mocht je nu alsnog het beeld krijgen van de neanderthaler als wilde bruut – dat is onjuist. In 2018 vergeleek een ander team van archeologen het aantal schedelbreuken van 295 neanderthalers met dat van mensen (*Homo sapiens*) die in dezelfde periode leefden. En wat vonden zij? Niks. Geen verschil. De levens van neanderthalers waren niet bruter. Blijkbaar waren wij lang geleden ook een soort rodeocowboys. Zie: Judith Beier e.a., 'Similar Cranial Trauma Prevalence among Neanderthals and Upper Palaeolithic modern humans', *Nature* (14 november 2018).

17 Paola Villa en Wil Roebroeks, 'Neandertal Demise: An Archaeological Analysis of the Modern Human Superiority Complex', *PLOS ONE*, Vol. 9, Issue 4 (30 april 2014).

18 Yuval Noah Harari, *Sapiens. A Brief History of Humankind*, Harper (2011), p. 19.

19 Jared Diamond, 'A Brand-New Version of Our Origin Story', *The New York Times* (20 april 2018).

20 Tenzij anders aangegeven is de belangrijkste bron voor dit verhaal: Lee Alan Dugatkin en Lyudmila Trut, *How to Tame a Fox (And Build a Dog). Visionary Scientists and a Siberian Tale of Jump-Started Evolution*, University of Chicago Press (2017).

21 Lee Alan Dugatkin en Lyudmila Trut, 'How to Tame a Fox and Build a Dog', *American Scientist*, Vol. 105, Issue 4 (2017).

22 *How to Tame a Fox* (2017), p. 58.

23 Ibidem, p. 124.

24 Robert L. Cieri e.a., 'Craniofacial Feminization, Social Tolerance, and the Origins of Behavioral Modernity', *Current Anthropology*, Vol. 55, Issue 4 (2014).

25 De mens stamt niet rechtstreeks af van de neanderthaler (al dragen veel mensen nog wel de genen van neanderthalers, wat betekent dat de *Homo sapiens* en de *Homo*

neanderthalensis samen kinderen hebben gekregen). Maar de *Homo sapiens* van 50.000 jaar geleden, die nog niet gedomesticeerd was, leek wel veel meer op de neanderthaler. We zagen er toen een stuk masculiener uit. Zie: Brian Hare, 'Survival of the Friendliest: *Homo sapiens* Evolved via Selection for Prosociality', *Annual Review of Psychology*, Vol. 68, Issue 1 (2017).

26 Brian Hare, *The Genius of Dogs. Discovering the Unique Intelligence of Man's Best Friend*, Plume (2013), p. 40.

27 *The Genius of Dogs* (2013), p. 88.

28 Brian Hare, 'Survival of the Friendliest – Brian Hare, Duke Forward in Houston', YouTube (20 januari 2016). Hare zegt dit na 3.56 min.

29 Domesticatie heeft invloed op de expressie van melanine in ons lijf, wat ook de witte vlekken in de vacht van Dmitri's vossen verklaart. Hare (2017).

30 Ricardo Miguel Godinho, Penny Spikins en Paul O'Higgins, 'Supraorbital Morphology and Social Dynamics in Human Evolution', *Nature Ecology & Evolution*, Vol. 2, Issue 6 (2018).

31 *The Secret of Our Success* (2016), p. 214.

32 James Thomas en Simon Kirby, 'Self domestication and the evolution of language', *Biology & Philosophy*, Vol. 33, Issue 1-2 (2018).

33 Peter Turchin, *Ultrasociety. How 10,000 Years of War Made Humans the Greatest Cooperators on Earth*, Beresta Books (2016), p. 48.

34 Joris Luyendijk, 'Parasitair', *NRC Handelsblad* (13 december 2012).

35 Julia Carrie Wong, 'Uber's "hustle-oriented" culture becomes a black mark on employees' résumés', *The Guardian* (7 maart 2017).

36 Jeremy Lent, *The Patterning Instinct. A Cultural History of Humanity's Search for Meaning*, Prometheus (2017), p. 94-95.

37 Julianne Holt-Lunstad, 'Testimony before the US Senate Aging Committee', aging.senate.gov (27 april 2017).

38 Helen Louise Brooks e.a., 'The Power of Support from Companion Animals for People Living with Mental Health Problems: A Systematic Review and Narrative Synthesis of the Evidence', *BMC Psychiatry*, Vol. 18, Issue 31 (2018).

39 Toen de evolutionair antropoloog David Buss eind jaren tachtig tienduizend mensen uit 37 landen vroeg waar ze naar zochten in een geliefde, ontdekte hij een klein verschil tussen mannen en vrouwen. Mannen bleken iets meer waarde te hechten aan uiterlijk, en vrouwen aan geld. Natuurlijk ging alle media-aandacht uit naar die bevinding. Maar waar niemand het over had, was dat één eigenschap voor zowel vrouwen als mannen op 1 stond. Vriendelijkheid. Zie: Dacher Keltner, 'The Compassionate Species', *Greater Good Magazine* (31 juli 2012).

4. Kolonel Marshall en de soldaten die niet schoten

1 Geciteerd in: Melyssa Allen, 'Dog Cognition Expert Brian Hare Visits Meredith', meredith.edu (oktober 2016).

2 Carsten K.W. De Dreu e.a., 'The Neuropeptide Oxytocin Regulates Parochial Altruism in Intergroup Conflict Among Humans', *Science*, Vol. 328, Issue 5984 (2010).

3 Wetenschappers denken inmiddels dat de werking van oxytocine afhankelijk is van de context. In competitieve situaties vergroot het de afkeer van vreemden, terwijl het in coöperatieve situaties mensen dichter bij elkaar kan brengen. Zie: Simone G. Shamay-Tsoory en Ahmad Abu-Akel, 'The Social Salience Hypothesis of Oxytocin', *Biological Psychiatry*, Vol. 79, Issue 3 (2016), p. 194–202.

4 Raymund Dart, 'The Predatory Transition from Ape to Man', *International Anthropological and Linguistic Review*, Vol. 1, Issue 4 (1953).

5 Ibidem.

6 Geciteerd in: Rami Tzabar, 'Do Chimpanzee Wars Prove That Violence Is Innate?', bbc.com (11 augustus 2015).

7 Richard Wrangham en Dale Peterson, *Demonic Males: Apes and the Origins of Human Violence*, Houghton, Mifflin and Company (1996), p. 63.

8 De '!' staat voor een klik-geluid, dat onderdeel is van de taal van de !Kung.

9 Richard Borshay Lee, *The !Kung San*, Cambridge University Press (1979), p. 398.

10 Steven Pinker, *The Better Angels of Our Nature. Why Violence Has Declined*, Viking Books (2011), p. 36.

11 Ibidem, p. xxi.

12 Idem.

13 Zie voor de slag op Makin: Anthony King, *The Combat Soldier. Infantry Tactics and Cohesion in the Twentieth and Twenty-First Centuries*, Oxford University Press (2013), p. 46-48.

14 Bill Davidson, 'Why Half Our Combat Soldiers Fail to Shoot', *Collier's Weekly* (8 november 1952).

15 Geciteerd in: *The Combat Soldier* (2013), p. 48.

16 S.L.A. Marshall, *Men Against Fire. The Problem of Battle Command*, University of Oklahoma Press (2000), p. 79.

17 Ibidem, p. 78.

18 Geciteerd in: John Douglas Marshall, *Reconciliation Road: A Family Odyssey*, University of Washington Press (2000), p. 190.

19 Ibidem.

20 David Lee, *Up Close And Personal: The Reality of Close-Quarter Fighting in World War II*, Frontline Books (2006), p. 19.

21 Geciteerd in: Max Hastings, 'Their Wehrmacht Was Better Than Our Army', *The Washington Post* (5 mei 1985).

22 Richard Holmes, *Acts of War. Behaviour of Men in Battle*, Free Press (1986), p. 376.

23 Dave Grossman, *On Killing. The Psychological Cost of Learning to Kill in War and Society* (herziene editie), Back Bay Books (2009), p. 31.

24 R.A. Gabriel, *No More Heroes. Madness and Psychiatry in War*, Hill & Wang Publishing (1987), p. 31.

25 Major T.T.S. Laidley, 'Breech-loading Musket', in: *The United States Service Magazine* (januari 1865), p. 69.

26 *On Killing* (2009), p. 23-26

27 Ibidem, p. 23.

28 George Orwell, *Homage to Catalonia*, Penguin Books (2000), p. 39. Oorspronkelijk gepubliceerd in 1938.

29 Randall Collins, *Violence. A Micro-sociological Theory*, Princeton University Press (2008), p. 53.

30 Ibidem, p. 11.

31 Geciteerd in: Craig McGregor, 'Nice Boy from the Bronx?', *The New York Times* (30 januari 1972).

32 Lee Berger, 'Brief Communication: Predatory Bird Damage to the Taung Type-Skull of Australopithecus africanus Dart 1925', *American Journal of Physical Anthropology*, Vol. 131, Issue 2 (2006).

33 Zie voor dit debat: John Horgan, 'Anthropologist Brian Ferguson Challenges Claim that Chimp Violence is Adaptive', *Scientific American* (18 september 2014).

34 Michael L. Wilson e.a., 'Lethal Aggression in Pan is Better Explained by Adaptive Strategies than Human Impacts', *Nature* (18 september 2014).

35 Hare (2017), p. 162-63.

36 Robert Sapolsky, 'Rousseau with a Tail. Maintaining a Tradition of Peace Among Baboons', in: Douglas P. Fry (red.), *War, Peace, and Human Nature. The Convergence of Evolutionary and Cultural* Views, Oxford University Press (2013), p. 421.

37 John Horgan, 'The Weird Irony at the Heart of the Napoleon Chagnon Affair', *Scientific American* (18 februari 2013).

38 Robert Sapolsky, *Behave. The Biology of Humans at Our Best and Worst*, Penguin Press (2017), p. 314.

39 R. Brian Ferguson, 'Born to Live: Challenging Killer Myths', in: Robert W. Sussman en C. Robert Cloninger (red.), *Origins of Altruism and Cooperation*, Springer (2011), p. 258-259.

40 Geciteerd in: Christopher Ryan en Cacilda Jethá, *Sex at Dawn. How We Mate, Why We Stray, and What It Means for Modern Relationships*, Harper (2010), p. 196.

41 Douglas Fry, 'War, Peace, and Human Nature: The Challenge of Achieving Scientific Objectivity', in: *War, Peace, and Human Nature* (2013), p. 18-19.

42 Ibidem, p. 20.

43 Douglas P. Fry en Patrik Söderberg, 'Lethal Aggression in Mobile Forager Bands and Implications for the Origins of War', *Science*, Vol. 341, Issue 6143 (2013).

44 Kim R. Hill e.a., 'Hunter-Gatherer Inter-Band Interaction Rates. Implications for Cumulative Culture', *PLOS ONE*, Vol. 9, Issue 7 (2014).

45 Kim R. Hill e.a., 'Co-residence Patterns in Hunter-Gatherer Societies Show Unique Human Social Structure', *Science*, Vol. 331, Issue 6022 (2011). Zie ook: Coren L. Apicella, 'Social networks and cooperation in hunter-gatherers', *Nature* (26 januari 2012).

46 Jonathan Haas en Matthew Piscitelli, 'The Prehistory of Warfare. Misled by Ethnography', in: *War, Peace, and Human Nature* (2013), p. 178-181.

47 Ibidem, p. 181-183.

48 Als 'bewijs' voor oorlog in de oertijd worden steeds twee opgravingen genoemd. De eerste is Jebel Sahaba, in het noorden van Soedan. In 1964 groeven archeologen hier 61 skeletten op van ongeveer 13.000 jaar oud, 21 van de gestorvenen zouden door geweld zijn omgebracht. Een recentere analyse komt uit op vier dodelijke slachtoffers. Zie: Robert Jurmain, 'Paleoepidemiological Patterns of Trauma in a Prehistoric Population from Central California', *American Journal of Physical Anthropology*, Vol. 115, Issue 1 (2001). De mensen van Jebel Sahaba woonden aan de vruchtbare oever van de Nijl en bouwden een begraafplaats voor hun slachtoffers, wat het waarschijnlijk maakt dat ze al in nederzettingen leefden. De tweede opgraving waar vaak naar wordt verwezen, is Naturuk. Op deze plaats, bij het Turkanameer in Kenia, werden 27 skeletten (met sporen van geweld) van tienduizend jaar oud gevonden. Toen archeologen deze ontdekking in 2016 bekendmaakten in het tijdschrift *Nature*, stelden media van over de hele wereld dat nu wetenschappelijk was 'bewezen' dat de mens van nature een oorlogszuchtig wezen is. In werkelijkheid is de betekenis van Naturuk nog zeer omstreden onder wetenschappers. Verschillende archeologen wijzen erop dat de oever van het Turkanameer een vruchtbare plek was, waar jagers en verzamelaars samendromden. Het zou kunnen dat zij al bezittingen verzamelden, en hun nomadische levensstijl hadden opgegeven. Bovendien publiceerde *Nature* een paar maanden na het oorspronkelijke artikel een reactie van een ander team van archeologen, waarin werd betwijfeld of de 'slachtoffers' überhaupt door geweld waren omgekomen. Aan dit artikel werd geen aandacht besteed in de media. Zie: Christopher M. Stojanowski e.a., 'Contesting the Massacre at Nataruk', *Nature* (24 november 2016). Los van deze bedenkingen is het belangrijk om te beseffen dat er – afgezien van Jebel Sahaba en Naturuk – geen enkel bewijs is voor oorlog in de oertijd. Dit staat in groot contrast met de overvloed aan oncontroversieel archeologisch bewijs (grotschilderingen en massagraven) voor oorlog in de periode nádat de mens in nederzettingen neerstreek en de landbouw uitvond.

49 R. Brian Ferguson. 'Pinker's List. Exaggerating Prehistoric War Mortality', in: *War, Peace, and Human Nature* (2013), p. 126. Zie ook: Hisashi Nakao e.a., 'Violence in the Prehistoric Period of Japan: The Spatio-Temporal Pattern of Skeletal Evidence for Violence in the Jomon Period', *Biology Letters*, Vol. 12, Issue 3 (2016).

5. De vloek van de beschaving

1 Geciteerd in: Sarah Blaffer Hrdy, *Mothers and Others. The Evolutionary Origins of Mutual Understanding*, Harvard University Press (2009), p. 27.

2 Catherine A. Lutz, *Unnatural Emotions: Everyday Sentiments on a Micronesian Atoll & Their Challenge to Western Theory*, The University of Chicago Press (Chicago, 1988).

3 Christopher Boehm, *Hierarchy in the Forest. The Evolution of Egalitarian Behavior*, Harvard University Press (1999), p. 68. En zie ook: Christopher Boehm, *Moral Origins. The Evolution of Virtue, Altruism and Shame*, Basic Books (2012), p. 78-82.

4 *The !Kung San* (1979), p. 244.

5 Ibidem, p. 246.

6 Geciteerd in: *Mothers and Others* (2009), p. 27.

7 *The !Kung San* (1979), p. 394-395.

8 Sommige wetenschappers vermoeden dat het temmen van hoogmoedige leiders nooit gelukt was zonder een simpele, maar doeltreffende innovatie. Het projectielwapen. Oftewel: we leerden stenen gooien, speren werpen en pijlen schieten. Als je de opgegraven skeletten van onze voorouders met elkaar vergelijkt, zie je dat in de loop van de evolutie onze schouders en polsen veranderden, waardoor we betere pitchers werden. Chimpansees en orang-oetans kunnen niet zo goed mikken (een boze chimp gooit weleens wat, maar raakt zelden doel), terwijl mensen heel goed kunnen gooien. Ook ten opzichte van de wapens van de neanderthalers, vermoeden archeologen, waren onze projectielwapens een stuk geavanceerder. Volgens de evolutionair antropoloog Peter Turchin hebben we het hier zelfs over de belangrijkste uitvinding in onze hele geschiedenis, belangrijker dan het vuur, de landbouw, en het wiel. Zonder het projectielwapen hadden de agressievelingen namelijk veel meer kinderen gekregen, en had de *Homo puppy* zichzelf nooit kunnen temmen.

9 Dat zit zo: nomadische jagers en verzamelaars hebben op individueel niveau een voorkeur om met hun eigen familie op te trekken. Als alleen mannen het voor het zeggen hebben, dan zal dat hún familie zijn. Maar als mannen en vrouwen het samen voor het zeggen hebben, is een compromis noodzakelijk. Dan zullen ze met hun beide families willen samenleven, wat een complexer sociaal netwerk oplevert. Precies wat we bij nomadische jagers en verzamelaars zien. Zie: M. Dyble e.a., 'Sex Equality Can Explain the Unique Social Structure of Hunter-Gatherer Bands', *Science*, Vol. 348, Issue 6236 (15 mei 2015). Zie ook: Hannah Devlin, 'Early Men and Women Were Equal, Say Scientists', *The Guardian* (14 mei 2015).

10 *Mothers and Others* (2009), p. 128.

11 Ibidem, p. 134.

12 Nicholas A. Christakis, *Blueprint. The Evolutionary Origins of a Good Society*, Little, Brown Spark (2019), p. 141-143.

13 Carel van Schaik en Kai Michel, *The Good Book of Human Nature. An Evolutionary Reading of the Bible*, Basic Books (2016), p. 51.

14 Mocht je nu denken dat de hippies gelijk hadden in de jaren zestig, en dat de mens voor de vrije seks is geschapen – dat is ook weer niet zo. Het huwelijk past prima bij onze natuur. De *Homo puppy* is namelijk een van de weinige zoogdieren die aan zogenoemde 'paarbinding' doen. Romantische liefde. Toegegeven, het lukt ons lang niet altijd om trouw te blijven tot de dood, maar onderzoek wijst uit dat een liefdevolle relatie een universeel menselijk verlangen is. Zie: *Blueprint* (2019), p. 168.

15 Geciteerd in: E. Leacock, *Myths of Male Dominance. Collected Articles on Women Cross-Culturally*, Monthly Review Press (1981), p. 50.

16 Jared Diamond, *The World Until Yesterday: What Can We Learn from Traditional Societies?*, Penguin (2013), p. 11.

17 In het noordoosten van Louisiana is een opgraving met archeologische vondsten van 3.500 jaar oud. Het is een gebied vol met kunstmatige heuvels, die door mensen moeten zijn gemaakt. De grootste heet Bird Mount (Vogelheuvel) en is 22 meter hoog met een oppervlakte van 50.000 vierkante meter. Je hebt acht miljoen bakken van 25 kilo zand nodig om zo'n heuvel te maken. Archeologisch onderzoek wijst uit dat de bouw maar een paar maanden kan hebben geduurd, en dat er minstens tienduizend mensen aan gewerkt moeten hebben.

18 Jens Notroff, Oliver Dietrich en Klaus Schmidt, 'Building Monuments, Creating Communities. Early Monumental Architecture at Pre-Pottery Neolithic Göbekli Tepe', in: James F. Osborne (red.), *Approaching Monumentality in Archeology*, SUNY PRESS (2014), P. 83-105.

19 Erik Trinkaus e.a., *The People of Sunghir: Burials, Bodies, and Behavior in the Earlier Upper Paleolithic*, Oxford University Press (2014).

20 David Graeber en David Wengrow, 'How to Change the Course of Human History (at Least, the Part That's Already Happened)', *Eurozine* (2 maart 2018).

21 De term '*snuggle for survival*' is van de bioloog Martin Nowak. Zie: Martin Nowak, 'Why We Help', *Scientific American*, Vol. 22, Issue 1 (2012), p. 34-39.

22 *The Good Book of Human Nature* (2016), p. 44-45.

23 Ibidem, p. 48-49.

24 Gregory K. Dow, Leanna Mitchell en Clyde G. Reed, 'The Economics of Early Warfare over Land', *Journal of Development Economics*, Vol. 127 (juli 2017). Zie de tweede paragraaf van dit artikel voor een handzaam overzicht van het archeologische bewijs.

25 Douglas W. Bird e.a., 'Variability in the Organization and Size of Hunter-Gatherer Groups. Foragers Do Not Live in Small-Scale Societies', *Journal of Human Evolution*, Vol. 131 (juni 2019).

26 *Ultrasociety* (2016), p. 163.

27 R. Brian Ferguson, 'Born to Live: Challenging Killer Myths', in: *Origins of Altruism and Cooperation* (2011), p. 265-266.

28 Zie bijvoorbeeld: Mark Dyble e.a., 'Engagement in Agricultural Work is Associated with Reduced Leisure Time Among Agta Hunter-Gatherers', *Nature Human Behaviour* (20 mei 2019).

29 *The Good Book of Human Nature* (2016), p. 44-45.

30 Ibidem, p. 50-51.

31 Jared Diamond schreef het klassieke artikel over de blunder die we de uitvinding van de landbouw noemen. Zie: Jared Diamond, 'The Worst Mistake in the History of the Human Race', *Discover Magazine* (mei 1987).

32 James C. Scott, *Against the Grain. A Deep History of the Earliest States*, Yale University Press (2017), p. 104-105.

33 *The Good Book of Human Nature* (2016), p. 52-54.

34 Hervey C. Peoples, Pavel Duda en Frank W. Marlowe, 'Hunter-Gatherers and the Origins of Religion', *Human Nature*, Vol. 27, Issue 3 (2016).

35 Frank Marlowe, *The Hadza. Hunter-Gatherers of Tanzania*, University of California Press (2010), p. 61

36 Ibidem, p. 90-93.

37 Geciteerd in: Lizzie Wade, 'Feeding the Gods: Hundreds of Skulls Reveal Massive Scale of Human Sacrifice in Aztec Vapital', *Science* (21 juni 2018).

38 Geciteerd in: Richard Lee, 'What Hunters Do for a Living, or, How to Make Out on Scarce Resources', Richard Borshay Lee en Irvin DeVore (red.), *Man the Hunter*, Aldine Transaction (1968), p. 33.

39 *Against the Grain* (2017), p. 66-67.

40 *Ultrasociety* (2016), p. 174-175.

41 *Against the Grain* (2017), p. 27-29.

42 Zie voor een uitgebreid historisch overzicht: David Graeber, *Debt. The First 5.000 Years* (herziene editie), Melville House (2014).

43 *Against the Grain* (2017), p. 139-149.

44 Ibidem, p. 162.

45 Owen Lattimore, 'The Frontier in History', in: *Studies in Frontier History. Collected Papers, 1928-1958*, Oxford University Press (1962), p. 469-491.

46 Geciteerd in: Bruce E. Johansen, *Forgotten Founders. How the American Indian Helped Shape Democracy*, Harvard Common Press (1982), hoofdstuk 5.

47 James W. Loewen, *Lies My Teacher Told Me. Everything Your American History Textbook Got Wrong*, Atria Books (2005), p. 101-102.

48 Geciteerd in: *Tribe* (2016), p. 10-11.

49 Ibidem, p. 14-15.

50 Hét boek in dit genre is *The Decline and Fall of the Roman Empire* (1776) van Edward Gibbon; een hedendaagse bestseller is *Collapse* (2005) van Jared Diamond.

51 Sommige wetenschappers twijfelen of we de *Ilias* en de *Odyssee* überhaupt moeten toeschrijven aan een persoon met de naam Homerus. Het zou ook kunnen dat 'Homerus' een soort kwaliteitsstempel was voor een goed Grieks verhaal. Dat zou betekenen dat Homerus nooit heeft bestaan.

52 Adam Hochschild, *Bury the Chains. Prophets and Rebels in the Fight to Free an Empire's Slaves*, Houghton Mifflin Harcourt (2005), p. 2.

53 Max Roser en Esteban Ortiz-Ospina, 'Global Extreme Poverty', OurWorldInData.org (2018).

54 Dit is de openingszin van Rousseaus boek *Het maatschappelijk verdrag* (oorspronkelijk gepubliceerd in 1762).

55 Bjørn Lomborg, 'Setting the Right Global Goals', *Project Syndicate* (20 mei 2014).

56 Roser en Ortiz-Ospina (2018).

57 Geciteerd in: Chouki El Hamel, *Black Morocco. A History of Slavery, Race, and Islam*, Cambridge University Press (2013), p. 243.

58 In 1981 verbood het West-Afrikaanse land Mauritanië de slavernij, als laatste staat ter wereld.

59 In de tijd van de Perzen en de Romeinen was de groei van de staat de wereld al iets veiliger gaan maken. Dat klinkt misschien paradoxaal, maar eigenlijk is het best logisch. Naarmate landen en rijken groter werden, kwamen steeds meer mensen verder van de grens te wonen. En de grens was waar de oorlogen werden gevoerd, in het binnenland was het leven rustiger. Denk aan de Pax Romana ('Romeinse Vrede'). De grootste veldtochten van de machtigste Leviathans konden lange periodes van rust opleveren. In die zin had Hobbes gelijk: je kunt beter één almachtige keizer hebben dan honderd gefrustreerde koninkjes. Zie: *Ultrasociety* (2016), p. 201-202.

60 José María Gómez e.a., 'The Phylogenetic Roots of Human Lethal Violence, Supplementary Information', *Nature* (13 oktober 2016), p. 9.

61 Zie: Anton Chehkov, *Note-Book of Anton Chekhov* (oorspronkelijk gepubliceerd in 1921).

6. Het mysterie van Paaseiland

1 Voor het verslag van Roggeveens leven en reis baseer ik mij op deze uitstekende biografie: Roelof van Gelder, *Naar het aards paradijs. Het rusteloze leven van Jacob Roggeveen, ontdekker van Paaseiland (1659-1729)*, Uitgeverij Balans (2012).

2 F.E. Baron Mulert, *De reis van Mr. Jacob Roggeveen ter ontdekking van het Zuidland (1721–1722)*, M. Nijhoff (1911), p. 121.

3 H.J.M. Claessen, 'Roggeveen zag geen reuzen toen hij Paaseiland bezocht', *NRC Handelsblad* (18 april 2009).

4 Deze Zwitserse hotelmanager was Erich von Däniken. Zijn boek heette *Chariots of the Gods? Unsolved Mysteries of the Past.*

5 Lars Fehren-Schmitz, 'Genetic Ancestry of Rapanui before and after European Contact', *Current Biology*, Vol. 27, Issue 20 (23 oktober 2017).

6 Katherine Routledge, *The Mystery of Easter Island. The Story of an Expedition*, Hazell, Watson and Viney (1919).

7 Reidar Solsvik, 'Thor Heyerdahl as world heritage', *Rapa Nui Journal*, Vol. 26, Issue 1 (mei 2012).

8 Geciteerd in: Jo Anne Van Tilburg, 'Thor Heyerdahl', *The Guardian* (19 april 2002).

9 William Mulloy, 'Contemplate The Navel of the World', *Rapa Nui Journal*, Vol. 5, Issue 17 (1991). Origineel gepubliceerd in 1974.

10 Jared Diamond, *Collapse. How Societies Choose to Fail or Succeed*, Viking Press (2005), p. 109.

11 J. R. Flenley en Sarah M. King, 'Late Quaternary Pollen Records from Easter Island', *Nature* (5 januari 1984).

12 Diamond was schatplichtig aan historicus Clive Ponting, die over Paaseiland schreef in zijn boek *A Green History of the World* (1991). Op de eerste pagina beschreef Ponting de toestand waarin Roggeveen het eiland aantrof: 'Ongeveer drieduizend mensen, die woonden in smerige hutten en holen, bijna voortdurend oorlog voerden, en in hun wanhopige poging het karige menu dat het eiland bood aan te vullen, hun toevlucht namen tot kannibalisme.'

13 Paul Bahn en John Flenley, *Easter Island, Earth Island*, Thames & Hudson (1992).

14 Jan J. Boersema, *The Survival of Easter Island. Dwindling Resources and Cultural Resilience*, Cambridge University Press (2015).

15 Carlyle Smith, 'The Poike Ditch', in: Thor Heyerdahl (red.), *Archeology of Easter Island. Reports of the Norwegian Archaeological Expedition to Easter Island and the East Pacific* (deel 1), School of American Research and the Kon-Tiki Museum (1961), p. 385-391.

16 Carl P. Lipo en Terry L. Hunt, 'A.D. 1680 and Rapa Nui Prehistory', *Asian Perspectives*, Vol. 48, Issue 2 (2010). En zie ook: Mara A. Mulrooney e.a., 'The myth of A.D. 1680. New Evidence from Hanga Ho'onu, Rapa Nui (Easter Island)', *Rapa Nui Journal*, Vol. 23, Issue 2 (2009).

17 Caroline Polet, 'Indicateurs de stress dans un échantillon d'anciens Pascuans', *Antropo* 11 (2006), p. 261-270.

18 Zie: Vincent H. Stefan e.a. (red.), *Skeletal Biology of the Ancient Rapanui (Easter Islanders)*, Cambridge University Press (2016).

19 Carl P. Lipo e.a., 'Weapons of War? Rapa Nui Mata'a Morphometric Analyses', *Antiquity*, Vol. 90, Issue 349 (2016), p. 172-187.

20 Geciteerd in: Kristin Romey, 'Easter Islanders' Weapons Were Deliberately Not Lethal', *National Geographic* (22 februari 2016)

21 Terry L. Hunt en Carl P. Lipo, 'Late Colonization of Easter Island', *Science*, Vol. 311, Issue 5767 (2006).

22 Ronald Wright, *A Short History of Progress*, House of Anansi Press (2004), p. 61

23 Hans-Rudolf Bork en Andreas Mieth, 'The Key Role of the *Jubaea* Palm Trees in the History of Rapa Nui: a Provocative Interpretation', *Rapa Nui Journal*, Vol. 17, Issue 2 (2003).

24 Nicolas Cauwe, 'Megaliths of Easter Island', *Proceedings of the International Conference "Around the Petit-Chausseur Site"*, Archaeopress (2011).

25 De archeologen Carl Lipo en Terry Hunt denken dat sommige beelden zijn 'gelopen'. Oftewel: ze zijn zónder bomen, met touwen, verticaal, naar hun plaats gewaggeld – zoals je ook een koelkast of wasmachine verplaatst. Voor deze methode heb je minder

mensen nodig. Zie: Carl Lipo en Terry Hunt, *The Statues that Walked. Unraveling the Mystery of Easter Island*, Free Press (2011). Het verhaal van Lipo en Hunt deed het goed in de pers, maar Jan Boersema denkt dat de meeste beelden gewoon op boomstammen naar hun plek zijn gerold door een grote mensenmassa. Efficiëntie was niet het hoogste doel van dit soort 'collective work events'.

26 E.E.W. Schroeder, *Nias. Ethnographische, geographische en historische aanteekeningen en studien*, E.J. Brill (1917).

27 S.S. Barnes, Elizabeth Matisoo-Smith en Terry L. Hunt, 'Ancient DNA of the Pacific Rat (*Rattus exulans*) from Rapa Nui (Easter Island)', *Journal of Archaeological Science*, Vol. 33, Issue 11 (2006).

28 Mara A. Mulrooney, 'An island-Wide Assessment of the Chronology of Settlement and Land Use on Rapa Nui (Easter Island) Based on Radiocarbon Data', *Journal of Archaeological Science*, Vol. 40, Issue 12 (2013). Hadden de landbouwers op Paaseiland dan geen last van de ratten? Boersema denkt van niet. 'De meeste voedingsgewassen waren "tubers"', vertelt hij, 'knolgewassen die onder de grond groeiden. De bananen groeiden aan kleine bomen en bleken minder aantrekkelijk voor ratten.'

29 Geciteerd in: 'Easter Island Collapse Disputed By Hawaii Anthropologist', *Huffington Post* (6 december 2017).

30 Jacob Roggeveen, *Dagverhaal der ontdekkings-reis van Mr. Jacob Roggeveen*, De Gebroeders Abrahams (1838), p. 104.

31 Bolton Glanvill Corney, *The Voyage of Captain Don Felipe González to Easter Island 1770-1*, Cambridge, Printed for the Hakluyt Society (1908), p. 93.

32 Beverley Haun, *Inventing Easter Island*, University of Toronto Press (2008), p. 247.

33 James Cook, *A Voyage Towards the South Pole and Round the World* (deel 1), W. Strahan, and T. Cadell in the Strand (1777).

34 Henry Lee, 'Treeless at Easter', *Nature* (23 september 2004).

35 Het boek in kwestie was: Thor Heyerdahl e.a., *Archeology of Easter Island. Reports of the Norwegian Archaeological Expedition to Easter Island and the East Pacific* (deel 1), School of American Research and the Kon-Tiki Museum (1961), p. 51.

36 Thor Heyerdahl, *Aku-Aku: the Secret of Easter Island*, Rand McNally & Co. (1958).

37 Carl Behrens verslag is opgenomen als bijlage van: *The voyage of Captain Don Felipe González to Easter Island 1770-1* (1908), p. 134.

38 *A Voyage Towards the South Pole and Round the World* (1777), hoofdstuk 8.

39 Er zijn ook onderzoekers die denken dat de beelden zijn omgevallen tijdens een aardbeving. Weer anderen denken dat sommige moai zorgvuldig over het graf van overleden stamhoofden zijn gelegd. Zie: Edmundo Edwards e.a., 'When the Earth Trembled, the Statues Fell', *Rapa Nui Journal*, Vol. 10, Issue 1 (1996).

40 Zo ontstond de 'vogelmancultuur': een jaarlijkse wedstrijd tussen jonge mannen die, namens hun stam, het eerste ei van de bonte stern (een zeevogel) probeerden te bemachtigen. We weten niet precies wanneer deze traditie begon, maar waarschijnlijk was dat al voor de komst van Roggeveen. Overigens was deze vogelmancultuur

verbonden met de beeldencultuur. De nieuwe leider die na de wedstrijd werd verkozen, moest zich namelijk vestigen in een huis bij de steengroeve waar de beelden werden gemaakt. Toen Roggeveen in 1722 aankwam, vervulden de moai duidelijk nog een ceremoniële functie, ook al konden ze toen niet meer worden vervoerd en bestond de vogelmancultuur waarschijnlijk ook al.

41 Josh Pollard, Alistair Paterson en Kate Welham, 'Te Miro o'one: the Archaeology of Contact on Rapa Nui (Easter Island)', *World Archeology*, Vol. 42, Issue 4 (2010).

42 Henry Evans Maude, *Slavers in Paradise: The Peruvian Labour Trade in Polynesia, 1862-1864*, Stanford University Press (1981), p. 13.

43 Nicolas Casey, 'Easter Island Is Eroding', *The New York Times* (20 juli 2018).

Deel 2. Na Auschwitz

7. In de kelder van de Stanford-universiteit

1 Geciteerd in: Ben Blum, 'The Lifespan of a Lie', *Medium* (7 juni 2018).

2 Craig Haney, Curtis Banks en Philip Zimbardo, 'A Study of Prisoners and Guards in a Simulated Prison', *Naval Research Review* (1973).

3 Malcolm Gladwell, *The Tipping Point. How Little Things Can Make A Big Difference*, Little, Brown and Company (2000), p. 155.

4 Haney, Banks en Zimbardo (1973).

5 Muzafer Sherif, *Group Conflict and Co-operation. Their Social Psychology*, Psychology Press (2017), p. 85. Oorspronkelijk gepubliceerd in 1967.

6 Muzafer Sherif e.a., *The Robbers Cave Experiment. Intergroup Conflict and Cooperation*, Wesleyan University Press (1988), p. 115.

7 Ibidem, p. 98.

8 Geciteerd in: Gina Perry, *The Lost Boys. Inside Muzafer Sherif's Robbers Cave Experiment*, Scribe Publications (2018), p. 39.

9 Ibidem, p. 138.

10 Ibidem, p. 139.

11 Ibidem, p. 146.

12 In het Stanford Prison Experiment kregen twaalf studenten de rol van gevangene (negen, plus drie reservegevangenen), en twaalf die van bewaker (negen plus drie reservebewakers).

13 Geciteerd in: Blum (2018).

14 Philip Zimbardo, *The Lucifer Effect. How Good People Turn Evil*, Random House (2007), p. 55.

15 Peter Gray, 'Why Zimbardo's Prison Experiment Isn't in My Textbook', *Psychology Today* (19 oktober 2013).

16 Geciteerd in: Alastair Leithead, 'Stanford prison experiment continues to shock', *BBC.com* (17 augustus 2011).

17 Thibault Le Texier, 'Debunking The Stanford Prison Experiment', *American Psychologist* (8 augustus 2019).
18 Dave Jaffe, 'Self-perception', Stanford Prison Archives, nummer: ST-B09-F40.
19 'Tape 2' (14 augustus 1971), Stanford Prison Archives, ST -B02-F02.
20 A. Cerovina, 'Final Prison Study Evaluation' (20 augustus 1971), ST -B09-F15.
21 'Tape E.' (ongedateerd), ST -B02-F21, P. 1-2.
22 Blum (2018).
23 Ibidem.
24 Ratnesar (juli/augustus 2011).
25 Jarenlang gebruikten psychologen Zimbardo's 'experiment' om hun studenten te enthousiasmeren voor hun vak. Zo sprak Thibault Le Texier een aantal docenten die vertelden dat ze graag over het Stanford Prison Experiment begonnen, omdat studenten dan tenminste opkeken van hun telefoon. Als ik Le Texier vraag of het nu nog zou moeten worden gedoceerd, antwoord hij droogjes: 'Het Stanford Experiment is een goed overzicht van alle fouten die je kunt maken tijdens een wetenschappelijk onderzoek.'
26 Geciteerd in: Kim Duke en Nick Mirsky, 'The Stanford Prison Experiment', BBC Two (11 mei 2002). Het citaat van Dave Eshelman in deze documentaire luidt: *'It would have been interesting to see what would have happened had I not decided to force things.* [...] *We'll never know.'*
27 Emma Brockes, 'The Experiment', *The Guardian* (16 oktober 2001).
28 Ibidem.
29 Graeme Virtue, 'Secret service; What Happens When You Put Good Men in an Evil Place and Film it for Telly? Erm, notThat Much Actually', *The Sunday Herald* (12 mei 2002).
30 Blum (2018).

8. Stanley Milgram en de schokmachine

1 'Persons Needed for a Study of Memory', *New Haven Register* (18 juni 1961).
2 Stanley Milgram, *Obedience to Authority. An Experimental View*, Harper Perennial Modern Classics (2009), p. 30-31. Origineel gepubliceerd in 1974.
3 Stanley Milgram, 'Behavioral Study of Obedience', *The Journal of Abnormal and Social Psychology*, Vol. 67, Issue 4 (1963).
4 Walter Sullivan, 'Sixty-five Percent in Test Blindly Obey Order to Inflict Pain', *The New York Times* (26 oktober 1963).
5 *Obedience to Authority* (2009), p. 188.
6 Dit zei Milgram in een interview met het televisieprogramma *Sixty Minutes*, op 31 maart 1979.
7 Geciteerd in: Amos Elon, 'Introduction', in: Hannah Arendt, *Eichmann in Jerusalem. A Report on the Banality of Evil*, Penguin Books (2006), p. xv. Origineel gepubliceerd in 1963.

8 *Eichmann in Jerusalem* (2006).
9 Geciteerd in: Harold Takooshian, 'How Stanley Milgram Taught about Obedience and Social Influence', in: Thomas Blass (red.), *Obedience to Authority*, Lawrence Erlbaum Associates (2000), p. 10.
10 Geciteerd in: Gina Perry, *Behind the Shock Machine. The Untold Story of the Notorious Milgram Psychology Experiments*, The New Press (2013), p. 5.
11 Ibidem, p. 327.
12 Ibidem, p. 134.
13 Gina Perry, 'The Shocking Truth of the Notorious Milgram Obedience Experiments', *Discover Magazine* (2 oktober 2013).
14 *Behind the Shock Machine* (2013), p. 164.
15 Stanley Milgram, 'Evaluation of Obedience Research: Science or Art?', *Stanley Milgram Papers* (doos 46, map 16). Ongepubliceerd manuscript (1962).
16 Geciteerd in: Stephen D. Reicher, S. Alexander Haslam en Arthur Miller, 'What Makes a Person a Perpetrator? The Intellectual, Moral, and Methodological Arguments for Revisiting Milgram's Research on the Influence of Authority', *Journal of Social Issues*, Vol. 70, Issue 3 (2014).
17 Geciteerd in: *Behind the Shock Machine* (2013), p. 93.
18 Geciteerd in: Cari Romm, 'Rethinking One of Psychology's Most Infamous Experiments', *The Atlantic* (28 januari 2015).
19 Stephen Gibson, 'Milgram's Obedience Experiments: a Rhetorical Analysis', *The British Journal of Social Psychology*, Vol. 52, Issue 2 (2011).
20 S. Alexander Haslam, Stephen D. Reicher en Megan E. Birney, 'Nothing by Mere Authority: Evidence that in an Experimental Analogue of the Milgram Paradigm Participants are Motivated not by Orders but by Appeals to Science', *Journal of Social Issues*, Vol. 70, Issue 3 (2014).
21 Geciteerd in: *Behind the Shock Machine* (2013), p. 176.
22 Geciteerd in: S. Alexander Haslam en Stephen D. Reicher, 'Contesting the "Nature" of Conformity: What Milgram and Zimbardo's Studies Really Show', *PLoS Biology*, Vol. 10, Issue 11 (2012).
23 Geciteerd in: *Behind the Shock Machine* (2013), p. 70.
24 Geciteerd in: Blum (2018).
25 Idem.
26 Geciteerd in: 'Tape E.' (ongedateerd), *Stanford Prison Archives*, nummer: ST-b02-f21, p. 6.
27 Ibidem, p. 2.
28 *Behind the Shock Machine* (2013), p. 240.
29 *Eichmann in Jerusalem* (2006), p. 276.
30 Geciteerd in: Bettina Stangneth, *Eichmann Before Jerusalem. The Unexamined Life of a Mass Murderer*, Vintage (2015).
31 Geciteerd in: 'The Adolph Eichmann Trial 1961', in: *Great World Trials*, Visible Ink Press (1997), p. 332-337.

32 Ian Kershaw, '"Working Towards the Führer." Reflections on the Nature of the Hitler Dictatorship', *Contemporary European History*, Vol. 2, Issue 2 (1993).

33 Zie bijvoorbeeld: Christopher R. Browning, 'How Ordinary Germans Did It', *The New York Review of Books* (20 juni 2013).

34 Geciteerd in: Roger Berkowitz, 'Misreading "Eichmann in Jerusalem"', *The New York Times* (7 juli 2013).

35 Idem.

36 Ada Ushpiz, 'The Grossly Misunderstood "Banality of Evil" Theory', *Haaretz* (12 oktober 2016)

37 Geciteerd in: *Behind the Shock Machine* (2013), p. 72.

38 Matthew M. Hollander, 'The Repertoire of Resistance: Non-Compliance With Directives in Milgram's "Obedience" experiments', *British Journal of Social Psychology*, Vol. 54, Issue 3 (2015).

39 Matthew M. Hollander, 'How to Be a Hero: Insight From the Milgram Experiment', *Huffington Post* (27 februari 2015).

40 Geciteerd in: Bo Lidegaard, *Landgenoten. Het 'wonder van Denemarken' – Hoe de joodse inwoners in 1943 werden gered door het moedige optreden van de bevolking*, Uitgeverij Balans (2013), p. 91.

41 Ibidem, p. 419.

42 Ibidem, p. 139.

43 Ibidem, p. 313.

44 Ibidem, p. 210.

45 Ibidem, p. 76.

46 Peter Longerich, 'Policy of Destruction. Nazi Anti-Jewish Policy and the Genesis of the "Final Solution"', United States Holocaust Memorial Museum, Joseph and Rebecca Meyerhoff Annual Lecture (22 april 1999), p. 5.

47 *Landgenoten* (2013), p. 239.

48 Ibidem, p. 419.

9. De dood van Catherine Susan Genovese

1 Zie voor dit eerste verslag van de moord: Martin Gansberg, '37 Who Saw Murder Didn't Call the Police', *The New York Times* (27 maart 1964).

2 Nicholas Lemann, 'A Call for Help', *The New Yorker* (2 maart 2014).

3 Gansberg (1964).

4 Peter C. Baker, 'Missing the Story', *The Nation* (8 april 2014).

5 Kevin Cook, *Kitty Genovese. The Murder, The Bystanders, The Crime That Changed America*, W. W. Norton & Company (2014), p. 100.

6 Idem.

7 Abe Rosenthal, 'Study of the Sickness Called Apathy', *The New York Times* (3 mei 1964).

8 *The Tipping Point* (2000), p. 27.

9 Dit zei Rosenthal in de film *The Witness* (2015) van Kitty's broer Bill Genovese.
10 Bill Keller, 'The Sunshine Warrior', *The New York Times* (22 september 2002).
11 John M. Darley en Bibb Latené, 'Bystander Intervention in Emergencies', *Journal of Personality and Social Psychology*, Vol. 8, Issue 4 (1968).
12 Malcolm Gladwell heeft het in zijn boek over 85 en 31 procent, maar in het oorspronkelijke artikel wordt duidelijk dat die percentages gaan over wie te hulp schoot voordat de eerste oproep van het 'slachtoffer' ten einde kwam (na 75 seconden). Veel mensen schoten dáárna nog te hulp. Dat was nog altijd binnen tweeënhalve minuut.
13 Maureen Dowd, '20 Years After the Murder of Kitty Genovese, the Question Remains: Why?', *The New York Times* (12 maart 1984).
14 *Kitty Genovese* (2014), p. 161.
15 Rachel Manning, Mark Levine en Alan Collins, 'The Kitty Genovese Murder and the Social Psychology of Helping. The Parable of the 38 Witnesses', *American Psychologist*, Vol. 62, Issue 6 (2007).
16 Sanne is een pseudoniem. Haar echte naam is ook niet bij mij bekend, maar wel bij haar vier redders.
17 'Mannen die moeder en kind uit water redden: "Elke fitte A'dammer zou dit doen"', AT5 (10 februari 2016).
18 'Vier helden redden moeder en kind uit zinkende auto', nos.nl (10 februari 2016).
19 Peter Fischer e.a., 'The Bystander-Effect. A Meta-Analytic Review on Bystander Intervention in Dangerous and Non-Dangerous Emergencies', *Psychological Bulletin*, Vol. 137, Issue 4 (2011).
20 Idem.
21 R. Philpot e.a., 'Would I be helped? Cross-National CCTV shows That Intervention Is the Norm in Public Conflicts', *American Psychologist* (maart 2019).
22 Voor dit verslag baseer ik me op drie boeken. Kevin Cook, *Kitty Genovese* (2014), Catherine Pelonero, *Kitty Genovese. A True Account of a Public Murder and Its Private Consequences*, Skyhorse (2014) en Marcia M. Gallo, *'No One Helped'. Kitty Genovese, New York City and the Myth of Urban Apathy*, Cornell University Press (2015).
23 Dit zei ze in de documentaire *The Witness* van Bill Genovese uit 2015.
24 Baker (2014).
25 Robert C. Dotythe, 'Growth of Overt Homosexuality In City Provokes Wide Concern', *The New York Times* (17 december 1963).
26 Dit zei Sophie in de documentaire *The Witness* uit 2015.
27 Idem.
28 Idem.
29 Idem.
30 Saul M. Kassin, 'The Killing of Kitty Genovese: What Else Does This Case Tell Us?', *Perspectives on Psychological Science*, Vol. 12, Issue 3 (2017).

Deel 3. Waarom goede mensen slechte dingen doen

1 Zie voor een heldere uitleg: Jesse Bering, 'The Fattest Ape: An Evolutionary Tale of Human Obesity', *Scientific American* (2 november 2010).

10. Hoe empathie verblindt

1 James Burk, 'Introduction', in: James Burk (red.), *Morris Janowitz. On Social Organization and Social Control*, The University of Chicago Press (1991).

2 Zie bijvoorbeeld: Martin Van Creveld, *Fighting Power. German and US Army Performance, 1939-1945*, ABC-CLIO (1982).

3 Max Hastings, 'Their Wehrmacht Was Better Than Our Army', *The Washington Post* (5 mei 1985).

4 Geciteerd in: Edward A. Shils en Morris Janowitz, 'Cohesion and Disintegration in the Wehrmacht in World War II', *Public Opinion Quarterly*, Vol. 12, Issue 2 (1948).

5 Ibidem, p. 281.

6 Ibidem, p. 303.

7 Ibidem, p. 284.

8 Felix Römer, *Kameraden. De Wehrmacht van binnenuit*, Atlas Contact (2012).

9 Het eerste artikel van Morris Janowitz en Edward Shils groeide uit tot een van de meest geciteerde studies in de naoorlogse sociologie. Er bestaat brede consensus onder sociologen over hun *'primary group theory'* – de notie dat soldaten vooral vechten voor hun directe kameraden. Dat wil niet zeggen dat er geen kanttekeningen bij die theorie zijn geplaatst. Sommige wetenschappers wijzen erop dat ook gewone rekruten, met name aan het Oostfront, een hekel hadden aan de vijand. Voor eenentwintigste-eeuwse beroepssoldaten zijn er bovendien maar drie succesfactoren: training, training en nog eens training. Sociologen maken nu dan ook onderscheid tussen *groepscohesie* en *taakcohesie*. Je hoeft niet van elkaar te houden om effectief samen te werken. Niettemin waren voor dienstplichtige soldaten de broederlijke banden cruciaal gedurende het overgrote deel van de geschiedenis van oorlog.

10 Geciteerd in: Michael Bond, *The Power of Others. Peer Pressure, Group Think, and How the People Around Us Shape Everything We Do*, Oneworld Publications (2015), p. 128-129.

11 Amy Chua, *Political Tribes. Group Instinct and the Fate of Nations*, Penguin Press (2018), p. 100.

12 *The Power of Others* (2015), p. 94-95.

13 Geciteerd in: Ibidem, p. 88-89.

14 Benjamin Wallace-Wells, 'Terrorists in the Family', *The New Yorker* (24 maart 2016).

15 Geciteerd in: Donato Paolo Mancini en Jon Sindreu, 'Sibling Ties Among Suspected Barcelona Plotters Underline Trend', *The Wall Street Journal* (25 augustus 2017).

16 Deborah Schurman-Kauflin, 'Profiling Terrorist Leaders. Common Characteristics of Terror Leaders', *Psychology Today* (31 oktober 2013).

17 Aya Batrawy, Paisley Dodds en Lori Hinnant, 'Leaked Isis Documents Reveal Recruits Have Poor Grasp of Islamic Faith', *The Independent* (16 augustus 2016).
18 Geciteerd in: ibidem.
19 J. Kiley Hamlin, Karen Wynn en Paul Bloom, 'Social Evaluation by Preverbal Infants', *Nature* (22 november 2007).
20 Paul Bloom, *Just Babies. The Origins of Good and Evil*, Crown (2013), p. 28.
21 J. Kiley Hamlin e.a., 'Not Like Me = Bad: Infants Prefer Those Who Harm Dissimilar Others', *Psychological Science*, Vol. 24, Issue 4 (2013).
22 Dit zei Karen Wynn in het CNN-programma *Anderson Cooper 360* op 14 februari 2014.
23 *Just Babies* (2013), p. 104-105.
24 Uit de eerste meta-analyse, waarin 26 onderzoeken zijn geanalyseerd, blijkt dat de voorkeur van baby's voor goedzakken een 'duidelijk aangetoond empirisch feit' is. Toch is er nog twijfel. Sommige wetenschappers deden het onderzoek van Hamlin over en zagen hetzelfde effect. Maar anderen vonden geen verband. Zie: Francesco Margoni en Luca Surian, 'Infants' Evaluation of Prosocial and Antisocial Agents: A Meta-Analysis', *Developmental Psychology*, Vol. 54, Issue 8 (2018).
25 Susan Seligson, 'Child of Good. Felix Warneken Is Overturning Assumptions about The Nature of Altruism', *Radcliffe Magazine* (winter 2015).
26 Als je op YouTube Warnekens TEDx Talk (titel: 'Need Help? Ask a 2-Year-Old') bekijkt, dan zie je daarin een vertederend filmpje van een kind dat uit een ballenbak kruipt en te hulp schiet.
27 Sterker nog: als je peuters beloont met een snoepje of speeltje, ontdekte Warneken, helpen ze in het vervolg minder vaak. Daar doen ze het immers niet voor (zie hoofdstuk 13 over intrinsieke motivatie). Felix Warneken en Michael Tomasello, 'Extrinsic Rewards Undermine Altruistic Tendencies in 20-Month-Olds', *Development Psychology*, Vol. 44, Issue 6 (2008).
28 Stephen G. Bloom, 'Lesson of a Lifetime', *Smithsonian Magazine* (september 2005).
29 Geciteerd in: Bloom (2005).
30 Geciteerd in: ibidem.
31 Rebecca S. Bigler en Meagan M. Patterson, 'Social Stereotyping and Prejudice in Children. Insights for Novel Group Studies', in: Adam Rutland, Drew Nesdale en Christia Spears Brown (red.), *The Wiley Handbook of Group Processes in Children and Adolescents*, Wiley Blackwell (2017), p. 184-202.
32 Yarrow Dunham, Andrew Scott Barron en Susan Carey, 'Consequences of "Minimal" Group Affiliations in Children', *Child Development*, Vol. 82, Issue 3 (2011), p. 808.
33 Zie ook: Hejing Zhang e.a., 'Oxytocin Promotes Coordinated Out-group Attack During Intergroup Conflict in Humans', *eLife* (25 januari 2019).
34 Ik ben blijkbaar niet de enige. Zie: Elijah Wolfson, 'Why We Cry on Planes', *The Atlantic* (1 oktober 2013).
35 Paul Bloom, *Against Empathy. The Case for Rational Compassion*, Random House (2016), p. 15.

36 Daniel Batson, 'Immorality from Empathy-induced Altruism: When Compassion and Justice Conflict', *Journal of Personality and Social Psychology*, Vol. 68, Issue 6 (1995).

37 Michael N. Stagnaro en Paul Bloom, 'The Paradoxical Effect of Empathy on the Willingness to Punish', Universiteit van Yale, ongepubliceerd manuscript (2016). Zie ook: *Against Empathy* (2016), p. 195.

38 Psychologen spreken van de 'moralisatiekloof': we vinden de dingen die ons en onze geliefden overkomen veel erger dan wat wijzelf anderen aandoen. Omdat een aanval op een geliefde ons zo raakt, nemen we wraak. Dat doen we op een manier die we zelf als gedoseerd en rechtvaardig zien, maar die door de *ander* als totaal overdreven wordt ervaren. En dat roept natuurlijk weer om wraak. (Mocht je een relatie hebben, dan heb je vast weleens een ruzie meegemaakt die zo uit de hand liep. De 'moralisatiekloof' is ook een prima verklaring voor decennia bloedvergieten in Israël en Palestina. Veel mensen denken dat het probleem hier een gebrek aan empathie is; ik denk inmiddels dat er eerder te veel empathie is in het Midden-Oosten.)

39 George Orwell, 'Looking Back on the Spanish War' (augustus 1942).

40 *On Killing* (2009), p. 122.

41 Ibidem, p. 126.

42 John Ellis, *The World War II Databook. The Essential Facts and Figures for All the Combatants*, Aurum Press (1993), tabel 57, p. 257.

43 En de genocide in Rwanda in 1994 dan? In het Westen wordt het voorbeeld van deze volkerenmoord, toen naar schatting 800.000 Tutsi's en gematigde Hutu's werden omgebracht, vaak gebruikt als voorbeeld van de mens als bloeddorstig 'monster'. Dat komt vooral omdat we weinig van deze geschiedenis af weten. 'Er is nu bewijs te over', merkt een modern historicus op, 'dat de massavernietiging van Rwandese burgers de voltooiing vormde van een zorgvuldig voorbereide goed georganiseerde bureaucratische campagne met gebruik van moderne massacommunicatiemiddelen, propagandatechnieken, militaire logistiek en een bestuurlijk apparaat...' Het moorden zelf werd door een kleine minderheid gedaan. Naar schatting 97 procent van de Hutu's deed niet mee. Zie: Abram de Swaan, *Compartimenten van vernietiging. Over genocidale regimes en hun daders*, Prometheus/Bert Bakker (2014), p. 95.

44 Łukasz Kamieński, *Shooting Up. A Short History of Drugs and War*, Oxford University Press (2016).

45 *Up Close and Personal* (2006), p. 27.

46 Scherpschutters behoren ook een stuk vaker tot de 1-2 procent van (psychopathische) soldaten die geen natuurlijke afkeer van het doden hebben. Zie: Susan Neiman, *Morele helderheid. Goed en kwaad in de eenentwintigste eeuw*, Ambo | Anthos (2008), p. 369.

47 Dave Grossman, 'Hope on the Battlefield', in: Dacher Keltner, Jason Marsh en Jeremy Adam Smith (red.), *The Compassionate Instinct. The Science of Human Goodness*, W. W. Norton & Company (2010), p. 41.

48 *On Killing* (2009), p. 178.

49 Ook aan de Eerste en de Tweede Wereldoorlog hielden veel soldaten een trauma over. Toch was de oorlog in Vietnam, relatief gezien, nog een stuk traumatiserender. Natuurlijk zijn daar ook andere oorzaken voor aan te wijzen (denk aan de kille ontvangst van de Vietnamveteranen toen ze weer thuiskwamen) maar alles wijst erop dat de conditionering van soldaten om te doden een grote rol heeft gespeeld. Uit drie recente studies onder 1.200 Vietnamveteranen, 2.797 Irakveteranen en 317 veteranen van de Golfoorlog blijkt dat soldaten die hebben gedood (wat mogelijk is gemaakt door hun conditionering) een aanzienlijk grotere kans hebben op PTSS. Zie: Shira Maguen e.a., 'The Impact of Reported Direct and Indirect Killing on Mental Health Symptoms in Iraq War Veterans', *Journal of Traumatic Stress*, Vol. 23, Issue 1 (2010), Shira Maguen e.a., 'The impact of killing on mental health symptoms in Gulf War veterans', *Psychological Trauma: Theory, Research, Practice, and Policy*, Vol. 3, Issue 1 (2011) en Shira Maguen e.a., 'The Impact of Killing in War on Mental Health Symptoms and Related Functioning', *Journal of Traumatic Stress*, Vol. 45, Issue 10 (2009).

50 Frederick L. Coolidge, Felicia L. Davis en Daniel L. Segal, 'Understanding Madmen: A DSM-IV Assessment of Adolf Hitler', *Individual Differences Research*, Vol. 5, Issue 1 (2007).

51 *The Power of Others* (2015), p. 94-95.

11. Hoe macht corrumpeert

1 Geciteerd in: Miles J. Unger, *Machiavelli. A Biography*, Simon & Schuster (2011), p. 8.

2 Niccolò Machiavelli, *The Prince*, vertaald door James B. Atkinson, Hackett Publishing Co, Inc (2008), p. 271. Origineel gepubliceerd in 1532.

3 Ibidem, p. 280.

4 Dacher Keltner, *The Power Paradox. How We Gain and Lose Influence*, Penguin Books (2017), p. 41-49.

5 Melissa Dahl, 'Powerful People Are Messier Eaters, Maybe', *The Cut* (13 januari 2015).

6 Zie voor een overzicht: Aleksandra Cislak e.a., 'Power Corrupts, but Control Does Not: What Stands Behind the Effects of Holding High Positions', *Personality and Social Psychology Bulletin*, Vol. 44, Issue 6 (2018), p. 945.

7 Paul K. Piff e.a., 'Higher Social Class Predicts Increased Unethical Behaviour', *Proceedings of the National Academy of Sciences*, Vol. 109, Issue 11 (2012), p. 4086-91.

8 Benjamin Preston, 'The Rich Drive Differently, a Study Suggests', *The New York Times* (12 augustus 2013).

9 Zie: Jeremy K. Boyd, Katherine Huynh, en Bonnie Tong, 'Do Wealthier Drivers Cut More at All-Way Stop Intersections? Mechanisms Underlying the Relationship Between Social Class and Unethical Behavior', Universiteit van Californië (2013). En: Beth Morling e.a., 'Car Status and Stopping for Pedestrians (#192)', *Psych File Drawer* (2 juni 2014).

10 *The Power Paradox* (2017), p. 99-136.

11 Jeremy Hogeveen, Michael Inzlicht en Suhkvinder S. Obhi, 'Power Changes How the Brain Responds to Others', *Journal of Experimental Psychology*, Vol. 143, Issue 2 (2014).

12 Jerry Useem, 'Power Causes Brain Damage', *The Atlantic* (juli/augustus 2017).

13 Zie bijvoorbeeld: M. Ena Inesi e.a., 'How Power Corrupts Relationships: Cynical Attributions for Others' Generous Acts', *Journal of Experimental Social Psychology*, Vol. 48, Issue 4 (2012), p. 795-803.

14 *The Power Paradox* (2017), p. 137-158.

15 Varun Warrier e.a., 'Genome-Wide Analyses of Self-Reported Empathy: Correlations with Autism, Schizophrenia, and Anorexia Nervosa', *Nature, Translational Psychiatry* (12 maart 2018).

16 Lord Acton, 'Letter to Bishop Mandell Creighton' (5 april 1887), gepubliceerd in: J.N. Figgis and R.V. Laurence (red.), *Historical Essays and Studies*, Macmillan (1907).

17 Frans de Waal, *Chimpanzee Politics. Power and Sex among Apes*, Johns Hopkins University Press (2007), p. 4. Oorspronkelijk gepubliceerd in 1982.

18 Frans de Waal en Frans Lanting, *Bonobo. The Forgotten Ape*, University of California Press (1997).

19 Natalie Angier, 'In the Bonobo World, Female Camaraderie Prevails', *The New York Times* (10 september 2016).

20 Frans de Waal, 'Sex as an Alternative to Aggression in the Bonobo', in: Paul R. Abramson en Steven D. Pinkerton, *Sexual Nature/Sexual Culture*, The University of Chicago Press (1995), p. 37.

21 Christopher Boehm, 'Egalitarian Behavior and Reverse Dominance Hierarchy', *Current Anthropology*, Vol. 34, Issue 3 (1993), p. 227–54.

22 Christina Starmans, Mark Sheskin and Paul Bloom, 'Why People Prefer Unequal Societies', *Nature Human Behaviour*, Vol. 1, Issue 4 (2017).

23 Zie ook: Rutger Bregman en Jesse Frederik, *Waarom vuilnismannen meer verdienen dan bankiers*, De Correspondent (2015).

24 De bekendste verdediger van deze theorie is Yuval Noah Harari, in zijn boek *Sapiens* (2011).

25 Robin Dunbar, *How Many Friends Does One Person Need? Dunbar's Number and Other Evolutionary Clues*, Harvard University Press (2010), p. 26.

26 De overtuigendste verdediging van deze theorie vind je in het boek *Big Gods* (2013) van Ara Norenzayan. Zie ook: Harvey Whitehouse e.a., 'Complex Societies Precede Moralizing Gods Throughout World History', *Nature* (20 maart 2019) en Edward Slingerland e.a., 'Historians Respond to Whitehouse et al. (2019), "Complex Societies Precede Moralizing Gods Throughout World History"', PsyArXiv Preprints (2 mei 2019).

27 Yuval Noah Harari, *Sapiens. A Brief History of Humankind*, Vintage (2014), p. 34.

28 Douglas W. Bird e.a., 'Variability in the Organization and Size of Hunter-Gatherer Groups. Foragers Do Not Live in Small-Scale Societies', *Journal of Human Evolution* (juni 2019).

29 Hill e.a. (2014).

30 Graeber en Wengrow (2018).
31 *The Prince* (2008), p. 149.
32 David Graeber, *The Utopia of Rules. On Technology, Stupidity and the Secret Joys of Bureaucracy*, Melville House (2015), p. 31-33.
33 Daarom konden serieuze economen al vroeg voorspellen dat de mythe die we 'Bitcoin' noemen zou instorten, terwijl die van de dollar nog decennia zal standhouden. Achter de dollar zit het machtigste leger ter wereld. Achter de Bitcoin zit alleen maar geloof.
34 *Sapiens* (2014), p. 153.
35 Geciteerd in: Noam Chomsky, 'What is the Common Good?', *Truthout* (7 januari 2014).
36 Dat schaamte nog altijd een krachtig middel is, heeft bijvoorbeeld de #MeToo-beweging bewezen. De manier waarop duizenden vrouwen vanaf oktober 2017 de ene na de andere alfaman neerhaalden, doet sterk denken aan de wijze waarop bonobovrouwtjes hun horken temmen, en hoe jagers en verzamelaars de alfa's onder de duim houden. De boosdoeners worden publiekelijk aan de schandpaal genageld, waardoor anderen zich in het vervolg wel twee keer bedenken.
37 Olivia Solon, 'Crazy at the Wheel: Psychopathic CEOs Are Rife in Silicon Valley, Experts Say', *The Guardian* (15 maart 2017). Zie ook: Karen Landay, Peter, D. Harms, en Marcus Credé, 'Shall We Serve the Dark Lords? A Meta-Analytic Review of Psychopathy and Leadership', *Journal of Applied Psychology* (augustus 2018).

12. De vergissing van de Verlichting

1 C.P. Snow, *Two Cultures. The Rede Lecture*, Oxford University Press (1959).
2 David Hume, 'Of the Independency of Parliament', in: *Essays, Moral, Political, and Literary* (1758, deel 1).
3 Zie het beroemde gedicht van Bernard Mandeville: 'The Grumbling Hive: or, Knaves turn'd Honest', *The Fable of The Bees: or, Private Vices, Public Benefits* (1714).
4 Marshall Sahlins, *The Western Illusion of Human Nature*, Prickly Paradigm Press (2008), p. 72-76.
5 His Holiness Pope Francis, 'Why the Only Future Worth Building Includes Everyone', TED Talks (april 2017).
6 Ara Norenzayan, *Big Gods*, Princeton University Press (2013), p. 75.
7 Mocht je dit niet geloven, zie dan voor een spoedcursus: Hans Rosling, *Factfulness. Ten Reasons We're Wrong About the World – And Why Things Are Better Than You Think*, Flatiron Books (2018).
8 Zie voor een overzicht het eerste hoofdstuk van mijn vorige boek: *Gratis geld voor iedereen*, De Correspondent (2014).
9 Zie bijvoorbeeld: Zygmunt Bauman, *Modernity and the Holocaust*, Cornell University Press (1989) en Roger Griffin, *Modernism and Fascism. The Sense of a Beginning under Mussolini and Hitler*, Palgrave Macmillan (2007).

Deel 4. Een nieuw realisme

1 Geciteerd in: Hanna Rosen en Alix Spiegel, 'How To Become Batman', *NPR* (23 januari 2015).

2 Geciteerd in: Katherine Ellison, 'Being Honest About the Pygmalion Effect', *Discover Magazine* (december 2015).

3 Ibidem.

4 Dov Eden, 'Self-Fulfilling Prophecy And The Pygmalion Effect in Management', *Oxford Bibliographies* (20 oktober 2016).

5 Dov Eden, geciteerd in: Ellison (december 2015).

6 Franklin H. Silverman, 'The "Monster" Study', *Journal of Fluency Disorders*, Vol. 13, Issue 3 (1988).

7 John C. Edwards, William McKinley en Gyewan Moon, 'The enactment of organizational decline: The self-fulfilling prophecy', *International Journal of Organizational Analysis*, Vol. 10, Issue 1 (2002).

8 Daisy Yuhas, 'Mirror Neurons Can Reflect Hatred', *Scientific American* (1 maart 2013).

9 John Maynard Keynes, *The General Theory of Employment, Interest, and Money*, Palgrave Macmillan (1936), hoofdstuk 12.

10 Dan Ariely, 'Pluralistic Ignorance', YouTube (16 februari 2011).

11 *The Better Angels of Our Nature* (2011), p. 561-565.

13. De kracht van intrinsieke motivatie

1 Hedwig Wiebes, 'Jos de Blok (Buurtzorg): "Ik neem nooit zomaar een dag vrij"', *Intermediair* (21 oktober 2015).

2 Ibidem.

3 Ibidem.

4 Haico Meijerink, 'Buurtzorg: "Wij doen niet aan strategische flauwekul"', *Management Scope* (8 oktober 2014).

5 Gardiner Morse, 'Why We Misread Motives', *Harvard Business Review* (januari 2003).

6 Geciteerd in: ibidem.

7 Frederick Taylor, *The Principles of Scientific Management*, Harper & Brothers (1911), hoofdstuk 2, p. 59.

8 Geciteerd in: Menno de Galan, 'Arbeiders altijd naar beneden afronden; Frederick Taylor (1856-1915)', *NRC Handelsblad* (5 december 1997).

9 Edward L. Deci, 'Effects of Externally Mediated Rewards on Intrinsic Motivation', *Journal of Personality and Social Psychology*, Vol. 18, Issue 1 (1971), p. 114.

10 Geciteerd in: Karen McCally, 'Self-Determined', *Rochester Review* (juli-augustus 2010).

11 Uri Gneezy en Aldo Rustichini, 'A Fine Is A Price', *Journal of Legal Studies*, Vol. 29, Issue 1 (2000).

12 Samuel Bowles en Sandra Polanía Reyes, 'Economic Incentives and Social

Preferences: A preference-Based Lucas Critique of Public Policy', *University of Massachusetts Amherst Working Papers* (2009).
13 Amit Katwala, 'Dan Ariely: Bonuses boost activity, not quality', *Wired* (1 februari 2010).
14 *Perceptions Matter: The Common Cause UK Values Survey*, Common Cause Foundation (2016).
15 Milton Friedman, 'The Methodology of Positive Economics', in: *Essays In Positive Economics*, The University of Chicago Press (1966).
16 Sanford E. DeVoe en Jeffrey Pfeffer, 'The Stingy Hour: How Accounting for Time Affects Volunteering', *Personality and Social Psychology Bulletin*, Vol. 36, Issue 4 (2010).
17 Steve Crabtee, 'Worldwide, 13% of Employees Are Engaged at Work', *Gallup* (8 oktober 2013).
18 Wiljan van den Berge en Bas ter Weel, *Baanpolarisatie in Nederland. CPB Policy Brief*, CPB (2015), p. 14.
19 Geciteerd in: Enzo van Steenbergen en Jeroen Wester, 'Hogepriester van de kleinschalige zorg', *NRC Handelsblad* (12 maart 2016). De kritiek van sommige concurrenten op Buurtzorg is dat het patiënten met zware problemen door zou schuiven naar andere zorgaanbieders. Er is echter geen bewijs voor deze kritiek. Integendeel, uit het onderzoek van de bedrijfskundige David Ikkersheim blijkt dat Buurtzorg ook na correctie voor zorgzwaarte beter en goedkoper is. Zie: David Ikkersheim, 'Buurtzorg: hoe zat het ook alweer?', *Skipr* (9 mei 2016).
20 Geciteerd in: Stevo Akkerman, 'Betere zorg zonder strategische fratsen', *Trouw* (1 maart 2016).
21 Buurtzorg raakte in 2018 in opspraak vanwege een schending van de 'governance-code' van Nederlandse zorgorganisaties. Jos de Blok is namelijk bezig met het uitbreiden van zijn concept naar het buitenland, waarbij geldstromen van de Nederlandse stichting en van (buitenlandse) privébedrijven door elkaar zijn gaan lopen. In maart 2019 oordeelde de Governancecommissie Gezondheidszorg dat dit niet geoorloofd is, ook al benadrukte de commissie dat Buurtzorg uitstekende zorg levert en wees de commissie ook op 'het ontbreken van enige aanwijzing voor persoonlijke bevoordeling'.
22 Geciteerd in: The Corporate Rebels, 'FAVI. How Zobrist Broke Down Favi's Command-And-Control Structures', corporate-rebels.com (4 januari 2017).
23 Patrick Gilbert, Nathalie Raulet Crozet, Anne-Charlotte Teglborg, 'Work Organisation and Innovation – Case Study: FAVI, France', European Foundation for the Improvement of Living and Working Conditions (2013).

14. De *Homo ludens*

1 Stephen Moss, *Natural Childhood Report*, National Trust, p. 5.
2 John Bingham, 'British Children among Most Housebound in World', *The Telegraph* (22 maart 2016).

3 Sandra L. Hofferth en John F. Sandberg, 'Changes in American Children's Time, 1981–1997', in: Sandra L. Hofferth en J. Owens (red.), *Children at the Millennium: Where Have Ee Come from? Where Are We Going?*, JAI Press (2001).

4 Peter Gray, 'The Decline of Play and the Rise of Psychopathology in Children and Adolescents', *American Journal of Play*, Vol. 23, Issue 4 (2011), p. 450.

5 Jantje Beton/Kantar Public (TNS NIPO), *Buitenspelen Onderzoek 2018*, jantjebeton.nl (17 april 2018).

6 Frank Huiskamp, 'Rapport: Nederlandse leerlingen zijn niet gemotiveerd', *NRC Handelsblad* (16 april 2014).

7 *Gezinsrapport. Een portret van het gezinsleven in Nederland*, Sociaal en Cultureel Planbureau (Den Haag, 2011).

8 Jessica Lahey, 'Why Kids Care More About Achievement Than Helping Others', *The Atlantic* (25 juni 2014).

9 Zie bijvoorbeeld: C. Page Moreau en Marit Gundersen Engeset, 'The Downstream Consequences of Problem-Solving Mindsets: How Playing with LEGO Influences Creativity', *Journal of Marketing Research*, Vol. 53, Issue 1 (2016).

10 Peter Gray, 'The Play Deficit', *Aeon* (18 september 2013).

11 *How to Tame a Fox (And Build a Dog)* (2017), p. 73.

12 Sarah Zielinski, 'Five Surprising Animals That Play', *ScienceNews* (20 februari 2015).

13 Johan Huizinga, *Homo Ludens. Proeve eener bepaling van het spel-element der cultuur* (1938).

14 Peter Gray, 'Play as a Foundation for Hunter Gatherer Social Existence', *American Journal of Play* (lente 2009).

15 Jared Diamond, *The World Until Yesterday. What Can We Learn From Traditional Societies?*, Penguin Books (2013), p. 204.

16 Ibidem, p. 194.

17 Geciteerd in: J. Mulhern, *A History of Education, a Social Interpretation*, Ronald Press (1959), p. 383.

18 James C. Scott, *Two Cheers for Anarchism. Six Easy Pieces on Autonomy, Dignity and Meaningful Work and Play*, Princeton University Press (2012), p. 54-55.

19 Hét standaardwerk over dit proces is: Eugen Weber, *Peasants into Frenchmen The Modernization of Rural France, 1870-1914*, Stanford University Press (1976).

20 Howard P. Chudacoff, *Children at Play. An American History*, NYU PRESS (2008).

21 Peter Gray, 'The Decline of Play and the Rise of Psychopathology in Children and Adolescents' (2011).

22 Geciteerd in: Robert Dighton, 'The Context and Background of the First Adventure Playground', adventureplay.org.uk.

23 Geciteerd in: Colin Ward, *Anarchy in Action*, Freedom Press (1996), p. 89.

24 Geciteerd in: Arvid Bengtsson, *Adventure Playgrounds*, Crosby Lockwood (1972), p. 20-21.

25 Geciteerd in: Penny Wilson, 'Children Are More Complicated Than Kettles. The Life And Work of Lady Allen of Hurtwood', theinternationale.com (2013).

26 Ibidem.

27 Ibidem.

28 Mariana Brussoni e.a., 'What is the Relationship between Risky Outdoor Play and Health in Children? A Systematic Review', *International Journal of Environmental Research and Public Health*, Vol. 12, Issue 6 (8 juni 2015).

29 Geciteerd in: Rebecca Mead, 'State of Play', *The New Yorker* (5 juli 2010).

30 Erving Goffman, 'On the Characteristics of Total Institutions' (1957).

31 Robin Bonifas, *Bullying Among Older Adults. How to Recognize and Address an Unseen Epidemic*, Health Professions Press (2016).

32 Matt Sedensky, 'A surprising bullying battleground: Senior centers', *Associated Press* (13 mei 2018).

33 Randall Collins, *Violence. A Micro-sociological Theory*, Princeton University Press (2008), p. 166.

34 Neem Zweinstein, de school van Harry Potter. In de meeslepende fantasie van J.K. Rowling is het een magische plek, maar ik vrees dat het in werkelijkheid een hel zou zijn voor veel kinderen. Leerlingen worden ingedeeld op leeftijd (in klassen) en op persoonlijkheid (in afdelingen als Griffoendor en Zwadderich). Competitie wordt van bovenaf gestimuleerd, met een uitgebreid puntensysteem. En als je weg wilt, dan kan dat alleen tijdens de kerst- en de zomervakantie. Pedagogen zijn het erover eens dat dit een recept is voor een pestcultuur.

35 Begrijp me niet verkeerd: er zijn basale vaardigheden, zoals lezen en schrijven, waar een mens in onze moderne samenleving niet zonder kan. En er zijn kinderen die deze vaardigheden niet makkelijk uit zichzelf leren. Dan is degelijke instructie van vakbekwame docenten cruciaal.

36 Robert Dur en Max van Lent, 'Socially Useless Jobs', Tinbergen Institute Discussion Paper (2 mei 2018).

37 David Graeber, 'On the Phenomenon of Bullshit Jobs: A Work Rant', *Strike! Magazine* (augustus 2013).

38 Ivan Illich, *Deschooling Society*, Harper & Row (1971).

39 Peter Gray, *Free to Learn. Why Unleashing the Instinct to Play Will Make Our Children Happier, More Self-Reliant, and Better Students for Life*, Basic Books (2013).

40 Geciteerd in: Lois Holzman, 'What's the Opposite of Play?', *Psychology Today* (5 april 2016).

41 '"Depression: Let's Talk" Says WHO, As Depression Tops List of Causes of Ill Health', World Health Organization (30 maart 2017).

42 Peter Gray, 'Self-Directed Education—Unschooling and Democratic Schooling', *Oxford Research Encyclopedia* (april 2017).

15. Zo ziet een echte democratie eruit

1 Gabriel Hetland, 'Emergent Socialist Hegemony in Bolivarian Venezuela: The Role of the Party', in: Susan J. Spronk en Jeffery R. Webber, *Crisis and Contradiction: Marxist Perspectives on Latin America in the Global Political Economy*, Brill (2015), p. 131.

2 Gabriel Hetland, 'How to Change the World: Institutions and Movements Both Matter', *Berkeley Journal of Sociology* (3 november 2014)

3 Zie voor een toegankelijk verslag: Gabriel Hetland, 'Grassroots Democracy in Venezuela', *The Nation* (30 januari 2012).

4 Geciteerd in: ibidem.

5 Dmytro Khutkyy, 'Participatory Budgeting: An Empowering Democratic institution', *Eurozine* (31 oktober 2017).

6 *Brazil: Toward a More Inclusive and Effective Participatory Budget in Porto Alegre*, World Bank (2008), p. 2.

7 Geciteerd in: Martin Calisto Friant, *Sustainability From Below: Participatory Budgeting in Porto Alegre*, First Ecuadorian Congress of Urban Studies (november 2017), p. 13.

8 Paolo Spada, 'The Economic and Political Effects of Participatory Budgeting', Congress of the Latin American Studies Association (2009).

9 Zie voor een kritiek op deze these: Omar Encarnación, *The Myth of Civil Society Social Capital and Democratic Consolidation in Spain and Brazil*, Palgrave Macmillan (2003).

10 Geciteerd in: 'Porto Alegre's Budget Of, By, And For the People', *Yes! Magazine* (31 december 2002).

11 Ginia Bellafante, 'Participatory Budgeting Opens Up Voting to the Disenfranchised and Denied', *The New York Times* (17 april 2015).

12 Mona Serageldin e.a., 'Assessment of Participatory Budgeting in Brazil', Harvard University Center for Urban Development Studies (2005), p. 4.

13 Gianpaolo Baiocchi, 'Participation, Activism, and Politics: The Porto Alegre Experiment in Deliberative Democratic Theory', in: Archon Fung en Erik Olin Wright (red.), *Deepening Democracy. Institutional Innovations in Empowered Participatory Governance* (2001), p. 64.

14 Alana Semuels, 'The City That Gave Its Residents $3 Million', *The Atlantic* (6 november 2014).

15 Baiocchi (2001).

16 Gianpaolo Baiocchi en Ernesto Ganuza, 'Participatory Budgeting as if Emancipation Mattered', *Politics & Society*, Vol. 42, Issue 1 (2014), p. 45.

17 George Monbiot, *Out of the Wreckage. A New Politics for an Age of Crisis*, Verso (2017), p. 130.

18 Anne Pordes Bowers en Laura Bunt, 'Your Local Budget. Unlocking the Potential of Participatory Budgeting', Nesta (2010).

19 Gianpaolo Baiocchi, 'Participation, Activism, and Politics: The Porto Alegre Experiment and Deliberative Democratic Theory', *Politics & Society*, Vol. 29, Issue 1 (2001), p. 58.

20 Ook volgens onderzoekers van de Wereldbank had de snelle vooruitgang alles te maken met het burgerbegroten. Zo steeg het aandeel van de zorg en het onderwijs in de stedelijke begroting van 13 procent in 1985 naar 40 procent in 1996. Zie: Serageldin e.a. (2005).

21 Patrick Kingsley, 'Participatory democracy in Porto Alegre', *The Guardian* (10 september 2012).

22 Serageldin e.a (2005).

23 Michael Touchton en Brian Wampler, 'Improving Social Well-Being Through New Democratic Institutions', *Comparative Political Studies*, Vol. 47, Issue 10 (2013).

24 'Back to the Polis: Direct Democracy', *The Economist* (17 september 1994).

25 David Van Reybrouck, *Tegen verkiezingen*, De Bezige Bij (2013), p. 140.

26 'Communism', oxforddictionaries.com.

27 David Graeber, *Debt. The First 5,000 Years*, Melville House Publising (2011), p. 94-102.

28 Garrett Hardin, 'The Tragedy of the Commons', *Science*, Vol 162, Issue 3859 (13 december 1968).

29 John Noble Wilford, A Tough-minded Ecologist Comes to Defense of Malthus', *The New York Times* (30 juni 1987).

30 Ian Angus, 'The Myth of the Tragedy of the Commons', *Climate & Capitalism* (25 augustus 2008).

31 John A. Moore, 'Science as a Way of Knowing—Human Ecology', *American Zoologist*, Vol. 25, Issue 2 (1985), p. 602.

32 Tim Harford, 'Do You Believe in Sharing?', *The Financial Times* (30 augustus 2013).

33 Ibidem.

34 Officieel: de Prijs van de Zweedse Rijksbank voor Economische Wetenschappen ter nagedachtenis aan Alfred Nobel.

35 Tine De Moor, 'The Silent Revolution: A New Perspective on the Emergence of Commons, Guilds, and Other Forms of Corporate Collective Action in Western Europe', *International Review of Social History*, Vol. 53, Issue S16 (december 2008).

36 Dé klassieker over dit proces is: Karl Polanyi, *The Great Transformation. The Political and Economic Origins of Our Time*, Beacon Press (2001). Oorspronkelijk gepubliceerd in 1944.

37 Tine De Moor, 'Homo Cooperans. Instituties voor collectieve actie en de solidaire samenleving', Oratie Universiteit Utrecht (30 augustus 2013).

38 De term 'steeleconomie' is gemunt door de schrijver Arjen van Veelen. Zie: 'Vriendschap met de chauffeur? Laat me niet lachen. Bij UberPOP en Airbnb blijft veel geld aan de strijkstok hangen', *nrc.next* (3 september 2014).

39 Zie bijvoorbeeld: Paul Mason, *Postcapitalism. A Guide to Our Future*, Allen Lane (2015).

40 Zie bijvoorbeeld: Shoshana Zuboff, *The Age of Surveillance Capitalism. The Fight for a Human Future at the New Frontier of Power*, Main (2019).

41 Damon Jones en Ioana Elena Marinescu, 'The Labor Market Impacts of Universal and Permanent Cash Transfers: Evidence from the Alaska Permanent Fund', *NBER Working Paper* (februari 2018).

42 Ik schreef eerder over dit onderzoek in North Carolina, en over het basisinkomen. Zie: *Utopia for Realists. And How We Can Get There*, Bloomsbury (2017), p. 51-54. Ik denk nu dat we beter van een 'burgerdividend' kunnen spreken in plaats van een 'basisinkomen', om te benadrukken dat het gaat om het rendement van gemeenschappelijk bezit.

43 Peter Barnes, *With Liberty and Dividends For All. How To Save Our Middle Class When Jobs Don't Pay Enough*, Berrett-Koehler Publishers (2014).

44 Scott Goldsmith, 'The Alaska Permanent Fund Dividend: An Experiment in Wealth Distribution', Basic Income European Network (september 2002), p. 7.

Deel 5. De andere wang

1 Michael Garofalo, 'A Victim Treats His Mugger Right', *NPR Story Corps* (28 maart 2008).

16. Theedrinken met terroristen

1 Zie voor een heldere beschrijving van het Noorse gevangeniswezen: Ryan Berger, 'Kriminalomsorgen: A Look at the World's Most Humane Prison System in Norway', *SSRN* (11 december 2016).

2 Dit zegt de bewaakster in een documentaire van Michael Moore, *Where to Invade Next?* (2015).

3 Geciteerd in: Baz Dreisinger, 'Norway Proves That Treating Prison Inmates As Human Beings Actually Works', *Huffington Post* (8 maart 2016).

4 'About the Norwegian Correctional Service', kriminalomsorgen.no (bezocht op 17 december 2018).

5 Dreisinger (8 maart 2016).

6 Manudeep Bhuller e.a., 'Incarceration, Recidivism, and Employment', Institute of Labor Economics (juni 2018).

7 Berger (11 december 2016), p. 20.

8 Erwin James, 'Bastoy: the Norwegian Prison That Works', *The Guardian* (4 september 2013).

9 Genevieve Blatt e.a., *The Challenge of Crime in a Free Society*, President's Commission on Law Enforcement and Administration of Justice (1967), p. 159.

10 Ibidem, p. 173.

11 Jessica Benko, 'The Radical Humaneness of Norway's Halden Prison', *The New York Times* (26 maart 2015).

12 Robert Martinson, 'What Works? Questions and Answers about Prison Reform', *The Public Interest* (lente 1974).

13 Michelle Brown, *The Culture of Punishment. Prison, Society, and Spectacle*, NYU Press (2009), p. 171.

14 Robert Martinson, 'New Findings, New Views: A Note of Caution Regarding Sentencing Reform', *Hofstra Law Review*, Vol. 7, Issue 2 (1979).
15 Geciteerd in: Adam Humphrey's, 'Robert Martinson and the Tragedy of the American Prison', *Ribbonfarm* (15 december 2016).
16 Geciteerd in: Timothy Crimmins, 'Incarceration as Incapacitation: An Intellectual History', *American Affairs*, Vol. II, ISSUE 3 (2018).
17 Richard Bernstein, 'A Thinker Attuned to Thinking; James Q. Wilson Has Insights, Like Those on Cutting Crime, That Tend To Prove Out', *The New York Times* (22 augustus 1998).
18 'James Q Wilson Obituary', *The Economist* (10 maart 2012).
19 James Q. Wilson, *Thinking About Crime*, Basic Books (1975), p. 172–73.
20 Geciteerd in: Crimmins (2018).
21 George L. Kelling en James Q. Wilson, 'Broken Windows', *The Atlantic* (maart 1982).
22 *The Tipping Point* (2000), p. 141.
23 Ibidem, p. 142
24 Ibidem, p. 143.
25 Holman W. Jenkins, Jr., 'The Man Who Defined Deviancy Up, *The Wall Street Journal* (12 maart 2011).
26 James Q. Wilson, 'Lock 'Em Up and Other Thoughts on Crime', *The New York Times* (9 maart 1975).
27 *The Tipping Point* (2000), p. 145.
28 Geciteerd in: ibidem, p. 146.
29 'New York Crime Rates 1960-2016', disastercenter.com.
30 Donna Ladd, 'Inside William Bratton's NYPD: Broken Windows Policing is Here to Stay', *The Guardian* (8 juni 2015).
31 Geciteerd in: Jeremy Rozansky en Josh Lerner, 'The Political Science of James Q. Wilson', *The New Atlantis* (lente 2012).
32 Zie: Rutger Bregman, *Met de kennis van toen. Actuele problemen in het licht van de geschiedenis*, De Bezige Bij (2012), p. 238-245.
33 Anthony A. Braga, Brandon C. Welsh en Cory Schnell, 'Can Policing Disorder Reduce Crime? A Systematic Review and Meta-Analysis', *Journal of Research in Crime and Delinquency*, Vol. 52, Issue 4 (2015).
34 John Eterno en Eli Silverman, 'Enough Broken Windows Policing. We Need a Community-Oriented Approach', *The Guardian* (29 juni 2015).
35 P.J. Vogt, '#127 The Crime Machine', *Reply All* (podcast van Gimlet Media, 11 oktober 2018).
36 Dara Lind, 'Why You Shouldn't Take Any Crime Stats Seriously', *Vox* (24 augustus 2014). Zie ook: Liberty Vittert, 'Why the US Needs Better Crime Reporting Statistics', *The Conversation* (12 oktober 2018).
37 Michelle Chen, 'Want to See How Biased Broken Windows Policing Is? Spend a Day in Court', *The Nation* (17 mei 2018).

38 Orde, zo blijkt steeds weer, is een kwestie van perspectief. In 2004 vroegen onderzoekers van de Universiteit van Chicago aan een reeks proefpersonen hoeveel 'gebroken ramen' ze zagen in een witte en een zwarte buurt. Mensen zagen steevast meer troep in een buurt met meer Afro-Amerikanen, ook al was er precies evenveel afval en graffiti en waren er evenveel hangjongeren als in de witte buurt. Zie: Robert J. Sampson en Stephen W. Raudenbush, 'Seeing Disorder: Neighborhood Stigma and the Social Construction of "Broken Windows"', *Social Psychology Quarterly*, Vol. 67, Issue 4 (2004). Het treurige is dat Wilson en Kelling dit al hadden voorzien in 1982. In hun artikel in *The Atlantic* schreven ze: '... hoe zorgen we ervoor dat [...] huidskleur, of etnische achtergrond [...] niet ook de basis wordt om het onwenselijke van het wenselijke te onderscheiden? Hoe zorgen we ervoor, kortom, dat de politie niet zelf onverdraagzaam wordt? We kunnen geen volledig bevredigend antwoord geven op deze belangrijke vraag.'

39 Zie: Braga, Welsh en Schnell (2015).

40 Geciteerd in: Sarah Childress, 'The Problem with "Broken Windows" Policing', *Frontline* (28 juni 2016).

41 Vlad Tarko, *Elinor Ostrom. An Intellectual Biography*, Rowman & Littlefield International (2017), p. 32-40.

42 Arthur A. Jones en Robin Wiseman, 'Community Policing in Europe. An Overview of Practices in Six Leading Countries', Los Angeles Community Policing (lacp.org).

43 Sara Miller Llana, 'Why Police Don't Pull Guns in Many Countries', *The Christian Science Monitor* (28 juni 2015).

44 Geciteerd in: Childress (28 juni 2016).

45 Beatrice de Graaf, *Theater van de angst. De strijd tegen terrorisme in Nederland, Duitsland, Italië en Amerika*, Boom Uitgevers (2010).

46 Geciteerd in: Quirine Eijkman, 'Interview met Beatrice de Graaf over haar boek', *Universiteit Leiden* (25 januari 2010).

47 Geciteerd in: Joyce Roodnat, '"Het moest wel leuk blijven"', *NRC Handelsblad* (6 april 2006).

48 Geciteerd in: Jon Henley, 'How Do You Deradicalise Returning Isis Fighters?', *The Guardian* (12 november 2014).

49 Geciteerd in: Hanna Rosin, 'How A Danish Town Helped Young Muslims Turn Away From ISIS', *NPR Invisibilia* (15 juni 2016).

50 Geciteerd in: Richard Orange, '"Answer Hatred with Love": How Norway Tried to Cope with The horror of Anders Breivik', *The Guardian* (15 april 2012).

51 Prison Policy Initiative, 'North Dakota Profile' (prisonpolicy.org, bezocht op 17 december 2018).

52 Geciteerd in: Dylan Matthews en Byrd Pinkerton, 'How to Make Prisons More Humane', *Vox* (podcast, 17 oktober 2018).

53 Dashka Slater, 'North Dakota's Norway Experiment', *Mother Jones* (juli/augustus 2017).

54 National Research Council, *The Growth of Incarceration in the United States. Exploring Causes and Consequences*, The National Academies Press (2014), p. 33.

55 Francis T. Cullen, Cheryl Lero Jonson en Daniel S. Nagin, 'Prisons Do Not Reduce Recidivism. The High Cost of Ignoring Science', *The Prison Journal*, Vol. 91, Issue 3 (2011). Zie ook: M. Keith Chen en Jesse M. Shapiro, 'Do Harsher Prison Conditions Reduce Recidivism? A Discontinuity-based Approach', *American Law and Economics Review*, Vol. 9, Issue 1 (2007).

56 'Louis Theroux Goes to the Miami Mega-Jail', BBC *News* (20 mei 2011).

57 Geciteerd in: Berger (11 december 2016), p. 23.

58 Geciteerd in: Slater (juli/augustus 2017).

59 Cheryl Corley, 'North Dakota Prison Officials Think Outside The Box To Revamp Solitary Confinement', *NPR* (31 juli 2018).

60 Ibidem.

61 Geciteerd in: Slater (juli/augustus 2017).

17. Het beste medicijn tegen haat, racisme en vooroordelen

1 Geciteerd in: John Battersby, 'Mandela to Factions: Throw Guns Into Sea', *Christian Science Monitor* (26 februari 1990).

2 Mijn belangrijkste bron voor het verhaal van Constand en Abraham is het prachtige boek van Dennis Cruywagen, *Brothers in War and Peace. Constand and Abraham Viljoen and the Birth of the New South Africa*, Zebra Press (2014).

3 *Brothers in War and Peace* (2014), p. 57.

4 Ibidem, p. 62.

5 Maritza Montero en Christopher C. Sonn (red.), *Psychology of Liberation. Theory and Applications*, Springer (2009), p. 100.

6 Alfred McClung Lee en Norman Daymond Humphrey, *Race Riot, Detroit 1943*, Octagon Books (1968), p. 130.

7 Gordon Allport, *The Nature of Prejudice*, Ingram (1979), p. 277. Origineel gepubliceerd in 1954. De onderzoekers stelden deze vraag aan Amerikaanse soldaten: 'Sommige legerdivisies hebben compagnieën met zwarte en witte pelotons. Hoe zou jij het vinden als jouw divisie zo wordt opgezet?' Het percentage dat antwoordde: 'Dat zou ik heel vervelend vinden' was 62 procent bij eenheden met geen gekleurde pelotons en 7 procent bij mannen in een compagnie waar ook gekleurde troepen in vochten.

8 Ira N. Brophy, 'The Luxury of Anti-Negro Prejudice', *Public Opinion Quarterly*, Vol. 9, Issue 4 (1945).

9 Richard Evans, *Gordon Allport: The Man and His Ideas*, E.P. Dutton (1970).

10 Gordon Allport, 'Autobiography', in: Edwin Boring and Gardner Lindzey (red.), *History of Psychology in Autobiography*, Appleton Century Crofts (1967), p. 3-25.

11 John Carlin, *Invictus. Nelson Mandela and the Game that Made a Nation*, Atlantic Books (2009), p. 122.

12 Geciteerd in: ibidem, p. 123.

13 Ibidem, p. 124

14 Ibidem, p. 135.

15 Ibidem, p. 143.

16 Geciteerd in: *Brothers in War and Peace* (2014), p. 158.

17 Geciteerd in: Simon Kuper, 'What Mandela Taught Us', *The Financial Times* (5 december 2013).

18 Geciteerd in: *Brothers in War and Peace* (2014), p. 162.

19 Geciteerd in: *Invictus* (2009), p. 252.

20 Waarop Pettigrew riep: 'Meneer, u heeft me een grote eer bewezen!' Geciteerd in: Frances Cherry, 'Thomas F. Pettigrew: Building on the Scholar-Activist Tradition in Social Psychology', in: Ulrich Wagner et al. (red.), *Improving Intergroup Relations. Building on the Legacy of Thomas F. Pettigrew*, Wiley-Blackwell (2008), p. 16.

21 Thomas F. Pettigrew, 'Contact in South Africa', *Dialogue*, Vol. 21, Issue 2 (2006), p. 8-9.

22 Thomas F. Pettigrew en Linda R. Tropp, 'A Meta-Analytic Test of Intergroup Contact Theory', *Journal of Personality and Social Psychology*, Vol. 90, Issue 5 (2006).

23 Sylvie Graf, Stefania Paolini en Mark Rubin, 'Negative Intergroup Contact is More Influential, but Positive Intergroup Contact is More Common: Assessing Contact Prominence and Contact Prevalence in Five Central European countries', *European Journal of Social Psychology*, Vol. 44, Issue 6 (2014).

24 Erica Chenoweth, 'The Origins of the NAVCO Data Project (or: How I Learned to Stop Worrying and Take Nonviolent Conflict Seriously)', *Rational Insurgent* (7 mei 2014).

25 Erica Chenoweth en Maria J. Stephan, 'How The World is Proving Martin Luther King Right About Nonviolence', *The Washington Post* (18 januari 2016). Zie ook: Maria J. Stephan en Erica Chenoweth, 'Why Civil Resistance Works. The Strategic Logic of Nonviolent Conflict', *International Security*, Vol. 33, Issue 1 (2008), p. 7–44.

26 Geciteerd in: Penny Getchell e.a., *At Home in the World : the Peace Corps Story*, Peace Corps (1996), p. vi.

27 *Invictus* (2009), p. 84.

28 Ibidem, p. 252.

29 Ibidem.

30 Geciteerd in: Thomas F. Pettigrew, 'Social Psychological Perspectives on Trump Supporters', *Journal of Social and Political Psychology*, Vol. 5, Issue 1 (2017).

31 Ibidem.

32 Chris Lawton en Robert Ackrill, 'Hard Evidence: How Areas with Low Immigration Voted Mainly for Brexit', *The Conversation* (8 juli 2016). Zie ook: Rose Meleady, Charles Seger en Marieke Vermue, 'Examining the Role of Positive and Negative Intergroup Contact and Anti-Immigrant Prejudice in Brexit', *British Journal of Social Psychology*, Vol. 56, Issue 4 (2017).

33 Michael Savelkoul e.a., 'Anti-Muslim Attitudes in The Netherlands: Tests of Contradictory Hypotheses Derived from Ethnic Competition Theory and Intergroup Contact Theory', *European Sociological Review*, Vol. 27, Issue 6 (2011).

34 Jared Nai, 'People in More Racially Diverse Neighborhoods Are More Prosocial', *Journal of Personality and Social Psychology*, Vol. 114, Issue 4 (2018), p. 497-515.

35 Miles Hewstone, 'Consequences of Diversity for Social Cohesion and Prejudice: The Missing Dimension of Intergroup Contact', *Journal of Social Issues*, Vol. 71, Issue 2 (2015).

36 Matthew Goodwin en Caitlin Milazzo, 'Taking Back Control? Investigating the Role of Immigration in the 2016 Vote for Brexit', *The British Journal of Politics and International Relations*, Vol. 19, Issue 3 (2017).

37 Geciteerd in: Diane Hoekstra, 'De felle tegenstanders van toen gaan het azc in Overvecht missen', *Algemeen Dagblad* (29 september 2018). Zie ook: Marjon Bolwijn, 'In Beverwaard was woede om azc het grootst, maar daar is niets meer van te zien: "We hebben elkaar gek gemaakt"', *de Volkskrant* (1 februari 2018).

38 Mark Twain, *The Innocents Abroad, or The New Pilgrims' Progress* (1869).

39 Rupert Brown, James Vivian en Miles Hewstone, 'Changing Attitudes through Intergroup Contact: the Effects of Group Membership Salience', *European Journal of Social Psychology*, Vol. 29, Issue 5-6 (21 juni 1999).

40 Gordon W. Allport, 'Prejudice in Modern Perspective', The Twelfth Hoernlé Memorial Lecture (17 juli 1956).

18. Toen de soldaten uit de loopgraven kwamen

1 Het begrip 'Moedercatastrofe' is bedacht door de Duitse historicus Golo Mann.

2 Malcolm Brown en Shirley Seaton, *Christmas Truce. The Western Front December 1914*, Pan Books (2014), p. 68. Origineel gepubliceerd in 1984.

3 Ibidem, p. 71.

4 Ibidem, p. 73.

5 Ibidem, p. 76-77

6 Malcolm Brown, *Peace in No Mans Land* (BBC documentaire uit 1981).

7 Luke Harding, 'A Cry of: Waiter! And the Fighting Stopped', *The Guardian* (11 november 2003).

8 *Christmas Truce* (2014), p. 111.

9 Ibidem, p. 115.

10 Geciteerd in: Simon Kuper, 'Soccer in the Trenches: Remembering the WWI Christmas Truce', espn.com (25 december 2015).

11 Volgens moderne historici vonden er wel degelijk Duitse oorlogsmisdaden plaats in 1914, maar werden deze in de Britse propaganda zwaar overdreven. Hoe rampzalig de gevolgen van nepnieuws kunnen zijn, zou vijfentwintig jaar later pas echt goed blijken. Toen de Duitsers tijdens de Tweede Wereldoorlog op gigantische schaal de gruwelijkste oorlogsmisdaden begingen, waren er in het Verenigd Koninkrijk en de

vs veel mensen die twijfelden aan de juistheid van de berichtgeving. Tijdens de Eerste Wereldoorlog had de pers de boel immers ook zwaar overdreven, dus waarom zouden de berichten over gaskamers nu niet met een korreltje zout moeten worden genomen? Zie: Jo Fox, 'Atrocity propaganda', *British Library* (29 januari 2014).
12 *Christmas Truce* (2014), p. 126.
13 Thomas Vinciguerra, 'The Truce of Christmas, 1914', *The New York Times* (25 december 2005).
14 Geciteerd in: TED Stories, 'Columbia: Advertising Creates Peace', YouTube (24 januari 2018).
15 Ibidem.
16 Tom Vanden Brook, 'Propaganda That Works: Christmas Decorations', *USA Today* (13 augustus 2013).
17 Lara Logan, 'How Unconventional Thinking Transformed a War-Torn Colombia', CBS News, *60 Minutes* (11 december 2016).
18 Jose Sokoloff in een interview met auteur op 9 november 2017.
19 De kosten van Operatie Kerstmis bedroegen 301.100 dollar. Rivieren van Licht kostte 263.000 dollar en De Stem van Moeder 546.000 dollar.
20 Zelfs de FARC geloofde dit, want zij eisten tijdens de vredesonderhandelingen dat de propaganda van MullenLowe zou stoppen. Deze kostte hun volgens de organisatie te veel leden.
21 Sibylla Brodzinsky, '"Welcome to Peace": Colombia's Farc Rebels Seal Historic Disarmament', *The Guardian* (27 juni 2017).
22 Geciteerd in: Vinciguerra (25 december 2005).
23 *Christmas Truce* (2014), p. 198.
24 Ibidem, p. 248.
25 Ibidem, p. 238.
26 Stanley Weintraub, *Silent Night*, Simon & Schuster (2001), p. 172.
27 Tony Ashworth, *Trench Warfare 1914-1918. The Live and Let Live System*, Pan Books (2000), p. 224. Origineel gepubliceerd in 1980.
28 Ibidem, p. 24.
29 Ibidem, p. 143.
30 Erin E. Buckels, Paul D. Trapnell en Delroy L. Paulhus, 'Trolls Just Want to Have Fun', *Personality and Individual Difference*, Vol. 67 (september 2014).
31 Jose Miguel Sokoloff, 'How Christmas Lights Helped Guerillas Put down Their Guns', TED (oktober 2014).

Epiloog

1 Detlef Fetchenhauer en David Dunning, 'Why So Cynical? Asymmetric Feedback Underlies Misguided Skepticism Regarding the Trustworthiness of Others', *Psychological Science*, Vol. 21, Issue 2 (8 januari 2010).

2 Er zijn een paar elegante onderzoeken gedaan die aantonen dat wanneer je mensen benadert alsóf ze goed zijn, ze van houding kunnen veranderen. Psychologen spreken ook wel van *'virtue labeling'*. Zomaar een voorbeeld: in 1975 deed de Amerikaanse psycholoog Richard Miller een onderzoek onder kinderen op de basisschool. Eén willekeurige groep werd 'netjes' genoemd. Bij een tweede groep deden de onderzoekers hun best om de kinderen ervan te overtuigen netter te zijn. En de derde groep werd met rust gelaten. Resultaat? De eerste groep was verreweg het netst. Zie: Christian B. Miller, 'Should You Tell Everyone They're Honest?', *Nautilus* (28 juni 2018).

3 Maria Konnikova, *The Confidence Game. The Psychology of the Con and Why We Fall for It Every Time*, Canongate (2016).

4 *Against Empathy* (2016), p. 167.

5 Geciteerd in: Dylan Matthews, 'Zero-sum Trump. What You Learn from Reading 12 of Donald Trump's Books', *Vox* (19 januari 2017).

6 Marina Cantacuzino, *The Forgiveness Project. Stories for a Vengeful Age*, Jessica Kingsley Publishers (2016).

7 Donald W. Pfaff, *The Neuroscience of Fair Play. Why We (Usually) Follow the Golden Rule*, Dana Press (2007).

8 George Bernard Shaw, *Maxims for Revolutionists* (1903).

9 Matthieu Ricard, *Altruism. The Power of Compassion to Change Yourself and the World*, Little, Brown and Company (2015), p. 58-63.

10 Ibidem, p. 62.

11 Daniel Goleman en Richard Davidson, *The Science of Meditation. How to Change Your Brain, Mind and Body*, Penguin Books (2018). Maar zie ook: Miguel Farias en Catherine Wikholm, *The Buddha Pill. Can Meditation Change You?*, Watkins Publishing (2015).

12 Paul Bloom, 'Empathy for Trump voters? No, thanks. Understanding? Yes', *Vox* (23 februari 2017).

13 *Against Empathy* (2016), p. 213-241.

14 Jarl van der Ploeg, '"Ze zullen altijd die enorm verliefde bom geluk blijven"', *de Volkskrant* (21 juli 2014).

15 'In memoriam: LvdG (1984-2014'), *Propria Cures* (19 juli 2014).

16 Zie bijvoorbeeld: Chang Sup Park, 'Applying "Negativity Bias" to Twitter: Negative News on Twitter, Emotions, and Political Learning', *Journal of Information Technology & Politics*, Vol. 12, Issue 4 (2015).

17 Chris Weller, 'Silicon Valley Parents Are Raising Their Kids Tech-Free — And It Should Be a Red Flag', *Business Insider* (18 februari 2018).

18 Rebecca Solnit, *Hope in the Dark. Untold Histories, Wild Possibilities*, Haymarket Books (2016), p. 23.

19 Fabian Wichmann, '4 Ways To Turn The Neo-Nazi Agenda On Its Head', *The Huffington Post* (25 augustus 2017).

20 De Franse filosoof Alexis de Tocqueville merkte het 150 jaar geleden al op. 'Amerikanen houden ervan om bijna iedere daad in hun leven te verklaren aan de

hand van zelfzuchtigheid', schreef hij. Tocqueville vond dat Amerikanen zichzelf daarmee geen recht deden, omdat hij tijdens zijn lange reizen juist veel behulpzame mensen tegenkwam. 'Maar de Amerikanen', schreef de filosoof, 'willen nauwelijks toegeven dat ze vatbaar zijn voor dit soort sentimenten.' Zie: Dale T. Miller, 'The Norm of Self-Interest', *American Psychologist*, Vol. 54, Issue 12 (1999).

21 Ibidem, p. 1057.

22 James H. Fowler en Nicholas A. Christakis, 'Cooperative Behavior Cascades in Human Social Networks', *PNAS*, Vol. 107, Issue 12 (2010).

23 Geciteerd in: University of California - San Diego, 'Acts of Kindness Spread Surprisingly Easily: Just a Few People Can Make a Difference', *ScienceDaily* (10 maart 2010).

24 Jonathan Haidt, 'Elevation and the Positive Psychology of Morality', in: C.L.M. Keyes en J. Haidt (red.), *Flourishing. Positive Psychology and the Life Well-Lived*, American Psychological Association (2003), p. 275-289.

25 Geciteerd in: Jonathan Haidt, 'Wired to Be Inspired', in: Dacher Keltner, Jason Marsh en Jeremy Adam Smith (red.), *The Compassionate Instinct. The Science of Human Goodness*, W. W. Norton & Company (2010), p. 90.

Zo gaven we dit boek duurzaam uit

We willen onze boeken zo duurzaam mogelijk uitgeven. Daarom zijn we op zoek gegaan naar de duurzaamste opties.

Voor dit boek kozen we het FSC-papier Munken Premium Cream, gemaakt van bomen uit verantwoord beheerd bos. We vonden het compacte lettertype Calicanto, een dunne letter waarmee we inkt besparen. En we gebruiken de minst belastende lijm. Op corr.es/duurzaamuitgeven kun je lezen hoe we tot deze keuzes zijn gekomen.

We blijven verder zoeken naar nieuwe manieren om onze boeken nog duurzamer te maken en te vervoeren. Die zoektocht kun je volgen op *De Correspondent*.

Wil je als lezer je voetafdruk ook verkleinen? Geef dit boek door als je het uit hebt!

Hartelijke groet,

Andreas Jonkers & Milou Klein Lankhorst
Uitgevers van *De Correspondent*

de Correspondent

De Correspondent

De boeken van De Correspondent gaan over de grote ontwikkelingen van onze tijd.
Ze zijn diepgravend en toegankelijk, geliefd bij een groot publiek.
Een greep uit onze boeken:

Beginnen over het einde
Henk Blanken

Hoe gaan we dit uitleggen
Jelmer Mommers

De tweede
Lynn Berger

Het bestverkochte boek ooit (met deze titel)
Sanne Blauw

Dit was het nieuws niet
De Correspondent

Amerikanen lopen niet
Arjen van Veelen

Er zijn nog 17 miljoen wachtenden voor u
Sander Heijne

Je hebt wél iets te verbergen
Maurits Martijn & Dimitri Tokmetzis

Waarom vuilnismannen meer verdienen dan bankiers
Rutger Bregman & Jesse Frederik

Gratis geld voor iedereen
Rutger Bregman

'Het Nederlandse wonderkind'

– *The Guardian*

Rutger Bregman laat zien hoe ideeën de wereld kunnen veranderen. Van het basisinkomen tot een werkweek van vijftien uur, van een wereld zonder grenzen tot een wereld zonder armoede: het is tijd voor de terugkeer van de utopie.